让我们一起追寻

The Cambridge World History of Violence

VOLUME III   1500-1800 CE

剑桥世界暴力史

（第三卷）

陈新儒 译

下册

公元 1500—1800 年

〔美〕安乐博（Robert Antony）
〔英〕斯图尔特·卡罗尔（Stuart Carroll）
〔英〕卡罗琳·多兹·彭诺克（Caroline Dodds Pennock）

主编

社会科学文献出版社
SOCIAL SCIENCES ACADEMIC PRESS (CHINA)

目　录

·上　册·

第一部分　帝国、人种与族裔

第二部分　战争与暴力的文化

第三部分　亲密关系和两性关系中的暴力

·下　册·

第四部分　国家、刑罚与司法

第五部分　民众抗议与抵抗

第六部分　宗教暴力

第七部分　暴力的表征与建构

第四部分
国家、刑罚与司法

17　沙俄帝国的罪与罚

南希·S. 科尔曼

在早期近代的几个世纪中，沙皇俄国的刑事司法体系似乎存在自相矛盾之处。尽管以残酷的流放制度和致命的鞭刑（knouting）而闻名于西方，但俄国不仅没有将处决仪式变成所谓的"受苦奇观"（spectacles of suffering），还在18世纪中叶废除了死刑。被欧洲人讥讽为暴君的俄国沙皇主持着一整套司法制度，法官在该制度中依法判案，并随时以沙皇的名义施恩。面对一个幅员如此辽阔的帝国，统治者在中央集权和对当地宗教、贵族和习俗的宽容之间达成了某种平衡。俄国的刑事司法制度反映了治理欧亚帝国所面临的挑战，以及俄国世袭政治意识形态的潜移默化的影响。

在早期近代的几个世纪中，俄国从一个地区公国发展成一个从波兰到太平洋、从白海到黑海，以及包括大丝绸之路的西部草原地带的庞大帝国。俄国人花了两个多世纪才得以建成这个帝国。[1]15世纪，他们开始征服毗邻的公国，并在16世纪中期通过征服喀山和阿斯特拉罕（这两个地方的人口都以穆斯林为主）将领土扩展至东斯拉夫以外、非东正教信仰的地方。从16世纪80年代到17世纪，俄国在西伯利亚的扩张带来了许多的民族和宗教（包括伊斯兰教、佛教和各种泛灵论）。从17世纪中叶开始，俄国的领土稳步向南扩张到草原和西部地区，并于18世纪末达到顶峰，此时的俄国控制了从波兰边境到黑海草原、克里米亚和高加索北部的土地。这些地方的人口也极其多样，既包括波罗的海地区信仰路德宗的德意志人、爱沙尼亚人和拉脱维亚人，也包括信仰天主教的波兰人、信仰东正教的乌克兰人，以及现代乌克兰和白俄罗斯地区信仰新教的人，还包括黑海沿岸信仰伊斯兰教的鞑靼人。

俄国人需要借助暴力征服和统治如此广阔的领土。一群几乎不听命于俄国政府的哥萨克人横穿西伯利亚，杀死原住民并将当地村庄夷为平地，而后向官方索取赏金。西伯利亚的原住民通常散居在一些小型游牧部落中，他们不被允许拥有自己的武器，因此无法组织统一的反抗力量。虽然经常造反，但他们总是会遭到残酷镇压。西伯利亚南部沿线的一排堡垒始终保持着暴力的可信威胁（credible threat）①。由于位于草原边境的准军事化游牧民族构成了更大威胁，俄国在此地采取了一种看似平等结盟的渐进主义政策（17 世纪与卡尔梅克人和巴什基尔人结盟、18 世纪与哈萨克人结盟），同时加强堡垒防线来抵御游牧民族的侵扰。凭借其堡垒防线，俄国在 18 世纪把讲东斯拉夫语的尚武民族大量迁至土著领地。依靠更强大的官僚和军事统治力，俄国人不仅征服了草原上的许多游牧邻国，也残酷镇压了巴什基尔人和卡尔梅克人的起义。其中一些征服活动还意味着跨国战争，因为俄国在此期间夺取了奥斯曼帝国和波兰立陶宛联邦的部分领土。

军事部署带来的暴力及其产生的威胁是俄国人一贯的治国手段，但对一个国土面积如此广阔的多民族国家而言，仅仅依靠强制力量是不够的。俄国的统治者和贵族设计了一种治国结构，其基础是强有力的中央集权、最低限度的权力下放，以及

---

① 可信威胁是博弈论术语，指让对方毫无疑问地确信会带来危险的威胁。

"差异政治"（politics of difference）[①] 的治国方针。[2]在早期近代的几个世纪里，俄国统治者集中整合了帝国稀缺的人力资源和物力资源。他们在全国范围内构建了一套官僚制度体系，制定了统一的法典与官僚话语，并且最大限度地将权力收束于中央。中央政府坚持要求并责成地方总督履行如下三项基本职能：调动资源（征税与征兵）、保卫国家，以及执行刑事司法程序。几乎所有其他事务的职责都落在了民众自己身上。因此，只要臣民对中央政权保持忠诚，俄国统治者就会包容现存的贵族、宗教、惯例、语言和文化，这与欧亚大陆上其他帝国制定的方针大同小异。帝国各地在社会服务、宗教生活、公共工程、教育以及法院处理轻微犯罪和纠纷的方式上不尽相同。例如，波罗的海地区和乌克兰拥有发达的教育和法律制度，但西伯利亚的土著部落中鲜有此类公共机构。

在沙俄帝国各地，地方法律和司法也有显著的差异：伊斯兰教法，德意志、波兰和瑞典的法典，哥萨克人的律法，西伯利亚土著的律法习俗，以及东斯拉夫农民公社的律法习俗。俄国东正教会对针对主教法庭的罪行拥有裁判权，并与政府共同负责审理涉及体罚的罪行［异端、渎神（blasphemy）、渎圣（sacrilege）[②]、巫术］。教会集团和修道院也对其广阔土地上的农民和仆人行使世俗管辖权。所有这些下级法院的司法都涉及体罚，其中既包括由东斯拉夫农民公社和/或其地主或者西伯

333

---

① "差异政治"是 20 世纪 80 年代出现的一种后现代政治学理论，指群体之间的差异促使在政治安排上做出相应的适应与调整，这被认为是政治变革的基本社会动力。

② 渎神和渎圣是一对近义词，前者偏向于亵渎抽象的宗教神灵，后者偏向于亵渎实际存在的宗教物品（如圣物或圣地）。

利亚人和草原人群根据习惯法实施的体罚，也包括在波罗的海和前波兰立陶宛联邦的土地上适用的瑞典、波兰和德意志法典中的体罚，以及哥萨克人的司法中所规定的体罚。

界定刑法

为了保证沙俄①神权的正统地位，俄国统治者始终手握界定刑法的权力。[3]作为明君的沙皇虔诚而仁慈，他不但是信仰的守护者，而且是传统的保护者，更是公正的审判者。尽管彼得一世（Peter I，1682—1725 年在位）接受了来自欧洲的一种更有活力的全新专制主义学说，但这种学说并未取代民众在司法方面对沙皇的期望。俄国法系建立在与欧洲法系（罗马法、日耳曼法和教会法的有机结合）截然不同的传统之上，俄国的王朝和政治结构继承自基辅罗斯，后者是 10—12 世纪在第聂伯河畔兴起的公国。988 年，基辅的王公贵族从拜占庭帝国那里接受了基督教，因此接受了一些翻译成斯拉夫语的宗教文本、历史记录和东正教律法。但是，拜占庭帝国丰富的罗马法遗产几乎没有对其产生影响，11 世纪颁布的《罗斯律法》（*Russkaya Pravda*）是一部符合日耳曼惯例的世俗律法。11—15 世纪，基辅罗斯公国及其继承者都没有建立世俗的教育或法律机构，这部分是因为当时统治该地的蒙古帝国严重压榨了当地的人力和资源。在 19 世纪 60 年代的司法改革之前，修道院的缮写室（scriptoria）②是俄国仅有的传授法律的学府，当

---

① 此处原文为 Muscovy，这是历史上的莫斯科公国（1283—1547 年）的别称，后来也被用于指称沙俄政权（1547—1721 年），本章采取的是后一种用法。
② 缮写室是中世纪至近代的欧洲各国专为制作手抄本而设计的工作室，通常位于修道院内部。

时国内既没有司法机构，也没有执业律师，更别说公证人员了。因此，在 15 世纪走上中央集权的道路后，俄国统治者几乎没有任何专业法律人员，也没有设置任何法律机构。

因此，俄国统治者制定的法典（1497 年、1550 年、1589　334
年、1606 年）更像是指导日常工作的手册，其中几乎没有定义或通行的规范，只有对具体案例的详尽引用。这些法典专注于监督官僚（规定费用和法律程序以防止官僚腐败和司法滥用）、量刑以及土地所有权和奴隶制等问题。1649 年颁布的《议会法典》（*Ulozhenie*）成为俄国法律编纂史上的里程碑，这部法典在扩大法律适用范围的同时保持了此前法典的实用与不加修饰的特点。与 1497 年颁布的含有 68 项条文的法典，以及 1550 年颁布的含有 100 项条文的法典相比，《议会法典》包含 25 个主题章节下的 967 项条文，涵盖国家犯罪（state crime）[①]、司法程序、土地所有权、农奴制和奴隶制、死刑等主题。所有这些条文都会通过个别法令进行补充，但由于印刷术在当时并未得到广泛运用（尤其是在地方法院），很少有人能够看到《议会法典》的全文。在整个 18 世纪，俄国统治者都在委托相关人员进行法典的编纂，包括彼得一世在位期间的三次编纂工作（1700—1719 年）、伊丽莎白一世在 18 世纪 50年代进行的编纂工作，以及叶卡捷琳娜二世（Catherine Ⅱ）在 1767 年进行的编纂工作。但由于缺乏专业法律知识，这些编纂项目都不了了之。直到 19 世纪，俄国的司法程序与刑事判决基本上仍然依赖 1649 年颁布的《议会法典》。

---

① 国家犯罪是指国家违反自己所制定的刑法或国际公法的行为，也指政府官员以及政治人士在体制内的犯罪活动。

尽管刑法的适用范围从未得到严格界定，但法庭始终关注如下几个非常重要的问题：政治重罪（在广义上还包括异端、渎神等相当于叛国的宗教罪行）；放火、杀人、绑架等重罪；累犯重罪（recidivist felony）[①]，如盗窃和抢劫。16 世纪中叶，当局成立了一个由地方刑事官员组成的机构来专门处理累犯问题，他们负责铲除和审判强盗团伙，而且不用请示上级法院就能够实施刑讯逼供、体罚甚至执行处决。继 1588 年颁布的《立陶宛法令》（Lithuanian Statute）[②] 后，1649 年的《议会法典》也引入了关于政治犯罪的三项法案，其中包括反抗信仰和教会、反抗沙皇本人及其象征物（宫殿、禁卫军、法院和官员、皇家文件），以及叛国和谋逆。《立陶宛法令》和复兴的拜占庭教会法（Byzantine Church Law）[③] 促使 1649 年的《议会法典》和 1669 年的《刑法典》更加重视死刑和体罚（以及其他更加残忍的刑罚）。除了严重盗窃、抢劫和蓄意谋杀以外，《议会法典》还增加了大量死罪（共计 122 种），包括各种杀人罪（弑亲、杀婴、受到法庭审判的凶杀），纵火罪，伪造罪，持有或销售烟草罪，毒杀罪，以及叛教罪（皈依伊斯兰教）。彼得一世在位期间的军事法典中又添加了 60 种死罪。

335

司法程序与暴力

在财产、荣誉和其他次要问题上，早期近代的俄国法庭采

---

① 累犯重罪，法律术语，指因为累犯轻罪而构成的重罪。

② 《立陶宛法令》是波兰立陶宛联邦在当时颁布的最高国家法典，也是自罗马法以来欧洲第一部完整的法典，后来成为俄国《议会法典》的主要来源之一。

③ 拜占庭教会法，简称拜占庭法，指 6—15 世纪东罗马（拜占庭）帝国历代皇帝颁布法律的总称，是现代大陆法系的前身。

用的是一种指控式流程。在这种流程中，有关各方提起诉讼，将自己的证人带上法庭，而且有权拒绝对手提供的证人，为自己辩护并达成和解；只有在没有达成和解的情况下，法官才会下场评估各方的证据。而在刑事案件中，法院则会采用更加严格的纠问式流程。16 世纪，随着罗马法的复兴，纠问制（inquisition）①的审判程序在整个欧洲都推行开来，神圣罗马帝国于 1532 年颁布的《加洛林纳刑法典》以及法国于 1539 年颁布的刑法典都是贯彻这一程序的典型代表。俄国很可能受到波兰立陶宛联邦的影响才直接借用了这种程序。纠问审判往往发生在非公开的法庭，由法律专家（检察官）对相关人员进行审讯，有时还会进行刑讯逼供，最后将诉讼过程记录在书面档案中并做出判决。法律对刑讯逼供有严格规定：必须有"合理根据"（probable cause）②才能使用，使用的次数存在上限，必须有证人和医务人员在场，以及受刑者第二天必须在证词上签字。

俄国法律在各个领域都采用了纠问式流程：法官在审讯（obysk）和裁决中起决定性作用，当事人的声誉也会被视为证据之一，如果有"合理根据"（被共犯指控、在作案过程中被抓获或者有"确凿"的实物证据）则允许刑讯逼供，以及死刑案件禁止达成和解。但在俄国，欧洲审问程序的严格性被明显放松：证人会在公开的法庭上进行作证，刑讯逼供的地点是总督办事处的凹室（zastenok），而且没有任何保障受刑者安全

---

①　纠问制是起源于宗教裁判所（Inquisition）的审问制度，后来成为早期近代欧洲常见的刑事诉讼制度，其特色是法官同时是负责提出证据、试图证明被告有罪的检察官。

②　"合理根据"，法律术语，指从合理调查中获知的接近明白无误的事实，其可信程度大于"可疑"但小于"确切"。

的措施。司法实践表明，对普通案件嫌犯的刑讯逼供次数最多为三次，但对最严重的宗教和国家罪行而言，则不会遵循这一默认限制。[4] 法庭不会留下任何刑讯逼供的记录，甚至不会记录这类行为发生的次数，直到 18 世纪初才零星出现这类记载。即使是最博学的检察官也不会亲自撰写完整的审理档案；在审讯过程中，会有一名掌握司法知识的书记员收集所有文件（包括审讯过程和刑讯逼供的记录以及相关法律引文），并向法官大声朗读这些材料以获得下一步指示。最终，这名书记员将全部材料读给法官听，后者据此进行裁决（至少在 18 世纪，军人出身的法官普遍不识字）。

336   由于法律资源的缺乏，俄国的纠问法庭程序相对而言比较简单。每当遇到疑难案件时，德意志的法官会遵循《加洛林纳刑法典》的规定与周边大学的教师进行商讨，但俄国没有这样的条件（直到 1755 年，俄国才在莫斯科建立了国内第一所大学）。在 1775 年的司法改革之前（18 世纪 10 年代后期的司法改革只持续了不到十年），俄国的司法部门始终没有与行政部门分离。除了担任法官之外，总督还兼任驻军指挥官、征税官、海关贸易监察官、边防外交官，堪称万金油（jack of all trades）。只有书记员才掌握专业司法知识，他们在莫斯科的重罪大法庭接受法律和程序方面的培训；法庭会将他们派往各地的司法机构，用来维持统一的司法标准。

大法庭的书记员往往会经历多年的学徒生涯，他们在官僚机构的文件撰写制度中不断接受强化训练。这种被有意设置得重复冗长的流程，要求书记员在抄写法官最新回复之前逐字逐句地抄下之前的记录。如果通信与审判的过程（审讯、传唤、刑讯逼供、履约保证）长达数月，那么案件的卷宗就会变得又厚又重。这种冗余不但保存了每个案件的审理过程（考虑到各地每隔几年就会更换总督，这一点很有帮助），而且通过大量重复和口头宣读向当地书记员和法官传授了程序和法律规范。如果遇到难以裁决或极其重大的案件，地方法院可以将其转交莫斯科大法院审理；在 18 世纪初以前，即使是死刑案件并不一定要交由中央法院复核的时候，许多地方的法官也会经常这样做。尽管缺乏正规的法律培训，但早期近代俄国的刑事法律实践还是体现出明显的一致特征。无论是在乌克兰还是西伯利亚，法庭在案件审理过程中都会使用相同的文件形式和法律术语，而且法律程序和量刑规范也能保持一致。不论当事人的种族、性别或宗教背景，从爱沙尼亚的农民到雅库特游牧民，所有的沙皇臣民都受到刑事法庭的管辖，并且可以做原告、被告、证人和担保人。整个沙俄帝国刑事法律实践的一致性是当局致力于中央集权的突出体现。

　　然而，法律实践在程序和判决上同样体现出灵活的一面，这似乎与国家对中央集权的不懈追求相抵触，但这是司法制度在大多数时候良好运作的标志；在整个早期近代欧洲的司法场所，和解、调解和减刑现象都十分常见，这主要是因为案件审理花销巨大，而且会引发社会动荡。但在俄国，还存在其他影响因素。首先，法律人员短缺的问题始终困扰着沙俄帝国，基层司法人员（法警、狱警、刽子手及其手下）都是履行效忠沙皇义务的平民，他们的工资通常很低。只有书记员是国家司法制度中的全职受薪雇员。因此，当涉及追捕嫌疑人或者刑讯逼供时，法庭上都是熟人，这可能使法庭倾向于做出较轻的判决，或者对那些受到人们唾弃的罪犯严惩不贷。

　　其次，在纠问审判过程中，法庭在把声誉视为证据的同时还会考虑主观判断的因素，并会据此宽大处理。法官会调查被告的风评，这是为了获取关于曾经与被告共事者、被告事发前展现的意图、目击证据以及被告声誉的信息。如果人们认为被告是惯犯，或者被告不为人所识，那么被告将会遭受酷刑以及更加严厉的惩罚。此外，这类调查还会使法官从轻发落有良好口碑的被告。例如在 1646 年，社区成员就集体为一名对自己的谋杀行为供认不讳的女性说情。他们说她杀死的丈夫是坏人，而她则是一个"善良的女人"。出于平息社会舆论的考虑，法官把她的死刑减为鞭刑。法律诉讼还存在一定的道德基础。在几乎所有被告没有被判流放的案件中，社区相关人员（邻居、亲属、村里长老）都会被要求签署履约保证书，如果被告再次犯罪，他们就要集体承担高额罚款。

法官的宽大处理不仅满足了维持社会平衡这一人心所向的愿望，还反映了俄国的政治意识形态。作为典型的早期近代君主制国家，俄国在意识形态上将沙皇描绘成一个公正的法官，沙皇的臣民都可以向他本人请求宽恕与恩泽。为了落实这种角色，沙俄统治者经常在圣日和其他庆祝活动期间大赦天下，并且会定期亲自或命令当地法官减免刑罚。定期减免刑罚的举动不但强化了沙皇与法院的正统地位，而且对增强社会凝聚力做出了贡献（尽管这种贡献微不足道），这尤其体现在地方层面。这种宽大处理也来自当事人自己，胜诉的原告有时会抱怨判决过于严厉，并请求法官对被告手下留情。此外，尽管法律明令禁止，但诉讼当事人偶尔也会（经过法官批准后）在死刑案件中与被告达成和解，这通常是为了向免于一死的被告施压，使其向受害者的家属提供物质支持。

该制度的某些结构性方面也起到了弱化司法条款的作用。

总督会得到当地民众在住房、交通、食品和服务上为其提供的种种好处，这就有可能导致贪婪的官员滥用权力，至少会创造布莱恩·戴维斯（Brian Davies）笔下所谓的礼物经济（gift economy）①，即人们期望那些官员会与其达成合作，以作为接受礼物的回报。⁵社区的地方道德经济（moral economy）② 在礼物与贿赂、适当的服务与过分的要求之间划定了界限。像法官一样，书记员也容易因为薪水不高而贪污。17 世纪的书记员既有薪水，又有服务费。但在 18 世纪的大部分时间里，书记员的薪水都被取消，他们只能靠收取服务费生活，这也埋下了腐败和滥用职权的隐患。

338

　　国家试图通过威胁对腐败官员和行贿者进行罚款或体罚的方式来打击腐败现象。如下场面在当时经常出现：总督急忙为自己辩护以免受到腐败指控，他们不顾一切地维护自己的荣誉和工作。总督的任期很短，只有一年到两年（在西伯利亚最长可达四年），这是为了防止他们把持地方权力，或者造成过度腐败。彼得一世对贪污国家资金的行为尤其感到愤怒，他在位期间主持的一些著名的公开处决的对象都是腐败官员。但是，反腐的基本资源投入不足：国家从未花精力对公职人员进行审计和调查，也没有向其支付足够的薪水。社会上到处都是对司法迟缓或贪污腐败的抱怨声音。1764 年，通过重新提高

---

① 礼物经济是经济学术语，指提供商品或服务者并没有明确的预期回馈对象，也没有预期回馈的内容，有许多分享行为出自非制式的习惯，同时礼物的施与受已转换成一种未明确规定的义务，形成送礼者与收礼者之间的隐晦关系。

② 道德经济是本章中反复出现的经济学术语，指市场经济主体自觉遵守道德规范，并用非正式制度、传统、风俗、信仰等道德方面的价值观来指导自身经济活动。

官员薪水和取消社区日常维护费用，叶卡捷琳娜二世致力于打造一个更有效率的官场环境。1775 年，她对地方政府进行改革，并以此建立了一个更加密集和专业的行政网络。她将省（gubernii）的数量增加了约一倍（从 29 个增加到 50 个），将整个帝国划分为 585 个地方行政区，并在所有省和行政区都建立了相同的三大行政体系（财政部、行政"土地法院"，以及由下级与省级法院组成的司法等级制度）。改革后的司法组织为上诉提供了等级制的依据；下级法院包括当地居民的代表，同时将土著以及土著自身的法律纳入司法范围。不过，一些老问题（官员人手不足、资金不足和司法专业知识的缺乏）直到 19 世纪依然存在。

司法惩戒

沙俄的司法惩戒制度十分简单。对于一些民事纠纷（如侮辱名誉），法院通常会对犯事者处以罚款。[6]但如果是重罪，法庭通常会进行体罚。体罚包括可怕的鞭刑：用一条宽而重的皮鞭，末端套上重物，以此获得更大的冲击力来拷打犯人。这条皮鞭可以通过仅仅几下抽打就使一个人的背部皮开肉绽。不太严厉的体罚则是通过棍棒（bastinadoes）或细鞭（pleti）执行的。鞭刑不是唯一的酷刑，犯人还会被同时施以吊刑（strappado），即通过在被捆绑的双腿之间增加重量和摇晃悬挂的身体来加剧痛苦。火刑虽然很少见，但会出现在对最严重的政治罪行的刑罚中。如前所述，对于酷刑和拷打，法律和判决不会规定要打多少下以及打到什么程度，尽管法庭偶尔也会下令进行"无情的"（neshchadno）惩罚。如果处罚力度较轻，这可能是来自法官的仁慈，也可能是来自当地刽子手的手下留情，或许还反映了民意。然而，在沙俄法律实践中，对叛国和巫术的审判是最为残忍的，常见的刑罚场面包括重压、摇晃身体、火烧以及各种无所不用其极的反复酷刑。1698 年，彼得一世授权他的一个亲信调查一起针对自己统治的反叛事件，此后，名为普里奥布拉岑斯基大法院（Preobrazhenskii Chancery）的机构成为沙俄在 18 世纪上半叶对叛国罪进行严厉审判的场所。

沙俄政府执行死刑的方式主要是斩首和绞刑。与欧洲一样，因巫术和异端而获罪者会被处以火刑，他们的灰烬随风飘散，以此毁灭任何邪灵的痕迹。对于杀死丈夫的妇女，处决方式是将脖子以下的身体埋到土里等死（这种持续数十年的奇怪刑罚出现于 1649 年，1689 年被废除）。但在彼得一世即位前，沙俄的死刑制度在某些方面不像许多同时期的欧洲国家那般残酷和暴力。米歇尔·福柯（Michel Foucault）、彼得·斯皮伦伯格、理查德·埃文斯（Richard Evans）、理查德·范·杜尔门（Richard van Dülmen）等人笔下著名的"受苦奇观"——在大量观众面前公然进行的、带有戏剧和宗教色彩的大规模处决和刑罚仪式——并没有在当时的俄国出现。恰恰相反，就地正法在俄国是件简单而迅速的事情。考虑到帝国幅员辽阔，当一个可能已经拖了几个月甚至几年的案子终于结案时，中央会要求地方总督迅速执行判决，"不要因此耽误了沙皇的旨意"。"为了震慑他人"，法庭会在人群聚集的公共场所（通常是市场）执行判决，但执行的速度要比场面的戏剧性更重要。当时并不存在常设的刑台，也不存在市政官员和显要人物就座的看台，当局更不会等到监狱中塞满了囚犯后才进行大规模处决。1649 年的《议会法典》规定，死刑犯有六个星期的时间进行临终忏悔。可实际上，总督们往往最多等待两三周就会实施处决。当局会派一位牧师为死刑犯进行忏悔和准备圣餐，而木匠们或者搭起一个简单的脚手架用来执行绞刑，或者铺设一块用于砍头的砧板，又或者搭建一个塞满干草和焦油的木笼子用来烧死女巫和异教徒。尽管依然存在简短的流程，但在经过几个月的审判后，死刑执行的速度之快很可能还是会引起社区的震动。沙俄式惩戒的恐怖之处可能恰恰在于其速度。

虽然司法惩戒的暴力程度受到严格控制，但在反叛期间，沙俄中央政府无疑会通过残酷的暴力惩罚以儆效尤。1670—1671 年，当斯捷潘·拉津（Stepan Razin）在伏尔加河沿岸率领哥萨克人和农民发动的起义被镇压时，数千人在战斗中或被夷为平地的村庄中丧生，数百人在伏尔加河沿岸或战场上被活活吊死。拉津本人则被押往莫斯科，他在红场遭受裂肢刑①处决之后，其身体部位还被公开展示了数月之久。1707—1708 年，当沙俄军队镇压由孔德拉季·布拉文（Kondratii Bulavin）领导的起义时，在起义发生的顿河北部地区，九成哥萨克人被杀。但即使在战争和起义时期，出于实际原因和世袭意识形态，惩罚也会伴随着仁慈与和解。例如，在拉津起义之后，所有卷入起义的村民都被赦免，理由是他们愚蠢地被拉津的花言巧语诱惑了。他们被迫重新向沙皇庄严宣誓，然后就得到释放，政府认为不可能惩罚每一个人。

彼得一世在位期间，俄国司法惩戒的暴力程度前所未有。1698 年，他在阿姆斯特丹目睹了长达一天的处决"奇观"，并

---

① 裂肢刑，源自神圣罗马帝国的《加洛林纳刑法典》，指将犯人的肢体分解为四块的死刑，可能由刽子手执行，也可能借助工具，类似于下面提到的轮刑。

将这种做法带回俄国。在莫斯科和圣彼得堡，他为 1698 年的火枪手反叛者、1718 年被判叛国罪的儿子阿列克谢（Aleksei）[1]及其手下，以及几名极其腐败的官员建立了展示他们尸体部位的永久展台，并且在这里实施了大规模的处决。彼得一世与前任沙皇[2]所采用的一些新的惩罚方式可能来自效忠于俄国的欧洲官员的建议。彼得一世在当时与苏格兰人帕特里克·戈登（Patrick Gordon）和瑞士人弗朗茨·勒福特（Franz Lefort）交往甚密。1653—1698 年，彼得一世在四起叛国案中都采用了裂肢刑；他还引入了轮刑（breaking on the wheel），甚至下令通过刺刑[3]将一名罪犯处决，另一名罪犯则被活活烤死。彼得一世还在军事法典中借鉴了外国的模式，增加了夹道之刑[4]等残酷的惩戒措施。世俗法庭在通常情况下并不会采用军事法典，但鉴于军队及其附属人员的庞大规模，以及军法在边境地区的广泛使用，这些措施同样产生了一定的社会反响。

　　尽管如此，随着流放制度在 18 世纪走向成熟，俄国司法的暴力程度有所下降。从 16 世纪晚期开始，被判重罪但还不至于判死刑的罪犯会被送往西伯利亚或周围地区戍边，并在那里从事与其技能有关的工作（农民、城市工匠，甚至还有火枪手和驻军）。随着彼得一世大力建设新项目（新港口、海港和运河、工厂和矿山，以及新首都圣彼得堡），加上新式海军对划桨手的需求，国家决定冒险使用罪犯（甚至是死刑犯）来从事这类"苦役"（katorga）。法院增加了判处死刑所需的

341

---

① 指阿列克谢·彼得罗维奇·罗曼诺夫（Aleksei Petrovich Romanov）。

② 指彼得一世的哥哥伊凡五世（Ivan V），罗曼诺夫王朝的第四位沙皇，他前期在名义上与彼得一世共同执政。

③ 关于刺刑，参见本卷第 13 章。

④ 关于夹道之刑，参见本卷第 13 章。

重罪数量，并且缩小了应判处死刑罪行的范围；所有其他重罪罪犯都被流放，死刑的执行次数减少了。不过，流放本身依然是残酷的：许多人在被流放之前会遭受鞭刑，前往流放地途中的交通十分不便，生活条件也很简陋。

国家利用死刑犯在流放地从事劳动工作，这会带来棘手的管控问题，因此当局制定了残酷但有效的身体标记制度来识别这些流放人员。1649 年颁布的《议会法典》、1669 年颁布的刑事条例以及当时的其他法令都规定，对死刑犯和重刑犯要割掉其一只耳朵或一根手指，对犯有盗窃罪和抢劫罪的重罪犯则会进行递进式的器官切割（第一次盗窃割左耳，第二次盗窃割右耳），他们身体上的缺陷成为犯罪本身的标志。如果一个两只耳朵都被割掉的人被判犯有盗窃罪，那么这显然已经是他的第三次盗窃，应该将其判处死刑。

到 17 世纪 90 年代时，标记犯人的方式已经从器官切割转为伤害程度较低的烙印（通常是以文身的形式）。被判处终身流放以"代替死刑"的犯人脸上会印有字母 V（vor，意为罪犯）。1705 年，为了识别最危险的罪犯，国家在烙印的基础上又增加了割开鼻孔（愈合后会留下怪异的伤疤）的惩罚。烙印和割开鼻孔的目的很明确，那就是防止流放者逃离他们所在的地方；法令指出，如果被烙印或标记的流放者出现在欧陆俄国（European Russia）①，那么他将被认定为逃跑的流放者并受到惩罚。一些烙印代表了流放地点（如西伯利亚城市托博尔斯克），但更常见的是烙印指向罪行，这与一些欧洲国家的做

---

① 欧陆俄国，指乌拉尔山和乌拉尔河以西的俄国地区，在地理上通常被认为属于欧洲。这一地区的经济更为发达，人口更加稠密。

法相同。字母 VOR 或 RZB 被文在流放者的脸上，代表"小偷"或"强盗"；到 19 世纪，其他字母或词语被用作烙印标记，以便更精确地识别所犯的罪行（造假者、腐败官员、被判苦役等）。

因此在 18 世纪，俄国的司法暴力从死刑制转向了流放制。对劳动力的实际需求当然是引发这种转变的主要因素，但我们同样不应忽视其中的道德因素。即使是在诉诸暴力时毫不迟疑的彼得一世也规定，死刑判决必须提交上级机关复核，"以免无辜之人遭受无妄之灾"。对错判死刑的担忧在 18 世纪 40 年代的类似法律中反复出现。不仅俄国政权的合法性部分来自统治者保护其人民免受不公正待遇并提供宽大处理的方式，帝国贵族的主导道德准则（俄国东正教）也标榜仁慈与博爱。伊莉丝·维尔特沙夫特（Elise Wirtschafter）和辛西娅·惠特克（Cynthia Whittaker）指出，在 18 世纪的俄国社会，知识分子和受过教育的贵族将公共问题纳入了私人道德的框架。他们从个人角度看待自己与沙皇、农奴以及公共领域的关系，主张通过道德上的自我完善来解决政治问题。在整个 18 世纪的教会等级制中，至少在上层阶级所处的宫廷圈子里，来自德意志以及日后法国的启蒙思想与东正教的道德哲学融为一体。[7]由此，尽管流放同样严酷，但废除死刑的举动似乎体现了当局仁慈的一面。

1741 年，彼得一世的女儿伊丽莎白①登基，她于 1743 年命令参议院废除死刑，这显然是出于人道主义的考虑。然而，由于这项命令的执行方式存在法律上的模糊性，死刑问题要到

---

① 指伊丽莎白一世·彼得罗芙娜（Elizabeth I Petrovna），她是彼得一世与叶卡捷琳娜一世的第三个女儿，罗曼诺夫王朝的第十位沙皇。

一个世纪之后才得到解决。18 世纪 40 年代，参议院起初面对
这项命令时重申将死刑判决提交上级当局的呼吁，这或许反映
了当时的贵族阶层并不同意直接废除死刑。1751 年，尽管依
然没有明文提及，但参议院通过如下方式最终"废除"了死
刑：以大量积压的死罪案件有待确认为由，宣布所有死刑犯都
理应在等待审查期间被送往流放地从事苦役。参议院着手为流
放的死刑犯制定制度，规定对犯人实施烙印的标准，并为不同
类型的死刑犯设定不同的工作条件。被判"自然死亡"
（natural death）的犯人的工作条件最苛刻，标记也最难看（烙
印和割开鼻孔）；被判"政治死亡"（political death）的犯人
罪行较轻（被判绞刑缓期执行），他们的工作条件也没有那么
苛刻，根据记载，这些人也不会因被割开鼻孔而毁容。

　　进入 19 世纪后，俄国公开宣布废除死刑和司法酷刑，并
且将这一标准应用于整个帝国的刑事法庭审理过程，几乎所有
的常见罪行都不会被判死刑。根据一位学者的估算，从 18 世
纪 60 年代到 1845 年，只有十几名死刑犯被执行死刑。[8]然而，
俄国当局对死刑的立场依然摇摆不定。一方面，法律继续保留
死刑判决，尽管死刑实际上意味着流放；另一方面，国家从未
停止过对政治犯的处决。叶卡捷琳娜二世在 1764 年以叛国罪
处死了瓦西里·米罗维奇（Vasilii Mirovich），在 1771 年处死
了瘟疫暴徒①，在 1775 年处死了哥萨克叛军头目叶梅连·普加乔
夫（Emelian Pugachev）。1826 年，沙皇尼古拉一世（Nicholas I）
处死了参加革命的十二月党人。直到 1845 年，当局颁布的刑

343

---

①　1770—1771 年，莫斯科暴发黑死病疫情，引发全城暴动，叶卡捷琳娜二
　　世在暴动平息后将四名主谋处死，百余人因此获刑。

法典才最终确定官方对死刑的立场，这种做法显示出俄国法律潜在的世袭性质。该法典规定，只有"两种"罪行应被判死刑：针对沙皇及其家人的图谋与行动，叛国与发动叛乱（特别检疫法还会对违反检疫的极端行径判处死刑）。除此之外，以前的所有死罪（包括渎神、渎圣、弑亲、谋杀、纵火以及累犯重罪）都被改判为流放和体罚。

与此同时，人道主义价值观也在一定程度上有助于缓和俄国刑法的残酷性。1767 年，叶卡捷琳娜二世在写给立法委员会的《训令》①　中大量援引欧洲思想（526 项条文中有 408 项出自贝卡利亚②、孟德斯鸠等人的学说）来反对酷刑和死刑，并认为后者仅仅适用于极端威胁国家的罪行。她将监禁视为最严厉的惩罚，因为这剥夺了人们的"自由"。因此，俄国直到很晚才建立监狱制度，而流放制度则一直延续至苏联的古拉格（Gulag）制度中。除了在 1782 年废除酷刑之外，叶卡捷琳娜二世于 1785 年废除了对贵族和最高阶层商人的体罚，还在统治末期将神职人员和其他上层社会群体纳入保护范围。[9] 18 世纪和 19 世纪早期的法律废除了对女性的烙印和鼻孔切割（1757 年），减轻了司法重刑的残酷程度并提倡在施刑后进行医疗护理（1801 年、1809 年），以及在 1817 年以"不人道"为由彻底废除了鼻孔切割之刑。但鞭刑直到 1845 年时才被废除，其他体罚则一直存续至 19 世纪 60 年代。

因此，在进入 19 世纪后，俄国的刑事司法依然体现为暴

---

① 《训令》的全称为《给被任命为制定俄罗斯帝国新法典的委员的伟大指示：由叶卡捷琳娜二世陛下撰写》（*The Grand Instruction to the Commissioners Appointed to Frame a New Code of Laws for the Russian Empire : Composed by Her Imperial Majesty Catherine II*）。

② 即切萨雷·贝卡利亚（Cesare Beccaria, 1738—1794 年）。

力与仁慈的矛盾结合，这在一个欧洲国家纷纷转向监狱制度并且犯罪率持续下降的世纪中似乎显得格格不入。尼古拉一世的统治（1825—1855 年）提供了残酷与仁慈的鲜明对比案例，这也是理解俄国刑事司法中自相矛盾之处的关键。尼古拉一世并没有因死刑的废除而有所却步，面对边境地区的农民起义、政治动荡和地方犯罪行为，他会在必要时宣布在平民地区实行军法。诸如巴什基尔人与吉尔吉斯人的马匹盗窃与奴隶劫掠（slave raiding）①、外高加索的公路抢劫以及西部省份和波兰的政治暴动，这些犯罪行为都适用于严厉的军事法典。西伯利亚的总督在 19 世纪 30 年代至 40 年代获得许可，有权秘密处决不守规矩的流放犯人。尽管军事法庭经常下达死刑判决，但为了显示自己的仁慈，尼古拉一世会减轻其中的大多数判决。然而，这类减刑通常意味着近乎致命的夹道之刑，而且刑罚会在人群面前执行，以此起到震慑公众的效果，这就又倒退回了早期近代的"受苦奇观"。[10]这些惩罚方面的暴力与仁慈的矛盾究竟如何在俄国司法中保持一致？

乔纳森·戴利（Jonathan Daly）指出，我们应该注意到 1845 年的俄国刑法典中与死刑有关的意识形态基础——只有那些对统治家族产生威胁以及背叛国家的罪犯才会被处死。[11]戴利将俄国的世袭政治哲学与法国大革命后欧洲日趋合法与理性的政府理论进行了对比。在一个讲法制而且民众希望实现法制的"理性"国家，为了保护主权公民，犯罪行为必须受到法律的惩处。相比之下，在俄国，只有沙皇才能保护臣民免受不公待遇，他们不会轻易杀死自己的臣民。因此，为了巩固自

---

① 奴隶劫掠，指劫掠某个地区的平民并将其作为奴隶或俘虏出售的行为。

身统治声望，沙皇主观上乐意保护他们的臣民免受极刑，这些极刑只会针对那些威胁政权的叛乱分子。沙皇拥有在他们自认为合适的情况下使用暴力的特权。一方面是反感对普通罪犯执行死刑，另一方面则是流放制度的残暴以及对革命者和谋反臣民使用的军法暴力，两者并不存在严格意义上的矛盾。当俄国统治者与自由派法学家以及按照欧洲标准培养的贵族产生意见上的分歧时，矛盾才变得公开化，19 世纪 60 年代司法改革中的法治进展与随后几十年以沙皇为中心的刑法的残酷应用就是这种矛盾的体现。

司法图像

尽管当时的俄国法律极少以视觉形式呈现，但这类呈现方式十分引人注目。司法图像大量出现在当时欧洲的公共场所，随着君主制、主教制、议会制、市政制和其他法律制度的兴起，越来越多的法院和其他法律场所开始有意识地将其运用于法律裁决。这些场所经常绘有风格化的图像，这些图像旨在使人们尊重司法程序，并让参与者保持清醒的头脑。在中世纪的意大利法庭，法官席后面的墙上绘有末日审判的画面或正义与邪恶的寓言（如在锡耶纳①）；德意志地区的市政厅的外墙经常装饰着圣经故事中与古典时代的美德与恶习的图像。但俄国没有单独的法院，诉讼当事人在法庭上唯一能看到的司法象征物可能是法官桌上的《议会法典》副本。

345

---

① 此处指锡耶纳市政厅的壁画《好政府和坏政府的寓言》（*The Allegory of Good and Bad Government*）。这是由安布罗吉奥·洛伦泽蒂（Ambrogio Lorenzetti）在 1338 年 2 月至 1339 年 5 月绘制的三幅壁画之一，也是唯一保存至今的表现中世纪世俗政府的壁画。

　　同样地，在欧洲大部分地区，印刷文化传播了司法的正义形象。象征司法的经典造型是一个被蒙住双眼的女人①，她的手里拿着象征司法公正的天平和象征司法惩罚的剑，这一形象常见于当时的公共艺术和印刷品中。尤其是在描绘处决活动的宽幅大报中，画作体现了司法一以贯之的正义性质：在刑台边上绘有主审官员的形象和标志性的国家建筑，法官、神父和医生被绘于刑台之上，刑台四周围满了一群专注观看刑罚并对此表示肯定的人。不过，当时的俄国缺乏上述视觉印刷文化。一些目睹过俄国刑罚的欧洲旅行者——其中最著名的是亚当·奥莱留斯（Adam Olearius）、埃里希·帕姆奎斯特（Erich Palmquist）与约翰-格奥尔格·科尔布（Johann-Georg Korb）——是仅有的描述过当时俄国的司法实践的人，他们所描述的刑罚场面充斥着混乱与暴力（尤其是鞭刑）。例如，科尔布于 1700 年在维也纳出版的回忆录中首次描绘了俄国的"受苦奇观"——1698 年，国家对 600 多名火枪手的大规模处决。对于（对司法行刑的场面十分熟悉的）他的插画师以及欧洲读者而言，科尔布笔下的场景显然令他们感到十分陌生。为了证实其书中俄国是一个专制国家的观点，科尔布描述了大规模的绞刑、斩首以及轮刑，但丝毫没有提及法庭、司法官员或井然有序的现场民众。[12]欧洲的读者会据此认为，俄国的司法是残酷且专制的。

　　俄国的艺术家同样没有创作过表现法庭、处决等日常司法主题的图像作品。法庭上的图像内容通常由教会决定，因此描

---

　　① 即正义女神（Lady Justice），古罗马神话中其名为朱斯提提亚（Justitia），这位女神的造型混合了希腊的忒弥斯、狄刻、阿斯翠亚等女神的形象，一般是一手持天平、一手持宝剑，而且紧闭双眼或者在眼睛上蒙着布条。

绘的是宗教主题，形式以圣像和壁画为主。（尽管彼得一世在
18 世纪的法庭中引入了世俗题材的画作，但艺术家们花了一
个多世纪才从肖像画转向对风俗场景的描绘。）然而，早期近
代俄国为数不多的刑事司法主题的图像（如壁画、末日审判
图像与历史插图）既呈现出和谐得体的风格，又合乎司法规
范。这些画面既不野蛮，也不涉及暴力，它们通过圣像风格传
达的姿态表现出高尚的节操，而暴力并未被具象化。末日审判
的壁画经常出现在教堂的西侧墙壁上，意在歌颂"义人得救"
(the salvation of the righteous)①，而非被诅咒者的痛苦。16 世
纪中叶，大卫王和所罗门王的正义寓言开始出现在克里姆林宫
重要接待室的墙上，来来往往的贵族都可以欣赏到这些壁画。

  16 世纪中叶，有文化修养的宫廷贵族（尤其是神职人员）
也可能读到由克里姆林宫编纂的一部独特的历史插图作品。这
部名为《插图纪事》（Illuminated Chronicle）的作品的对开页
超过 1 万页，其中有大约 1.6 万张图片，直观地展示了信仰、
社会伦理与正义的信条。统治者宣布执行体罚或死刑的每一个
场景都是对俄国政治意识形态原则的贯彻。[13]沙皇端坐在王座
之上，常常手持权杖，而且总是摆出一副与他人商议的姿态；
身边是他的波雅尔（boyar）②，而且通常还有神职人员（特别
是在对宗教犯罪的审理中）；沙皇的使者宣布判决，被判刑
者则以平静的态度接受自己命运，这使得这场判决看起来公
正合理。通过使用多情节的构图，《插图纪事》描绘了从判
决到执行判决的整个过程。因此，审判中的统治者几乎总是

846

---

  ① 引文出自《圣经·旧约·诗篇》第 37 章第 39 段：但义人得救，是由于
   耶和华；他在患难时作他们的营寨。英文原文出自钦定英译本。
  ② 波雅尔是俄国的大封建主阶层，对自己的世袭领地拥有完全的统治权。

会在他的手下执行判决的时候出现。统治者作为法官的形象传递着某种政治意识形态，这种意识形态的合法性建立在沙皇听从顾问的正当建议，并作为上帝在人间的使者主持正义的基础上。

两个世纪后，叶卡捷琳娜二世在雕塑和肖像画中将自己描绘成一位贤明的立法者。但就像体量庞大的《插图纪事》（该著从未被复印过，也从未离开过克里姆林宫）一样，只有宫廷贵族才能看到这些司法图像。具有讽刺意味的是，关于18世纪司法制度的更广泛文献记载来自当时的宽幅大报。这类报纸上会刊登一些关于法庭腐败的流行讽刺作品，其中就有题为《谢米亚卡的审判》的农民小伙智斗腐败法官的故事。还有一个故事讲述了一起关于罗斯托夫湖①所有权的纠纷，其中扮演腐败法官和诉讼人角色的都是鱼类。这些滑稽作品表明，与《插图纪事》中稳定祥和的司法场面相比，司法腐败才是俄国臣民更为熟悉的场面。

结　语

俄国的司法制度固然残酷，但其同样包含仁慈治国的世袭意识形态，两者之间的矛盾从未真正得到过解决。事实上，这种世袭意识形态有时必须诉诸暴力才能捍卫统治者的权力，例如在1648年和1682年要求伸张正义的城市暴动中就是如此。无论是1648年的阿列克谢·米哈伊洛维奇（Aleksei Mikhailovich），

---

① 罗斯托夫是俄国西南部的一个省，首府为顿河畔的罗斯托夫市（Rostov-na-Donu）。这里的罗斯托夫湖很可能是指涅罗湖（Lake Nero），这个位于罗斯托夫市的湖一直有着"罗斯托夫湖"的别称。

还是 1682 年代表两个未成年"共治沙皇"（co-tsars）的女摄政王①，他们在面对强烈要求将腐败的波雅尔斩首的人群时都认识到，合法性与暴力性始终处于相互渗透的关系中。他们明白，想要维持自身统治的正统性，就必须诉诸司法。如果保护腐败的波雅尔免受纵火和暴动人群的伤害，统治者就会面临失去统治权的危险。出现这类事件时，他们往往会通过允许个别官员被暴徒虐杀的方式来安抚民众的道德经济——政治意识形态的谋划就是如此无情。在 1682 年时，彼得一世还只是年仅10 岁的共治沙皇，他在当时目睹了这种统治者与民众的残酷沟通方式。他在日后建立了宫廷卫队，并为自己的统治确立了更加远离民众的独裁立场。但正如前文已经表明的，彼得一世和他的继承者都坚持认为，沙皇是人民的世袭保护者。俄国统治者经常赦免罪犯、减轻刑罚、用流放代替大多数死刑，但对任何反对他们统治的人都不会手下留情。为了在资源有限的情况下实施统治，俄国法律保持了暴力与仁慈之间的平衡。

参考论著

近年来，英语学界在俄罗斯学者出色的批判与研究基础上翻译了早期近代最重要的一些俄国法典：Daniel H. Kaiser（trans. and ed.），*The Laws of Rus'-Tenth to Fifteenth Centuries*（Salt Lake City, UT: Charles Schlacks Jr, 1992）；Horace W. Dewey（comp., ed. and trans.），*Muscovite Judicial Texts, 1488-1556*, Michigan Slavic Materials 7（Ann Arbor, MI: University of Michigan, Department of Slavic Languages and Literatures, 1966）；Richard Hellie（trans. and ed.），*The Muscovite Law Code*

---

① 此处指索菲娅·阿列克谢耶芙娜（Sophia Alekseyevna, 1657—1704 年）。1682 年，索菲娅的弟弟夭折，她发动政变，立伊凡五世和彼得一世为共治沙皇，自己摄政。

(*Ulozhenie*) *of 1649. Part 1: Text and Translation* (Irvine, CA Charles Schlacks Jr, 1988)。

16—17 世纪的俄国法律在英语学界得到了充分的研究，下面是其中一些重要研究成果：Horace W. Dewey, 'The 1550 Sudebnik as an Instrument of Reform', *Jahrbücher für Geschichte Osteuropas* 10. 2 (1962), pp. 161 - 80; Ann M. Kleimola, *Justice in Medieval Russia: Muscovite Judgment Charters (pravye gramoty) of the Fifteenth and Sixteenth Centuries* (Philadelphia: American Philosophical Society, 1975); Richard Hellie, 'Early Modern Russian Law: The Ulozhenie of 1649', *Russian History* 15. 2-4 (1988), pp. 155-80; Daniel H. Kaiser, *The Growth of the Law in Medieval Russia* (Princeton, NJ: Princeton University Press, 1980); George G. Weickhardt, 'Due Process and Equal Justice in the Muscovite Codes', *Russian Review* 51. 4 (1992), pp. 463-80。

关于 18 世纪俄国社会中的国家暴力，参见 Evgenii Anisimov, *Dyba i knut. Politicheskii sysk i russkoe obshchestvo v XVIII veke* (*Rack and Knout. Political Trials and Russian Society in the Eighteenth Century*) (Moscow: Novoe literaturnoe obozrenie, 1999); 关于 18 世纪俄国废除体罚的过程，参见 Abby Shrader, *Languages of the Lash: Corporal Punishment and Identity in Imperial Russia* (DeKalb: Northern Illinois University Press, 2002)。

348 关于 17 世纪俄国司法的一些个案研究成果，参见以下著作：Nancy S. Kollmann, *By Honor Bound. State and Society in Early Modern Russia* (Ithaca, NY: Cornell University Press, 1999) 探讨了有关荣誉的诉讼；Nancy S. Kollmann, *Crime and Punishment in Early Modern Russia* (Cambridge: Cambridge University Press, 2012) 一书则探讨了刑事案件。关于俄国的巫术审判以及酷刑的作用，参见 Valerie A. Kivelson, *Desperate Magic: The Moral Economy of Witchcraft in Seventeenth-Century Russia* (Ithaca, NY: Cornell University Press, 2013)。关于俄国地方政府，参见 Brian L. Davies, *State Power and Community in Early Modern Russia* (New York: Palgrave Macmillan, 2004); V. N. Glaz'ev, *Vlast'i obshchestvo na iuge Rossii v XVII veke: Protivodeistvie ugolovnoi prestupnosti* (*Power and Society in Southern Russia in the Seventeenth Century: Fighting Felony Crime*) (Voronezh: Izd. Voronezhskogo gosud. universiteta, 2001)。

关于 18 世纪时的俄国政治案件，参见 N. B. Golikova, *Politicheskie

protsessy pri Petre I : po materialam Preobrazhenskogo prikaza (*Political Trials under Peter I : Based on the Materials of the Preobrazhenskii Chancery*)（Moscow：Izd. Moskovskogo universiteta, 1957）。关于俄国社会中的巫术审判以及其他类型的宗教案件，参见 Elena Smilianskaia, *Volshebniki. Bogokhul'niki. Eretiki* (*Magicians. Blasphemers. Heretics*)（Moscow：Izd. Indrik, 2003）；A. S. Lavrov, *Koldovstvo i religiiia v Rossii. 1700 – 1740 gg.* (*Witchcraft and Religion in Russia 1700–1740*)（Moscow：Drevlekhranilishche, 2000）。关于当时莫斯科的犯罪活动，参见 Christoph Schmidt, *Sozialkontrolle in Moskau : Justiz , Kriminalität und Leibeigenschaft , 1649 – 1785* (Stuttgart：F. Steiner, 1996）。关于俄国的流放制度，参见 Andrew A. Gentes, *Exile to Siberia , 1590–1822* (London：Palgrave Macmillan, 2008）。关于俄国的农村公社中老人对妇女和青年的暴政实施方式，参见 Steven L. Hoch, *Serfdom and Social Control in Russia : Petrovskoe , A Village in Tambov* (Chicago：University of Chicago Press, 1986）。

俄国的官僚体系对司法制度的运作至关重要，这也是学界的研究焦点。彼得·B. 布朗（Peter B. Brown）有多篇研究论文，其中的代表性成果是 ' Neither Fish Nor Fowl：Administrative Legality in Mid- and Late-Seventeenth-Century Russia ' , *Jahrbücher für Geschichte Osteuropas* 50 (2002）, pp. 1–21。关于俄国当局培养官僚的过程，参见 Borivoj Plavsic, ' Seventeenth-Century Chanceries and Their Staffs ' , in Walter M. Pintner and Don Karl Rowney (eds.), *Russian Officialdom : The Bureaucratization of Russian Society from the Seventeenth to the Twentieth Century* (Chapel Hill：University of North Carolina Press, 1980）, pp. 19–45。关于俄国官僚的集体关系网络的一项开创性研究成果，参见 S. M. Troitskii, *Russkii absoliutizm i dvorianstvo v XVIII v. Formirovanie biurokratii* (*Russian Absolutism and Nobility in the Eighteenth Century. The Formation of the Bureaucracy*)（Moscow：Nauka, 1974）。另一项关于俄国更早时期官僚体系的类似研究是 N. F. Demidova, *Sluzhilaia biurokratiia v Rossii XVII v. i ee rol' v formirovanii absoliutizma* (*The Serving Bureaucracy in Russia in the Seventeenth Century and Its Role in the Formation of Absolutism*)（Moscow：Nauka, 1987）。基于上述研究的最新成果是 L. F. Pisar'kova, *Gosudarstvennoe upravlenie Rossii s kontsa XVII do kontsa XVIII veka. Evoliutsiia biurokraticheskoi sistemy* (*State Administration in Russia from the End of the*

Seventeenth to the End of the Eighteenth Century. The Evolution of the Bureaucratic System）（Moscow：ROSSPEN，2007）。

一些美国学者将这一时期的俄国制度解释为专制主义制度，另一些学者则强调当时公共生活的残酷性，参见 Georg Michels，'The Violent Old Belief：An Examination of Religious Dissent on the Karelian Frontier'，*Russian History* 19. 1 - 4 （1992），pp. 203 - 30；Marshall Poe，'*A People Born to Slavery*'：*Russia in Early Modern European Ethnography*，*1476 - 1748* （Ithaca，NY：Cornell University Press，2000）。其他学者则认为，俄国此时的宫廷政治建立在统治者和大宗族之间"共识"的基础之上，其整体治理逻辑是一种"差异政治"。参见 Edward L. Keenan，'Muscovite Political Folkways'，*Russian Review* 45. 2 （1986），pp. 115 - 81；Valerie A. Kivelson，'The Devil Stole His Mind：The Tsar and the 1648 Moscow Uprising'，*American Historical Review* 98. 3 （1993），pp. 733 - 56；Nancy S. Kollmann，*Kinship and Politics：The Making of the Muscovite Political System*，*1345 - 1547* （Stanford，CA：Stanford University Press，1987）；Nancy S. Kollmann，*The Russian Empire 1450 - 1801* （Oxford：Oxford University Press，2017）。

关于 18 世纪俄国的道德哲学和政治观念，参见 Elise Kimmerling Wirtschafter，*Religion and Enlightenment in Catherinian Russia：The Teachings of Metropolitan Platon* （DeKalb：Northern Illinois University Press，2013）；Cynthia H. Whittaker，*Russian Monarchy：Eighteenth-Century Rulers and Writers in Political Dialogue* （DeKalb：Northern Illinois University Press，2003）。关于叶卡捷琳娜二世在位期间俄国行政和司法改革的深入研究成果，参见 John Le Donne，*Absolutism and Ruling Class：The Formation of the Russian Political Order*，*1700 - 1825* （New York and Oxford：Oxford University Press，1991）。

注 释

1. 参见 Nancy S. Kollmann, *The Russian Empire 1450–1801* (Oxford: Oxford University Press, 2017)。

2. Karen Barkey, *Empire of Difference: The Ottomans in Comparative Perspective* (Cambridge: Cambridge University Press, 2008); Jane Burbank and Frederick Cooper, *Empires in World History: Power and the Politics of Difference* (Princeton, NJ: Princeton University Press, 2010).

3. 关于俄国当时的刑法, 参见 Nancy S. Kollmann, *Crime and Punishment in Early Modern Russia* (Cambridge: Cambridge University Press, 2012)。

4. 参见 Valerie A. Kivelson, *Desperate Magic: The Moral Economy of Witchcraft in Seventeenth-Century Russia* (Ithaca, NY: Cornell University Press, 2013)。

5. Brian L. Davies, *State Power and Community in Early Modern Russia: The Case of Kozlov, 1635–1649* (London: Palgrave Macmillan, 2004).

6. Nancy S. Kollmann, *By Honor Bound: State and Society in Early Modern Russia* (Ithaca, NY: Cornell University Press, 1999).

7. 关于当时俄国的道德准则与道德哲学, 参见 Elise Kimerling Wirtschafter, *The Play of Ideas in Russian Enlightenment Theater* (DeKalb: Northern Illinois University Press, 2003); Elise Kimerling Wirtschafter, *Russia's Age of Serfdom, 1649–1861* (Malden, MA and Oxford: Blackwell, 2008); Elise Kimerling Wirtschafter, *Religion and Enlightenment in Catherinian Russia: The Teachings of Metropolitan Platon* (DeKalb: Northern Illinois University Press, 2013); Cynthia H. Whittaker, *Russian Monarchy: Eighteenth-Century Rulers and*

Writers in Political Dialogue (DeKalb：Northern Illinois University Press，2003）。

8. Jonathan Daly，'Russian Punishments in the European Mirror'，in Michael Melancon（ed.），*Russia in the European Context 1789 - 1914：A Member of the Family*（London：Palgrave Macmillan，2005），p. 163.

9. 1797 年，保罗一世（Paul I）废除了这些豁免制度，但亚历山大一世（Alexander I）在 1801 年登基时又恢复了这些制度。

10. John Le Donne，'Civilians under Military Justice during the Reign of Nicholas I'，*Canadian-American Slavic Studies* 7（1973），pp. 171-87.

11. Daly，'Russian Punishments'，pp. 163-4.

12. Nancy S. Kollmann，'Political Legitimacy in an Early Modern Image of Russia'，in Malte Griesse，Monika Barget and David de Boer（eds.），*Iconic Revolts：Political Violence in Early Modern Imagery*（Leiden：Brill，待出版）。

13. *Litsevoi letopisnyi svod XVI veka. Russkaia letopisnaia istoriia*，ed. and trans. E. N. Kazakov，24 vols.（Moscow：Akteon，2011）. 亦可参见 Nancy S. Kollmann，'Representing Legitimacy in Early Modern Russia'，*Russian Review* 76. 1（2017），pp. 1-16。

18　18世纪中国的凶案与刑罚

步德茂

　　在过去的三十年中，中国再次吸引了法律史研究者的注
意。随着清代档案的开放，大量关于18世纪中国的人际暴力、
凶案与死刑的学术成果不断涌现。当时的清朝社会出现了史无
前例的人口增长、经济商业化和领土扩展，因此一直被人们视
为中国历史上的一段盛世。但是，本时期同时出现了人际暴力
激增的现象，这促使清廷对犯罪活动进行旷日持久且范围广泛
的打击，但它依然面临着十分困难的局面。暴力犯罪暴露了中
国社会经济秩序中的裂痕，这些裂痕危及中华文明的基本原
则，如孝道、父权制特权、社会等级和女性贞操。清代的统治
者往往通过务实的立法态度对现有的犯罪和惩罚进行微调，设
立新的罪名，限制法律的赦免范围，并扩大死刑的适用范围。
事实上，这种针对犯罪和刑事司法的不断立法是清朝统治中更
广泛的"立法转向"（legislative turn）① 的一部分，其转向的
力度是中国此前的任何朝代都无法比拟的。然而，无论这种法
律上的小修小补的效果多么显著，清廷对犯罪的打击行动都注
定以失败告终，因为这些行动并没有充分改善促使人们诉诸暴
力的潜在经济与社会环境。通过对18世纪中国凶案的检视，
本章揭示了当时经济与人口发展的不平衡现象，这不仅破坏了

---

　　① "立法转向"是本章作者基于自身长年研究对清代法律制度的概括。作者
　　　认为，直到清代中叶，帝制中国才开始步入重视立法以及依法断案的新
　　　时期。

社会和经济规范，而且破坏了传统的正义观念，还破坏了中华文明的意识形态共识。

18 世纪中国的凶案

如果想理解清代刑事司法所面临的挑战，我们就必须从涵盖了犯罪细节、证词、尸检和官方判决的大量现存的凶案记录开始。最可悲的是，这些凶案记录清楚地描绘了农村穷人孤注一掷的生存策略及其带来的家毁人亡的悲剧。凶案报告提供了极其丰富的数据，我们可以据此对不同时期和不同地区的情况进行比较，这为学界研究犯罪和导致暴力事件激增的各种因素提供了充足条件。近年来对中国清代凶案记录的定量分析表明，凶杀率在整个 18 世纪都处于稳步上升的趋势。基于历史档案的估计显示，1661—1898 年，平均每年发生在每 10 万居民中的凶杀率区间为 0.35 至 1.47。[1]尽管凶杀率是如此之低（欧洲直到 19 世纪后期才降至这一水平），但察觉到这种增长趋势的清廷官员对此十分担忧。这一统计分析与基于涉及土地纠纷和性犯罪的凶案的早期定性研究结果相吻合。在对涉及婚姻和非法性行为的凶案的研究过程中，我们发现了大量可用于研究性侵犯、女性贞操、一妻多夫（polyandry）①以及典妻（wife-selling）②的证据。[2]显而易见的是，18 世纪负责全面审理死罪的司法官员受到了凶案以及赤贫引发的暴力的困扰。

---

① 在清朝社会中出现一妻多夫这一罕见现象的主要诱因是贫困，即丈夫为了换取钱财而允许自己的妻子嫁给其他男人，或者无财力娶妻的同胞兄弟共娶一个妻子。

② 典妻是中国封建社会中的一项常见制度，是正式婚姻制度的一种补充，一般要经过媒证、订卖身契、下聘、迎娶等环节。

基于与土地和债务有关的凶案报告的研究，同样描绘了18 世纪中国社会繁荣却无疑更富争议的图景。我自己的研究主要参考了与土地和债务有关的凶案记录，并在此基础上重构和分析 18 世纪中国在经济和社会结构剧变背景下与土地产权有关的暴力纠纷。[3]到 18 世纪末期时，中国的人口已经超过 3 亿。不出所料，在经济商业化和人口增长的双重压力下，试图保护或扩大土地财产权的地主、农民和佃农之间的关系变得更加紧张。土地相对价值的增加促使人们严格执行既定的财产权，当局也会制定新的经济制度来保护这些新型财产权。人口增长、商业化和暴力之间的联系在与土地产权相关的凶杀案的时间和地理模式中清晰可辨。但是，仅仅从经济学角度解释暴力是不够的。

352

　　典让（conditional sale）[①] 土地导致的争议揭示了暴力纠纷背后的复杂动机。通常而言，土地不但属于个人所有，而且属于代代相传的祖业，这意味着所有的土地典让都是有条件的，而且存在日后土地被赎回的可能性。土地的原主人、土地主人的直接继承人甚至是关系更远的亲属都经常主张自己拥有赎回权。尽管不会在正式契约中体现，但这项权利是不言自明的。法律上的模棱两可、与土地的情感联系以及彻头彻尾的买卖欺诈都是引发暴力纠纷的导火索。随着土地在日益商业化的经济社会中逐渐变成商品，即使是土地的"最初"拥有者与这片土地的联系也逐渐变弱。在土地市场活跃、所有权交接频繁的地区，土地赎回现象逐渐减少。1753 年颁布的《大清律例》

---

① 典让是清代社会特有的一种地权交易方式，指在约定期限内将土地经营权及其全部收益与利息转让给他人，具有一定的回赎机制。参见龙登高、林展、彭波《典与清代地权交易体系》，《中国社会科学》2013 年第 5 期。

是清朝立法转向的又一个例证，该法典推翻了默认的土地典让习俗，并对契约中没有规定时限的土地赎回权做出限制。但不幸的是，典让习俗依然在民间社会根深蒂固，仅靠律例无法完全杜绝围绕土地发生的暴力纠纷。

尽管如此，如果我们对土地纠纷进行细致分析就会发现，当时的百姓在社会公正、法律补偿、经济合理性等方面出现的分歧往往是引发暴力冲突的主要因素。当个人以看似合理的方式利用自身的相对经济优势时，他的行为很可能会与现存的道德规范相抵牾。例如，如果地主仅仅为了获得更高的租金而驱逐佃农，并且由此造成了被驱逐的佃农和新佃农之间的打斗（甚至闹出人命），那么地主就会受到相应的惩罚。经济上的自我利益侵蚀了共同的意识形态信念和道德规范，而这些信念和规范正是公共正义观念的基础。在 18 世纪，围绕土地展开的致命打斗越来越多地发生在具有竞争关系的村民或佃农之间，他们往往以简单粗暴的方式表达自己的道德愤慨。在数以千计的暴力纠纷中，我只发现了一次由文化人出于道德发出的愤怒声明。陈京玮是位以教读为生的儒者，他在目睹雇用自己的地主的女婿李维贞虐待一个拖欠租金的佃农后怒不可遏，斥责李维贞道："止欠租谷四石，俟来年结清未迟。你必定要足，是为富不仁了。"感觉受到侮辱的李维贞被激怒，转而攻击陈京玮，后者在扭打中丧命。这起事件说明了 18 世纪中国的感性氛围、经济上自私风气的盛行以及人们对伦理问题的重新关切。[4] 在 18 世纪的中国社会里，市场原则与道德经济的冲突日益加剧，这成为孵化暴力冲突的温床。

有关财产权的共同道德规范的削弱造成了不确定性、不信

353

任和焦虑感，这同时也削弱了试图解决法律纠纷的地方官府的道德权威。尽管《大清律例》增加了旨在明确土地产权的新条款，但这些条款在执行方面依然困难重重。由于薪俸低、人手少、工作强度大，即使是在太平盛世，官府也会在执行判决时面临麻烦。对于官府来说更糟糕的是，财产权和公平观念都处于不断变化的状态，一些诉讼当事人甚至公然藐视官方裁决，愤愤不平的败诉者同样可能拒绝遵守官方的裁决。为了迫使反抗的佃农执行判决，胜诉的地主有时会诉诸暴力。暴力可能带有报复性质（如失去土地的佃农），也可能是先下手为强（如地主担心佃农不遵守判决）。在经济制度针对不断变化的现实进行调整并被视为公平之前，暴力纠纷（其中一些以凶杀事件告终）不可避免。

清代边疆的民族间暴力

清廷应对人口增长的另一项措施是将人口向西南山区迁移，这些地区一直都是兵家必争的华夏文明边疆地带。直到18 世纪早期，清廷依然积极鼓励百姓迁往四川。在明清改朝换代之际，四川的人口急剧下降。值得一提的是，凶案报告会记录被指控杀人者的家乡。在乾隆年间（1736—1796 年），四川一共发生了 125 起与土地纠纷有关的凶案，其中 63 起案件的凶手是来自今湖南、广东、江西、贵州、甘肃、广西、湖北、陕西、云南等省之府县的移民。[5] 四川的生活条件艰苦，加上男性移民的大量涌入，两者共同构成了社会的不稳定因素。更糟糕的是，迁移潮还引发了汉族移民与当地苗族和彝族百姓的暴力冲突。民族之间的暴力事件无疑是最终促使官方不再从政策上鼓励移民迁往四川的一大原因。

354

汉人对彝族人土地的占用给四川宁远府的两个彝族人约自和保受①带来了灭顶之灾。[6]1772 年，当地的彝族土千户②禄景曜将自己的土地典让给汉人范添仁，后者又将土地转租给汉人佃农黄均尚与邓兆后、邓兆连两兄弟。1777 年冬天，禄景曜将土地赎回，但由于当时田地已经播种，他同意到第二年再将土地收回。由于禄景曜的田地与约自及其父亲夏格的田地相邻，约自和夏格询问禄景曜，他们能否租借他的田地。禄景曜同意了，但告诉他们必须等到来年。根据凶案记录，迫不及待的约自没有等到那个时候。或许是预料到会发生冲突，约自还叫上了另外四个彝族人（保受、阿备、奈租、结别），与他一同在田间挖灌溉沟渠，这为发生在 1778 年春天的一场致命冲突埋下了隐患。

当五个彝族人来到这块田地时，邓兆连命令他们离开。保受捡起一块石头扔向邓兆连，黄均尚则手持长矛站在邓兆连面前保护他。当约自掏出一把匕首时，黄均尚用长矛向他发起了攻击。随后，约自和黄均尚都扔掉了武器并扭打在一起。约自死死抓住黄均尚的长辫不放，于是黄均尚拿起约自的匕首并将他刺死。与此同时，看到兄弟邓兆连躺在地上被几名彝族人团团围住的邓兆后操起一把临时组装的火绳枪，并在装填好弹药后点燃了引线。尽管邓兆后在受审时辩称，自己只是想吓唬袭击者，但他还是开了枪，并且将保受打死，后者的背上留下了

---

① 人名出自 Thomas Buoye, 'Evenhandedness and Excess: The Diverse Fates of Ethnic Minorities and Women in Qing Criminal Justice', 载柳立言编《性别、宗教、种族、阶级与中国传统司法》，台北："中研院"历史语言研究所，2013 年，第 272 页。作者在文中标注了他们的中文名。

② 土千户，官名，是清朝在四川、甘肃等少数民族地区设置的世袭武职土官，以当地头领充任。

21处伤口。这一枪还打中了阿备的颈部。邓家的汉人邻居朱均仁在听到了骚动的声音后拿着木棍赶到现场，将奈租和结别赶出了田地。值得一提的是，这起案件中所有汉人移民的年龄都比彝族受害者大一倍甚至更多。根据域内发生的类似暴力事件的证据，移民的"高龄"很可能意味着他们是没有家室的单身汉。如果他们有住在附近的儿子或侄子，那么这些人很可能也会加入斗殴。

由于涉案人员众多，而且多人死亡，这起案件的审理记录相当长。除了还原事件经过、定罪和执行判决之外，审查此案的朝廷官员还表达了对汉人移民耕种彝族人土地现象的担忧。这些每年审查数十份死刑案件记录的高级司法官员自然立即注意到，本案体现了几个更大问题的征兆。土地纠纷通常是旷日持久的事件，在暴力发生之前往往有口角。但在本案中，彝族男子到达现场后不久，口角就升级成了互殴。此外，在任何情况下使用枪支都是非法的，而且会立即引起上级司法官员的注意。不同寻常的是，这起案件的记录中还提到了更加普遍的汉彝关系问题。除了判处邓兆后斩监候、黄均尚绞监候（将两人关押至秋审再行最终裁决）之外，刑部还下令对汉人占用彝族人土地的情况进行调查。如果发现有汉人租用了彝族人的土地，刑部就会勒令他们归还土地。我们无从知晓这项命令是否真正得到了贯彻执行，也无从知晓有多少彝族人的土地被汉人耕种。尽管这一命令有些不切实际，但传达了一个清晰无比的信号，即民族间的暴力活动引起了朝廷的注意。然而，即便省级官员执行了这一命令，他们也不太可能阻止汉人因为强烈的人口增长需求而占用彝族人的土地。

355

"光棍"

　　人口迅速膨胀会导致社会暴力犯罪激增，18 世纪的中国并非个例。对犯罪和人口结构之间的关系进行研究的学者普遍注意到，参与暴力犯罪的年轻男性的人数格外多，无论是作为受害者还是犯罪者。[7]关于 19 世纪美国边疆地区的研究同样用"年轻且单身的男性"占据人口多数来解释该地暴力泛滥的现象。[8]研究者还发现，文化规范和社会制度也是年轻男性容易触发暴力的重要因素。但"基于历史、犯罪学和跨文化视野的内分泌研究（endocrine research）[1]"表明，"这种倾向在世界各地都普遍存在，而且具有生物学基础"。[9]随着 18 世纪的人口以及年轻男性绝对数量的激增，司法官员也注意到社会动荡和人际暴力有不断增加的趋势，这一点尽管令人担忧，却是意料之中的事。虽然大清皇帝可能对人口快速增长的深层动因没有太多了解，但他们对威胁社会秩序的潜在因素始终保持警惕。此外，上层阶级的多配偶制和杀死女婴的风气意味着，许多社会底层的年轻男性越来越难以结婚和组建家庭，这加重了他们的暴力倾向。

　　初看上去，这些年轻且未婚的底层男性（所谓的"光棍"）似乎就是清廷在 18 世纪制定的"光棍例"这一附属条例的严惩对象。但是，这些新律法的适用范围要广泛得多。如果我们将未婚流浪汉与光棍罪犯混为一谈，那就大错特错了。

------

　　[1]　此处的内分泌研究指对男性荷尔蒙分泌的生物学研究，有观点认为，正是男性荷尔蒙分泌导致暴力现象在全球普遍存在。

例如，在关于"把持行市"① 的律法中，有一项附属条例专门提到内务府人员及其亲属、皇子、太监、官员及其亲属，这些人都不会被视为游手好闲的光棍贱民。同样，光棍在官方修辞中被视为性侵犯的替罪羊。在禁止"犯奸"的大清刑律中，有四项附属条例都提到，该罪行应"照光棍例"进行判决。但如果我们仔细检视就会发现，其中一项附属条例是专门针对喇嘛和和尚犯下的强奸罪行。② 一言以蔽之，官方既可以用光棍例惩罚暴力犯罪者，也可以用其惩罚非暴力犯罪者，尽管性犯罪在其中占据了很大比重。根据所犯的不同罪行，这些犯罪者可以被更准确地称为暴徒、流浪汉、无赖、骗子或盗匪。

家庭凶案

从法律上来说，"光棍"的内涵被扩展至理应受到道德谴责的任何行为，无论行事者的经济或社会地位如何。在知县亲自审理的县衙案件的记录中，显然并非所有光棍都是贫困男性，也并非所有贫困男性都是光棍。对知县来说，这些男性之所以会沦为光棍，显然是因为他们有经济上的困难。事实上，在凶案的审理过程中，知县经常会生动地记录为生存而拼命挣扎的极度贫困的百姓，他们在挣扎过程中经常引发残酷的暴力事件，从而导致自身家庭的瓦解。尽管审理案件的各级官员都会在各自的报告中对犯罪行为进行总结，但只有知县才会亲自

---

① 此处的"把持行市"出自《大清律例·户律·市廛》："凡买卖诸物，两不同，而把持行市……者，杖八十。"

② 《大清律例·刑律·犯奸》第十二条例文："凡喇嘛、和尚等有强奸致死人命者，照光棍例分别首、从定拟。"出自马建石、杨育棠主编《大清律例通考校注》，北京：中国政法大学出版社，1992 年，第 950 页。

357 对相关人员取证，并撰写案件情况的基本说明。随着时间的推移，这些案件记录变得越来越简短和公式化，但其中依然经常出现一些旨在恳求上级宽大处理的感人段落。[10] 这些记录还反映了农村穷人的悲惨处境。[11] 许多凶案（尤其是发生在山东赤贫地区的凶案）中反复出现如下场景：作为中华文明重要组成部分的家庭因暴力而分崩离析。

大清帝国幅员辽阔，其中个别行省的面积甚至相当于一个欧洲国家的面积，但人口多一倍。山东是中国历史上的重灾区，在清朝统治的 268 年中，该省不仅在 233 年中发生过旱灾，而且黄河还发生过 127 次不同程度的决口。山东省内的一些地区处于清朝最贫困地区之列，该省的凶案记录尤其揭示了农村社会暴力背后为生存而苦苦挣扎的百姓惨状。佃农王臣[①]在收获季节到来之前被威胁要将其驱逐出田地，他恳求道："如果你要我现在归还土地，岂不如同灭我一家？"[12] 作为这块田地的委托管理人员，程招没有理会王臣的恳求，王臣本人也在随后与程招的打斗中不慎受伤，最后不治身亡。在山东，无土地所有权的农民经常以佃农的身份谋生。黄邦（音译）[②]就是一个例子，他既没有家室，也没有自己的土地，因此成为明可颐土地上的佃农。[13] 黄邦依靠雇主提供的酬劳与食宿过活，他与其他佃农住在一起。当明可颐拒绝黄邦预支酬劳以偿还赌债的请求时，麻烦就来了。后来，黄邦无意中听到明可颐与是其债主的佃农密谋对他实施殴打，并要将他欠钱的事告官，于

---

① 本案的当事人姓名和引语出自〔美〕步德茂《过失杀人、市场与道德经济：18 世纪中国财产权的暴力纠纷》，张世明译，北京：社会科学文献出版社，2008 年，第 179—180 页。

② 本案的当事人姓名和引语经多方查询（包括询问作者），均未得到确定答案，因此据原文译出。

是他感到自己被人出卖了。根据黄邦事后的供词，他意识到自己可能会丢掉饭碗，因此"积怨更深"，"遂作杀心"。黄邦深知自己在身体上不是雇主的对手，所以决定对明可颐的两个儿子下毒手。他拿着一个木槌，进入两个小男孩的卧室，并将他们的脑壳砸碎。

这一残忍的罪行令人发指，毫无疑问，等待罪犯的将是严厉的惩罚。在一个根植于父权制特权和孝道的社会里，没有什么是比摧毁主人的父系血脉更加恶劣的行为了。因蓄意杀害自己主人的两个儿子，黄邦被判"凌迟"。[14] 尽管如此，当地知县撰写的案件记录还是引用了黄邦在因赌债威胁而害怕被告官时表达自身恐惧的一席话："此明能断我生者，致吾死之。"虽然知县的工作仅限于调查罪行、搜集证据和参考适用的律法，但这位知县和其他类似的官员都确保他们的上司能够体会到被告诉诸暴力背后的万念俱灰之情。

有时候，一份凶案报告就能深刻揭示农村家庭风雨飘摇的生存状况。匡文奇（音译）① 案就是当时的百姓逐渐陷入无依无靠的贫困境地的悲惨缩影，这种生活最终往往以残酷的暴力事件收场。匡文奇由叔叔匡玉祥和婶婶董氏抚养长大，他从小就与他们同住一屋。[15] 从各方面而言，董氏都极其吝啬小气。她不但劝自己的丈夫不要借钱给匡文奇，还当着匡文奇妻子的面贬损他。在匡文奇离家从事小买卖期间，他的母亲和弟弟都因病去世，但他错把他们的死因归于由婶婶造成的"积劳至死"。次年，匡文奇通过典妻筹钱，这尽管是非法的，但在农

①　本案的当事人姓名和引语经多方查询（包括询问作者），均未得到确定答案，因此据原文译出。

村穷人当中十分常见。失去家庭的匡文奇再次离家，以游民身份四处流浪。当他最终回到家中时，董氏拒绝让他进屋。此时的匡文奇"寒饿无家，无亲支之"，他将自己遭遇的所有烦心事都归咎于姊姊。第二天，匡文奇带着一把匕首回到家里，向董氏连刺六刀。当董氏十二岁的儿子试图逃跑时，匡文奇追上去将其砍死。当他回到家中时，发现董氏五岁的女儿在哭，于是把她也杀死了。浑身是血的匡文奇立即投官自首。这些罪行显然是不可饶恕的，他最终因为杀害同一家庭的三名成员而同样被判"凌迟"。尽管匡文奇的行为令人发指，但知县依然在报告中写下了一些文字，说明罪犯处于极度贫困的境地。实际

359 上，匡文奇的一生便是穷困的农村家庭分崩离析过程的缩影。他的母亲和弟弟因疾病而死，他又卖掉了自己的妻子，在他最需要亲人的时候，他唯一的亲人却将他扫地出门。

毁于贫困的家庭

值得一提的是，上文讨论的三起案件发生于短短两年之内，这意味着阅读数百份凶案报告的某个省级督抚可能会同时读到上述案件的报告。督抚是否会对王臣、黄邦或匡文奇的个人遭遇表示同情，我们永远无法得知。但是，这些报告中出现的针对无辜儿童的暴力滥用以及支离破碎的家庭，无疑使当时的司法官员震惊不已。匡文奇和黄邦都将挫败感引发的杀气发泄在了家中长辈的子女身上，这更是令人毛骨悚然。显而易见的是，贫困不仅摧毁了贫困者的家庭，而且借穷人之手摧毁了本来和睦美满的家庭。对于中国官僚机构中的高层文官而言，他们无法对引发这些罪行的更加广泛的因素坐视不管。父权制要作为支柱保护中华文明的根基，但这项任务十分艰巨，尤其

是在一家之主（他们被认为是道德行为的典范）同样可能存在道德失察的情况下。

我们接下来要讨论的冯士继与妻子张氏一案①不仅揭示了清代家庭的不稳固性与女性的脆弱性，而且体现了中国法律中"谦抑宽宥"②的意识形态悖论；它还暴露了依赖父权制道德权威的局限性。冯士继是山东的一名流动佣工。[16]在他外出务工时，妻子张氏从一个名叫冯法振的同族长辈那里偷了一些豆子。偷窃行为暴露后，张氏将豆子归还。冯士继回家后听说了事情的经过，他责备了妻子，并且前往冯法振家中拜访以表歉意。冯法振是个好色的单身老汉（67 岁），后来发生的事情表明，他意识到了张氏在家中地位不稳，于是更加大胆地提出非礼要求。当冯士继次月再次离家时，这个老头在某天晚上潜入张氏的房间，并且偷偷留下了一些钱。第二天早上，冯法振告诉张氏，钱是他留下的，并对她进行了性暗示。张氏显然受到了惊吓，她告诉冯法振自己不想要他的"脏钱"并数次咒骂他。随后，张氏赶紧回到家中，把事情经过告诉了婆婆。

一天晚上，她的丈夫回到家中并得知了冯法振的骚扰行径。冯士继想要立刻找冯法振算账，但父亲劝他不要去。当晚，冯士继不但斥责张氏偷窃，而且怪罪她因冯法振的不当行为而"颜面尽失"，张氏痛哭流涕。尽管张氏是无辜的，但她面临着许多清代中国女性在成为性骚扰受害者时蒙受的屈辱。

冯士继的怒火显然没有就此消失。第二天一早，他就在自己身上藏了一根铁棍去找冯法振对质。在村子外面的树林中，

360

---

① 本案的当事人姓名和引语均得到了作者本人的确认。
② "谦抑宽宥"是中国古代司法的基本原则之一，指用最少量的刑罚判决取得最大的效果，而且尽可能地宽大处理。

冯士继找到了正在用铁锹挖土的冯法振。当冯士继问起这件事时，冯法振二话不说就举起铁锹打向对方。在随后进行的互殴中，冯士继打掉了冯法振的凶器，用膝盖将他压住并用铁棍打他。一个名叫冯三坡的人正好路过，不知事情原委的他夺下了冯士继的武器并制止了打斗，然后让两人分头离开现场。但不幸的是，事情并没有就此了结。

在目睹丈夫拿着铁棍离开家后，张氏就前往冯法振的家中上吊自杀了。可悲的是，女性自杀现象在强奸未遂案或性骚扰案中并不罕见。在许多情况下，为了保护家庭声誉，男性亲属一方面会向女性施压，要求她们放弃将"不彩之事"报官，另一方面还会怪罪遭受性骚扰或攻击的女性。[17]冯士继回到家中后发现妻子不在，于是就到处寻找她。最终，他在冯法振家中的一根椽子上发现了她的尸体。悲痛欲绝的冯士继拿起木槌去找冯法振"泄忿"。当找到冯法振时，冯士继立刻打向他的眼睛，并且多次击打他的头部、上身和手腕。尽管当地衙役李廷璋介入并让冯士继停止了殴打行为，冯法振还是受了重伤，并于第二天殒命。

虽然冯士继对冯法振的死亡负有不可推卸的责任，但冯士继在审讯中提出了几个减轻自己罪行的因素。冯士继将第一次发生的斗殴描述为自卫，因为是冯法振先举起了铁锹。直到这场斗殴结束后冯士继发现了妻子的尸体，他才回家拿起木槌，再次攻击冯法振。此处的重点在于，这起暴力事件并非事先预谋。最后，由于《大清律例》规定了法定赦免的可能性，于是冯士继指出，自己的养父母都已年逾七十，而自己是他们的唯一赡养者。

根据案件记录，知县一共审问了冯士继五次。对于一个阅过无数凶案报告的清朝官员来说，这些审讯都遵循一套类似的流程。知县的审讯目的是确定这起事件中是否存在预谋。18世纪农村地区的穷人之中有一种可怕的风气："掘尸"① 以及利用尸体进行诬告。[18] 出于这一原因，知县怀疑张氏对老人性骚扰的指控属于为了敲诈而诬告，而知县的这种怀疑在当时并非罕见现象。知县还查阅了冯法振的验尸报告，并且查验了伤口的数量和种类。这些伤势表明，冯士继显然对老人下了死手，这起案件或许还有帮凶。毫无疑问，知县这样做也是为了减少上级司法官员可能对本案提出的任何质疑。

最终，知县接受了冯士继的说法。他得出的结论是，没有证据表明两人积怨已久，冯士继的暴行虽然极端，但并非毫无来由，亦非蓄谋已久。至于张氏的自杀，知县承认其中存在调情这一事实，并认为张氏是在丈夫因小偷小摸和丢面子而责备她后感到羞愧和懊悔而自杀。知县因此推测，她是"捐躯"以"明志"。这里强调的是，张氏是一个值得尊敬的女性，她没有参与过以性换取食物的交易，她是因为蒙羞而自杀。从我自己翻阅数千份案卷的经验来看，冯士继在这起案件中本该有获得司法宽大处理的机会。此外，由于他是年迈养父母的独子，他有资格获得照顾七旬以上父母的法定赦免权。但不幸的是，中国律法长期以来一直对发生在亲属之间的罪行从重处罚，冯法振身为家族长辈的事实更是加重了冯士继的罪责。根据当时的中国律法，任何因杀害家中长辈而被判有罪之人，无论具体情况如何，通常都会被判斩监候，在狱中等待秋审的最

---

① 关于"掘尸"以及类似现象的中文介绍，参见〔美〕梅利莎·麦柯丽《社会权力与法律文化：中华帝国晚期的讼师》，明辉译，北京：北京大学出版社，2021 年，第 193—226 页。

终裁决。尽管凶手的父母已年过七旬，但冯士继犯下了杀害一
362　名家族长辈的严重罪行。知县最终判定，冯士继需要照顾年迈
父母的情况不足以使其得到赦免。

从冯法振的死亡，到张氏的自杀，再到冯士继被问罪，三
者简明扼要地体现了在18世纪困扰清朝社会和刑事司法的矛
盾，以及当时的农村穷人所面临的物质与精神上的双重困境。
由于没有自己的土地，冯士继每次都被迫离开村子寻找活计，
一去就是几周。张氏的遭遇生动地体现了家庭成员在男主人离
家寻找有偿工作时所面临的风险。这些男性佣工一次离家就是
数天、数周乃至数月，这使他们的妻子、母亲和孩子暴露在经
济剥削、寻衅滋扰和性侵犯的风险之下。可悲的是，女性的脆
弱性正是男性的流动性造成的。此外，尽管官方将光棍视为强
奸犯的替罪羊，但在张氏案中，实施性骚扰的人是她的亲属。
事实上，在18世纪的中国，性侵犯者和性骚扰者通常是与受
害者相识的男性。[19]

尽管张氏的遭遇十分令人惋惜，但更令人发指的是，她是
被家族中的一位长辈害死的。从深受儒家思想影响的士大夫的
视角来看，家族中的长辈理应宽厚对待晚辈。与此相反的是，
冯法振自私地利用了张氏在经济上的不安全感。虽然冯法振的
行为令人不齿，但学界近年对清代一妻多夫和典妻现象的研究
表明，"分享"妻子以换取物质支持尽管是非法的，可这是农
村穷人孤注一掷的生存策略。[20]而在上述案件中，冯士继和张
氏显然都无意采取这种策略。最后，由于对父权制特权的保护
在清代律法中居于首要的位置，无论冯士继的犯罪情节如何
（是否存在挑衅、有无意图或预谋、妻子是否自杀），他都难
逃严惩。如果此案的受害者并非家族长者，那么冯士继就有可

能因为需要照顾年迈的父母而获得司法赦免。从法律上说，无
论是严惩凶手，还是拒绝因照顾年迈的父母而判决赦免，都是
以父权制特权原则为依据。讽刺的是，在坚持保护已故家族长
辈的同时，法律却拒绝一个在世且道德上无可指摘的家长
（冯士继的年迈父亲曾经明智地奉劝儿子不要诉诸暴力）对儿
子的支持。需要指出的是，对于各级行政部门的司法官僚来
说，在经过彻底的司法审查和多次量刑复核后，这类凶案判决
即使没有体现当时司法的不公之处，其中也肯定存在一定的讽
刺意味。

863

刑罚中的"立法转向"

18 世纪在位的清朝皇帝们接连颁布了数以百计的附属条
例，将税收政策的变化编入《大清律例》，重新组织对少数民
族的治理方式，废除尸位素餐的世袭贵族的法律地位①，解决
有争议的产权问题，并越发倾向于对那些定义明确的暴力犯罪
实施严惩。在 18 世纪时，大量出现的新条例使得《大清律
例》中的法条数量最多时是《大明律》的四倍以上。雍正帝
（1723—1735 年在位）和乾隆帝（1736—1796 年在位）是在
"立法"上最为多产的皇帝，他们在 18 世纪一共为清朝法典
增加了一千多条新例。在应对暴力犯罪和死刑的制定这两个方
面，清朝统治时期广泛的立法转向体现得尤为明显。立法稳固
发展的表现包括增加被定为死罪的罪行清单、限制法定赦免、
简化审查程序、增设刑事机构，以及扩大光棍例的适用范围。

①　此处指康熙朝以来的清廷对曾经享有世袭特权的八旗子弟（旗人）逐步
　　进行权力上的削弱。到乾隆帝在位时，八旗子弟尽管依然享有一定特权，
　　但他们在法律上的特权已名存实亡。

但在刑律所体现的全部变化中，最重要的是采用以死刑为基础的激进威慑政策。通过将特定类型的罪犯一律判死刑来进行威慑，18世纪的清朝皇帝们对司法官僚机构构成了实践与意识形态方面的巨大挑战。

这一立法举措为当时中国的刑事司法指明了意识形态方面的新方向。最值得注意的是，在光棍例中，"光棍"被描绘成一个卑鄙且蓄意犯罪的新兴作恶阶层。18世纪的光棍罪通常与未婚的底层男性有关（他们经常被当作性犯罪的替罪羊），但同时也扩展至包括充当地方政府的打手和讼棍的非法活动，以及诸如诬告、欺诈、盗墓、囤积居奇、抗税、巫蛊等罪行。这种在事实上对犯罪行为的重新定义在意识形态上产生的深远影响过于复杂，我们无法在本章详细讨论。不过已经可以看到，随着时间的推移，光棍罪的共同性并非指向犯罪者的社会地位，而364 是他们的道德品质。而且，尽管这些违法行为的种类多样，但它们总体上都可以被归入日益复杂的商业化经济和高度流动的人口所产生的副作用。这样一来，人们可能会说，光棍例是清廷为了打击犯罪活动而采取的革新措施。然而，如果清廷对严格执法和扩大死刑适用范围产生了依赖，那么高度集权的刑事司法系统就有可能遭到颠覆。考虑到死刑审判在程序上的要求，扩大可判处死刑之罪行的数量有一个可以预见且不可避免的结果，那就是案件审查次数的增加。更糟糕的是，清朝统治者并未增加司法人员的数量，这使当时的法律机构始终处于崩溃的边缘。

秋　审

与许多西方人对18世纪晚期至19世纪时中国刑事司法的误解相反，清朝沿袭了前朝复杂且多层次的死罪的司法和量刑审查程序，这一程序深深植根于中国的过去。所有死罪案件都必须接受严格的司法审查，而且绝大多数死刑判决也必须接受同样彻底的核查。正如大量死刑案件的现存记录所显示的，这些详尽的审查程序给当时的官僚体系带来了巨大负担。每起死刑案件都会在县衙进行最初的调查和审理，然后会在各级行政部门进入再审查程序，从知县开始，到知府、督抚、朝廷，最后到达拥有裁决所有死刑案件的最高特权的皇帝手中。对于凶案而言，官府首先会进行司法审查，然后再依据清朝法典的有关规定进行定罪与量刑。弑亲等严重罪行会被判处死刑"立决"，即罪犯会在判决下达后被立即处决。然而，大多数死刑判决不是立即执行的，获罪者会被关押在地方监狱，等待一年一度的秋审的复核与最终判决。多数死刑判决的暂时性意味着死刑实际上存在回旋的余地与改判的可能性，并且需要对其进行复核。

在死罪案件的最初判决下达后不久，各省就会启动秋审程序。按察使会起草一份建议的判决清单，并将其转交给督抚。在考虑按察使建议的基础上，督抚向位于京城的刑部提交自己对案件的报告。刑部首先审议这些案件，并向一个被称为"九卿"①的会审法庭提出判决建议，该法庭通常由来自司法行政部门的40—50名高层官员组成。这些官员将他们的决定和意见反馈给刑部，然后由刑部向皇帝呈交判决。最后的秋谳大典在农历九月的黎明举行，皇帝会在大典上亲自勾决本年处决的死刑犯姓名。在清代晚期，每年秋季进行的多层量刑审查

① "九卿"指大理寺卿、都察院左都御史、通政使，以及吏、户、礼、兵、刑、工六部尚书。

程序已经变成一项固定的制度，并且成为朝廷用以控制死刑的流程与显示皇恩浩荡的公开手段。

秋审的结果可分为以下四种：情实、缓决、留养承祀、可矜。少数被判"可矜"的犯人（包括老人、儿童和智力不健全者）符合《大清律例》中关于赦免或减刑的规定。"留养承祀"与此类似，这项在 18 世纪经历了多次法律修订的判决旨在赦免年逾七旬的父母或祖父母的唯一赡养者。在所有判决结果中，"缓决"不仅数量最多，而且最为棘手。乾隆帝在其在位的六十年间便对缓决时有微词。在没有引入任何新证据的情况下，这些案件通常要年复一年地被送到秋审中进行重新审理，许多无助的人在等待最终裁决的过程中死于当地的监狱里。到 1765 年，乾隆帝龙颜大怒，指责秋审中"遍布"悬而未决的久缓之案。尽管朝廷提出并讨论了将连续三年至五年缓决的罪犯流放至新疆的律法，但监督减刑为流放的罪犯以及关押那些等待最终裁决的死刑犯都会产生高昂费用，这对地方官员来说是日益沉重的负担。虽然皇帝对久缓不判现象深恶痛绝，但正是皇帝本人经常没有核准最后的判决，这类判决被称为"情实未勾"，即秋审官员已核准死刑，但皇帝没有在罪犯姓名旁边亲自勾上朱红色的核准标记。没有皇帝的勾决，当局就不能执行死刑，这些案件也将在下一年的秋审中重新进行审理。到 18 世纪 70 年代，各省督抚纷纷要求朝廷出面对那些已做出死刑判决但连续十年未被"勾决"的缓决之案进行改判。可以说，尽管下达死罪判决的案件数量有所增加，但朝廷在执行死刑方面依然摇摆不定。

当皇帝勾决后，朝廷会在罪行发生地对死刑犯执行判决。关于死刑执行的历史统计数据很少，但根据从乾隆年间（清廷在这一时期有相对较强的执行力）挑选出的九年得出的数据，平均每年有 2863 人被处决。而且，许多官员不愿在秋审期间执行死刑或做出减刑流放的裁决，这意味着成千上万起案件的行刑时间都被推迟。在清朝律法中，监禁从来都不是一种法定刑罚手段。可正如关押期间的死亡报告所显示的，"久缓"——被无限期地关押在县级监狱中等待秋审下达的最终判决——成为许多犯人实际遭受的刑罚。到 18 世纪晚期，流放至新疆已成为对经历多次缓决的死刑犯的替代刑罚手段。一项关于清朝将犯人流放至新疆的研究指出，"1790—1792 年，大约有 8000 名被判缓决三次以上的犯人被流放"，"在 1800 年末至 1803 年的秋审中，有 1 万多名此类犯人被流放，这个数字在 1809—1812 年上升至约 1.3 万人"。[21] 尽管如此，仍有数千名不幸的犯人在当地监狱中苦苦煎熬了数十载，无数犯人没能活到出狱的那天。犯人被关押期间的死亡是超负荷运转的司法官僚机构、资源不足的刑事司法系统和死刑适用范围的扩大共同导致的灾难性后果。

结　语

18 世纪中国人口增长和经济发展带来的一个显而易见的后果是，人口变得更加具有流动性。无论是从事营利性的商业活动，还是为了寻找耕地而冒险迁至他处，抑或在短期内寻找季节性的工作，18 世纪的中国男性（有时也包括女性）都在为寻求致富机会、更好的谋生手段或基本的生活保障而四处奔波。有时候，这些寄居者、移民和流浪者会在旅途中或边远的新定居点面临人身危险，其中就包括致命的暴力。在一些极端情况下，男性户主不在家中会使妇女面临更大的遭受性侵犯的

367

风险。但更常见的现象是农村穷人孤注一掷的生存策略，包括一妻多夫、典妻和婚内卖淫（marital prostitution）①。[22]更令人吃惊的是，经济和人口的力量也使社会变得更加动荡，并显然破坏了共同的道德规范与社会正义观念。同样可怕的是，极端的暴力犯罪——晚辈攻击和杀害家族长辈、通奸的妻子谋杀丈夫、残忍杀害女性和未成年亲属——对植根于仁慈的父权制这一文明理想的稳定社会构成了巨大威胁。几千年来支撑中华文明的管理机构及其意识形态基础同样面临着严重的威胁。

就文明观念来说，中国与西方有许多共同之处。与西方19世纪以来长期将启蒙时代、现代化和进步相联系的观念不同的是，中国的文明观念有着更为悠久的历史渊源。大多数学者认为，体现儒家道德与忠孝原则的文明观念早在西汉（公元前202—公元8年）就已确立。[23]同样，将文明视为构成社会的特性的观点在中国和西方都十分盛行。无论是在中国还是西方，那些自认开化的民族都崇尚自律，并且反对暴力。事实上，中国人对教育和文化修养的重视在科举考试中走向了制度化，这一制度在宋代（960—1279年）成为文人获得政治权力和影响力的捷径。最后，中西文明的拥护者都相信，文明能够带来积极的变革力量。

考虑到中华文明的深厚根基，19世纪在世界范围内开始传播的进步文明观念与人际暴力的历史模式之间的联系似乎并未在当时的中国社会中有所体现，这并不奇怪。在中国，礼尚往来、仁者爱人与文质彬彬的文明价值观已延续了两千余年之

---

① 此处的婚内卖淫是指丈夫为了换取金钱，让自己的妻子从事卖淫活动。

久。正如 18 世纪的凶案记录所表明的，中国社会中越来越多的恶性暴力事件与宏观经济的空前发展以及人口的空前增长密不可分，这些变化同时带来了繁荣和贫困。社会形势是如此严峻，以至于在经济上破产的农村贫困人口常常孤注一掷地诉诸极端暴力以觅得一线生机。最后，越来越多的中国农民遭受的生存威胁使打造文明社会的士大夫理想蒙上了一层阴影。农村穷人的悲惨境地与痛苦挣扎表明，社会的共同规范和正义理想正在走向崩溃。定期审理凶案和死罪的清朝官员显然已经觉察到，社会秩序和文明的精神支柱正在受到威胁。但他们似乎没有意识到的是，文明赖以生存的物质基础已经遭到了不可逆转的破坏。无论我们如何评判这些策略的有效性，18 世纪的清朝统治者都采取了一种新的行动方针，即重新界定罪行并推行激进的威慑政策，这与刑事司法的既定规范或制度并不完全一致。更重要的是，由于没有辨明和解决引发暴力的深层原因，他们的努力将注定以失败告终。

368

参考论著

了解中国法律史的最佳入门著作是 Geoffrey MacCormack, *The Spirit of Traditional Chinese Law* (Athens: University of Georgia Press, 1996)，建议读者将该著与同作者的另外一部著作放在一起阅读: *Traditional Chinese Penal Law* (London: Wildy, Simmonds & Hill, 2013)。关于清朝统治期间的"立法转向"，参见 Zheng Qin, Zhou Guangyan, trans., 'Pursuing Perfection: Formation of the Qing Code', *Modern China* 21.3 (1995), pp. 310-44。关于古代中国犯罪与刑罚的一项重要研究成果是 Jerome Bourgon, 'The Principle of Legality and Legal Rules in the Chinese Legal Tradition', in Mirelle Delmas-Marty, Pierre-Etienne Will and Naomi Norberg (eds.), *China, Democracy, and Law: A Historical and Contemporary Approach* (Leiden: Brill, 2012), pp. 169-88。关于特定刑罚的研究成果，

参见 Marinus Meijer, 'The Autumn Assizes in Ch'ing Law', *Toung Pao* 70 (1984), pp. 1 – 17; Joanna Waley-Cohen, *Exile in Mid-Qing China : Banishment to Xinjiang 1758–1820* (New Haven, CT: Yale University Press, 1991); Timothy Brook, Jerome Bourgon and Gregory Blue, *Death by a Thousand Cuts* (Cambridge, MA: Harvard University Press, 2008)。关于 18 世纪中国的社会和经济变迁，参见 Ramon Myers and Yeh-chien Wang, 'Economic Developments, 1644–1800'; William Rowe, 'Social Stability and Social Change', 均载于 Willard J. Peterson (ed.), *The Cambridge History of China*, vol. IX, *The Chi'ing Dynasty to 1800*, part 1 (New York: Cambridge University Press, 2002), 涉及上述内容的页码分别为第 563—646 页和第 473—562 页。

关于清朝律法和暴力犯罪的一项早期研究成果是 Marinus J. Meijer, *Murder and Adultery in Late imperial China : A Study of Law and Morality* (Leiden: Brill, 1991)。关于刑事司法政治的优秀个案研究，以及对档案馆资源的开拓性使用，参见 Philip Kuhn, *Soulstealers : The Chinese Sorcery Scare of 1768* (Cambridge, MA: Harvard University Press, 1990)。关于基于当时凶案记录的研究成果，参见 Thomas Buoye, *Manslaughter, Markets, and Moral Economy : Violent Disputes over Property Rights in Eighteenth-Century China* (Cambridge: Cambridge University Press, 2000); Janet Theiss, *Disgraceful Matters : The Politics of Chastity in Eighteenth-Century China* (Berkeley: University of California Press, 2004); Matthew Sommer, *Sex, Law, and Society in Late Imperial China* (Stanford, CA: Stanford University Press, 2000)。关于"光棍"问题，参见 Thomas Buoye, 'Bare Sticks and Naked Pity: Rhetoric and Representation in Qing Dynasty (1644–1911) Capital Case Records', *Crime, History and Societies* 18. 2 (2014), pp. 27–47。关于死刑案件记录的英译，参见 Robert Hegel, *True Crimes in Eighteenth-Century China : Twenty Case Histories* (Seattle: University of Washington Press, 2009)。

在档案馆资源的基础上对凶案进行统计分析的首个研究成果是 Zhiwu Chen, Kaixiang Peng and Lijun Zhu, 'Social-Economic Change and Its Impact on Violence: Homicide History of Qing China', *Explorations in Economic History* 63 (2017), pp. 8–25。最后，读者还可以在"Legalising Space in China"这个极具参考价值的网站查阅清朝律法：http://

lsc. chineselegalculture. org/，该网站如今依然在进行与《大清律例》有关
的翻译项目，其中包括数百部与清朝律法有关的历史著作、法律文件和
其他文献。

注　释

1. 参见 Z. Chen，K. Peng and L. Zhu，'Social-Economic Change and Its
   Impact on Violence：Homicide History of Qing China'，*Explorations in
   Economic History* 63（Jan. 2017），pp. 8−25。
2. J. Theiss，*Disgraceful Matters：The Politics of Chastity in Eighteenth-
   Century China*（Berkeley：University of California Press，2004）；M.
   Sommer，*Sex，Law，and Society in Late Imperial China*（Stanford，
   CA：Stanford University Press，2000）；M. Sommer，*Polyandry and
   Wife Selling in Qing Dynasty China*（Berkeley：University of California
   Press，2015）. 亦可参见本卷第 11 章。
3. T. M. Buoye，*Manslaughter，Markets，and Moral Economy：
   Violent Disputes over Property Rights in Eighteenth-Century China*
   （Cambridge：Cambridge University Press，2000）.
4. 中国第一历史档案馆编：《清代土地占有关系与佃农抗租斗争》，
   北京：中华书局，1988 年，第 766—768 页。
5. Buoye，*Manslaughter，Markets*，p. 156.
6. 《内阁刑科题本·乾隆四十四年七月七日》，北京：中国第一历
   史档案馆。这些档案源自乾隆四十四年七月七日（1779 年 8 月
   18 日）的土地债务类案件记录。
7. 参见 S. South and S. Messner，'Crime and Demography：Multiple
   Linkages，Reciprocal Relations'，*Annual Review of Sociology* 26
   （2000），pp. 83−106。清朝官员一般把年轻的（特别是那些触犯
   法律的）单身男性称为"光棍"。
8. D. Courtwright，*Violent Land：Single Men and Social Disorder from
   the Frontier to the Inner City*（Cambridge，MA：Harvard University
   Press，1996），p. 2.

9. 同上，p. 23。

10. T. Buoye, 'Suddenly Murderous Intent Arose: Bureaucratization and Benevolence in Eighteenth-Century Qing Homicide Reports', *Late Imperial China* 16. 2（1995），pp. 95-130.

11. T. Buoye, 'Bare Sticks and Naked Pity: Rhetoric and Representation in Qing Dynasty（1644 - 1911）Capital Case Records', *Crime, History and Societies* 18. 2（2014），pp. 27-47.

12. 《内阁刑科题本·乾隆十五年四月十七日》（1750 年 5 月 22 日）。

13. 《内阁刑科题本·乾隆十六年七月六日》（1751 年 8 月 26 日）。

14. "凌迟"（lingering death），又称"千刀万剐"，这是所有死刑中最残酷的一种。与绞刑和斩首相比，凌迟判决十分罕见。《大清律例》记载了 813 种死罪，其中只有 30 种会被判凌迟。参见 T. Brook, J. Bourgon and G. Blue, *Death by a Thousand Cuts*（Cambridge, MA：Harvard University Press, 2008），ch. 2。

15. 《内阁刑科题本·乾隆十五年九月十九日》（1750 年 10 月 18 日）。

16. 《内阁刑科题本·乾隆十六年七月十一日》（1751 年 8 月 31 日）。

17. 参见 Theiss, *Disgraceful Matters*。

18. 参见 M. Macauley, *Social Power and Legal Culture：Litigation Masters in Late Imperial China*（Stanford, CA：Stanford University Press, 1998）。

19. Theiss, *Disgraceful Matters*, p. 156.

20. 参见 Sommer, *Polyandry and Wife-Selling*。

21. J. Waley-Cohen, *Exile in Mid-Qing China：Banishment to Xinjiang 1758-1820*（New Haven, CT：Yale University Press, 1991），p. 63.

22. Sommer, *Polyandry and Wife-Selling*.

23. 参见 G. Wang, 'The Chinese Urge to Civilize: Reflections on Change', *Journal of Asian History* 18. 1（1984），pp. 1-34。

19 英属美利坚的犯罪与司法

杰克·D. 玛瑞埃塔

从英国人在北美建立第一个永久定居点到 1800 年，英属美利坚①殖民地发生了很多暴力事件，它们的特点和原因既体现了连续性，也体现了变化。暴力事件层出不穷的一大原因是政府无力对暴行实施镇压和制裁。尤其是在 17 世纪，殖民地政府软弱无能，无法抑制殖民者的过度暴力倾向。殖民地政府的活力在 18 世纪不断增强，但在更加偏远的地带（"边疆"），地方行政机构依然难以维持和平并赢得尊重。或许具有讽刺意味的是，政府还在战争和蓄奴制这两个显而易见的例子中扮演了支持和默许暴力的角色。战争在 17 世纪和 18 世纪都很普遍，而奴隶制直到 18 世纪才得以迅速发展。奴隶制只在美利坚南方的殖民地盛行，因为南方的政府对俘虏实施体罚和死刑，并纵容奴隶主对奴隶使用暴力。美利坚在当时暴行频发的另一个原因是种族偏见，这不仅助长和维持了奴隶制，还促使欧洲移民和美洲土著之间展开或明或暗的殖民战争。

17 世纪迁徙至北美洲东部的欧洲移民在当地犯下的暴力罪行罄竹难书。北美洲东部是一块各方竞相争夺的"边境"土地，这里缺乏政府与执法部门的监管，各方势力之间的政治

---

① 原文为 Anglo-America，广义上指盎格鲁美洲，即以英语为主要语言，或者与英国在历史、语言或文化上有密切关系的美洲地区，包括今天的美国、加拿大、牙买加、巴哈马、伯利兹、多米尼克等国。由于本章中指的是英国在美利坚（多为北美）的早期殖民地，所以译作英属美利坚。

边界十分模糊，不同的民族、种族和文化群体（大多为男性）在此混居，他们普遍缺乏安全感，在暴力的环境中艰难生存，而且不择手段地追求财富、个人或公共权力，以及自主权或排他性。不仅如此，他们还要面对有着不同身份、语言、历史以及领地要求的原住民。

在 17 世纪的前 75 年，危险的混居状态引发的暴力和凶案遍及欧洲人在美利坚的定居点：在新英格兰地区包括普利茅斯、马萨诸塞湾和罗得岛；在中大西洋地区，先是新荷兰和新瑞典，后来是纽约和新泽西；在切萨皮克地区则包括弗吉尼亚和马里兰。这些殖民地的凶杀率远远超过了同时期欧洲或现代时期美国的凶杀率。[1]绝大多数移民的目的是摆脱贫困、犯罪、死刑、战争或政治和宗教歧视，尤其是在切萨皮克，没有财产也没有自由的男性契约仆构成了该地移民的大部分。还有一些走运的士兵，他们不仅在美利坚站稳了脚跟，而且赢得了声望，如弗吉尼亚的约翰·史密斯（John Smith）上尉。

1623 年，普利茅斯的清教徒殖民者——在美国历史上赫赫有名的宗教避难者——杀害了 7 名进犯的马萨诸塞印第安人。迈尔斯·斯坦迪什（Myles Standish）是随移民前往美利坚的职业军人，他是此次杀戮行动的主谋。斯坦迪什将最具攻击性的印第安人维图沃麦特（Wituwamat）的头颅挂在普利茅斯的一根杆子上，用以恐吓其他桀骜不驯的美洲土著。但是，这些土著并非惨遭英国人毒手的唯一种族，受害者还包括所谓的具有威胁性的英国同胞。在 17 世纪的第一个 25 年中，新英格兰的每 10 万人凶杀率一度超过了 100。[2]

另外，最早的弗吉尼亚移民以好斗和顽劣而臭名昭著。该地的每 10 万人凶杀率是新英格兰的两倍之多（200），这并不令人感到意外。1618 年，随着切萨皮克的殖民者发现烟草是一种在市场上有利可图的商品，该地区对劳动力的需求超过了北美大陆所有地区的需求。在 17 世纪的大部分时间里，弗吉尼亚人都从不列颠群岛进口契约仆，其中绝大多数为男性。不仅如此，契约仆的主人还会在政府的默许下对契约仆实施残酷的压迫，这些契约仆成为 17 世纪下半叶引发美利坚犯罪和暴力的最大问题因素。在弗吉尼亚，图谋报复且被社会疏远的前契约仆全副武装，和逃逸的契约仆共同形成了一个底层土匪阶层，他们从事袭击、盗窃、破坏公物、纵火、扰乱治安等犯罪活动，并最终在 1676 年发动叛乱。根据历史学家伦道夫·罗斯（Randolph Roth）的估算，在弗吉尼亚，50%的非政治凶案的始作俑者都是契约仆身份的移民，在马里兰这一比例则高达 67%。[3]

然而，英属美利坚殖民地的凶杀率在 1675 年后出现了下降趋势。17 世纪最后 25 年里发生了一些划时代事件，这不仅使得新英格兰和切萨皮克地区的暴力事件明显减少，还改变了法律的实施进程。这一变化出现的最大原因是战争。当战争中的一方打败另一方，并将自身意志和法律强加于这些曾经存在争议的领土上的民众时，暴力活动就平息了。这在新英格兰体现为 1675 年的菲力浦国王之战（又称梅塔卡姆战争），在弗吉尼亚则体现为一场内战，即 1676 年爆发的培根叛乱（Bacon's Rebellion）。

菲力浦国王之战可能是英属美利坚历史上最惨烈的一场战争。由于这场战争，新英格兰的经济直到 18 世纪 20 年代才恢复到 1675 年以前的水平。这场战争最为显著的影响是，土著和英国殖民者之间频繁出现的互相侵犯现象消失了：土著要么被驱逐，要么被杀死。在 17 世纪的前 25 年，无血缘关系的成年人之间的每 10 万人凶杀率为 100；到 17 世纪最后 25 年，这个数字已经降至不足 4。凶杀率的显著下降不仅源于跨种族凶案的减少，也源于英裔殖民者社区内凶案的减少。虽然殖民者与美洲土著之间暴力事件减少的原因是显而易见的（土著已遭驱逐或被杀害），但为何发生在殖民者之间的暴力事件同样减少了，这有待进一步的解释。其中的一个重要原因是种族主义的发展。战争中产生的种族主义普遍针对土著敌人，而且充满了恶意，它在殖民者和土著之间制造了一道肤色（白人对抗"红人"）的屏障。种族主义使殖民者团结起来，并产生了遏制彼此之间敌意和暴力的同胞之情。由于土著已经兵临城下，他们无法承担内讧带来的后果。因此，殖民者们不再互相人身攻击，而是尊重彼此的权利以及宗教和社会特性。在国家层面，此前对不守规矩者的严厉惩罚也有所缓和。在新英格兰地区，人们对犯罪活动的容忍度逐渐增加，政府也在逐渐缩小司法暴力的实施范围，兽奸（bestiality）便是这些现象的典型体现。没有什么行为比人兽交配更让新英格兰人感到恐惧的了。塞缪尔·丹佛斯（Samuel Danforth）写道："上帝都因此在天堂不得安宁……整个世界都在这种邪恶的重担下呻吟。"[4] 1642—1674 年，共有 7 名被判兽奸罪的犯人在新英格兰被处决。但在 1674 年后，再也没有人因此获罪或被处决。

373　　　1692 年，马萨诸塞的塞勒姆进行了一场著名的巫术审判。在判定 19 名男女犯有巫术罪后，政府对他们执行了司法处决。这起事件似乎与菲力浦国王之战后社会氛围变得更加宽容与和平的说法自相矛盾。但在 1692—1694 年，尽管依然存在一连串审判，只有 2 人的罪名是巫术罪。历史学家凯伦·卡尔森

（Karen Karlsen）将这起事件视为文明倒退的显著表现，不过在更为漫长的时间内，新英格兰白人社区的宽容度都呈现出不断增长的趋势，审判事件发生后相对和平的状态便是这一趋势的体现。[5]

此外，巫术审判发生在战争、种族恐惧与促使英国人团结一心的菲力浦国王之战的背景下。1689 年，英国与法国开战，此前英国国内发生了光荣革命，信仰天主教的詹姆斯二世因此被赶下了王位。光荣革命进一步强化了英国人的新教徒身份，这种身份此时已涵盖了新教徒中的异端教派。在新英格兰，信仰天主教的法国人和他们的印第安人盟友袭击了马萨诸塞北部周边的村落，这放大了 1675 年以来一直萦绕在英国人心头的恐惧感。在塞勒姆，这种恐惧感还出现在饱受折磨的女性的庭审证词中。默西·刘易斯（Mercy Lewis）作证说，折磨她的人中既有法国人也有印第安人，他们出现在她面前，挥舞着手上的罗马天主教弥撒书。庭审中的被告也证实了印第安人与法国人的同谋关系：其中一个被定罪的女巫供认，自己曾经与法国人和印第安人图谋摧毁新英格兰。来自暴力边境的所谓"撒旦势力"似乎正在渗透进马萨诸塞的周边地区。

在弗吉尼亚，凶案的减少方式和同胞情谊的增进途径与新英格兰的情形有所不同，尽管两地都涉及与美洲土著的战争。培根叛乱不仅使英国人与印第安人走向敌对，也使英国人之间出现了内讧。从某种程度上讲，这起叛乱是一场内战。冲突三方中的第一方是纳撒尼尔·培根（Nathaniel Bacon）及其追随者，其中有一些在当时显赫无比的重要人物，据说他们因为受到总督威廉·伯克利（William Berkeley）的怠慢而感到自己的权力和地位受到了侵犯。此外，培根还得到了自由民①仆人们的支持，这些人饱受贫穷困苦的折磨。培根的手下和自由民一起对土著（战争的第二方）宣战。当伯克利和殖民地政府拒绝批准这场针对印第安人的战争时，被伯克利宣布为叛乱者的培根便直接对伯克利和政府（战争的第三方）宣战。培根及其手下所发动的叛乱尽管以失败告终，但这场叛乱吓坏了身处上层阶级的种植园主，他们意识到自己的地位、权力和财产是如此岌岌可危。殖民地有许多愤怒且贫穷的白人自由民，他们曾经被种植园主用来解决商品经济中劳动力短缺的问题，但此时构成了对殖民地政权的威胁。种植园主需要找到能够替代契约仆的劳动力。

切萨皮克地区早就出现了这类替代劳动力。在最初的几十年间，非洲人就以一种含糊不清的公民身份生活在弗吉尼亚，他们中的一些人拥有自由身份，另一些人则是奴隶。如果终身奴隶制能够确立所有非裔（更多人正从非洲被运来）的公民身份，那么无产阶级白人便不再构成发动叛乱的潜在危险因素。因此，在 17 世纪最后 25 年，种植园经济从白人契约仆制转向种族蓄奴制。1670 年，美利坚非裔人口约为 2000 人，其中大部分人的身份是奴隶；到 1700 年，这一数字增长至 8000 人，而且所有人都是奴隶；而到 1750 年，奴隶数量达到了 10 万人。但一个无法回避的事实是，暴力依然没有消失。种植园主转而对黑奴施暴，这一行径得到了白人劳动阶层的支持。

在培根叛乱和蓄奴制转向后，弗吉尼亚的贫困白人摆脱了

---

① 本章中出现的自由民（freed/freedman）和自由人（free person）有所区别。前者指曾经失去自由的仆人或奴隶，但此时已经获得了自由；后者包括自由民，但主要指始终拥有自由身份的人。

长期受白人种植园主压迫的命运。不仅如此，他们还享受到了较低税收、选举权、更多的土地使用权等红利。同胞之情也在其中扮演了重要角色。在新英格兰，白人之间的团结精神助长了他们对美洲土著的仇恨情绪。在弗吉尼亚，种族偏见通过立法被集中在黑人身上，并普遍成为白人对黑人实施奴役和压迫的托词。此后（至少在 1865 年的黑奴解放到来之前），弗吉尼亚的贫穷白人、以前的罪犯与造反者非但没有破坏和平，反而确保了和平状态——他们组成了奴隶巡逻队，充实了镇压黑人起义的民兵队伍，并承担了警察与治安官副手的职责。这一变化对美利坚历史上的犯罪和司法产生了最深远的影响，而且这种影响一直持续到了 21 世纪。[6]

在 1680 年后的数十年间，弗吉尼亚的司法体系镇压了所有非洲黑奴对被奴役命运的反抗举动。1706—1784 年，至少有 567 名奴隶被判死刑（或许还有并未留下审判记录的数百名被判死刑的奴隶），没有一名奴隶有机会上诉、获得缓刑或被赦免。相比之下，同一时期被判处死刑的自由人只有 70 名。除了政府的暴力镇压之外，奴隶主也会在法律允许的情况下对奴隶施暴，其中即使存在违法行为，也很少会被记录在案。因此，在 1710 年之后，没有任何白人因为在"管教"奴隶时导致后者死亡而遭到起诉。

尽管在 1675 年之前困扰殖民者的暴力和司法问题（如因与美洲土著以及饱受争议的政府密切接触而产生的问题）在18 世纪并未消失，但在北美洲东部地区，这类事件在很长一段时间内都少了很多。最早一批欧洲殖民者侵占美洲土著的领地时发生的那种暴力事件此时只存在于阿巴拉契亚地区，沿海社区已经处于更加和平与安全的状态。殖民地东部的美洲土著早已被驱逐或征服。殖民地对劳动力的需求从未减少，而外来劳动力——在南部是非洲奴隶，在北部是欧洲移民——依然是扰乱公众秩序的一大因素。17 世纪晚期，美利坚的殖民者提高了对其他白人民族的容忍度，一代又一代土生土长的白人建立了更多的本民族社区。尽管如此，刚抵达美利坚不久的移民再次挑战了殖民者的忍耐底线；但此时的殖民地政府已经正常运作，并被当地公民视为合法的权力机构，有权开庭、任命陪审团、宣布并执行判决。此时美利坚的大部分地区出现了能够在大部分时间里起作用的市民社会。

新英格兰变得和平的最明显证据来自暴力犯罪记录。在美国独立战争之前，欧洲殖民者在新英格兰的每 10 万人凶杀率就已经骤降至 2 以下。[7]凶杀率下降的主要原因是人口变得更加同质化。18 世纪的欧洲移民大多没有选择在新英格兰定居，这使该地避免了这些移民在美利坚其他地区引发的混乱。新英格兰的社区并不欢迎新来者，其贫瘠的经济和自然资源也没有什么吸引力。哈德逊河以南的殖民地不得不应对来自欧洲的大规模移民及其带来的暴力问题。

切萨皮克地区的暴力问题并没有像新英格兰地区的暴力问题那样得到极大的改善，但在当时，该地无血缘关系的成年人之间的每 10 万人凶杀率已经下降至 9。切萨皮克的烟草种植者用非洲奴隶替代了白人契约仆，这种变化尽管使得引发暴力的一大群体的人数大为减少，但带来了另一个引发暴力的群体。如前文所述，为了使黑人成为顺从的劳动力，弗吉尼亚人在公共和私人领域都会对黑人动用暴力。曾经是契约仆的白人及其后代与更富有的、居于统治地位的种植园主阶级有共同的种族身份。团结精神与同胞情谊抑制了这些穷人向其中一些白人复仇的冲动，这一点与菲力浦国王之战后的新英格兰十分相似。然而，切萨皮克地区并没有避免不断涌入的欧洲人带来的麻烦。英国将大约 5 万名罪犯运送到弗吉尼亚和马里兰，他们在那里签订契约，以劳工的身份服苦役，这一做法一直持续到美国独立战争。和过去一样，这些罪犯要么熬到被释放，要么逃跑并流落街头。切萨皮克的殖民者对这些罪犯的罪行怨声载道，附近殖民地的地方官员也是如此。纽约的小威廉·史密斯（William Smith Jr）① 将他们称作"世界上最凶恶的匪徒"。[8]

到 18 世纪中叶，弗吉尼亚开始大量接收从宾夕法尼亚来的苏格兰-爱尔兰人（Scots-Irish）②，他们沿着"大马车之路"向南迁移。一些弗吉尼亚人欢迎这些好斗分子的到来，因为他们构成了自己与敌对的印第安人和沿海低地（Tidewater）的旧定居点之间的屏障。但是，这些人也同样被弗吉尼亚人视为心头大患。英国圣公会（Anglican）③ 牧师查尔斯·伍德梅森（Charles Woodmason）称他们为"卑鄙的爱尔兰长老会（Irish Presbyterian）④ 教徒"，"大地渣滓和人类之屑"。他继续写道："他们以低贱的、懒惰的、放荡的、异教徒的以及地狱般的生活为乐。"[9] 当他们向印第安人非法出售烈酒时，尤其是当他们违抗政府的命令迁移到阿巴拉契亚山脉以西的印第安人领地时，弗吉尼亚人意识到他们的好斗和叛逆给沿海低地制造的危

① 小威廉·史密斯在 1780—1782 年担任纽约的首席法官。
② 苏格兰-爱尔兰人，特指爱尔兰北部的苏格兰移民的后裔，这批人日后成为英属美利坚的主要殖民者。
③ 圣公会有多种不同译法，包括安立甘宗、英国国教、盎格鲁教会、主教会等，是基督新教的三大流派之一。本卷统一将其译为圣公会。
④ 爱尔兰长老会是基督新教三大流派之一的长老会在爱尔兰的分支；长老会与圣公会和路德宗并称新教三大主流派别，在苏格兰和爱尔兰有大批信众。

险并不亚于他们带来的安全。除了与印第安人发生冲突，苏格兰-爱尔兰人还带来了他们的冲动、傲慢、对荣誉的敏感与好斗天性，这些都是他们及其定居的南方地带的标志性特征。简而言之，他们就是一群暴力分子。根据伦道夫·罗斯的统计，在 1765 年之前的弗吉尼亚，苏格兰-爱尔兰人实施谋杀或者被谋杀的可能性比其他殖民者高出 26%。[10] 他们从弗吉尼亚迁移至卡罗来纳（Carolinas）① 以及更远的地区，也将他们的暴行以及这种名声一并带了过去。

877 宾夕法尼亚建立于 1682 年，这是英国人在北美大陆建立的倒数第二块殖民地（这里将注定拥有最多的自由人口）。该地的犯罪和司法记录都从这一较晚的起步中大大获益。该地的殖民者也不需要像第一次面对原住民的欧洲人那样通过征服来解决居住问题。早在 17 世纪 20 年代，荷兰人和瑞典人就已经进入这里的特拉华河谷。英国人居住在邻近的新泽西，有些移民曾在 1682 年前跨过特拉华河迁徙至此。当宾夕法尼亚的建立者威廉·佩恩（William Penn）抵达时，当地的特拉华原住民早已对欧洲人了如指掌。

佩恩并没有任何征服的想法，他希望这片土地上的所有定居者都能得到当地印第安人的容许。1682—1684 年，他和特拉华土著制定了允许和平的殖民者进入该地南部的条款。几十年来，宾夕法尼亚都不曾出现几乎遍布其他美利坚殖民地的种族暴力，这在当时是绝无仅有的。除了建立者之外，宾夕法尼亚建立初期 30 年的移民也都基本是贵格会成员，和平主义和

---

① 此处的卡罗来纳是复数，泛指南北卡罗来纳地区。1729 年，该地分裂为南北两个殖民地。

非暴力原则是他们的教义之一。在最初 30 年后的很长一段时间里，宾夕法尼亚的大多数地方官员是贵格会成员与和平主义者。此外，宾夕法尼亚也没有像烟草这样需要大量引进奴隶劳动力的主要农产品。尽管宾夕法尼亚后来会面临契约仆带来的暴力问题，但他们遇到的问题与同样被契约仆困扰的弗吉尼亚的问题并不相同。

　　由于奉行和平主义，加上没有主要农作物，这个由威廉·佩恩建立的新兴殖民地经历了大约 30 年的恩典期（period of grace）①。1682—1719 年，宾夕法尼亚只有 16 起凶案的审理记录，即每 10 万人中仅发生 1 起杀人案。这不仅是宾夕法尼亚有史以来最低的凶杀率，而且放在任何时代或地域都十分惊人。该殖民地只对谋杀和叛国这两种罪行判处死刑（按照英语地区的司法标准，这是极其宽松的）。佩恩和贵格会的做法招致了一些批评，批评者认为这会助长犯罪活动。作为对批评者的反击，当时的法院仅仅处决了两名被宣判有罪的死刑犯。

　　在宾夕法尼亚建立 40 周年之际，这个开放且多元化的社会逐渐开始暴露出一些问题。宾夕法尼亚的杰出行政长官詹姆斯·罗根（James Logan）写道，1717 年后，成千上万的非贵格会移民抵达该地的"浅滩"，他将这场移民浪潮称为"入侵"。[11] 1700—1780 年，该地人口每 10 年的增长率为 40%。早期的人口激增带来了灾难性的后果，宾夕法尼亚到 1722 年已深陷经济萧条，此地发生的暴力和动乱已经发展至前所未有的严重程度。1726 年，一群暴徒袭击了各地的刑事

878

①　恩典期原为宗教用语，本章中该词指因宗教而得以和平发展的时期。

司法机构，烧毁了位于费城的颈手枷和刑具①，并破坏了一些
屠户的肉摊（他们认为这些屠户在牟取暴利）。两年后，一
群暴徒毁坏了罗根的住所，并对立法机构成员进行人身恐吓。
整个殖民地的每 10 万人凶杀率在翻了两番之后又进一步上
升：从最初的 0.9 上升到 18 世纪 10 年代的 3.6，再到 18 世
纪 20 年代的 4.5。1718—1732 年，切斯特县记录的凶杀率更
是高达 9.0。

　　罗根抱怨道："海外人们交口称赞的贵格会乐土，如今已
经变成最卑鄙和最奢华的淫乱之地。"教友派（Society of
Friends）② 将犯罪骚乱归咎于移民，他们眼中的移民是"大量
从其他国家涌来的邪恶和可耻的垃圾"。宾夕法尼亚殖民地当
局尤其将苏格兰-爱尔兰人视为眼中钉。罗根怒不可遏地写
道："这些新来的（更多的苏格兰-爱尔兰人）成了我们肠子
里的毒药，我们这下得变成什么样啊！"[12]法庭记录同样反映
了苏格兰-爱尔兰人的涌入给殖民者带来的沮丧情绪。18 世
纪 10 年代，被刑事起诉的苏格兰-爱尔兰人占切斯特县总人
口的 23.3%，这比他们所占的人口比例高出 3.9 个百分点。
到 18 世纪 30 年代，这一比例已升至 49.2%，比他们所占的
人口比例高出 21.9 个百分点。在苏格兰-爱尔兰人占据多数
的殖民地西部边境（如多尼戈尔镇），法庭已经几乎停止运
转，大批罪犯逍遥法外。随着人口的迅速增长和殖民地的扩
张，这里同样出现了在美利坚其他殖民地上演的不幸景象。
宾夕法尼亚的恩典期结束了。

―――――――――

　　① 颈手枷和刑具的原文分别为 pillory 和 stock，pillory 指戴在犯人头上的颈
　　　手枷，stock 指用木桩和木板做成的固定犯人的刑具。
　　② 教友派是贵格会的正式名称，参见本卷第 13 章。

来自宾夕法尼亚的完整法庭记录、税单和城市指南（city directory）①使我们能够对刑事案件中的被告或被指控者进行分析。其中一个最重要的事实是，他们中的大多数是没有家室、妻子、孩子、邻居、教会或从属机构的外来流浪汉。在切斯特县，61.5%的被告名字没有出现在县税单上；在费城，70%或更多的被告名字没有出现在税单和城市指南上。但并不能仅仅用贫困解释这一现象，因为乡镇会列出免于征税的贫困或不幸的居民的名单，而这些被告甚至都不在此类穷人之列。实际上，如果不是出现在了刑事法庭的记录中，他们永远不会被人们所知晓。值得注意的是，大部分犯罪事件的受害者也属于这类隐形人口。

宾夕法尼亚——或许还有新英格兰以南和弗吉尼亚以北的所有殖民地——人口同时具有很强的混杂性和流动性。[13]在宾夕法尼亚的切斯特县和兰开斯特县，主要乡镇居民的30%—50%都会在10年内迁至他处。在殖民地西部边缘，每年都会有三分之一的纳税人口离开此地。费城市区登记人口的流动性与宾夕法尼亚农村地区的相当。在这种人口流动性很强的环境中，短期定居者与犯罪事件的相关性是显而易见的。

这些在税务记录和其他记录中不见姓名的男性罪犯有近45%的人拥有苏格兰-爱尔兰的姓氏。在切斯特县被指控偷盗、入室行窃和抢劫的嫌疑人中，仆人的数量超过了所有其他已知职业的总和。总而言之，在宾夕法尼亚遭起诉的罪犯最有可能是一名35岁以下、来自不列颠群岛（可能还有阿

879

---

① 城市指南，旧时指提供一座城市的居民、街道、店铺、组织、机构等信息的地址列表，是现代城市黄页（通讯录）的前身。

尔斯特）的白人男性移民，他的衣衫和随身携带之物就是其全部财产。

威廉·格姆利（William Gumley）是其中的典型代表，他于 1771 年在切斯特县被指控盗窃。9 年前，他以契约仆的身份从伦敦来到马里兰。他在获得自由身之前服侍过两位主人，之后去了巴尔的摩做一些粗活。后来，他回到了后一个主人那里工作，然后又回到了巴尔的摩，并在那里应征加入了正规的英国军队。在费城退伍后，他先在新泽西的一个农场工作，然后来到费城码头干活，接着又返回了新泽西。最后，他前往兰开斯特县，在途经切斯特县时被捕。

当宾夕法尼亚在 1730 年之前开始出现更严重的犯罪与动乱的趋势时，那些成立时间更久的殖民地正在逐渐解决此前广泛存在的犯罪问题。新英格兰的每 10 万人凶杀率从 1675 年之前的 8—10 下降到 18 世纪初至 18 世纪 60 年代的 2 以下。切萨皮克一开始存在的暴力问题比新英格兰的更为严重，但该地在进入 18 世纪后的凶杀率也下降得更为显著，该地的每 10 万人凶杀率从超过 30 下降至大约 10。罗斯发现，在这两个人口主要由白人新教徒构成的地区，殖民者几乎不可能因为土地、边界、法律管辖权、权利或宗教问题而自相残杀。[14] 到 18 世纪中叶，由于奴隶主对自己的奴隶拥有更多的控制权，他们也减少了对黑人的杀戮行为。

380   在 18 世纪时，始于 1689 年的英法战争使英国殖民者在美利坚的共同身份变得更加牢固，这层身份认同减少了他们之间的自相残杀倾向。从 1732 年前陷入困境的 10 年到 1755—1764 年的法国印第安人战争期间，宾夕法尼亚的每 10 万人凶案起诉率呈现出显著的下降趋势（从 3.4 到 1.0）。而在切斯特县，这一数据则从 9.0 降至 1.2。作为殖民地最大城市的费城，其凶杀率也降至 1.6。宾夕法尼亚仿佛回到了最初 40 年间的和平状态。

宾夕法尼亚的公民在 1755—1765 年得以安居乐业，但这一情形无法在这个政治和宗教分裂不断加剧且由多民族人口构成的殖民地长期存在。几十年后，该地迅速增长的人口与贵格会领导人的和平理想几乎背道而驰。该地首席大法官在 18 世纪中叶裁定，4000 个主要由苏格兰-爱尔兰人构成的、居住在萨斯奎哈纳河以外地区的家庭不属于政府和司法的管辖范围。无论是苏格兰-爱尔兰人、信仰路德宗与改革宗的德意志人还是圣公会教徒，他们都强烈要求把在政府中任职的贵格会教徒赶走，并且重新制定针对印第安人和其他敌人的政策。自 1739 年以来，战争暴露了该地民众在道德和政策方面的分歧。但直到 18 世纪 60 年代，这些差异才最终让殖民地变得四分五裂，并且助长了从西部边境到特拉华河的暴力活动。

在 1763 年之前，印第安人和白人之中存在一些逍遥法外的犯罪与凶杀的"黑数"（dark figure）①。一个名叫爱德华·马歇尔（Edward Marshall）的拓荒者吹嘘说，他一个人就至少杀死了 20 个印第安人。出于报复，印第安人又杀死了马歇尔的妻子和儿子。许多人都从先前受到不公待遇的记忆中揪出让他们痛下杀手的对象，这些事件的性质主要是谋杀和复仇，而非集体战争。

---

① "黑数"是犯罪学术语，指社会上已经发生，但出于诸多原因并未被司法机关获知或者没有被纳入官方犯罪统计的刑事犯罪案件数量。

　　1763 年 12 月，在英国与法国缔结和约之后，一群来自萨斯奎哈纳河畔帕克斯顿（Paxton）① 的人骑马来到兰开斯特，杀死了 6 名在家里且手无寸铁的科内斯托加印第安人，他们在两周后又返回此地杀死了另外 14 人。他们还叫嚣要进军费城杀死 140 名印第安人，并且将追杀一些持和平主义立场的贵格会议员以及其他为印第安人辩护的人。很多费城人担心，一场叛乱正在酝酿，于是他们将自己武装起来准备战斗。总督约翰·佩恩（John Penn）哀叹，在萨斯奎哈纳河谷，1 万名国王的士兵甚至无法将一名行凶者绳之以法。尽管其中存在夸张的成分，但他认识到了司法体系在西部地区有多脆弱。

381　　在美国独立战争爆发前的 10 年间，宾夕法尼亚的其他地区同样不复 18 世纪上半叶的和平状态。此时宾夕法尼亚整体的每 10 万人凶杀率翻了不止两番（从 1.0 上升至 4.2）。在远离边境的费城，这一数据从 1.0 飙升至 11.6。尽管英国殖民者在后期与法国人和印第安人的战争中增强了社区的凝聚力，大多数人开始同仇敌忾，但即将到来的革命（实际上是一场内战）使他们再度彼此疏远。英国的税收制度、殖民地居民的权利、请愿、抵制、武力抵抗以及（最后是）政府的合法性问题引发了争论，一时人心惶惶。保守派（Tory）与爱国派（Patriot）成为新的敌对政治身份的代表，凶案的数量在这种充满敌意的气氛中激增。早在乡村地区出现暴行之前，像费城这样的沿海城市就已深受政治动荡和暴力活动之害。

　　在宾夕法尼亚的边境地带，杀人犯依然像以前一样逍遥法

---

① 帕克斯顿的官方名称是帕克斯唐（Paxtang），但当地著名的杀人组织被称为帕克斯顿小子（Paxton Boys），因此帕克斯顿的称号更加出名。

外。宾夕法尼亚人、康涅狄格移民和特拉华印第安人在怀俄明山谷（Wyoming Valley）①反复争夺土地并互相残杀。其中有一个名叫拉扎勒斯·斯图尔特（Lazarus Stewart）的宾夕法尼亚人与康涅狄格的入侵者结盟，这个苏格兰-爱尔兰人也是帕克斯顿杀人组织的首领。斯图尔特曾经用斧柄殴打一名警员，并且因谋杀、袭击、暴动、纵火和叛国而数次遭到追捕。1770年，他与手下摧毁了宾夕法尼亚人在怀俄明山谷的房产。康涅狄格人早些时候杀死了特拉华印第安人的领袖提杜斯康（Teedyuscung），提杜斯康的儿子因此率领特拉华印第安人屠杀了康涅狄格的殖民者。在美国宣布独立后，一支由英国人、特拉华印第安人与易洛魁印第安人组成的军队在怀俄明杀害了200多名康涅狄格的殖民者，其中就包括拉扎勒斯·斯图尔特。怀俄明的暴力事件在美国独立战争爆发前就已十分猖獗，而且在战争期间不断恶化，这一趋势甚至延续到了下个世纪。对美洲土著的敌意通常会促使美利坚白人更加团结，并更加文明地对待彼此；但在对待印第安人的态度方面，宾夕法尼亚的白人群体中依然存在严重分歧。

在18世纪60年代，北卡罗来纳和南卡罗来纳同样饱受伴随权力争议的暴力之苦，但这里的暴力体现方式与宾夕法尼亚的不同。与邻近的弗吉尼亚相比，北卡罗来纳已经摆脱了17世纪的暴力阴影，该地的凶杀率在18世纪60年代前呈不断下降的趋势。在1761年与切罗基印第安人的战争之后，南卡罗来纳高地和北卡罗来纳西部陷入盗匪横行的无政府状态，殖民

----

① 怀俄明山谷并非怀俄明州的山谷，而是阿巴拉契亚山的一块谷地，位于宾夕法尼亚东北部，是当地的工业区。本章的怀俄明均指怀俄明山谷。

地政府和东部政治精英对在这里生活的殖民者置之不顾，后者
经常受到犯罪团伙的侵扰。由于政府、执法和治安的缺位，他
们在悲痛之余只能自己拿起武器对付强盗。但他们同时也将矛
头对准了殖民地官员，这些官员不但受到了攻击，其财产也被
大量劫掠。北卡罗来纳的总督决心镇压这些所谓的"监管
者"①，并派民兵去追捕他们。1771 年，双方在阿拉曼斯河展
开了激战，殖民地政府大获全胜。后来，当局以叛国罪绞死了
6 名监管者，处决人数创造了北卡罗来纳司法史上的新高。这
场爆发于偏僻地区的冲突最终引发了美国独立战争，因为当地
（尤其是南卡罗来纳）民众的仇恨情绪一直延续至 1776 年，
并且在革命派与保皇派（Loyalist）的致命冲突中卷土重来。

　　1765 年，英国在试图执行《印花税法案》时遭到了美利
坚殖民者的强烈抗议，他们在港口城市（尤其是在波士顿和
纽约）发起暴动，破坏征税设施，攻击海关以及英国官员，
马萨诸塞总督托马斯·哈钦森（Thomas Hutchinson）甚至目睹
暴徒几乎将自己的住所摧毁。在他看来，这群暴徒还威胁到了
他的生命。在英国人的心目中，这种所谓的爱国行为简直就是
在犯罪——在新英格兰的县市，施暴者没有被绳之以法，因为
那里的地方长官和法院都对抵抗运动表示同情。1770 年，一
群暴徒在波士顿袭击了一支英国军队，士兵向人群开火，这引
发了街头骚乱，最终导致 5 人死亡。

　　1765 年以后，美利坚殖民者对法律和地方官员的抵制

---

① 北卡罗来纳的一些公民拿起武器反对他们认为腐败的殖民地官员并自称
"监管者"，这场发生于 1766—1771 年的冲突被称为"监管者运动"
（Regulator Movement），一些历史学家认为这场运动是美国独立战争的导
火索。

使英国王室在美利坚暴露了自身软肋。随着反抗阵营的不断壮大，加上殖民者已耗尽了对议会和王室的耐心，为了维持当地和平，殖民者需要找到某个足够强力的替代政府，否则一些贪婪的官员会打着爱国主义的幌子，利用权力的真空来压榨他人。

当战争爆发并且各殖民地相继宣布独立时，对政治公地的争夺越发激烈，暴力也随之降临。如果所有的美利坚殖民者都是革命者（爱国者），那么整个事件就只是一场民众反抗殖民统治的革命。但殖民者对革命的看法并不一致，因此这次战争也是一场发生在保皇派和爱国派之间的内战。在爱国派人数多于保皇派、反英情绪最激烈的地方，自相残杀的情形最罕见；但在爱国派和保皇派的人数接近相等、胜负难料的地方，殖民者互相玩命争斗。除了上述情况，还有其他引发暴力的因素：（与英国人结盟的）美洲土著，过去内部冲突的遗留问题（如怀俄明山谷或北卡罗来纳），以及来了又去的英军。

新英格兰是爱国派的大本营，也是少数没有被英国长期控制的地区之一。该地极少发生暴力事件，因为保皇派的抵抗在这里只能是徒劳。大量保皇派都住在纽约、费城、查尔斯顿等被英军占领的大城市。在这些城市的腹地与英占区的交界处会发生定期与不定期的冲突，平民之间暴力肆虐。英军在战争后期占领了南卡罗来纳的查尔斯顿，康沃利斯勋爵（Lord Cornwallis）和他的军队遍布南部的偏远地区，他们鼓动保皇派人士大肆镇压附近的爱国派，这制造了美国独立战争期间最骇人听闻的暴力事件。南部农村腹地的每10万人凶杀率甚至一度超过200，这再现了17世纪以来最高的暴力水平。

383

南方边境惨案的一个突出事件是 1781 年发生在南卡罗来纳高地的云溪大屠杀（Cloud's Creek Massacre）。一群保皇派俘虏了 30 名爱国派人士，后者刚刚找回被保皇派偷走的马。尽管爱国派已经投降，但保皇派还是几乎杀死了所有人，只留下一个活口。保皇派声称，这样做是为了报复爱国派此前对自己实施的暴行。一年后，一名与 29 位遇害者有关的爱国派人士杀死了一名毫无防备的保皇派，后者此前为了让这名爱国派人士的母亲说出自己儿子的行踪而将其折磨致死。此类事件使一个当时在南卡罗来纳高地游历的人感慨，整个社会"似乎正在走向末日……光天化日之下的抢劫和谋杀数不胜数，到处都有人被洗劫……人们的道德观念几乎完全泯灭了"。[15] 旧伤未愈，又添新伤，复仇纷至沓来。在与英国和平共处的很长一段时间后，保皇派和爱国派互相厮杀，其中既有历史和政治方面的原因，也有家族和教派方面的原因。当南方人不信任或者不希望政府解决两者的分歧时，他们便会亲自上阵执行"私刑法"（lynch law）。

宾夕法尼亚的情况比大多数殖民地更加复杂，因为这里在 1776 年不仅爆发了反对殖民统治的革命，而且人们还直接推翻了 1682 年成立的特许殖民地政府——这既是一场内部变革，也是一场地方政权争取自治的革命。与马萨诸塞和康涅狄格的最大不同在于，宾夕法尼亚的民众在因革命而成立的当地政府是否具有合法性这一点上存在分歧。占据东南地区人口多数的保皇派与和平主义者拒绝支持革命，而在中部显然存在大量热情支持革命的爱国派。由于靠近敌对的美洲土著与英国人，宾夕法尼亚西部和俄亥俄河谷在政治立场上摇摆不定，这里成为当时美国独立战争的前线。

1776 年夏天，随着革命者推翻英国人统治的殖民地当局，宾夕法尼亚的大部分地方法院宣告停摆，这些机构直到 1778 年才重新开放。在公共机构开放的第一年，"新的政府中没有一人来自此前的行政或司法机构"。[16]由于该地一度没有法院，而且缺乏有经验的正统官员，该地记录在案的每 10 万人凶杀率从 1765—1775 年的 4.9 降至 1776—1783 年的 1.9，这是预料之中的结果。官方记录无法体现此时在当地实际发生的袭击、谋杀和其他严重罪行。

在约克县这样的爱国派据点，社区成员会给拒绝加入该县民兵组织的信奉和平主义的门诺派（Mennonite）① 教徒涂焦油和粘羽毛②。在这种情况下，谁才应该受到刑事起诉是一个存在争议的问题。在毗邻被占领的费城、对爱国派充满敌意的巴克斯县争议地区，保皇派和中立者会与英国人进行交易。县民兵领导人约翰·莱西（John Lacey）对如何阻止这种现象一筹莫展，于是他命令自己的手下对任何在城内试图逃跑者格杀勿论。为了使人们打消逃跑的念头，他下令道："如果有人胆敢离开，那么这些人的尸体将和他们的货物躺在一起。"[17]根据保皇派的说法，爱国派指控约翰·麦肯尼（John McKenny）与英国人进行贸易，然后将他绑在一匹马后面，马匹拖着他飞快奔跑，这几乎使他丧命。

这类暴力事件的背后都是有组织的战争，而其他暴行则多

---

① 门诺派是基督新教的一个福音主义派别，源自 16 世纪的荷兰，其社会立场为反对任何暴行，具有突出的和平主义特点。

② 涂焦油和粘羽毛是一种早期近代社会中常见的非官方酷刑，施暴者会将受害者的衣服剥光（或者剥到腰部），然后将（有时是滚烫的）焦油倒在或涂在受害者身上，再将受害者全身粘上羽毛。这种刑罚主要由革命组织或暴民实施，当作羞辱官方人员的一种方式。

是土匪所为，其中最著名的土匪是多安帮（Doan Gang）。该帮派抢劫和鞭打居民，毁坏他们的居所，偷盗牲畜，并闯入巴克斯县金库抢劫了 650 镑。在切斯特县，詹姆斯·菲茨帕特里克（James Fitzpatrick）袭击了收税员和民兵招募员。直到菲茨帕特里克在 1778 年被绞死，民众都闻之色变。在英国人还没有占领费城时，爱国派暴徒就于各地恐吓贵格会教徒，拆散他们的家庭，捣毁他们做生意的场地，有时还向他们居住的房屋投掷火把和开枪。

殖民地西部最严重的暴力事件发生于种族之间，其中最惨烈案例的双方是宾夕法尼亚西部的民兵和居住在（俄亥俄）吉内登哈滕（Gnadenhutten）的特拉华基督徒①。1782 年 3 月，
385　民兵乱棍打死了大约 90 名特拉华印第安人，并剥下了他们的头皮——惨案发生时，这群印第安人正在唱赞美诗。当年晚些时候，特拉华印第安人俘虏了威廉·克劳福德（William Crawford）上校，当时他正率领一支远征队与英国人交战。他们对克劳福德实施了极其惨烈的酷刑，并向他解释道，这样做是因为大卫·威廉森（David Williamson）上校在他的指挥下领导了对吉内登哈滕的特拉华印第安人的屠杀。西部地区的爱国派将政治竞争与种族竞争混为一谈：他们的敌人不仅包括英国人，还包括与英国人结盟的印第安人；在爱国派看来，支持英国人的美利坚殖民者不仅做出了政治选择，而且还"犯下了最可怕的叛国罪行"——对自己种族的背叛。[18]

1776 年，一些杰出的爱国派人士期待，从大英帝国的魔

---

① 此处的特拉华基督徒即前文中的特拉华印第安人，这些人已经皈依基督教。

爪中逃脱的美利坚人会成为一个更好的民族，他们就像古代世界理想化的共和主义者一样更具道德感。塞缪尔·亚当斯（Samuel Adams）设想了一个"斯巴达式基督教社会"（Christian Sparta）。英国人制定的 200 多种死罪将不再适用于这个富于道德感的美国共和社会，宾夕法尼亚和弗吉尼亚都相应修改了刑法。然而，美国社会没有变成亚当斯或宾夕法尼亚和弗吉尼亚的议员设想的那个样子。1783 年后，南部偏远地区和俄亥俄河谷依然时常发生种族屠杀事件，这让寻求和平解决种族问题的联邦与立宪政府中的斡旋官员们感到绝望。在内陆地区，爱国派与保皇派的冲突在战争结束后依然一波未平一波又起，复仇和私刑取代了法律诉讼与执法机构。最引人注目的是，反政府的起义在此时死灰复燃：1787 年，马萨诸塞爆发了谢司起义；1794 年，宾夕法尼亚爆发了威士忌暴乱；1799 年，宾夕法尼亚爆发了弗赖斯暴动。起义者攻击税收员和地方官员，在他们身上涂满焦油并粘羽毛，然后将其枪决或驱逐出境。1787 年，两年前还对革命持乐观态度的萨姆·亚当斯[1]恨不得立刻将参与谢司起义的叛军全部绞死。

对政府的抵抗举动在那些不那么轰动的事件（尤其是骚乱）中更加频繁。整个宾夕法尼亚在 1682—1800 年一共发生了 2127 起记录在案的骚乱，其中 73.6% 发生在 1781—1800 年。费城是当时美国最大的城市，这里发生骚乱的比率在 18 世纪的最后 20 年间翻了一番，这一比率在切斯特县则增加了两倍之多。这些骚乱偶尔也会演变为致命事件。例如在 1795 年，费城的 3 名骚乱分子被杀死，民兵被征召前来平息这场

---

[1]　即塞缪尔·亚当斯，萨姆（Sam）是他的昵称。

骚乱。

18 世纪 80 年代时，宾夕法尼亚一共记录了 154 起凶案，这不但成为历史新高，而且该地的每 10 万人凶杀率（4.0）也是有史以来第二高的。对袭击事件的记录也超过了此前的数量。1794 年，密夫林县的乡村地区平均每 10 万人中就有 511 起犯罪指控，这一数字比宾夕法尼亚历史上任何一年任何一个县的都要高。这些攻击有的可能仅仅停留在口头上，如托马斯·霍尔（Thomas Hall）当着伯纳德·沃特斯（Bernard Watters）的面"向天发誓，自己干……伯纳德妻子的次数比他〔伯纳德〕自己干妻子的次数还要多"。攻击也包括对身体的伤害，如亨利·西格（Henry Seegar）咬掉了本杰明·威廉姆斯（Benjamin Williams）的手指，威廉姆斯反过来又咬掉了西格的鼻子。[19]在费城发生的财产犯罪（主要是盗窃）从 18 世纪 60 年代的 252 起，上升到 18 世纪 90 年代的 997 起。1760 年以后，宾夕法尼亚每 10 年记录在案的入室盗窃案比马萨诸塞 1750—1800 年起诉的所有入室盗窃案加起来还要多，其中还有 61 名盗窃犯遭到处决。

美国独立战争的负面影响并没有随着时间的推移而减弱；直到 18 世纪末，美国土地上的暴力犯罪活动依然十分猖獗。1800 年后，在几个因素的共同作用下，美国社会的文明程度开始提高。保皇派与爱国派在革命期间的敌意已经消退。19 世纪 20 年代，国家推行白人男性普选制，独立战争的愿景终于变成了现实。越来越多的男性感到自己受到尊重并被赋予了权力；他们成了政府的主人，并相信政府主导的法庭能够解决彼此之间的分歧。此时欧洲大陆正处于数十年的战争期间，移民美洲的通道被关闭，美国人感到，彼此的联系变得更加紧密了。然而，黑人和土著不但没有真正融入美国社会，他们也仍然没有获得白人享受的任何权利。这些群体的悲惨处境为美国社会未来的更多暴行埋下了伏笔。[20]

参考论著

关于美利坚凶案历史的权威著作是 Randolph Roth, *American Homicide* (Cambridge, MA: Harvard University Press, 2009)。很少有历史著作能够像这部杰出的著作一样囊括早期美利坚的暴力与其他犯罪的统计数据，本章关于凶案的所有统计数据都来自该著（宾夕法尼亚的数据除外）。一部更早（也更简略）的研究美利坚凶案的著作是 Roger Lane, *Murder in America: A History* (Columbus: Ohio State University Press, 1997)。另一部提供了关于美利坚凶案和所有其他犯罪的定量数据的杰出历史著作是 Jack D. Marietta and G. S. Rowe, *Troubled Experiment: Crime and Justice in Pennsylvania, 1682–1800* (Philadelphia: University of Pennsylvania Press, 2006)。Donna J. Spindel, *Crime and Society in North Carolina, 1663–1776* (Baton Rouge: Louisiana State University Press, 1989) 一书同样提供了一些十分具有参考价值的数据。

大多数关于犯罪和司法的历史研究都局限于英属美利坚的特定殖民地或地区。关于弗吉尼亚与切萨皮克地区，参见 Edmund S. Morgan, *American Slavery, American Freedom: The Ordeal of Colonial Virginia* (New York: W. W. Norton, 1975); Freeman H. Hart, *The Valley of Virginia in the American Revolution, 1763–1789* (Chapel Hivl: University of North Carolina Press, 1942); Gwenda Morgan, *The Hegemony of the Law: Richmond County, Virginia, 1692–1776* (New York: Garland, 1989); A. G. Roeber, *Faithful Magistrates and Republican Lawyers: Creators of Virginia Legal Culture, 1680–1810* (Chapel Hill: University of North Carolina Press, 1981); Philip J. Schwarz, *Twice Condemned: Slaves and the Criminal Laws of Virginia, 1705–1865* (Baton Rouge: Louisiana State University Press, 1988)。

关于切萨皮克南部的边境地带，参见 Richard Maxwell Brown, *The South Carolina Regulators* (Cambridge, MA: Harvard University Press, 1963); Fox Butterfield, *All God's Children: The Bosket Family and the*

387

American Tradition of Violence (New York: Alfred A. Knopf/Random House, 1995); Roger Ekirch, *'Poor Carolina': Politics and Society in Colonial North Carolina, 1729 - 1776* (Chapel Hill: University of North Carolina Press, 1981); Spindel, *Crime and Society*; Bertram Wyatt-Brown, *Southern Honor: Ethics and Behavior in the Old South* (New York: Oxford University Press, 1982)。

关于新英格兰，参见 Cornelia Hughes Dayton, *Women before the Bar: Gender, Law, and Society in Connecticut, 1639 - 1789* (Chapel Hill: University of North Carolina Press, 1995); Alfred A. Cave, *The Pequot War* (Amherst: University of Massachusetts Press, 1996); William E. Nelson, *Dispute and Conflict Resolution in Plymouth County, Massachusetts, 1725 - 1825* (Chapel Hill: University of North Carolina Press, 1981); David Thomas Konig, *Law and Society in Puritan Massachusetts: Essex County, 1629 - 1692* (Chapel Hill: University of North Carolina Press, 1979); Dirk Hoerder, *Crowd Action in Revolutionary Massachusetts, 1765 - 1780* (New York: Academic Press, 1977); Edgar J. McManus, *Law and Liberty in Early New England: Criminal Justice and Due Process, 1620 - 1692* (Amherst: University of Massachusetts Press, 1993); Leonard L. Richards, *Shays's Rebellion: The American Revolution's Final Battle* (Philadelphia: University of Pennsylvania Press, 2002); Carol F. Karlsen, *The Devil in the Shape of a Woman: Witchcraft in Colonial New England* (New York: W. W. Norton, 1987); Russell Bourne, *The Red King's Rebellion: Racial Politics in New England, 1675 - 1678* (New York: Atheneum, 1990); James D. Drake, *King Philip's War: Civil War in New England, 1675 - 1676* (Amherst, MA: University of Massachusetts Press, 1999); Jill Lepore, *The Name of War: King Philip's War and the Origins of American Identity* (New York: Alfred A. Knopf, 1998); Nathaniel Philbrick, *Mayflower: A Story of Courage, Community, and War* (New York: Viking, 2006); Neal Salisbury, *Manitou and Providence: Indians, Europeans, and the Making of New England, 1500 - 1643* (New York: Oxford University Press, 1982)。

关于宾夕法尼亚和中部殖民地，参见 Marietta and Rowe, *Troubled Experiment*; Terry Bouton, *Taming Democracy: 'The People', the Founders, and the Troubled Ending of the American Revolution* (Oxford: Oxford University

Press, 2007); Francis S. Fox, *Sweet Land of Liberty : The Ordeal of the American Revolution in Northampton County , Pennsylvania* (University Park: Pennsylvania State University Press, 2000); John B. Frantz and William Pencak, *Beyond Philadelphia the American Revolution in the Pennsylvania Hinterland*, ed. John B. Frantz (University Park: Pennsylvania State University Press, 1998); Douglas Greenberg, *Crime and Law Enforcement in the Colony of New York , 1691-1776* (Ithaca, NY: Cornell University Press, 1976); Patrick Griffin, *The People with No Name : Ireland's Ulster Scots , America's Scots Irish , and the Creation of a British Atlantic World , 1689-1764* (Princeton, NJ: Princeton University Press, 2001); Gregory T. Knouff, *The Soldiers' Revolution : Pennsylvanians in Arms and the Forging of Early American Identity* (University Park: Pennsylvania State University Press, 2004); Jane T. Merritt, *At the Crossroads : Indians and Empires on a Mid-Atlantic Frontier , 1700- 1763* (Chapel Hill: University of North Carolina Press, 2003); William A. Pencak and Daniel K. Richter, *Friends and Enemies in Penn's Woods : Indians , Colonists , and the Racial Construction of Pennsylvania* (University Park: Penn State University Press, 2004); Sharon V. Salinger, '*To Serve Well and Faithfully* ': *Labour and Indentured Servants in Pennsylvania , 1682-1800* (New York: Cambridge University Press, 1987); Thomas P. Slaughter, *The Whiskey Rebellion : Frontier Epilogue to the American Revolution* (New York: Oxford University Press, 1986)。

388

注 释

1. Randolph Roth, *American Homicide* (Cambridge, MA: Belknap Press of Harvard University Press, 2009), p. 37.

2. 除非另有说明，下文提到的凶杀率均出自以下文献：Randolph Roth, *American Homicide* (Cambridge, MA: Belknap Press of Harvard University Press, 2009)。该著提供的凶杀率综合了法庭文件和私人叙述的凶案数据（参见第 489—491 页）。作为参照，在 1991—1992 年这一美国公众对犯罪问题异常敏感的特殊时期，每 10 万人凶杀率为 10：Roger Lane, *Murder in America： A History* (Columbus：Ohio State University Press, 1997), p. 308。

3. Roth, *American Homicide*, p. 57.

4. Samuel Danforth, 'The Cry of Sodom Enquired into; upon Occasion of the Arraignment and Condemnation of Benjamin Goad, for His Prodigious Villainy. (1674) An Online Electronic Text Edition', ed. Paul Royster, Faculty Publications, University of Nebraska Libraries, Paper 34, http：//digitalcommons. unl. edu/libraryscience/34/.

5. Carol F. Karlsen, *The Devil in the Shape of a Woman： Witchcraft in Colonial New England* (New York：W. W. Norton, 1987), pp. 44-5.

6. 关于种族关系对暴力、犯罪和司法的影响，参见以下著作提供的案例：Roth, *American Homicide*; Kenneth Stampp, *The Peculiar Institution： Slavery in the Ante-Bellum South* (New York：Vintage, 1956); Leon F. Litwack, *Been in the Storm So Long： The Aftermath of Slavery* (New York：Vintage, 1980); *Trouble in Mind： Black Southerners in the Age of Jim Crow* (New York：Alfred A. Knopf, 1998); Roger Lane, *The Roots of Violence in Black Philadelphia, 1860-1900* (Cambridge, MA：Harvard University Press, 1986)。

7. Roth, *American Homicide*, p. 38.

8. Douglas Greenberg, *Crime and Law Enforcement in the Colony of New York, 1691 - 1776* (Ithaca, NY：Cornell University Press, 1974), p. 31.

9. Patrick Griffin, *The People with No Name： Ireland's Ulster Scots, America's Scots Irish, and the Creation of a British Atlantic World, 1689-1764* (Princeton, NJ：Princeton University Press, 2001), p. 163.

10. Roth, *American Homicide*, p. 84. 罗斯指出，新英格兰的苏格兰-爱尔兰人不像他们在阿尔斯特的同胞那样暴力。在新英格兰南部定居的苏格兰-爱尔兰人的凶杀率较高，部分原因是这里属于边境，当地的政府软弱无力，附近还有许多土著。

11. Jack D. Marietta and G. S. Rowe, *Troubled Experiment： Crime and Justice in Pennsylvania, 1682 - 1800*, Early American Studies (Philadelphia：University of Pennsylvania Press, 2006), p. 64. 罗根担任过各种职务，包括秘书长、财产专员、省议员、首席大法官

和宾夕法尼亚代理总督。很少有人像他那样对宾夕法尼亚产生过如此大的影响。

12. 同上，pp. 66，70。

13. 在宾夕法尼亚南部，绝大多数（或大多数）人口是奴隶，因此不具备流动性。新英格兰殖民地人口的地理位置十分固定，而且那里的城镇排斥外来人口。关于这一现象的解释，参见 Barry Levy, *Town Born : The Political Economy of New England from Its Founding to the Revolution* (Philadelphia: University of Pennsylvania Press, 2009)。

14. Roth, *American Homicide*, p. 60.

15. Fox Butterfield, *All God's Children : The Bosket Family and the American Tradition of Violence* (New York: Alfred A. Knopf/Random House, 1995), p. 7.

16. Marietta and Rowe, *Troubled Experiment*, p. 182.

17. John B. Frantz and William Pencak, *Beyond Philadelphia the American Revolution in the Pennsylvania Hinterland*, ed. John B. Frantz (University Park: Pennsylvania State University Press, 1998), p. 39.

18. Gregory T. Knouff, *The Soldiers' Revolution : Pennsylvanians in Arms and the Forging of Early American Identity* (University Park: Pennsylvania State University Press, 2004), p. 218.

19. Fayette County Quarter-Sessions Dockets, June 1784, Fayette County Courthouse, Uniontown, Pennsylvania. Lancaster County Quarter-Sessions Papers, 1788, 引自 Thomas P. Slaughter, 'Interpersonal Violence in a Rural Setting: Lancaster County in the Eighteenth Century', *Pennsylvania History* 58 (1991), p. 117。

20. 参见 Roth, *American Homicide*, chs. 5 and 7。

20 欧洲的暴力与司法：
刑罚、酷刑与处决

撒拉·比姆

1975年，米歇尔·福柯首次发表了自己关于现代监狱制度的研究，这项引人深思的研究提出了西方司法演变的重要问题。福柯认为，18世纪末的欧洲司法经历了一场剧变，即从令人毛骨悚然的酷刑和公开处决到大多数罪犯受到监禁；这场剧变缔造了一个永久的、去政治化的罪犯阶层。大多数历史学家认为，1750—1850年，监禁取代了其他手段成为最主要的刑罚手段；同时，许多人把转变的原因归为启蒙运动时期自由主义理想的兴起，并以此解释为何社会越来越依赖更加"人道"的刑罚形式。这两类学术观点都假定，监禁制度取代的是一个既同质又以暴力和残忍的惩罚形式为主的旧制度。

最近的有关研究推翻了上述假定，这些研究表明，前现代时期的欧洲司法并不像人们以往所认为的那样严酷死板。西欧和中欧的司法暴力在1400—1600年最为严重，但在此后迅速走向缓和。在中世纪末期，更强大的国家陆续诞生，司法暴力也随之加剧。统治者不但越发依赖刑讯逼供作为审讯工具，而且越发依赖处决作为刑罚形式，这主要是因为以下三点：罗马法重新被纳入刑事诉讼程序，基督徒对罪人能够通过疼痛来洗刷自身罪孽[①]的

---

① 本章对罪孽（sin）和罪行（crime）进行了区分，前者指宗教或道德上的罪孽（如渎神或通奸），后者指世俗生活中的罪行（如偷窃或杀人）。

信念，以及负责刑事司法的世俗法院数量的不断增加。然而，即使在世俗法庭和教会法庭热衷于定期施行酷刑和处决的 200 年间，大多数罪犯也并没有遭受过这两种刑罚。耸人听闻的处决仪式受到了过度的关注，这不但夸大了死刑的普遍性，而且低估了那些更常见的惩罚手段（包括罚款、监禁、荣誉剥夺，以及流放）的重要性。事实上，在 1750 年之前，西方司法并非从来都是暴力的，它也没有突然就被启蒙运动、现代民主政治、自由主义理念和资本主义所改变。恰恰相反，欧洲的酷刑数量和处决率在 17 世纪已经呈下降的趋势，体罚的效用在此时不断遭到人们的质疑，各国也开发出了其他更加有效的社会控制形式。 890

酷　刑

受到"中世纪酷刑"这一刻板印象的影响，人们错误地把中世纪视为欧洲司法暴力最为严重的时期。在古罗马时期，酷刑的确是一种常规的审讯手段，但这种做法在西罗马帝国灭亡后便逐渐式微。在加洛林欧洲（Carolingian Europe）①，来自日耳曼的习惯法取代了传统的罗马法，这种习惯法解决冲突的目的并非惩罚罪犯，而是补偿受害者。在公元 1100 年前后，大多数法官的职责是调解人身伤害造成的纠纷，而非捍卫某些抽象的法律原则。在一些司法辖区，这些传统持续了好几个世纪。在中世纪晚期的苏格兰、德意志和意大利，贵族依然通过流放、向受害者家属赔款、没收财产和旨在终结世仇的宪章②

---

①　加洛林欧洲指加洛林王朝统治法兰克王国时期的欧洲大陆，时间为 8 世纪中叶至 10 世纪。
②　此处的宪章指欧洲国家最高统治者发布的文件，授予某些特定人群以特定的权利。

来解决凶案。即使在早期近代，对大多数罪犯的惩罚方式也是罚款或流放，大多数暴力刑罚判决所针对的是社会边缘人群。只有在对违反自然和神圣秩序的特殊罪行（如叛国、恶性谋杀、重大盗窃、特定的道德罪行，以及包括巫术在内的异端邪说）进行审判和裁决时，法庭才会动用酷刑和处决。

在中世纪早期，世俗法官和教会法官有时的确会对被告使用神明裁判（ordeal）的仪式，这种仪式通过对被告进行与水或火有关的严酷考验来判断其是否有罪。当时的人们普遍相信，神圣介入（divine intervention）能够为案件带来公正的裁决。不过，神明裁判是一种特殊的程序，而且这种程序早在1215年就被天主教会废止。尽管司法决斗（judicial combat）[①]依然持续存在了一段时间，但随着罗马法被人为地重新整合进刑事诉讼程序，加上意大利和法国（以及后来在其他地方）的大学陆续开设与法律有关的专业，罗马法的权威性逐渐减弱。罗马法通常并不倾向于依赖神圣介入或社会调解，而是借助理性来寻求案件的真相：对犯罪的调查方式是收集证人和被告的书面证词，然后确定被告是否有罪。中世纪法律理论的发展，最终导致酷刑作为证明被告犯有严重罪行的常规手段再次出现。在12世纪，根据古罗马传统，只有惯犯或声名狼藉者才被人们视为酷刑实施的合适对象，但很快，其他嫌疑人就失去了此类惩罚的豁免权。

尽管在欧洲复兴的罗马法传统为法庭对嫌疑人实施刑讯逼供提供了正当理由，但我们不能将其视为司法暴力抬头的唯一

---

① 司法决斗同样是一种神明裁判和神圣介入，具体指当法庭上的控辩双方说辞相互矛盾，而又要辨明真伪、两者必取其一的时候，就通过决斗来决定如何判决——胜者胜诉，败者败诉。

原因。在欧洲，罗马法还允许通过经济补偿来调解争端，法官也因此倾向于从轻发落：儿童和孕妇可免受酷刑；女性所承担的行为责任通常较小，因为法官认为她们缺乏理智和判断力；只有被证实有犯罪动机的惯犯，才会受到法律的严厉制裁。在13世纪后的英国，罗马法对普通法传统的影响甚微，刑讯逼供从来都是非法的，终审判决的尺度不仅更加统一，而且暴力程度不亚于欧洲大陆。尽管有着不同的法律传统和程序，英国司法的暴力程度同样在16世纪达到顶点；但在1630年后，暴力程度开始降低。

在12世纪，教会是法律工作的前沿场所。出于对异端邪说的担忧，教会法很快便与《查士丁尼法典》（Code of Justinian）①相结合。到13世纪中叶，教皇已经开始任命多明我会士和方济各会士为审判官，他们的职责是寻找相信错误教义的人，并尽可能地改变他们的观点，使其皈依正统。起初，教会并不鼓励审判官使用刑讯逼供的方式来确定嫌疑人是否有罪。但当时的法学家将异端等同于罗马法中的叛国罪，教皇也因此默许了刑讯逼供的做法。在一份1252年颁布的诏书中，教皇指示审判官"在不杀死他们或者打断他们手脚的前提下，强迫所有被关押的异教徒……承认自己的错误，供出他们认识的其他异教徒"。[1]拒绝放弃"错误"信仰的人会面临严厉的刑罚，包括长期徒刑或处决。

最初作为临时司法机构的宗教裁判所有时会变成常设机构。例如在1478年，西班牙的斐迪南（Ferdinand）和伊莎

---

① 《查士丁尼法典》，又称《民法大全》，是查士丁尼大帝在529年颁布的一部法典，它的颁布标志着罗马法已经发展到完备阶段，成为维系东罗马帝国统治的有效工具。

贝拉（Isabella）① 在教皇的授权下批准建立了一个常设的宗教裁判所。西班牙宗教裁判所因其大规模的公开忏悔仪式（信仰审判）而闻名，数百名被定罪的异端分子要么在仪式中进行忏悔，要么被移交给世俗当局处以笞刑②或火刑。描绘这些仪式奇观的画作和印刷品起到了宣传作用，它们展现了教会杜绝宗教异端的决心。消除异端是上帝的旨意，而消除异端的手段——包括刑讯逼供在内的审判程序——是查明真相的有效方法，这种信念助长了司法的暴力倾向。

392

世俗司法机构纷纷效仿。1200—1400 年，越来越多欧洲国家制定的刑法允许司法人员在调查严重罪行时动用酷刑，并且将一些罪行定为可以进行处决的死罪。意大利的城市法庭是较早采用刑讯逼供的场所，但市民起初往往会被豁免。在阿尔卑斯山脉以北的地方法令和法院卷宗中，我们同样可以发现通过刑讯逼供判断嫌疑人是否清白的记录，如 1294 年的佛兰德、1277 年的维也纳、1368 年的洛桑。1254 年，法国统治者首次授权法庭采用刑讯逼供，但直到 15 世纪末，巴黎大法院（法国最高级别的上诉法院）依然极少采用这一做法。

到 16 世纪时，大多数欧洲国家会使用刑讯逼供来判断嫌疑人是否有罪。对于少数罪大恶极的犯人，法庭在常见的绞刑和斩首之外还会采用一些极其严酷且臭名昭著的处决方式：火

---

① 此处分别指阿拉贡王国的斐迪南与卡斯蒂利亚王国的伊莎贝拉，两人结婚后，卡斯蒂利亚和阿拉贡及其附属领土成为共主邦联，这场政治联姻被视作建立西班牙君主政体的基石。

② 本章将 flogging 翻译成鞭笞或笞刑，与第 17 章的鞭刑（knouting）相区别。两者都是用鞭子抽打的刑罚，前者所使用的鞭子通常较细，因此往往不会致命。

刑、轮刑、四肢裂解①和溺刑。1532 年，为了规范整个神圣罗马帝国的司法程序，查理五世颁布《加洛林纳刑法典》。该法典规定，法庭只能对嫌疑人刑讯逼供一次，除非出现了新的证据。《加洛林纳刑法典》和法国颁布的类似法典（1498 年和 1539 年）都试图规范和限制酷刑的实施方式。然而，这些法规也使刑讯逼供成为常态，司法暴力因此被视为国家向臣民展示自身权力的有效手段。16 世纪的德意志城邦中广泛流传以描绘漫长且严酷的处决场面为主的木刻画，这些画作强化了人们对司法暴力的认识。

酷刑通常发生在审判的调查阶段，法庭在宣判前以此来判断被告是否有罪。罗马法传统影响下的法律实践在西欧和中欧社会中大体一致。在当时的欧洲，只有在对罪案进行公开调查的过程中搜集到数量可观的证词和间接证据，而且这些证据能够锁定作案人身份之后，地方长官才会下令逮捕嫌疑人。被告没有辩护律师，也不知道自己面临什么指控，而且在被捕后不久就会接受审讯，法庭希望他们在审讯过程中主动交代罪行。许多被指控犯有轻罪的被告人确实会很快招供，他们不会遭受酷刑，法官也会对此类案件迅速下达判决。然而，被指控犯有重罪的被告往往更加小心谨慎，他们不愿认罪的态度给地方长官带来了不小的麻烦。在中世纪的法律理论中，只有在被告认罪或者有两个可靠的目击者证明被告有罪的情况下，法庭才能通过这些充分的证据进行定罪。但法官倾向于对那些没有足够证据来定罪的犯人从轻发落（如流放），在 1650

393

---

① 四肢裂解比裂肢刑更加残酷，其全过程包括沿街拖赴刑场、悬其颈但不致死、当即开膛取内脏、当其面焚烧其肠以及斩首，并分其全身为四份。

年前，很少有法官会在没有足够证据的情况下将被告判为死刑。常见的刑讯逼供手段包括吊刑（strappado）——将被告的双手绑在背后并用滑轮吊起，以及肢刑（rack）——拉扯和挤压被告的四肢并使其感到疼痛。为了保持司法的一致性，当局并不鼓励法庭发明新的刑讯逼供手段。这些手段遵循一条共同原则：在短时间内给目标带来极端疼痛，同时避免对其造成长期伤害。

如今我们很难确定当时刑讯逼供的频率和强度，部分原因在于这是一种标准程序，所以不会总是体现在终审判决中，而终审判决往往是我们今天能够查阅到的唯一案件资料。然而，在佛罗伦萨、巴黎、波尔多和日内瓦的一些法院中保存的证据显示，在 15 世纪末至 16 世纪的所有案件中，约有 5%—20% 的被告曾被刑讯逼供。[2]法国法律规定，大法院（最高上诉法院）对大多数被告最多只能实施一次刑讯逼供。但在遵循德意志惯例的日内瓦，法庭对许多被告都多次实施了刑讯逼供。与早期近代欧洲酷刑的关系最为密切的是猎巫运动。的确，在被判犯有巫术罪并被处决的大约 3 万—5 万人中，许多人反复遭受了酷刑虐待。在一些地方，巫术不仅被视为异端邪说，而且被视为一种特殊的犯罪活动。因此，嫌疑人（多为女性）所遭受的酷刑要比其他案件中的被告所遭受的酷刑更加严重。但在早期近代欧洲，并非所有司法辖区中都会发生猎巫狂潮。相反，受到酷刑折磨的嫌疑人大多数是被指控犯有恶性谋杀、叛国和（最常见的）盗窃罪行的男性。

法官们十分清楚，刑讯逼供可能会导致虚假供词。法国随笔作家米歇尔·德·蒙田曾是名法官，他在一篇写于 1580 年的随笔中认为，酷刑"更像是在检验人的耐性而不是检验人的实情；能够忍受酷刑的人会隐瞒真情，不能够忍受酷刑的人也会隐瞒真情"①。蒙田在这里仅仅表达了一个被他当时的法官同行广泛认同的观点。[3]人们一直以来都担心，一些嫌疑人会在适应了酷刑带来的疼痛后拒不认罪，一些审讯官因此加大了酷刑的实施力度。为了尽量避免出现屈打成招，欧洲法庭从罗马法中援引了一些程序保障措施。只有在法庭搜集到相当多的对被告不利的证据［包括不充分证明（half proof）②］，并且被指控犯有死罪的被告始终拒绝认罪的情况下，被告才会遭到刑讯逼供。他们首先会被带到刑讯室并受到酷刑威胁，法庭希望被告此时就能"主动"认罪。如果被告依然不配合，他们就将遭受酷刑。但是，如果被告仅仅说出"是的，是我干的"，这不会被视为有效供词；恰恰相反，只有当被告提供了与在本案中收集到的其他证词相一致的详细信息时，认罪供词才会被法庭采纳。1559 年，贝纳迪诺·佩德罗索（Bernardino Pedroso）被指控绑架了一个罗马少女，并且夺去了她的贞操。他一开始断然否认这一指控。但这个名叫罗西尼奥里的奥塔维亚（Ottavia di Rosignoli）的女孩坚称，他们之间发生过性关系，而且承认这是出于自己的意愿。为了查明真相，法庭对贝纳迪诺实施了吊刑。最后，他供认自己"把身体的一小部分放进了"奥塔维亚的身体里。[4]如果被告在酷刑之下供认自己有罪，那么他们的证词必须在 24 小时后进行的另一次审讯中得到验证——贝纳迪诺案以及其他许多案件都遵循了这一程序。

---

① 译文出自〔法〕蒙田《蒙田随笔全集（中卷）》，潘丽珍、王论跃、丁步洲译，南京：译林出版社，2001 年，第 43 页。

② 不充分证明是源自罗马法的法律术语，指仅由一名证人或一份私人文件所提供的证明，通常无法作为直接定罪证据。

然而，被告经常会陷入某种进退两难的困境：第二天，认罪的供词会被视为案件的新证据，这又成为对被告实施新一轮刑讯逼供的正当理由。尽管在 16 世纪的法国（以及部分德意志地区），法律规定只能使用一次刑讯逼供，但将一次"审讯"延长数日的违规现象也屡见不鲜。

³⁹⁵

刑　罚

处决罪犯既是国家权力的象征性展示，也是对民众的强力震慑手段——这类看法在 18 世纪之前基本没有遭到质疑。处决是由国家出资举行的大型公共活动，观看处决的人数可达数百人，在一些大城市甚至会有数千人。处决还是一场基督教仪式，聆听告解的神父陪同犯人前往行刑地点，罪犯必须当场承认自己的罪行，并乞求上帝的宽恕。尽管民众经常能够目睹对罪犯的鞭笞与殴打的场面，但在欧洲大多数地区，处决仪式每年只会举办寥寥数次。在 16 世纪中叶的西班牙和意大利，只有极少数罪犯会被宗教裁判所判处死刑。据估算，当时的西班牙宗教法庭只对 2% 的犯人下达了死刑判决。[5]通常而言，许多世俗法庭的死刑判决率反而高得多，但不同地区的死刑判决率差别很大：在 16—17 世纪的法兰克福，约有 26% 的罪犯被处决；波尔多大法院在 16 世纪 20 年代处决了 36% 的罪犯，这些罪犯大多被指控犯有盗窃罪和蓄意谋杀罪。[6]博洛尼亚在当时拥有 6 万人口，这座城市在 1540—1600 年一共处决了 917 人，平均每年就有 15 名罪犯被处决。[7]在欧洲大部分地区，如此高的处决率仅仅维持了数十年，而且这些处决往往发生在政治或宗教引发社会动荡的时期。此外，在一些司法辖区，许多罪犯通过逃跑来逃避法律制裁，这些人会被处以肖像刑①。

作为公开的暴力仪式，处决旨在激发民众对上帝和政府的敬畏和服从。但实际上，不同城市的民众对处决的反应千差万别。人们通常会带着严肃的态度观看处决，但也存在其他情况。如果人们觉得被处决者是被冤枉的，就会对刽子手进行谴责；他们还会向在行刑中受苦的犯人投掷粪便和其他物品来对其进行嘲笑。1557 年，一个名叫让·德·拉福斯（Jean de la Fosse）的人写道，有个刽子手不肯对一名被判处扰乱治安罪的学生执行绞刑并焚烧尸体，因为他"害怕"这样做会遭到这名学生的同学们的"殴打"。[8] 由于难以预料围观群众的反应，当局会小心翼翼地安排有能力维持现场秩序的行刑队伍。

观看行刑的观众同样十分认可罪犯受苦的理念，其中一个重要的原因在于，基督徒相信疼痛能够使自己与上帝更加亲近。生活在早期近代欧洲的人们对疼痛习以为常，这不仅是因为他们恶劣的生存环境，还因为基督教教义中疼痛与救赎的潜在关联，15—16 世纪的天主教徒尤其看重基督在十字架上遭受的苦难。教会鼓励普通的信徒认同基督，拥抱这些疼痛的感觉——通过禁食、鞭笞、疾病、死亡或者走上行刑架——从而忏悔自己的罪孽。死刑犯经历的苦难是终极的精神考验，如果他们能够通过这场考验，就能洗刷自己的罪孽，并做好死后见到造物主的准备。15 世纪的博洛尼亚有一本告解神父使用的手册，这本手册被用于指导告解神父在犯人临刑前几小时对他们进行安慰，并让他们皈依基督：

①　肖像刑是早期近代欧洲的一种象征性处决仪式，指在犯人未被捕的情况下对犯人的肖像画或其他象征物实施处决，这种仪式在当时的人们看来会对在逃的罪犯施加难以摆脱的诅咒。

396

勿在意你被束缚的肉身，也勿在意你在众人注视下被指引的命运。此时此刻你必须记住，我们的主耶稣基督落入了罪人之手，他们抓住他、捆绑他，他们像对待一个盗贼那样粗暴虐待他，耶路撒冷人蔑视他。[9]

虽然新教徒并不认可这类忏悔仪式，但在 17 世纪之前，他们同样认为，苦难具有能够考验个人信仰的精神潜质。因此，无论围观死刑的民众信仰的是天主教还是新教，他们将罪犯经受的苦难视为公正的惩罚，或者使罪人与上帝达成和解的方式（尤其是当犯人勇敢地忍受痛苦的时候），甚至犯人无辜的证明。在英国，即将被处决的犯人常常在"临刑遗言"（dying speeches）中嘲讽人类司法的正当性，并且声称上帝可以作证自己是无辜的。处决仪式的观众则热衷于如下行为：收集死刑犯的鲜血，蹂躏死刑犯的尸体，以及试图将死刑犯从绞刑架上抬走并在墓地下葬。观众展现出的这种热情表明，人们对于死刑犯的尸体中蕴含的力量深信不疑。当时的艺术作品、时祷书（book of hours）① 以及关于善终术（art of dying well）② 的民间手册都颂扬了疼痛的精神价值，这使酷刑和处决成为当时的平民信徒司空见惯的场面。

公元 1400 年后，欧洲各国兴起了一阵司法暴力的浪潮，这可以归因于世俗集权制国家的诞生。意大利文艺复兴时期的

① 时祷书，指供当时的基督徒使用的祈祷书，每一本时祷书都是独特的，里面有日间需要诵读的祷文，还有纪念圣徒的祷文和一年中特殊宗教节日用的祷文。
② 善终术，指通过描述人的死亡时刻来让信徒得到心灵慰藉的宗教艺术，通常是木刻版画，在 15 世纪的欧洲开始流行。参见龙厚强《"善终术"：宗教艺术中的图像转向》，《文艺研究》2012 年第 3 期。

寡头执政者经常面临政敌的讨伐以及民众的不满情绪，于是他们试图通过司法暴力来巩固自身权力。在意大利半岛，司法权力的行使和滥用成为派系政治斗争的突出特征，这与当地的仇杀文化密切相关。根据现存文献的记载，与欧洲其他地区相比，意大利的自治城邦更多地在政治层面使用司法暴力，但这绝非个例。当时欧洲各国的世俗当局都越来越依赖司法暴力来维持社会和平。

公元 1517 年后，西方基督教世界出现分裂，这无疑使各国政府更加难以维持和平局面。在法国、低地国家和德意志地区，长达一个世纪的宗教动乱和间歇性的内部冲突使社会中报复性质的暴力事件和司法暴力事件泛滥。在荷兰语地区，当地信仰新教的居民具有反叛倾向，西班牙人因此在这里建立了宗教裁判所，殉教者最终超过千人，反叛也随之发生；在法国，数十年来断断续续的内战引发了世仇，贵族敌人互相伏击，互为邻里的天主教徒和新教徒血斗不止。甚至在都铎王朝统治下的英国，星室法庭（Star Chamber）① 在以叛国罪起诉天主教徒时会动用一种名为重石压迫（*peine forte et dure*）的酷刑来迫使被告认罪，这与欧洲大陆的刑讯逼供程序非常类似。人们认为，异端分子可能藏身于任何场所，而且他们不可能长时间忠于一个严格信奉新教或天主教的国家，这种看法加剧了司法暴力的泛滥。

宗教改革和反宗教改革（Counter-Reformation）② 的另一个特点是教会法庭权力逐渐衰落。与主要关注如何通过忏悔使犯

① 星室法庭是 15—17 世纪英国的最高司法机构。

② 反宗教改革，又称"对立的宗教改革"或"天主教改革"，指 16—17 世纪天主教会为对抗新教的宗教改革运动和新教在欧洲进行的天主教改革运动。

下宗教或道德罪孽的人回归正途的宗教法庭不同，世俗法庭更加注重严酷的惩罚。在 16 世纪以前的一些司法辖区，世俗法庭不但以谋杀、盗窃和叛国的罪名对个人进行审判，而且越来越多地审判诸如通奸、鸡奸、强奸、巫术、渎神等道德罪行。在德意志地区的新教城市，新的世俗婚姻法庭会对彼此疏远的夫妻进行调解或批准离婚，但也严厉审判那些犯有乱伦、重婚、通奸等罪行的人。世俗法庭惩罚罪犯的理由是，它们有责任使基督徒保持团结。不仅如此，那些被认为犯有足够严重罪行的嫌疑人还会遭受酷刑。如果被判有罪，那么犯人将会受到更加严酷的惩罚。16 世纪的世俗法庭对屡犯渎神罪者实施割舌或烙印，对通奸犯实施鞭笞或流放，将被定罪的女巫绑在柱子上活活烧死，这些都是司空见惯的场面。在早期近代欧洲，英国是唯一的例外，教会法庭在这里拥有广泛的管辖权，它们会从轻处罚罪犯。

尽管早期近代欧洲的司法制度以极低的无罪释放率而臭名昭著，但从今天的视角来看，许多关于早期近代欧洲司法的严厉和暴力程度的传统看法已站不住脚。许多罪犯没有受到司法制裁，甚至在所有受到审判的人当中，只有少数人遭受了暴力惩罚。许多人从未现身法庭：在一个没有大规模警察队伍的时代，当局几乎不可能将那么多嫌疑人一一抓捕归案。不同于皇家司法制度下的英国（这里的罪犯难逃制裁），欧洲许多司法辖区的面积相对较小，嫌疑人能够通过前往其他城镇并开始新生活的方式逃脱审判。在 14 世纪的雷焦艾米利亚（Reggio Emilia），有将近一半的判决没有得到执行，因为罪犯早已离开了本地。[10]类似的情况也发生在 1675—1699 年的日内瓦，在 43 起判处死刑的案件中，有 31 起的罪犯仅仅被处以肖像刑，因为这些案件中的罪犯从未被捕。[11]在当时的法国，许多凶案嫌疑人会逃离当地的司法辖区以逃避审判，他们随后会写信给国王供认自己的罪行，但请求得到王室的赦免（这类赦免很容易就能获得）。在早期近代欧洲，大多数法律制度还发展出一套旨在减少司法职权滥用的上诉程序。例如在德意志地区，被指控犯有仪式谋杀罪的犹太人经常通过直接向皇帝上诉来拖慢审判程序的步伐。法国有一套复杂的王家法庭等级制度，该制度允许死刑犯人向大法院提出上诉，而大法院往往会将死刑判决减轻为流放或罚款。在早期近代欧洲，法庭上的原告和被告显然都了解当地司法制度的运作方式，他们能够利用这一点来避免大多数流血事件的发生。

此外，大多数犯罪行为没有严重到需要法庭采取酷刑和处决等极端手段的程度，这类手段往往需要动用大量劳动力而且代价高昂（刽子手虽然有时被认为处于社会底层，但他们的酬劳十分丰厚）。在集市上偷面包的乞丐，怀有未婚夫孩子的年轻女子，在教堂前叫嚣反对上帝的年轻男子，与同事打架的宿醉工人——对于这些在日常生活中随处可见的犯罪行为，法庭会采取更加节制的惩罚手段。不同司法辖区对这类罪行的处罚方式差别很大，一些地区更倾向于使用羞辱性的惩罚，如给犯人戴上颈手枷，或者实施鞭笞等体罚。从 16 世纪开始，越来越多的罪犯被送到帆船上做苦工，英国在 17 世纪中叶便已制定了运送此类罪犯的政策。但在许多司法辖区，最常见的刑罚方式还是罚款和流放。

尽管历史学界通常认为，前现代时期的监狱仅仅会在审判期间关押囚犯，但近年来的研究表明，监禁是刑罚实践（尤其是在法国、意大利和西班牙）的一个关键环节。早在 14 世纪，审判官就会对大多数被判有罪的异端分子实施长期监禁，

399

这样做是为了改造这些异端的行事方式。这种做法一直延续到了早期近代：意大利的磨坊主梅诺基奥（Menocchio）或许是最著名的宗教裁判所受害者，他特立独行的世界观使自己在16世纪80年代锒铛入狱，这对他的健康与福祉造成了严重损害，以至于他被迫宣布暂时放弃自己独特的宗教信仰。[12]世俗法庭同样经常采用刑事监禁手段。佛罗伦萨、威尼斯和博洛尼亚早在14世纪就建立了常设的大型监狱设施，市政府出资支付其工作人员的部分薪水。囚犯的家人需要定期探访，并提供食物和衣服，否则囚犯将被迫忍受只有面包和水的粗糙饮食，以及从炎热到严寒的极端天气变化。在中世纪的意大利，监狱中关押的主要是妓女、非法携带武器者、赌徒，以及被判犯有家庭虐待罪的男子。但在17世纪之前，意大利和法国监狱中关押的绝大多数囚犯的罪名都与债务和破产有关。监禁通常被当作向债务人的亲属施压以使其筹集必要资金的一种手段。

17世纪初，英国、荷兰和德意志北部的许多城市中都出现了一种被称作感化院（bridewell）或教养院（house of correction）的新型监狱，这些监狱收容的主要是乞丐、妓女和贫困的年轻人。在一次为期数周的教养过程中，监狱试图传授给他们有用的工作技能，并将他们转变为生产主体或公民。众所周知，这些机构并未在改造犯人方面取得成功，而且其成本十分高昂，德意志地区的许多此类监狱因维护费用太高而不得不关闭。为长期关押罪犯的监狱提供公共资金是一项代价不菲的提议，大多数欧洲国家无力承担这笔费用。在英国，感化院无力阻止抵制改革的"懒丐"（sturdy beggar）① 人口的扩张。正如福柯等

---

① "懒丐"，指身强力壮且能够自食其力但为了吃白饭而去行乞的懒汉。

人所揭示的，对 18 世纪的欧洲法庭而言，监禁并非什么全新出现的手段，但随着人们开始质疑酷刑和处决的有效性以及道德方面的正当性，监禁变得越来越重要。

对司法态度的转变

1400—1600 年，法律、宗教和政治成为导致司法暴力增加的重要综合因素。但无论是在欧洲大陆还是在英国，这项综合因素都在接下来的一个世纪中走向瓦解。在欧洲各国此时的司法实践过程中，暴力色彩逐渐减弱。尽管这种趋势显然并未体现出连贯性，而且减弱速度在不同的司法辖区也有所不同，但在 1650 年后，随着人们越发对焚烧女巫、中世纪的证据法以及疼痛背后的精神价值产生怀疑，加之上层人士对司法过程中出现的多种形式的暴力感到不安，司法暴力一直处于这种不断缓和的趋势之中。早在启蒙作家抨击刑事司法的野蛮性并提出司法改革的必要性之前，司法暴力的程度就已经在不断下降了。

历史学界认为，1648 年（三十年战争结束）后的这一时期成为欧洲各国内政发展的重要分水岭，各国在该时期建立的更有效的税收制度和常备军的发展改善了国内安全状况。在 17 世纪下半叶的法国，维护公共秩序的皇家官员数量激增，其中包括在首都新建了一支职业警察队伍（1667 年）。除了英国之外，其他欧洲国家也纷纷效仿法国建立了自己的警察队伍。上述变化使各国能够更有效地抑制民众的不满情绪，统治者无须再借助可怕的处决场面让民众产生敬畏之心。

事实上，在大多数情况下，这些政治变革并未引发刑法改革，但法国是个例外。在 1670 年新的刑法典颁布之前，这里就发生了一场关于是否要废除酷刑的热烈辩论。辩论的结果是，酷刑依然合法，但法官在任何情况下都不得对嫌疑人多次使用刑讯逼供手段。这导致了另一个结果，那就是认罪率的大幅下滑（越来越多的被告意识到，自己只会遭受一次酷刑）。刑讯逼供越来越无法使嫌疑人认罪，巴黎大法院判处死刑的人数因此减少：死刑在 1736 年占所有刑罚的 5%，这一数据在 1787 年已降至 1%。[13]

401

即使是在没有发生刑法改革的国家，遭受酷刑与处决的罪犯的数量也减少了。在 17 世纪下半叶的纽伦堡，处决率呈现出急剧下降的趋势。在 1541—1600 年，平均每年有 7 人被处决；而在 1601—1660 年，这一数据下降至每年 3.5 人；在 1661—1743 年，数据再度下降至每年 2 人。[14]尽管并非所有司法辖区都在绝对数字上呈现出如此一致的下降趋势，但在大多数地区，死刑在终审判决中的比例都有所下降。总体而言，到 18 世纪中期，由于人际暴力事件的明显减少，受到起诉的凶案和重大伤害案也减少了。

对 18 世纪的欧洲各国而言，处决依然是重要的司法仪式，但轮刑、四肢裂解、溺刑和火刑都被逐渐废止，取而代之的是更有效率的绞刑和斩首。当局开始意识到，过度使用暴力并不总能奏效：这些做法不但没有杜绝巫术或凶案，反而打击了弱势群体，而且往往会孤立在社区中扮演重要角色的权力掮客（power broker）①。

一些思想家对猎巫狂潮持批判态度，他们对司法暴力的道

---

① 权力掮客指本人不担任公职，但依靠固有的关系网在官方与非官方之间牵线搭桥并从中渔利的人。

德性和有效性提出了一连串质疑。约翰·威尔（Johann Weyer）、弗里德里希·施佩（Friedrich Spee）和奥古斯丁·尼古拉斯（Augustin Nicolas）都在 16 世纪 60 年代至 17 世纪 80 年代发表过抨击在对女巫的起诉中过分依赖酷刑的文章。这些思想家还质疑将巫术视为应被处决的特殊罪行的合理性。他们认为，许多被指控为女巫者的精神状况都不稳定，而且法庭很容易就会让一些弱势女性屈打成招。所以女巫的危险性是被夸大的，巫术审判是滥用司法权力的体现。这种批评可能带来的直接影响是，1630 年后因巫术被处决的人数有所减少，针对罪犯的刑事暴力也在整体上呈现为有所缓和的趋势。

一些司法辖区减少使用酷刑与处决，其原因还包括举证标准的变化。尽管中世纪的法律理论要求，法庭必须在掌握充足的证据（这几乎等同于要求嫌疑人必须认罪）后再下达判决，但到 18 世纪时，一些法官放弃了这一原则，并且依赖一种较低的标准［"排除合理怀疑"（beyond a reasonable doubt）① 的原则］作为判决的依据。1679 年，当皮埃尔·让（Pierre Jean）在日内瓦被指控盗窃时，他拒绝承认自己面临的主要指控：撬开雇主的保险箱并从中盗窃。尽管遭到多次严刑拷打，皮埃尔依然坚称自己从未碰过保险箱。然而，他对其他几起盗窃案供认不讳。由于指向他的间接证据非常充分（只有他刚好在盗窃发生的时候接触过那个保险箱），法官认为该案的证据已经足够确凿，所以将皮埃尔判处绞刑。[15] 在 18 世纪，欧洲各国依然会对被认定为对公共秩序产生极大威胁的少数被告实

402

---

① "排除合理怀疑"是法学术语，指对于事实的认定，已没有符合常理的、有根据的怀疑，实际上达到确信的程度。

行极其暴力的司法惩戒。皮埃尔·让背叛雇主的信任，破坏主仆关系，这相当于破坏了社会制度的基础，这些越界举动成为他最终遭受酷刑与处决的正当理由。

在一些刑事案件的审判过程中，医务人员也扮演着越来越重要的角色。医生、外科医师和助产士的证词既能够为一些案件提供将被告定罪的确凿证据，也能够在其他一些案件中提供减轻被告罪行的证据。这种演变尤其体现在对杀婴案的审判中。在整个早期近代欧洲，数以万计的妇女被指控杀死自己刚刚生下的婴儿。在 17 世纪，母亲是否刚刚分娩或婴儿是否被勒死的证据经常来自医务人员，他们提供的证据往往不利于被告。然而一个世纪后，随着公众对这些贫困和脆弱的年轻母亲产生更多同情之心，医学证据被越来越多地用于证明婴儿死于难产，或者母亲在分娩后经历了某种暂时性的精神错乱。尽管对间接证据和医务人员意见的更多重视并没有立即导致此类判决的减少，但到 18 世纪，这种趋势已经开始出现。

执法过程中暴力的减少还源于基督教本身的变化。天主教和新教在 17 世纪末都出现了一些新的变化，包括更加重视私人祷告与罪犯的内心（而非其身体），这意味着酷刑和处决带来的疼痛感受正逐渐失去原本具有的正面意味。尽管处决仪式在 18 世纪依然保留了基督教的底色，但描绘处决场面的文字和图像都越来越集中于对公共秩序、喧闹的人群和国家权力需求的刻画。

宗教在公共生活中扮演角色的转变通常被称为世俗化（secularisation）或去神圣化（desacralisation），正是这种转变使罪犯受到的惩罚变轻。虽然天主教或新教依然是欧洲各国的官方宗教，但到 18 世纪中叶，基督徒能在社会中达成某种程

度的共存，甚至连犹太人也逐渐获得了一些公民权。在此背景
下，人们越来越认为所谓的"罪孽"纯属个人私事，这些行
为更需要通过宗教指导和罚款而非体罚加以纠正。上述转变的
典型体现就是司法机构对自杀的态度转变。在 16 世纪，人们
认为自杀者是放弃信仰上帝的人，法庭因此坚持拒绝将这些人
和其他罪犯一同在墓地下葬，并要求在城市街道上拖行他们的
尸体，然后将其烧掉或扔进河里。相比而言，自杀在 18 世纪
逐渐被视为一种医学问题，而非刑事案件。类似的转变还发生
在对其他类型罪犯的判决上。1700 年，以下场景变得越来越
常见：女巫被流放，此前被判火刑的鸡奸犯被监禁，以及渎神
者和通奸犯被罚款。这些罪犯曾经都被视为基督教社会的邪恶
破坏者，但他们如今被重新界定为误入歧途的个体：人们当然
不希望和这类罪犯做邻居，但人们也不再认为，他们的到来会
让自己遭到天谴。

此外，贵族开始对包括公开处决在内的各种暴行感到厌
烦。欧洲社会的传统贵族以及许多具有贵族气质的城市从业者
（urban professionals）习惯通过私人决斗来凸显自身的荣誉和
男性气概，但到了 18 世纪，越来越多的绅士认为，暴力只应
该发生于为君主和家乡效忠的正义战争当中。在王室宫廷和城
市沙龙这样的上流社会中出现了一套被称为礼仪（civility）[①]
的行为规范，这套规范使得精英阶层中的男性能在文化修养方
面重新界定所谓的男性气概，其中不但包括拥有良好的音乐与
文学品味，还包括与女性交流时的文雅谈吐。随着贵族重新定
义自己的身份，他们越发意识到自身与普通民众在情感方面的

---

① 关于礼仪和文明的关系，参见本卷第 33 章。

差异。通过表达自己对公开处决场景的厌恶，贵族得以彰显自己的文化修养，这也成为他们与社会下层保持距离的标志。早在 1674 年时，荷兰政治家康斯坦丁·惠更斯（Constantin Huygens）就敦促当时作为荷兰执政者（stadholder）的威廉三世（William III）① 拆除位于海牙市中心的常设刑台。惠更斯指出，海牙"是［一个］充满贵族气质的光荣之地，出现的车轮和绞刑架不仅让这座城市蒙羞，而且使许多市民的良好素养黯然失色"。[16]在关于伦敦处决场面的版画中，威廉·荷加斯（William Hogarth）描绘了平民在面对死亡时大笑和狂欢的怪诞场面，这幅版画也起到了类似的效果。这些言论和画面并非质疑死刑本身的必要性，而是表明这种暴行越发成为一种对受过教育和拥有良好品味的人的冒犯举动。

　　在经过缜密思考后，18 世纪的欧洲启蒙哲学家将上述不满情绪发展为对司法暴力的批判。在对全球政治制度的比较分析（1748 年）中，孟德斯鸠将英国的刑法实践视为典范，他认为那里存在许多防止非法拘禁的保障措施。孟德斯鸠还将欧洲与中国的帝制王朝、奥斯曼帝国等"专制"政权（人们认为这些政权中的酷刑和处决现象十分常见）进行了司法方面的比较。通过建立良治政府与司法约束的联系，孟德斯鸠和其他学者委婉地批评了欧洲各国君主，要求他们重新审视自己在刑罚方面的不当做法。这些批评之声起到了一定效果，各国都在 18 世纪上半叶开始废除酷刑，如 1722 年的瑞典、1738 年的日内瓦②，以及 1754 年的普鲁士。普鲁士国王腓特烈大帝

---

① 威廉三世于 1672 年 7 月就任荷兰执政者，并于 1689 年 2 月 13 日与妻子玛丽共同成为英格兰国王。
② 15—18 世纪，日内瓦是独立的城邦共和国。

（Frederick the Great）自觉接受了启蒙运动的理念，他试图建立一个合理、有效的司法体系，避免出现过去存在的暴力滥用现象。尽管如此，我们同样不应夸大启蒙思想家在废除酷刑方面的作用。1780 年，法国废除了审判前实施的刑讯逼供，当局做出这种改变的理由是，酷刑已经失去效用，而非酷刑遭到滥用：国王走访了一些地方官员，这些官员认为，酷刑好像往往没多大用处，因为它很少能让被告松口说出案件的真相。[17]一个多世纪以来，酷刑的使用次数一直呈现减少的趋势，直至最终被废除，部分原因是它已不再被视为大多数罪行的主要证明途径。

18 世纪 60 年代，当伏尔泰和贝卡利亚对欧洲司法暴力进行激烈抨击时，许多改变已经悄然发生：一些国家禁止了酷刑，处决只占惩罚性判决的很小一部分。两位作家均谴责酷刑，呼吁提高司法透明度，并主张废除死刑，这些观点都是人权话语对司法变革的重要贡献。他们的著作或许还促使奥地利、俄国、西班牙、意大利和荷兰在接下来的几十年里陆续废除了死刑。对于那些急需通过树立节制理性的形象来加强自身权威的国家来说，这种做法极其有效，就像在此前两个世纪的动荡岁月中，对痛苦刑罚的残忍描述一直被视为有效的宣传手段。

然而，伏尔泰和贝卡利亚错误地将当时的司法描述为压倒性的虐待、暴力和"野蛮"。这不但是对现实刑罚实践的彻底曲解，而且使我们至今依然受其负面影响。伏尔泰和贝卡利亚将酷刑和处决视为过时之物，并将他们自己的观点视为现代与"进步"的体现，他们所建构的二元对立，对福柯和其他将现代司法与此前几个世纪的暴力进行对照的学者产生了重要影响。[18]在早期近代欧洲社会中，大多数嫌疑人没有遭受过酷刑，大多数罪犯也没有遭受过体罚。如果我们能认识到这一点，就能超越那些随意割裂前现代和现代的观点，并认识到历史延续性的重要作用。近数十年来，西方民主国家依然会使用酷刑，这在今天仍旧是刑事司法在实践过程中面临的难题。

参考论著

关于欧洲中世纪和早期近代司法的研究成果十分庞杂。这里只能罗列少数在本章写作过程中具有重要参考价值的论著。关于酷刑、证据法以及证据运用，参见 Edward Peters, *Torture* (New York: Basil Blackwell, 1985); John H. Langbein, *Torture and the Law of Proof: Europe and England in the Ancien Régime* (Chicago: University of Chicago Press, 1977); Bernard Durand and Leah Otis-Cour (eds.), *La torture judiciaire*, 2 vols. (Lille: Centre d'histoire judiciaire, 2002); Richard M. Fraher, ' Conviction According to Conscience: The Medieval Jurists ' Debate concerning Judicial Discretion and the Law of Proof ', *Law and History Review* 7. 1 (1989), pp. 23 - 88; Eric Wenzel, *La torture judiciaire dans la France de l'Ancien Régime* (Dijon: Éditions universitaires de Dijon, 2011); Michael Clark and Catherine Crawford (eds.), *Legal Medicine in History* (Cambridge: Cambridge University Press, 1994); Andreas Blank, ' Presumption, Torture and the Controversy over Excepted Crimes ', *Intellectual History Review* 22. 2 (2012), pp. 131-45。

关于死刑，参见 Pieter Spierenburg, *The Spectacle of Suffering: Executions and the Evolution of Repression* (Cambridge: Cambridge University Press, 1984); Richard van Dülmen, *Theatre of Horror: Crime and Punishment in Early Modern Germany* (Cambridge: Polity Press, 1990); Pascal Bastien, *L'exécution publique à Paris au XVIIIe siècle* (Seyssel: Champ Vallon, 2006); Paul Friedland, *Seeing Justice Done: The Age of Spectacular Capital Punishment in France* (Oxford: Oxford University Press, 2012); Nicholas Terpstra (ed.), *The Art of Executing Well: Rituals of Execution in*

Renaissance Italy（Kirksville, MO：Truman State University Press, 2008）；Nicolas Baker, 'For Reasons of State：Political Executions, Republicanism, and the Medici in Florence, 1480 – 1560 ', *Renaissance Quarterly* 62.2（2009）, pp. 444-78。

关于 15 世纪之前欧洲司法的研究成果，参见 Robert Bartlett, *Trials by Fire and Water：The Medieval Judicial Ordeal*（Oxford：Clarendon Press, 1986）；Daniel Smail, *The Consumption of Justice：Emotions, Publicity, and Legal Culture in Marseille, 1264-1423*（Ithaca, NY：Cornell University Press, 2003）；Guido Ruggiero, *Violence in Early Renaissance Venice*（New Brunswick, NJ：Rutgers University Press, 1980）；Guy Geltner, *The Medieval Prison*（Princeton, NJ：Princeton University Press, 2008）；Trevor Dean, *Crime and Justice in Late Medieval Italy*（Cambridge：Cambridge University Press, 2007）；Laura Stern, *The Criminal Law System of Medieval and Renaissance Florence*（Baltimore, MD：Johns Hopkins University Press, 1994）；Sarah Blanshei, *Politics and Justice in Late Medieval Bologna*（Leiden：Brill, 2010）；Joanna Carraway Vitiello, *Public Justice and the Criminal Trial in Late Medieval Italy：Emilia in the Visconti Age*（Leiden：Brill, 2016）。

关于宗教裁判所，参见 James Given, *Inquisition and Medieval Society*（Ithaca, NY：Cornell University Press, 1997）；Henry Kamen, *The Spanish Inquisition：An Historical Revision*（New Haven, CT：Yale University Press, 1998）；Christopher F. Black, *The Italian Inquisition*（New Haven, CT：Yale University Press, 2009）；E. William Monter, *Frontiers of Heresy：The Spanish Inquisition from the Basque Lands to Sicily*（Cambridge：Cambridge University Press, 1990）；Carlo Ginzburg, *The Cheese and the Worms：The Cosmos of a Sixteenth-Century Miller*（Baltimore, MD：Johns Hopkins University Press, 1980）。

关于疼痛的精神内涵及其与刑事司法的关系，参见 Esther Cohen, *The Modulated Scream：Pain in Late Medieval Culture*（Chicago：University of Chicago Press, 2010）；Robert Mills, *Suspended Animation：Pain, Pleasure and Punishment in Medieval Culture*（London：Reaktion, 2005）；Mitchell Merback, *The Thief, the Cross and the Wheel*（London：Reaktion, 1999）；Ronald Rittgers, *The Reformation of Suffering：Pastoral Theology and*

406

Lay Piety in Late Medieval and Early Modern Germany （New York: Oxford University Press, 2012）; Florike Egmond and Robert Zwijnenberg （eds.）, *Bodily Extremities : Preoccupations with the Human Body in Early European Culture* （Farnham: Ashgate, 2003）; Lisa Silverman, *Tortured Subjects : Pain , Truth and the Body in Early Modern France* （Chicago: University of Chicago Press, 2001）; Brad Gregory, *Salvation at Stake: Christian Martyrdom in Early Modern Europe* （Cambridge, MA: Harvard University Press, 1999）。

以 1400—1800 年欧洲刑事司法为研究对象的重要论著包括 J. K. Brackett, *Criminal Justice and Crime in Late Renaissance Florence , 1537 - 1609* （Cambridge: Cambridge University Press, 1992）; Thomas Cohen and Elizabeth Storr Cohen, *Words and Deeds in Renaissance Rome : Trials before the Papal Magistrates* （Toronto: University of Toronto Press, 1993）; Irene Fosi, *Papal Justice* （Washington, DC: Catholic University of America Press, 2011）; James Shaw, *The Justice of Venice : Authorities and Liberties in the Urban Economy , 1550 - 1700* （Oxford: Oxford University Press, 2006）; Claude Gauvard, '*De grace especial* ': *crime , Etat et société en France à la fin du moyen age*, 2 vols. （Paris: Publications de la Sorbonne, 1991）; Natalie Zemon Davis, *Fiction in the Archives : Pardon Tales and Their Tellers in Sixteenth-Century France* （Stanford, CA: Stanford University Press, 1987）; Richard Andrews, *Law , Magistracy and Crime in Old Regime Paris , 1735- 1789*, vol. I （Cambridge: Cambridge University Press, 1994）; Bernard Schnapper, 'La repression pénale au XVIème siècle. L'exemple du Parlement de Bordeaux ', in *Voies nouvelles en histoire du droit* （Paris: Presses Universitaires de France, 1991）, pp. 53 - 105; Bernard Schnapper, ' La justice criminelle rendue par le Parlement de Paris sous le règne de François Ier' , *Revue Historique du Droit Français et Étranger* 52 （1974）, pp. 252-84; Julie Claustre, *Dans les geôles du Roi* （Paris: Publications de la Sorbonne, 2007）; Benoît Garnot and Rosine Fry （eds.）, *Infrajudiciaire* （Dijon: Publication de l'Université de Bourgogne, 1996）; Keith Brown, *Bloodfeud in Scotland , 1573- 1625* （Edinburgh: J. Donald, 1986）; Pieter Spierenburg, *The Prison Experience : Disciplinary Institutions and Their Initiates in Early Modern Europe* （Amsterdam: Amsterdam University Press, 1991）; Michel

Porret, *Le crime et ses circonstances* (Geneva: Droz, 1995); R. Po-chia Hsia,   407
The Myth of Ritual Murder : Jews and Magic in Reformation Germany (New
Haven, CT: Yale University Press, 1988); Andreas Blauert and Gerd
Schwerhoff, *Mit den Waffen der Justiz : zur Kriminalitätsgeschichte des
Spätmittelalters und der Frühen Neuzeit* (Frankfurt am Main: Fischer
Taschenburch Verlag, 1993); Joel F. Harrington, *The Faithful Executioner :
Life and Death in the Sixteenth Century* (New York: Farrar, Straus & Giroux,
2013); Ulinka Rublack, *The Crimes of Women in Early Modern Germany*
(Oxford: Clarendon Press, 1999); Robert Jütte, *Poverty and Deviance in
Early Modern Europe* (Cambridge: Cambridge University Press, 1994); Julius
Ruff, *Violence in Early Modern Europe , 1500-1800* (Cambridge: Cambridge
University Press, 2001)。

关于当时欧洲社会对宗教与道德方面的罪孽以及巫术的暴力审判，参
见 Guido Ruggiero, *The Boundaries of Eros : Sex Crime and Sexuality in
Renaissance Venice* (New York: Oxford University Press, 1985); Francisca
Loetz, *Dealings with God : From Blasphemers in Early Modern Zurich to a
Cultural History of Religiousness* (Farnham: Ashgate, 2009); Tom Betteridge
(ed.), *Sodomy in Early Modern Europe* (Manchester: Manchester University
Press, 2002); Isabel Hull, *Sexuality , State and Civil Society in Germany ,
1700-1815* (Ithaca, NY: Cornell University Press, 1996); Renato Barahona,
Sex Crimes , Honour , and the Law in Early Modern Spain (Toronto:
University of Toronto Press, 2003); Jeffrey Watt (ed.), *From Sin to Insanity :
Suicide in Early Modern Europe* (Ithaca, NY: Cornell University Press, 2004);
H. C. F. Midelfort, *Witch-Hunting in Southwestern Germany , 1562 - 1684*
(Stanford, CA: Stanford University Press, 1972); Laura Stokes, *Demons of
Urban Reform : Early European Witch Trials and Criminal Justice , 1430-1530*
(London: Palgrave Macmillan, 2011); Gustav Henningsen, *The Witches'
Advocate : Basque Witchcraft and the Spanish Inquisition* (Reno: University of
Nevada Press, 1980); Lyndal Roper, *Witch Craze : Terror and Fantasy in
Baroque Germany* (New Haven, CT: Yale University Press, 2004)。

注　释

1. 参见网址：www. documentacatholicaomnia. eu/01p/1252-05-15,_SS_ Innocentius_IV,_Bulla_%27A d_Extirpanda%27,_EN. pdf。访问时间：2019 年 4 月 5 日。

2. Laura Ikins Stern, *The Criminal Law System of Medieval and Renaissance Florence* (Baltimore, MD: Johns Hopkins University Press, 1994), pp. 209 – 17; Bernard Schnapper, ' La justice criminelle rendue par le Parlement de Paris sous le règne de François I ', *Revue Historique de Droit Français et Étranger* 52. 2 (1974), pp. 262-4; Bernard Schnapper, ' La répression pénale au XVIème siècle. L'exemple du Parlement de Bordeaux ', in *Voies nouvelles en histoire de droit : la justice, la famille, la répression pénale, XVIème - XXème siècles* (Paris: Presses Universitaires de France, 1991), pp. 76-7. 根据我在一项关于日内瓦司法档案的未发表研究中的估算，1560—1563 年，当地大约有 2%—5% 的犯罪嫌疑人受到过刑讯逼供。

3. Ian R. Morrison, 'Montaigne and Torture in Criminal Justice ', *French Studies Bulletin : A Quarterly Supplement* 58 (1996), p. 9. 除非另有说明，本章中的外语英译均出自我本人之手。

4. Thomas V. Cohen and Elizabeth Storr Cohen, *Words and Deeds in Renaissance Rome : Trials before the Papal Magistrates* (Toronto: University of Toronto Press, 1993), p. 124.

5. Gustav Henningsen and Jaime Contreras, ' Forty-four Thousand Cases of the Spanish Inquisition (1540 - 1700): Analysis of a Historical Data Bank ', trans. Anne Born, in Gustav Henningsen, John Tedeschi and Charles Amiel (eds.), *The Inquisition in Early Modern Europe : Studies on Sources and Methods* (DeKalb: Northern Illinois University

Press, 1986), p. 113; Christopher F. Black, *The Italian Inquisition* (New Haven, CT: Yale University Press, 2009), pp. 81-8.

6. Richard van Dülmen, *Theatre of Horror: Crime and Punishment in Early Modern Germany*, trans. Elizabeth Neu (Cambridge: Polity Press, 1990), p. 139.

7. Nicholas Terpstra (ed.), *The Art of Executing Well: Rituals of Execution in Renaissance Italy* (Kirksville, MO: Truman State University Press, 2008), pp. 126-31.

8. Jehan de la Fosse, *Les ' mémoires' d'un curé de Paris (1557-1590) au temps des Guerres de Religion*, ed. Marc Venard (Geneva: Droz, 2004), p. 31.

9. Terpstra (ed.), *Art of Executing Well*, p. 212.

10. Joanna Carraway Vitiello, *Public Justice and the Criminal Trial in Late Medieval Italy: Reggio Emilia in the Visconti Age* (Leiden: Brill, 2016), p. 115.

11. Jean-François Pillet, ' "Tellement que l'âme soit séparée du corps": la peine capitale à Genève au XVIIe siècle ', 未出版的硕士论文, University of Geneva, 1994, pp. 77-9。

12. Carlo Ginzburg, *The Cheese and the Worms: The Cosmos of a Sixteenth-Century Miller*, trans. John Tedeschi and Ann C. Tedeschi (Baltimore, MD: Johns Hopkins University Press, 1980) .

13. Richard Andrews, *Law, Magistracy, and Crime in Old Regime Paris, 1735 - 1789* (Cambridge: Cambridge University Press, 1994), vol. I, pp. 282-5.

14. Van Dülmen, *Theatre of Horror*, p. 140.

15. Archives d'État de Genève, procès criminels, série 1, 4458.

16. Pieter Spierenburg, *The Spectacle of Suffering: Executions and the Evolution of Repression* (Cambridge: Cambridge University Press, 1984), p. 187.

17. François-André Isambert et al. (eds.), *Recueil général des anciennes lois françaises depuis l'an 420 jusqu'à la Révolution de 1789* (Paris: Plon, 1833), vol. XXVI, p. 374.

18. Cesare Beccaria, *On Crimes and Punishments*, trans. Henry Paolucci

（New York：Bobbs-Merrill, 1963）, pp. 3 – 9；Voltaire, *L'affaire Calas et autres affaires*, ed. Jacques Van den Heuvel（Paris：Éditions Gallimard, 1975）, p. 237.

21　西属美洲殖民地的合法暴力

马修·雷斯托尔

一个西班牙人之死

在伊内斯·德·帕斯（Inés de Paz）的儿子被残忍杀害十年后，她仍然沉浸在悲痛和愤怒之中。伊内斯夫人向西班牙国王提交了一系列请愿书，并在印度群岛委员会（Council of the Indies）① 那里进行了持续数年的诉讼。在这些场合，伊内斯夫人哭诉自己的儿子罗德里戈（Rodrigo）如何在被抓走后遭受拷打、坐水凳②、灼烧等酷刑，在经历了数周的折磨后奄奄一息，并最终被绞死。正如她的律师所言，罗德里戈"遭受了各种折磨，包括捆绑、绞刑、水和灼热的砖块"。然后，"尽管他是无辜的，但他还是被绞死了，他身上的两万多卡斯特拉诺（castellano）③ 也被一并抢走"。[1]

1525 年，罗德里戈在特诺奇蒂特兰的中心广场被绞死，这座阿兹特克帝国的首都在四年前被西班牙殖民者攻占。据说，这座城市在被摧毁后又被西班牙人重建为墨西哥城，但它实际上是由纳瓦人重新占领并重建的，当时只有一小群顽固抵

---

① 印度群岛委员会成立于 1524 年，是代表西班牙王权进行海外贸易及行使美洲殖民地管理职能的官方机构。

② 关于坐水凳，参见本卷第 3 章。

③ 卡斯特拉诺是古代西班牙的一种货币，由黄金铸成。

抗的西班牙人仍然居住在城市的中心，并称这座城市为"特米斯蒂坦"（Temistitan）。因此，罗德里戈·德·帕斯惨遭杀害的背后有更加宏大的时代语境，即西班牙发动的入侵战争（往往被西班牙人称为"征服墨西哥"），这场战争始于1519年，并在中美洲一直延续至16世纪40年代（但人们通常认为，这场战争于1521年结束）。考虑到这场战争惊人的死亡率（本卷的另一些章节对此有所讨论），[2]人们可能会在翻阅档案时惊讶地发现，这份一千余页的法律档案中反复出现了对这个西班牙人被杀事件的愤慨之情。

　　从表面上看，我们可以把这种愤慨归因于罗德里戈的母亲和他两个兄弟的失亲之痛（他们同样出现在这些档案中）；毕竟，婴儿的高死亡率以及瘟疫和战争导致的大规模死亡并不足以减轻失去孩子或兄弟姐妹带来的悲痛。同样，我们可能会倾向于认为这起发生在1525年墨西哥的一个西班牙人被杀事件并没有什么特别的含义，除了这起暴力事件的时间与地点均处于某个更宏大的时代语境之中。

　　但是，为了更好地理解16—18世纪时发生在西属美洲殖民地的暴力现象，我们需要对其进行更加深入的挖掘。罗德里戈·德·帕斯被杀这件事究竟意味着什么？是什么让他的死亡更具象征意义，或者说，是什么让他的死亡与当时在中美洲数以千计的其他西班牙人、数以千计的黑人和数以百万计的原住民的死于非命相区别？为了理解当时的人们对暴力的分类与认识方式，我们可以关注哪些线索？我们如今对暴力的分类方式又有哪些与本章讨论的对象有关？

跟随金钱的脚步

16 世纪 30 年代在西班牙为帕斯家族工作的律师（即上节提到的那位律师）坚称，人们只需要"跟随金钱的脚步"（follow the money）①——借用水门事件时期流行的表达——就能发现，帕斯死于谋杀，杀人动机则是金钱。

据说这起案件的罪魁祸首是贡萨洛·德·萨拉查（Gonzalo de Salazar），他于 1524 年被派往新西班牙以王室代理人的身份出任税收官一职。此时新西班牙的总督埃尔南多·科尔特斯不在本地，他正在洪都拉斯以违抗其权威的罪名抓捕同为征服者的克里斯托瓦尔·德·奥利德（Cristobal de Olid），但他随后发现自己的一个表兄弟已经以叛国罪审判了奥利德并将其处死。趁科尔特斯不在的机会，萨拉查在威逼利诱之下接管了军政府。他还散播科尔特斯在 1525 年去世的谣言，并以此没收了科尔特斯和他手下许多忠诚的部将在墨西哥的财产，其中还有数以万计的原住民奴隶。罗德里戈·德·帕斯是科尔特斯的另一个表兄弟，也是科尔特斯的忠诚追随者。1525 年，帕斯的律师这样说道：

> 据说，在由山谷侯爵（Marqués del Valle）② 兼总督埃尔南多·科尔特斯阁下赋予的权力的掩护下，［萨拉查］从总督的真正手下那里攫取并滥用了这些权力。他还违背

① "跟随金钱的脚步"是 1972—1974 年迫使美国总统尼克松下台的水门事件中的一句著名暗语，意即只要追踪钱的来源和流向，就能够掌握案件的线索。

② 山谷侯爵全称瓦哈卡山谷侯爵，是科尔特斯及其后代当时被西班牙王室授予的贵族爵位，也是当时新西班牙唯一的世袭爵位。

墨西哥城议会的意愿，全副武装地制造了巨大的动荡和丑闻，并开始作为一个暴君行使总督的权力。[3]

410 　　萨拉查对帕斯进行了严刑拷问，希望他供出科尔特斯把传闻中已经失踪的蒙特祖马的财宝藏在了何处。帕斯的皮肤被用热砖灼烧，他的双脚也在浸过油后被点燃，这些酷刑与科尔特斯在 1521 年抓获瓜特穆斯（蒙特祖马的继任者）不久后对其实施的酷刑相同，科尔特斯的目标同样是发现黄金和其他宝藏的下落。当时热衷于追寻这些秘宝的并非只有科尔特斯和萨拉查；在 16 世纪 20 年代至 30 年代，所有西班牙人都沉迷于此。在以科尔特斯为首的长达二十年的远征和管理（驻地及相关活动）中，大部分活动与寻宝有关。[4]

　　几乎可以肯定的是，无论是蒙特祖马、瓜特穆斯还是科尔特斯，他们都从未埋藏过什么财宝。尽管如此，科尔特斯和许多其他西班牙征服者仍然搜刮了一些能够兑换成当时货币的财富，并将其运往西班牙本土。萨拉查在墨西哥掠夺财富的方式是：既直接榨取原住民的财富（作为战利品或将他们作为奴隶出售），也间接从其他西班牙人手中窃取财富。1526 年 1 月，当毫发无损的科尔特斯回到这座城市时，萨拉查的恐怖统治戛然而止；无论西班牙殖民者支持哪一方，他们全都带着武器走上街头，双方由此发生激烈冲突。这场冲突以萨拉查被捕并被关押在中央广场的笼子里示众而告终。几个月后，他被流放到西班牙。后来，当帕斯案于 16 世纪 30 年代进行公开审理时，萨拉查早已在格拉纳达过上了富足的新生活。

　　通过萨拉查的暴行（以及他如何为自己的暴行辩护并逃脱惩罚），我们可看到西属美洲的暴力与法律的复杂相互作用。

为了获取证词，律师们拜访萨拉查，后者住在位于格拉纳达的一座宫殿般奢华的住宅中。萨拉查只是简单辩称，罗德里戈·德·帕斯是叛乱分子，他自己则不仅在当时是一名忠诚可靠的王室官员，而且至今仍然如此。作为反抗王室权威的叛徒，帕斯受到刑讯是合法的；因为"罗德里戈·德·帕斯犯下了臭名昭著的罪行，并且对此供认不讳"，萨拉查有权对其施暴；[5]帕斯藏匿的财宝包括拖欠国王的税款，此乃欺君大罪；帕斯所遭受的酷刑和处决都是以法律的名义进行的，因此这是一场公正且合法的审判。根据上述无比明确的说辞，萨拉查得以在西班牙避免遭到逮捕，对他非法担任总督并且充当"暴君"的指控并未成立。同样，对征服者的做法持批评态度的人（如著名的多明我会士巴托洛梅·德·拉斯·卡萨斯）也试图利用"暴君"的标签来阻止征服活动或者在法庭上谴责某些西班牙人，但这些办法均未奏效。[6]

当时的法律十分偏袒萨拉查这类行凶者，帕斯家族从未得到超过法庭费用的赔偿。1540年，萨拉查作为王室的代理人再次来到新西班牙，大腹便便的他获得了"大肥佬"（El Gordo）的绰号，并于16世纪60年代在当地过着富足的滋润日子。可见，"叛徒"和"暴君"的互相指责并非一场公平的斗争。如果双方同为西班牙人，法庭至少会遵循逮捕、指控和审讯的流程，并且会留下正式的书面记录。但如果被告的社会和政治地位低于原告，对"叛徒"的指控的优先级就会远远高于对"暴君"的指控。如果受害者是原住民，那么无论他们遭遇的是何种暴行，人们都会将其视为合法活动。

因此，西属美洲殖民地具有在整个半球引发持续数个世纪的暴行的双重要素；其中一个是对财富和地位的承诺，它是人

图 21.1　西奥多·德·布里为 1595 年在法兰克福出版的吉罗拉莫·本佐尼所著的《新大陆历史》而创作的第三幅版画，这幅画描绘了西班牙人用来训诫和控制土著和非洲奴隶工人的残酷惩罚方式。值得注意的是，在场的西班牙高级官员将酷刑和肢解行为合法化了；他的衣服、椅子、警棍和两名侍从象征着其权威地位，并通过仪式为诉讼程序披上了一层合法外衣。

们施暴的动机；另一个则是使这种暴力合法化的正统意识形态，也就是说，它使暴行受到法律的允许与辩护，并且得到了司法和政府机构的正式或私下（打着合法或正当的旗号）的支持。在上述两种要素之间的摇摆不定使殖民地及其边境地区发生了更多暴力事件。无论是凶案还是私仇，那些让我们觉得可能违反了西班牙法律的暴行（从丈夫杀害妻子，到大规模奴役村中的原住民）都可以被当时的法律视作正当且合法的行为。这些暴行的实施者始终逍遥法外，就像暴行本身就在法律许可的范围内一样。

纵观 15 世纪 90 年代到 19 世纪这一西属美洲殖民地不断扩张的时期，西班牙人认为，无论暴行是否正当或合法，它们都并非仅仅发生在边境地带的入侵或征服之中；随着欧洲殖民者及其后代不断来到西半球，他们为美洲大陆带来了更加普遍的合法（或者可以被合法化的）暴力观念。但在局势不断变化的边境地带，殖民者与原住民经历了最初的接触、征服与长期抵抗的过程，暴力的主要受害者依然是人口众多的原住民，而非少数欧洲殖民者。诚然，西班牙人主要通过与原住民部落进行交易的方式来获利，这有助于维持殖民地的"和平状态"（pax）① （英国和葡萄牙的大多数殖民地没有经历这种情况）。但是，普遍的和平状态并没有放缓西班牙人对数十万原住民实施屠杀和奴役的脚步。

官僚之舞

在记载拉丁美洲殖民地情况的书面文献中，暴力场面无处不在，这些暴行可能会让今天的读者感到过分、残忍且毫无缘由。更令人发指的是，施暴者往往逍遥法外。在西班牙和葡萄牙的殖民地，对官方记录的重视使数以千计（也许是数十万计）与暴力有关的案件得以保存至今。几个世纪以来，暴力的表现方式变得越来越复杂，其动机和受害模式的范围也变得极其广泛。但基于本章的议题，我在此仅仅提出导致西属美洲

① 此处的"和平状态"是拉丁语"和平"的意思，学界往往用这个术语来称呼类似于罗马帝国的在单一霸权统治下形成的和平秩序。

殖民地暴力激增的八个历史因素，它们也是使暴力变得正当或合法的伴随结构：第一个和第二个来自征服战争，第三个和第四个与宗教裁判所的活动有关，第五个和第六个来自奴隶制，第七个是针对女性的暴力，第八个是镇压反叛产生的暴力。

第一对互相作用的历史因素是：（1）大量加勒比群岛和环加勒比地区的原住民在 15 世纪 90 年代到 16 世纪中期遭到奴役和残害，这里的人口因此锐减（只剩一成），许多部落实际上在当时已被斩尽杀绝；（2）1519—1521 年，西班牙与阿兹特克帝国的战争演变为西班牙对墨西哥的征服战争，这场战争中的暴力历来被人们淡化、歪曲、误解或美化。

上述两个历史因素都是非常庞大的议题，关于这些议题的大量一手文献和二手文献如今已经出版（尤其是与墨西哥有关的议题）。此外，本卷还在其他章节对这些议题进行了讨论。[7]因此，我们只需将上述两个因素视为单一历史进程的组成部分且受到迅速发展的合法化暴力意识形态的指导和支持，就可以更好地理解这些议题。例如，早在 15 世纪 90 年代，克里斯托瓦尔·科隆（Cristobal Colón，即哥伦布）①与他的手下和继任者就在加勒比地区持续散播食人族的谣言［"加勒比"（Caribbean）的名字正是来自"食人族"（Cristobal）一词］。从 1503 年起，他们在王室法律的支持下鼓吹奴役食人族的合法性。西班牙人将这些生活在群岛上的所谓食人族称作 *caribes*（正如巴托洛梅·德·拉斯·卡萨斯所言，这是"他们用来将自由人变成奴隶的说辞"），并预计（或许还有人希望）也能在美洲大陆发现他们的身影。[8]胡安·迪亚兹（Juan Díaz，与征

---

① 克里斯托瓦尔·科隆是哥伦布名字的西班牙文写法。

服者一同旅行的西班牙牧师）和"殉教者"皮特罗·德安吉
拉（Pietro Martire d'Anghiera，意大利历史学家，去世于 1526
年，在英语世界被称为"殉教者伯铎"）在 1520 年和 1521
年出版了两部日后不断再版的著作，这两部著作都以西班牙人
于 1518 年在格里哈尔瓦的远征中对尤卡坦和墨西哥沿海地区
的见闻为基础，描绘了对在原住民中延续数代的偶像崇拜、献
祭屠杀以及食人狂欢场面的生动想象。[9]在西班牙人于墨西哥目
睹了仪式性的处决和暴力（包括通常所说的"人祭"）后，

图 21.2　1518 年，西班牙人声称他们在墨西哥湾海岸发现了一座祭祀圣
坛。到 1671 年，描绘这种说法的插图已演变为图中所示的模样。这幅图
收录在《美洲》这部新大陆的地理与历史的伟大汇编之中。该著的英文
版本由约翰·奥吉尔比翻译，于 1670 年出版，荷兰语版本的译者是阿诺
德斯·蒙塔努斯，该版本于 1671 年出版。

他们很快就把这种罪恶的行为与食人相联系，并将其视为双重
罪孽。1566 年，一篇用多种语言写就的文章向欧洲读者讲述
414　道，墨西哥的土著"是最残忍的战斗民族，因为他们会将所
有人杀死并吃掉，［不］留任何活口"。[10]

尽管巴托洛梅·德·拉斯·卡萨斯几十年来一直在自己的
著作中和法庭上公开呼吁，征服战争本身比阿兹特克人和其他
"印第安人"的人祭习俗更加邪恶和残忍，[11]但人祭、食人以及
所谓的叛乱倾向已经变成三个赋予施暴合法性的"事实"，这
些"事实"为西班牙人入侵这些地区（加勒比群岛、环加勒
比地区、中美洲）提供了正当理由，其中许多地区在日后成
为新西班牙总督辖区。从 1519 年到 16 世纪 40 年代，在加勒
比和中美洲沿海地区的泰诺人和其他原住民部落经历了一场大
"灭绝"（*quebrantimiento*）之后，大量中美洲原住民也遭到奴
役，这种命运随后还降临在墨西哥北部以及更远地区的其他原
415　住民头上。蒙特祖马在 1519 年向科尔特斯投降的说法成为利
用叛乱漏洞的依据，这个漏洞被用来为屠杀和奴役数十万人的
行为辩护①。虽然消灭"印第安人"从来都不是西班牙或葡萄
牙的官方政策（这与某些英属美洲殖民地的政策相反），但个
别官员和殖民者始终定期实施相当于种族灭绝的暴行——这些
行为即使并非有意为之，也是无可争议的事实。[12]

第三个和第四个历史因素与西班牙教会官员在美洲活动的
变化有关。第三个因素是大量西班牙牧师和修士参与的"精

---

① 西班牙人认为，由于蒙特祖马已经向科尔特斯投降，所以此后爆发的暴
力事件是阿兹特克人的叛乱。事实上，这些原住民既没有在一开始就投
降，也没有在后来发动叛乱，他们只是在反抗殖民者施加的压迫。参见
本卷第 7 章。

神征服"（Spiritual Conquest，又称"原住民的皈依"）。第四个则是"宗教法庭"（又称宗教裁判所）的相关活动，其中最引人注目的是 17 世纪发生在墨西哥城和利马的反犹运动。以上两项教会活动使暴力的周期性爆发通过司法程序变得合法化。

通常而言，精神征服的过程是和平的，因此历史学界逐渐倾向于将其理解为某种协作活动，这种活动导致了许多信仰和实践方面的地区差异。但是，在教会官员遭遇挫折的时候，精神征服就可能演变为暴力的清洗运动。教会认为，惯犯和所谓偶像崇拜的持续存在就像一种瘟疫或疾病，需要通过系统性的酷刑来进行治疗。这些酷刑通过遵循由教会当局制定的一系列具体方式变得合法，酷刑过程则由公证人进行详细记录。为了审理与杜绝此类罪行，当局还经常对嫌疑人进行公开的暴力羞辱（甚至包括处决）。

与此相关的一起著名事件发生在 1562 年夏天的尤卡坦，当地的一个小型殖民地进行了一场反"偶像崇拜"运动。大约 4000 名玛雅男女在这场运动中受到酷刑审讯，所有酷刑都经过公证并遵循适当的司法程序。最终，这场运动导致数百名玛雅人死亡，这群玛雅人的领袖也在信仰审判的忏悔仪式中遭到了公开羞辱。这场运动的领导者是殖民地方济各会的首领迭戈·德·兰达修士（Fray Diego de Landa）。日后，他用直截了当的语言为这场运动的合理性及暴力手段的合法性辩解。在他看来，当地的玛雅人在接受了"宗教教导"后，他们的祭司便使其"染上了偶像崇拜的恶习"，这些祭司的"祭品"包括"人血"；因此，兰达遵循了一定的司法程序，包括谴责、调查和审讯，最后是信仰审判。虽然兰达得到了西班牙主要官员 416

的支持，但这场运动遭到了总督和作为征服者的殖民者的反对。他们担心这会影响自己在赐封制①下的既得利益，或者有损自己从玛雅村落中获得的贡品和劳动力。这些反对并非出于道德上的考虑，而是出于经济上的考虑。尽管一位即将上任的主教最终提出了道德上的反对意见，这场运动因此被废止，兰达本人也被遣送回国，但这位令人生畏的修士后来又以主教身份回到了这里。[13]

这些运动都是在宗教裁判所或宗教法庭的权力掩护下开展的，其主要表现是兰达所领导的这类反偶像崇拜的暴力活动。16世纪70年代后，美洲的原住民便不再属于西班牙宗教裁判所的管辖范围（例如，墨西哥在1571年建立了自己的宗教裁判所）。当地的宗教裁判所继续向殖民地日益增长的非土著人口灌输宗教正统的观念，宗教裁判所进行审判的案件数量虽然相对较少，但十分稳定。从1571年建立到1820年废除，其间至少有400人因为异端而受到墨西哥宗教裁判所的正式审查，至少有50人遭处决。少数受害者是外国新教徒，大部分则是被俘的海盗，在16—17世纪，这些人主要在墨西哥、利马和卡塔赫纳的宗教裁判所中受到审判和处决。但最值得注意的是，在那些于公开仪式上遭受酷刑和处决的人中，一半以上受害者的罪名是隐藏自己的犹太人身份——这将我们带到了第四个历史因素面前，即由宗教裁判所主导并合法化的反犹暴行。

因此，新基督徒②受到了宗教裁判所最严重的迫害，他们中的许多人来自葡萄牙。尽管现有文献显示，不同的被告在所

---

① 关于赐封制，参见本卷第7章。
② 此处的新基督徒特指来到殖民地后皈依天主教的异教徒，在本章的语境下主要是指皈依基督的犹太人和摩尔人。

谓的异端信仰或实践方面存在很大差异，但商人家庭还是因为奉行"摩西律法"（Law of Moses）① 而成为宗教法庭的重点关注目标；一些被监禁者认为自己是经常参加弥撒的本分天主教徒，而另一些被监禁者则公开自己的犹太教信仰，甚至甘愿为了这份信仰殉教。在墨西哥教会的默许下，由宗教裁判所领导的反犹运动高潮在 17 世纪 40 年代爆发。例如在 1642 年，短短一周之内就有约 150 人因为被指控为犹太人而被捕，其中大部分人遭到了严刑拷问；1649 年，被指控为秘密"犹太信徒"（Judaiser）的 12 人在墨西哥城被火刑处死。[14] 由于反犹主义本身在当时就是合法的，这种观念的暴力表达在法律的掩护下迅速泛滥。1649 年，墨西哥爆发了合法的反犹暴力运动，秘鲁此前就已经发生过类似的流血事件；17 世纪 30 年代末，宗教裁判所在首都利马逮捕并审讯了 100 名被指控参与大犹太阴谋（*combriidad grande*）的嫌疑人，其中 52 人遭到鞭笞，并在公开举行的信仰审判仪式中受到羞辱后被流放；十几人被绑在火刑柱上活活烧死。艾琳·希尔弗布拉特（Irene Silverblatt）在对秘鲁宗教裁判所进行的颇具争议的研究中，将宗教法庭的这些行为比作"脱胎于殖民政策的官僚与种族之舞"，对"现代世界的形成"产生了负面影响。换言之，希尔弗布拉特认为，西班牙宗教裁判所使反犹暴力文化合法化的举动是 20 世纪发生的类似暴行［最明显的就是犹太人大屠杀（Holocaust）②］的核心根源。[15] 无论她是否过分夸大了 17 世纪秘鲁与 20 世纪欧

① "摩西律法"是《旧约》中摩西接受的上帝律法，日后成为犹太人的行事准则，这里的商人指的就是犹太人。
② 此处的犹太人大屠杀特指 20 世纪 30 年代和 40 年代纳粹德国对数百万犹太人的大屠杀。

洲的相似性，毫无疑问的是，在政策和法律的掩护之下，西属
美洲殖民地的行政人员和教会官员实施暴力的方式不断升级。

西属美洲的总督辖区、殖民地的首府及其腹地在人口结构
上发生了变化。这里此前是对原住民实施暴力征服的地区，如
今已成为政府官员担心黑奴发动叛乱，而教会官员担心其中存
在隐蔽的犹太人和其他异端的场所。与抵达美洲的其他欧洲殖
民者一样，西班牙人有理由担心非洲奴隶可能会反抗和发动叛
乱：在四个世纪内，1100万非洲人被带往美洲大陆从事违背自
己意愿的劳动。这便是第五个使暴力激增的历史因素：西属美
洲的黑奴贸易以及这些黑奴的悲惨经历。奴隶主为了提防和阻
止奴隶起义而施暴，尽管这反而激起了奴隶的暴力反抗，但还
是被视为维护秩序的合理手段。正如特雷弗·伯纳德在谈到跨
大西洋奴隶贸易时所指出的，"暴力渗透于其中的每个环节"。[16]
早在欧洲人发现美洲之前，大西洋地区就已经存在奴隶贸易，
因此这场贸易很快成为伊比利亚人扩张自身版图的决定性因素。
随着奴隶贸易规模的不断扩大，关于这种贸易暴力本质的传言
不胫而走——中间通道的高死亡率、各殖民地的所有奴隶主对
奴隶的残酷对待、奴隶所谓的暴力天性，以及采用公开处决仪
式来镇压奴隶起义和威慑美洲殖民地日益壮大的黑人群体。

对起义奴隶的公开处决尤其值得我们注意，因为这类事件
主要发生在墨西哥。与巴西北部、法属圣多明戈、美国南方等
种植园地区相比，墨西哥较少发生针对奴隶的暴力事件。1612
年5月的一个早晨，35名黑人男女被当作阴谋发动叛乱的罪
犯而遭到迅速审判与定罪，他们在游街示众的队伍中穿过墨西
哥城的街道，最后在市中心的广场被当众绞死。在观看的人群
散去之前，有29具尸体被割下了头颅，这些头颅被钉在绞刑

架上，其他 6 人则被分尸，他们的身体部分被挂在了城市的入口处。这起事件中的以下两点符合本章所讨论的合法暴力议题：第一，公开实施的大规模处决是展示合法暴力如何成为国家恐怖奇观的生动案例（信仰审判仪式也是如此）；第二，叛乱并未真正发生过，也没有确凿的证据表明这些人有发动叛乱的动机。事实上，这次审判在检审法院（audiencia，城市和地区的高级法院）手中草草收场。如今看来，这场大规模处决是一种旨在纵容国家公然实施恐怖主义的司法策略。在 16 世纪 90 年代后，西属殖民地的城市及其周边的黑人（无论是奴隶还是自由人）人口急剧增长，西班牙官员和殖民者越发害怕那些他们认为天生就具有强奸、抢劫和谋杀倾向的人会发动叛乱。偏见和恐惧使人们很快就会采信所谓叛乱的谣言。但是，他们对此的反应并非种族主义暴动或秘密实施的政府迫害，而是公开推行的司法程序，这为带有恐吓性质的私刑披上了正义的外衣。[17]

正如塞西尔·维达尔对英属和法属美洲殖民地的详细介绍所言，甘蔗种植园是非洲黑奴遭遇最大规模暴行的场所。[18]（如果未来有学者进行关于美洲暴力的地形学研究，种植园无疑会在其中占有重要地位。）[19] 18 世纪，奴隶数量不断增加，制糖业随之扩展（从英国、葡萄牙到荷兰、丹麦的每个欧洲帝国都参与其中），奴隶贸易过度暴力的名声也在欧洲各国流传开来。18 世纪的最后几十年，英国社会舆论终于转向反对蓄奴制，废奴运动因此高涨。但是，最终取得胜利的法属圣多明戈（海地）奴隶起义既是鼓舞人心的壮举，也是一场令人毛骨悚然的教训。海地起义的成功表明，主人如果对奴隶过度使用暴力，结果可能适得其反。尽管如此，欧洲人还是很快就在

419

对奴隶制的相对主义立场中找到了为自己的奴役活动辩护的理由。他们坚称，自己殖民地的黑人家庭都过着幸福美满的生活，而其他殖民地的奴隶则生活在十分恶劣的环境中（这等于承认并非所有针对奴隶的暴力形式都是合法的）。这种指责在边境地区尤其频繁，例如，英国在伯利兹的伐木殖民点与邻近的西班牙殖民地（尤卡坦、危地马拉和洪都拉斯）之间。[20]殖民地官员的说辞背后隐藏了一个残酷的事实：在所有美洲殖民地，黑奴都在法律的默许下遭受了各种暴行，其严重程度远超我们的想象。只有当舆论（然后才是法律本身）不再将其视为合法或正当的行为后，废奴运动才可能出现。

从任何意义上来说，美洲殖民地的奴隶制度内部都充满了暴力，这一制度建立在掠夺、动乱、强奸、谋杀以及对土著部落的摧毁（有时甚至相当于一场小型种族灭绝）的基础之上。随着被卖往大西洋彼岸的非洲黑奴与欧洲殖民地的数量不断增加，对原住民的奴役在欧洲殖民扩张过程中不断变化的边境地带持续上演——这是本章所分析的以暴力为导向的第六个历史因素。在 16 世纪的墨西哥，"边境"此前指的是离腹地不远的北部地区，但很快就推移至更北部，最后遍及整个北美大陆，所有土著都受到了西班牙、法国、英国乃至日后俄国①的入侵与殖民的影响。在南美洲，类似的边境地带更是数不胜数，但最引人注目的当数亚马孙流域及其周边地带。这里存在大量且分布广泛的葡萄牙奴隶贩子，他们甚至在这里制造了巴西人与西班牙殖民者的冲突。

---

① 俄国人于 18 世纪后期在阿拉斯加建立了殖民地，并在 19 世纪初期一度占领了北美旧金山以北的大片地区，但这些地区最终都卖给了美国。

　　虽然边境暴力和奴役土著的形势在不同地区都不断发生变化，但这些活动（包括利用食人族与叛乱的漏洞）始终是非法的。一言以蔽之：在殖民时代的大部分时间里，西班牙殖民者在法律上都无权对"印第安人"实施奴役，居住在新大陆西属殖民地的绝大多数原住民也并非奴隶；然而，对法律上的漏洞或例外状态的滥用程度远超当时的西班牙人承认的范围，奴役原住民的行为从那时起就经常被忽视。仅仅出于这个原因，它就值得我们关注。但它之所以在本章尤为重要，是因为它意味着法律遭到了滥用（利用法律条文来从事不法勾当），这使大量原住民家庭遭遇了披着合法外衣的暴行。

420

　　下面这段描述文字来自意大利旅行家吉罗拉莫·本佐尼16世纪40年代在委内瑞拉海岸的见闻。尽管本佐尼的言论在很多方面不足为信，但如果抛开细节不谈，这段论述提供了一个极其准确的视角，我们可以透过这一视角看到殖民地以外美洲大部分地区原住民的苦难遭遇。几个世纪以来，他们都在遭受上述加勒比地区和墨西哥的原住民曾遭受的那些暴行。据本佐尼讲述，有一天，一位西班牙船长在袭击了附近的原住民部落后归来，

　　　　他还带回了4000多名奴隶，被俘虏者比这还要多，但有些人因为饥饿、过度劳动和疲惫而死在路上，还有些人死于离开故乡、父母或孩子带来的悲伤。当一些奴隶无法行走时，西班牙人便试图用剑刺穿他们的两肋和胸膛以绝后患。看着这些悲伤、赤裸、疲倦、跛足的生灵被这样对待是如此令人沮丧，他们因饥饿、疾病和悲伤而疲惫不堪。

经常受到忽视的性奴役不仅是南美地区原住民奴隶制的中心议题，也是加勒比地区和墨西哥原住民奴役现象的中心议题。本佐尼补充道："没有一个女人未曾被这群掠夺者侵犯。如此多的西班牙人要放纵他们的欲望，以至于许多女人事后都奄奄一息。"[21]

　　本佐尼的记述引出了第七个以暴力为主题的历史因素，这是一条贯穿所有八个因素的线索：针对女性的暴力。在加勒比地区、墨西哥和中美洲的入侵战争中，性奴役（特别是针对少女的性奴役）在摧毁家庭并席卷城镇和村庄的暴力现象中处于中心地位。整整几个世纪，整个美洲大陆都在反复上演性奴役的场面。数十万名年轻女性在目睹自己的男性亲属被杀后遭到群奸或轮奸，然后被卖掉，以奴隶的身份混居在不同于自身语言和文化的人群（欧洲人、非洲人、其他土著）之中艰难度日。对在大西洋两岸的非洲及非洲后裔女性而言，这种类似的场面同样存在了好几个世纪之久。这些女性受害者不但几乎无法保护自己或复仇，而且无法诉诸司法；她们的奴隶身份使施加在自己身上的任何虐待都成了合法行为。与此同时，这些女性还无法幸免于宗教裁判所的暴行，下面两个例子就是明证：在 1562 年的尤卡坦，超过 100 名玛雅女性遭到刑讯逼供；在 17 世纪 40 年代的秘鲁，拥有西班牙和葡萄牙血统的女性同样是宗教裁判所主导的反犹暴力运动的受害者，其人数几乎和男性受害者一样多。

　　虽然在拉丁美洲，很少有人会因被指控为异端而受到审判，但女巫并非如此。巫术这一话题需要在针对女性的暴力的背景下进行简要说明，因为就像同时期的欧洲一样，当时（尤其是 17 世纪）的美洲也爆发了猎巫狂潮这一特殊的激烈暴行。在整个殖民地时代，数百人因此被审判和定罪。在马萨诸塞等英国殖民地，暴力的实施模式不但与性别有关，而且规模达到了与同时期的北欧相同的程度。但在西属美洲（以及葡萄牙统治的巴西），所谓的女巫几乎从来没有被集体逮捕，更没有人因此被处决。与英属美洲殖民地和欧洲不同的是，宗教裁判官有时会将非洲人和原住民驳杂的民间和宗教文化当作异端或巫术进行审查，这意味着男性也会受到宗教裁判所或西属美洲教会的独立审查机构——"临时裁判所"（*Provisorato*，又名印第安宗教裁判所）的审讯。少数审讯具有暴力性质，但大多数被告在遭到公开羞辱、鞭打或流放（或者三者的某种组合）后都会免于一死。[22]

在针对女性的暴力这一更加普遍的现象中，家庭暴力同样值得一提，部分是因为它体现了美洲殖民地司法暴力的广泛性和多面性。下面这个简短的案例就能很好地说明这一现象。1595 年冬天，拉普拉塔（今天玻利维亚的苏克雷）镇上的居民对刚刚发生的一起案件议论纷纷：一名检审法院的公证员残忍杀害了自己的妻子。尽管公证员对自己的罪行供认不讳，但他也指责自己的妻子与法院的检察官有染，并声称这对奸夫淫妇企图利用巫术杀死自己。案发时，住在公证员隔壁的检审法官（*oidor*）发现这名公证员正站在自己妻子尸体一旁。碰巧的是，这位法官曾于 1581 年在基多杀死了自己当时的妻子及其情夫。两位杀妻者（公证员和法官）都辩称，自己有权实施严格而言非法的暴力（如谋杀），因为按照当时的情况（关于男性对女性的权利的社会规范），这种行为是正当且合法的。因此，两人所面临的仅仅是起诉以及短期的仕途挫折。[23]换言之，女性始终是当时社会中的弱势群体，如果暴行在社会中被视为明智之举，那么这种行为就可以不受惩罚，甚至被社

422

会鼓励为一种恢复等级制度的公正方式。

本节要考虑的最后一条线索（也是我们的第八个历史因素）是另一项十分宏大的议题：殖民地的反叛活动。20 世纪的史学界普遍采信西班牙、葡萄牙和英国殖民地当局的说辞，即任何因征服或早期殖民而产生的暴力都被迅速平息，偶尔爆发的反叛属于和平年代的例外状态。但如今看来，殖民地究竟是否存在过所谓的和平状态值得怀疑，我们至少有以下三个对其表示怀疑的理由。

其一，伴随征服和殖民产生的暴力活动不仅要比人们此前所认为的广泛得多（其中甚至有种族灭绝的色彩），而且持续时间也要长得多——从早期殖民地时代的加勒比地区和中美洲，一直持续到 19 世纪晚期白人殖民者对加利福尼亚土著实施的长期剿灭行动。[24] 其二，从美洲殖民地的长期发展历程来看，用默多·麦克劳德（Murdo Macleod）的话来说就是，"尽管这里很少发生起义，但暴力活动依然十分频繁"。也就是说，由于西属美洲殖民地当局在城镇地区沿用了当地原有的半自治政策，这些地方很少出现有组织的反叛活动；但是，这类反叛应该被视为"一系列连续暴力事件的极端体现"，这些暴力事件包括对殖民者各种要求的"回避、挑衅和抵抗"。[25] 其三，如今看来，在西班牙殖民统治的最后半个世纪里爆发的有组织反叛远远不止那几个富有戏剧性的著名案例［比如秘鲁的印加复兴主义者图帕克·阿马鲁（Túpac Amaru）发动的起义①］。例如，学界逐渐倾向于认为，发生在 1780—1782 年的

---

① 此处的图帕克·阿马鲁（1545—1572 年）与第 5 章提到的图帕克·阿马鲁二世（1738—1781 年）是两个不同时代的起义领袖。

安第斯大起义需要放在 18 世纪 40 年代开始在安第斯山脉地区陆续发生的多场起义背景中来理解。与此同时，随着更多关于上述起义的具体研究成果的发表，越来越多的学者意识到，从墨西哥的韦拉克鲁斯地区的托托纳克原住民对烟草改革的抵抗，到 1761 年由哈辛托·卡内克领导的尤卡坦玛雅起义，都体现了其背后更大的时代背景。[26]

这里需要注意的是，反叛成为判断西班牙官员为维持殖民地秩序而使用的合法暴力是否有效的依据。正如用暴力来迫使奴隶劳作可能会适得其反，对原住民领袖的请愿和抗议的暴力反应也常常会引发暴力的恶性循环；并非所有人都认同殖民地官员的所作所为（逮捕以及伴随着殴打和公开鞭笞的审讯）。西班牙官员有时也会意识到，通过谈判来结束冲突可以打破这种循环。但是，这通常会引发极端暴力奇观的合法公开展示，如处决叛军领袖——其中的典型案例便是图帕克·阿马鲁和哈辛托·卡内克缓慢受死的处决仪式。

结语：黑色传奇，白色传奇，红色传奇

当然，如果我们就此认为，拉丁美洲的殖民地社会尤其暴力，那么这会是过于单薄的结论。（正如《剑桥世界暴力史》各卷所证明的，人类历史上的所有社会中都充斥着暴力。）但我们应该看到，不同人群对同一种暴力的不同感知方式同样是有意义的分析范畴。如果暴力在人类社会中无处不在，那么一个社会便总是倾向于认为，其他社会比自己更暴力，或者其他社会的施暴方式更残忍。这一点尤其与早期殖民地时代的拉丁美洲相关，原因有以下三个。

第一，17—19 世纪的新教徒认为，西班牙的征服和殖民

424 活动过于暴力；相较而言，其他欧洲国家进行的殖民活动显得更加温和。帝国之间的竞争使此类歪曲殖民历史的观点大行其道。在美西战争结束的几十年后，一个西班牙人为其失落的帝国辩护，他将这种破坏本国名声的观念称为"黑色传奇"。[27]一个世纪以来，历史学家都在围绕黑色传奇和白色传奇（新教殖民者比天主教殖民者更加温和与开明的虚构观念）展开辩论，揭露这些传奇背后的真相。他们同时还对美洲的不同奴隶制进行比较并开展类似的辩论。尽管有压倒性的证据表明，所有欧洲殖民者都没有在剥削原住民和非洲后裔方面手下留情，而且他们对待各族民众的方式因地区而异（并非因国家而异），但像"黑色传奇"这样的神话依然经久不衰。

第二，西班牙人自己很早就形成了我们称之为"红色传奇"的观念。这种观念认为，美洲的一些（甚至所有）原住民天生就是野蛮人，他们在文化方面存在堕落倾向。堕落的主要表现包括宗教（"偶像崇拜"）和性生活（鸡奸），暴力的形式则尤其体现在意识形态的优越感之中。换言之，让原住民沦为劣等种族的因素不仅是他们的暴力习俗（毕竟正如本章所指出的，西班牙人的暴力有过之而无不及），而且这些习俗被殖民者视为非法。在殖民美洲的最初几十年间，西班牙人最关注的暴行是食人；在中美洲大陆，则是"人祭"。在几个世纪的殖民时代中，西班牙人始终不遗余力地散播阿兹特克社会的"红色传奇"，并认为血腥和暴力是其核心要素；这种观念一直流传至今。

无论是黑色传奇、白色传奇还是红色传奇，这些观念本身并不能帮助我们更好地理解发生在早期殖民地时代美洲的暴力现象，这些神话背后的盲目和偏见无法与我们的客观中立原则

直接相容。正如已故的茨维坦·托多罗夫（Tzvetan Todorov）
所言："倘若我们并不想在牺牲文明和屠杀文明之间进行选
择，那么事情将会变成什么样？"[28] 但是，这些所谓的"传奇"　425
确实让我们了解到暴力相对而言受到辩护或谴责的方式，这成
为我们的第三个原因：在西班牙文化中（特别是在政治和法
律文化中），存在对暴力的相对主义理解。在行使权力、传播
政治和宗教的正统观念、恢复荣誉、惩罚违法者和纠正错误等
方面，暴力是有效且被普遍接受的机制。然而，暴力实施的时
机与方式都有其特定的背景和规则。暴力从来不是单纯的暴力
本身，它始终打着公正的旗号。如果一种暴行违反了这些规
则，那么针对违反规则的暴行而产生的暴行就可能是合法
的——从某种程度上而言，这类暴行起到了补偿作用。在讨论
汉娜·阿伦特（Hannah Arendt）的西方文明研究和迈克尔·
陶西格（Michael Taussig）的早期美洲研究时，希尔弗布拉特
指出："暴力和文明是不可分割的。它们彼此需要，彼此依
存——这便是历史的残酷真相。"[29] 在殖民地时代的拉丁美洲，
暴力与欧洲殖民者所认为的文明生活并非对立关系，两者也并
非毫不相容；恰恰相反，与文明本身的演进过程一样，暴力以
各种方式被合法化与正当化。

参考论著

　　下面这篇颇有价值的文章涵盖了美洲不同地区和不同时期暴力现象
的演变历程：Wolfgang Gabbert, 'The longue durée of Colonial Violence in
Latin America', *Historical Social Research* 37. 3（2012），pp. 254–75。例如，
该文不仅讨论了征服时期的暴力活动，也讨论了暴力在抗议和争辩的时
刻如何塑造了殖民主义。

　　与征服时代的加勒比地区和墨西哥的暴力现象更加具体相关的论著

包括 David Abulafia, *The Discovery of Mankind： Atlantic Encounters in the Age of Columbus*（New Haven, CT：Yale University Press, 2008）；Ida Altman, *The War for Mexico's West： Indians and Spaniards in New Galicia, 1524-1550*（Albuquerque：University of New Mexico Press, 2010）；Matthew Restall, *When Montezuma Met Cortés： The True Story of the Meeting That Changed History*（New York：Ecco/Harper Collins, 2018）。关于对征服时期历史文献的概览，参见 Matthew Restall,'The New Conquest History', *History Compass* 10. 2（2012）, pp. 151-60。

在众多的研究成果中，对征服暴力的主要来源进行研究的论著包括 Kris Lane（ed.）and Timothy F. Johnson（trans.）, *Defending the Conquest： Bernardo de Vargas Marchuca's 'Defense and Discourse of the Western Conquests '*（University Park：Pennsylvania State University Press, 2010）；Matthew Restall and Florine Asselbergs, *Invading Guatemala： Spanish, Nahua, and Maya Accounts of the Conquest Wars*（University Park：Pennsylvania State University Press, 2007）；Neil L. Whitehead, *Of Cannibals and Kings： Primal Anthropology in the Americas*（University Park：Pennsylvania State University Press, 2011）。

426　　对新大陆的西班牙宗教裁判所进行研究的论著包括 John F. Chuchiak IV, *The Inquisition in New Spain, 1571 - 1820: A Documentary History*（Baltimore, MD：Johns Hopkins University Press, 2012）；Inga Clendinnen, *Ambivalent Conquests： Maya and Spaniard in Yucatan, 1517 - 1570*, 2nd edn（Cambridge：Cambridge University Press, 2003）；Irene Silverblatt, *Modern Inquisitions： Peru and the Colonial Origins of the Civilized World*（Durham, NC：Duke University Press, 2004）。关于描述宗教征服过程中暴力活动的一手文献来源，参见 Matthew Restall et al. , *The Friar and the Maya： Diego de Landa's Account of the Things of Yucatan*（Boulder, CO：University Press of Colorado, 待出版）。

关于与非洲奴隶制有关的暴力现象，参见 Russell Lohse, *Africans into Creoles： Slavery, Ethnicity, and Identity in Costa Rica*（Albuquerque：University of New Mexico Press, 2014）；María Elena Martínez,'The Black Blood of New Spain: Limpieza de Sangre, Racial Violence, and Gendered Power in Early Colonial Mexico', *William and Mary Quarterly* 61. 3（2004）, pp. 479-520；Frank T. Proctor III,' *Damned Notions of Liberty* '： *Slavery,*

Culture, and Power in Colonial Mexico, 1640 – 1769 （Albuquerque：University of New Mexico Press，2010）；James Sweet，*Recreating Africa：Culture, Kinship, and Religion in the African-Portuguese World 1441–1770* （Chapel Hill：University of North Carolina Press，2003）。

关于原住民奴隶制的研究成果，参见 Nancy E. van Deusen，*Global Indios：The Indigenous Struggle for Justice in Sixteenth-Century Spain* （Durham，NC：Duke University Press，2015）；Andrés Reséndez，*The Other Slavery：The Uncovered Story of Indian Enslavement in America* （New York：Houghton Mifflin Harcourt，2016）；Alan Gallay，*The Indian Slave Trade：The Rise of the English Empire in the American South, 1670 – 1717* （New Haven，CT：Yale University Press，2002）。更多关于种族灭绝话语和原住民迁移的参考资料，参见 Benjamin Madley，*An American Genocide：The United States and the California Indian Catastrophe, 1846 – 1873* （New Haven，CT：Yale University Press，2016）；David J. Weber，*Bárbaros：Spaniards and Their Savages in the Age of Enlightenment* （New Haven，CT：Yale University Press，2005）；Andrew Woolford，Jeff Benvenuto and Alexander Laban Hinton（eds.），*Colonial Genocide in Indigenous North America* （Durham，NC：Duke University Press，2014）。

关于殖民地时代的拉丁美洲针对女性的暴力以及性别在暴力事件中作用的研究成果，参见 Nicole von Germeten，*Violent Delights, Violent Ends：Sex, Race, and Honor in Colonial Cartagena de Indias* （Albuquerque：University of New Mexico Press，2013）；Lyman L. Johnson and Sonya Lipsett-Rivera（eds.），*Faces of Honor：Sex, Shame, and Violence in Colonial Latin America* （Albuquerque：University of New Mexico Press，1998）；Steve Stern，*The Secret History of Gender：Men, Women, and Power in Late Colonial Mexico* （Chapel Hill：University of North Carolina Press，1995）。读者可以从下面这篇带有导论性质的研究文章中找到一些一手文献来源：Thomas A. Abercrombie，'Affairs in the Courtroom：Fernando de Medica Confessed to Killing His Wife'，in Richard Boyer and Geoffrey Spurling（eds.），*Colonial Lives：Documents on Latin American History, 1550–1850* （New York：Oxford University Press，2000）。

关于对起义的暴力镇压的更多研究成果，参见 Jason Frederick，*Riot！* （Eastbourne：Sussex Academic Press，2016）；Robert W. Patch，

Maya Revolt and Revolution in the Eighteenth Century（Armonk，NY：M. E. Sharpe，2002）；Susan Schroeder（ed. ），*Native Resistance and the Pax Colonial in New Spain*（Lincoln：University of Nebraska Press，1998）；Charles F. Walker，*The Tupac Amaru Rebellion*（Cambridge，MA：Belknap Press of Harvard University Press，2014）。

注　释

1. Series of legal files or *legajos* dated 1526–1537 in the Archivo General de Indias，Seville（hereafter AGI），Justicia 1018，no. 1，ramo 1，fo. 2. Bernal Díaz，*The True History of the Conquest of New Spain*（London：Hakluyt Society，1916），vol. V，pp. 77–8 中提到了帕斯缓慢且可怕的死亡过程，但只是一笔带过。

2. 参见本卷第 7 章和第 30 章。

3. AGI，Justicia 1018，no. 1，ramo 1，出自未编号的对开本，共约 40 本。

4. AGI，Justicia 220–225，一共上千本（但在对第 47 个问题的答复中，读者可以找到对佩德罗·德·阿尔瓦拉多与科尔特斯合谋藏匿蒙特祖马财宝的指责）；更多关于这方面的文献与历史背景，亦可参见 Matthew Restall，*When Montezuma Met Cortés：The True Story of the Meeting That Changed History*（New York：Ecco/HarperCollins，2018），ch. 8。

5. AGI，Justicia 1018，no.1，ramo 1，出自未编号的对开本，共约 40 本。

6. 最典型的案例参见 Bartolomé de las Casas，*Brevísima relación de la destruición de las Indias of 1552*；更多案例参见 *An Account，Much Abbreviated，of the Destruction of the Indies*，ed. Franklin Knight，trans. Andrew Hurley（Indianapolis：Hackett，2003）。

7. 参见本卷第 7 章。

8. Bartolomé de Las Casas，*Apologética historia de las Indias*（Madrid：Bailly-Baillere é Hijos，1909），p. 380；亦可参见 *Historia de la Indias*

(1561), book 3, ch. 117 [*History of the Indies*, ed. and trans. Andrée Collard (New York: Harper Torchbooks, 1971), p. 231]; Neil L. Whitehead, *Of Cannibals and Kings : Primal Anthropology in the Americas* (University Park: Pennsylvania State University Press, 2011), p. 15。

9. Whitehead, *Cannibals and Kings*, pp. 9 - 15; David Abulafia, *The Discovery of Mankind : Atlantic Encounters in the Age of Columbus* (New Haven, CT: Yale University Press, 2008), pp. 125 - 30; Surekha Davies, *Renaissance Ethnography and the Invention of the Human : New World , Maps and Monsters* (Cambridge: Cambridge University Press, 2016), chs. 3, 4 and 8; Restall, *When Montezuma Met Cortés*, ch. 3.

10. Anonymous [uno gentil'homo del Signor Fernando Cortese; el Conquistador Anónimo], 'Relatione di Alcune Cose della Nuova Spagna [Relación de Algunas Cosas de la Nueva España]', in Giovanni Battista Ramusio, *Navigationi et Viaggi* [Venice: Giunti, n. d. (1556)]; Joaquín García Icazbalceta (ed.), *Colección de Documentos para la Historia de México*, 2 vols. (Mexico City: Andrade, 1858-66), vol. I, p. 374.

11. Glen Carman, 'Human Sacrifice and Natural Law in Las Casas's Apologia', *Colonial Latin American Review* 25. 3 (2016), pp. 278-99; Restall, *When Montezuma Met Cortés*, chs. 5 and 8; 亦可参见本卷第 5 章。

12. 关于对墨西哥和秘鲁的侵略战争中征服暴力的对比讨论，参见本卷第 30 章。

13. 兰达的事迹引自 Matthew Restall et al. , *The Friar and the Maya : Diego de Landa's Account of the Things of Yucatan* (Boulder, CO: University Press of Colorado, 2018)，读者也可以在该著任何现代版本的第 18 章的最后一段中找到相关内容。亦可参见 Inga Clendinnen, *Ambivalent Conquests : Maya and Spaniard in Yucatan , 1517-1570*, 2nd edn (Cambridge: Cambridge University Press, 2003); Matthew Restall, *Maya Conquistador* (Boston, MA: Beacon Press, 1998), pp. 144-68。

14. John F. Chuchiak IV, *The Inquisition in New Spain*, *1571-1820*: *A Documentary History* (Baltimore, MD: Johns Hopkins University Press, 2012), p. 236.

15. Irene Silverblatt, *Modern Inquisitions*: *Peru and the Colonial Origins of the Civilized World* (Durham, NC: Duke University Press, 2004), pp. 4, 31.

16. 参见本卷第 1 章。

17. María Elena Martínez, 'The Black Blood of New Spain: Limpieza de Sangre, Racial Violence, and Gendered Power in Early Colonial Mexico', *William and Mary Quarterly* 61. 3 (2004), pp. 479-520.

18. 参见本卷第 2 章。

19. 我目前没有读到过此类研究，但读者可以参见 Werner Riess and Garrett G. Fagan (eds.), *The Topography of Violence in the Greco-Roman World* (Ann Arbor: University of Michigan Press, 2016)。

20. Mark Lentz, 'Black Belizeans and Fugitive Mayas: Interracial Encounters on the Edge of Empire, 1750-1803', *The Americas* 70. 4 (2014), pp. 645-75; Matthew Restall, 'Crossing to Safety? Frontier Flight in Eighteenth-Century Belize and Yucatan', *Hispanic American Historical Review* 94. 3 (2014), pp. 381-419.

21. Girolamo Benzoni, *The History of the New World*, ed. Jana Byars and Robert C. Schwaller (University Park: Pennsylvania State University Press, 2017), p. 28. 必须强调的是，奴役原住民是在西半球普遍发生的现象，因此包括英国人及其在殖民地的后裔在北美地区对土著部落的全面（甚至具有种族灭绝的色彩）的征服和驱逐，这种现象从 17 世纪的东北部沿海殖民地一直延续至 19 世纪末的加利福尼亚。参见 Andrew Woolford, Jeff Benvenuto and Alexander Laban Hinton (eds.), *Colonial Genocide in Indigenous North America* (Durham, NC: Duke University Press, 2014); Andrés Reséndez, *The Other Slavery*: *The Uncovered Story of Indian Enslavement in America* (New York: Houghton Mifflin Harcourt, 2016); 亦可参见本卷第 19 章。

22. 关于猎巫狂潮长期以来在欧洲社会的发展过程，参见本卷第 26 章。

23. 这些案件记录出自 Archivo Nacional de Bolivia, in La Paz, 以及

AGI；参见 Thomas A. Abercrombie, 'Affairs of the Courtroom: Fernando de Medica Confessed to Killing His Wife', in Richard Boyer and Geoffrey Spurling (eds.), *Colonial Lives: Documents on Latin American History, 1550–1850* (New York: Oxford University Press, 2000), pp. 54–76。

24. Benjamin Madley, *An American Genocide: The United States and the California Indian Catastrophe, 1846–1873* (New Haven, CT: Yale University Press, 2016).

25. Murdo Macleod, 'Some Thoughts on the Pax Colonial, Colonial Violence, and Perceptions of Both', in Susan Schroeder (ed.), *Native Resistance and the Pax Colonial in New Spain* (Lincoln: University of Nebraska Press, 1998), pp. 141–2.

26. Charles F. Walker, *The Tupac Amaru Rebellion* (Cambridge, MA: Belknap Press of Harvard University Press, 2014); Jake Frederick, *Riot! Tobacco, Reform, and Violence in Eighteenth-Century Papantla, Mexico* (Sussex Academic Press, 2016); AGI, México 3050; Robert W. Patch, *Maya Revolt and Revolution in the Eighteenth Century* (Armonk, NY: M. E. Sharpe, 2002); 'Culture, Community, and "Rebellion" in the Yucatec Maya Uprising of 1761', in Schroeder (ed.), *Pax Colonial*。

27. "黑色传奇"是由胡利安·胡德利亚斯·洛约 (Julián Juderías y Loyot) 提出的术语。关于 20 世纪中叶美国历史学界对该术语的辩论，参见 Benjamin Keen, 'The Black Legend Revisited: Assumptions and Realities', *Hispanic American Historical Review* 49. 4 (1969), pp. 703–19；关于这场辩论的最新进展以及声称该传奇仍然存在的主张，参见 María José Villaverde Rico and Francisco Castilla Urbano (eds.), *La sombra de la leyenda negra* (Madrid: Editorial Tecnos, 2016)。

28. Tzvetan Todorov, *The Conquest of America: The Question of the Other*, trans. Richard Howard (Norman: University of Oklahoma Press, 1999), p. 145.

29. Silverblatt, *Modern Inquisitions*, p. 14.

第五部分
民众抗议与抵抗

22 越南的起义与暴力

乔治·达顿

尽管自有历史记载以来，越南境内就一直动荡不安，但早
期近代可以说是越南历史上暴力程度最高的时期，情况直到
20 世纪下半叶才有所缓和。在 16 世纪之前，在越南境内展开
的最大规模战争都是针对外部势力的——主要是中国人，其次
是南方的占族人。在此期间，越南发生过几次朝代更迭，然而
在更迭过程中都没有发生大规模的内战。唯一的例外是黎氏王
朝（后黎朝）的崛起，但其过程与其说是一场内战，不如说
是一场反抗明朝占领的对外斗争，这场长达十年的斗争在
1428 年时以黎利（Le Loi）的胜利告终。

然而，大约从 1500 年开始，越南境内暴力活动的表现方
式发生了重大变化。虽然仍有一些涉及反抗外部势力的暴力斗
争，但此时导致越南人伤亡的大部分冲突源于内部，自相残杀
的暴力事件数量不断增加。本时期不但出现了三次竞争激烈的
王朝更迭、多个互相争斗的自治政权（16 世纪中叶）、三次大
规模的内战，而且发生了一系列决定 18 世纪越南历史版图的
民众暴动。其中一场暴动演变成了内战，一个新的王朝就此诞
生。在本时期，黎氏、郑氏、阮氏、莫氏和西山这五大家族都
不断寻求建立自己的政权。虽然黎氏王朝始终在名义上统治着
越南（人们通常认为黎氏王朝结束统治的时间是 1788/1789
年），但追求权力的其他家族实际上都在越南的大部分地区建立
了事实上或法理上（de jure）的政治权威。基斯·泰勒（Keith

Taylor）近年来将该时期的特征描述为长达数十年的一连串斗争，这些斗争分别持续了 70 年（1530—1600 年）①、约 50 年（1627—1672 年）和 30 年（1771—1802 年）之久。[1]主要政治势力之间冲突不断，它们引发的大规模暴力战争构成了早期近代越南的历史背景。事实上，同样是因为这些战争，我们如今很难对早期近代越南历史进行标签化处理。曾经被称为"大越"或"安南"的地域在本时期分裂为多个不同的政权，并且同时出现了"塘外"（外部地区）和"塘中"（内部地区）之类的用于分别指代控制越南北部和越南南部的不同政权的本地词语。

这一时期的冲突往往始于反叛。虽然大多数反叛的起事范围十分有限，但其中几场反叛引发的冲突最终酿成了一场波及全国的内战。典型的案例就是西山起义（1771—1802 年），这场起义的领导者起初只针对特定的军事目标，但他们逐渐将自己的控制区域发展为一个逐步扩展自身政治和军事能力的国家，这反过来又使其有能力继续与北方和南方的敌对政权进行斗争。无论是起义还是内战，这些事件都有一个共同点，那就是暴力程度非常高。因此，那些在起事军队扫荡路线上生活（或者在更大规模的内战战区生活）的人往往面临着举步维艰的生存困境。

具体而言，本章探讨的是 17 世纪初越南王国两个敌对家族——郑氏和阮氏（两者名义上都效忠于没有实权的黎氏皇帝）——的分裂所引发的严重后果。这场分裂造成了大量的流

---

① 原文如此，但实际上，莫氏、郑氏与阮氏之间的内战于 1523 年开始，1600 年结束。

血冲突，并成为早期近代越南历史上发生的最重要事件之一。内外因素共同使这一时期的越南本土暴力冲突不断，这两个政权也因此与自己的臣民、被边缘化的少数民族乃至海外盟友（从暹罗军队、海盗、清廷到来自欧洲的传教士和雇佣兵）敌对。这些成分复杂的群体在不稳定的政治和经济背景下形成了竞争或合作关系，这些关系在战乱频发的背景下导致许多大规模暴力事件的发生，一些事件甚至持续了数十年，另一些事件则导致了统治集团的垮台（如西山起义）。多种因素共同塑造了这一时期频繁出现的暴力动乱的历史图景，包括紧张的国内政治局势、领土扩张带来的国家利益、王朝的合法性问题，以及由外贸崩溃和货币波动引发的严重经济萧条。暴力成为这些动乱的突出特征，其中一些由贵族阶层内部的家族斗争引发，另一些则由农村百姓面临的经济困境引发。所有这些对国家权力的挑战之举都产生了深远的影响，其中两点共同影响是：大规模的人口迁移，以及只会进一步引起农民不满情绪的强制兵役和劳役。简而言之，当时大部分越南人生活在暴力频发的阴影之下。

432

冲突的地域根源

从某种程度上来说，这些冲突的根源在于某种地域划分模式，这种模式从公元早期（甚至更早）开始就是塑造越南历史的重要因素。随着越南逐渐扩大版图，越南的统治者也逐渐扩大自身的政治影响力，这不仅导致越南出现了一些人为区分的地域身份，而且这种由历史和地理环境区分的不同群体之间经常发生冲突。最值得注意的是，北部的红河流域是受中国控制和影响的中心，因此这里的民众受教育的程度更高，汉化程度也更深，而南部清化地区的民众更为粗犷尚武，早期的地域

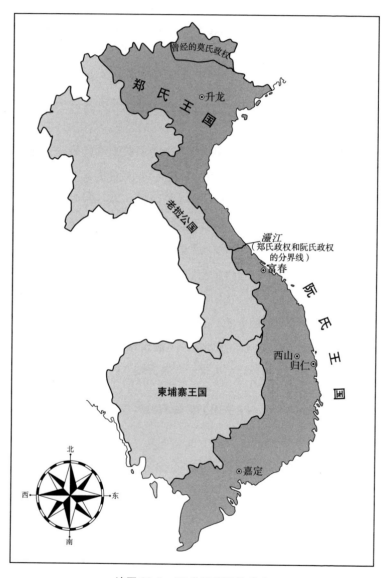

地图 22.1　18 世纪晚期的越南

划分使越南南北两地的风土人情迥异。尽管这种将"汉化之文"与"本土之武"进行对照的划分模式有过于简化之嫌，但这种模式不但体现了越南南北两地的一些根本差异，而且对发生在早期近代越南的各种冲突都产生了深远影响。还有两个地区在该时期加入了权力争夺战：一处位于红河汇入北部湾的沿海地带，这里在 16 世纪早期出现了几股政治势力，其中就包括一直延续至 17 世纪晚期的莫氏家族；另一处则是从瀼江（Linh River）[①] 到险峻的海云关并延伸至占族人曾经统治区域的地区，该地在 15 世纪 70 年代就被黎氏王朝占领，但随后只有少数人在此定居和驻扎，目的是防止占族人夺回这里。从 16 世纪中叶开始，这里成为阮氏家族的据点。

虽然上述区域划分模式使特定的低地民族之间形成了地理上的从属关系，但第二种划分将越南的低地民族与高地民族截然区分开来。大部分越南民族生活在沿海低地，也有一些民族居住在丘陵、高原和山区，他们虽以东西为界，但在重要的交界处经常发生冲突。虽然也存在不同民族混居和互通贸易的地带，但上述区域划分导致的分裂状态经常引发为了争夺资源和领土的暴力冲突。黎氏统治者定期地试图管理或控制其中一些地区，他们要么通过立法阐明低地民族与高地民族的交往规范，要么诉诸武力直接镇压（黎氏王朝在 15 世纪最后数十年处于其军事能力的顶峰）。无论如何，和此前一样，低地和高地的区域划分成为引发早期近代越南境内冲突的一大因素。

尽管地区之间的划分和竞争是引发政治冲突的重要因素，但此类暴力活动同样受到了外部因素的影响。最值得注意的

---

① 瀼江是今天的净江在当时的称呼。

是，一直被视为"重大威胁"的中国有时也会在这些内战中支持其中一方。16 世纪后期至 17 世纪上半叶，明朝在旷日持久的莫氏集团与郑氏和阮氏的纷争中始终都是莫氏集团的盟友和保护者。18 世纪晚期，清朝被请求出面介入越南的继承权争端，清军于 1788 年一度进驻越南本土，但不到一年就被击退。暹罗和毗邻越南的老挝公国有时也会插手越南各地发生的冲突。来自中国沿海的海盗同样会以雇佣兵的身份加入战斗，在 18 世纪的最后数十年尤其频繁。其他外部势力也扮演了重要角色，尤其是在 16 世纪末和 17 世纪初开始作为传教士和商人来到这里的欧洲人。英国人和荷兰人向冲突中的各方提供武器，有时还会充当雇佣兵或后勤人员。在这个拥挤的历史舞台上，许多敌对力量相互对峙了数个世纪，冲突、暴力和反叛构成了这一时期越南的历史底色。

16 世纪 10 年代，当时正在崛起的莫氏家族与处于强弩之末的黎氏家族争夺政治霸权，这场战争成为本时期冲突的开端。直到 19 世纪初，随着阮氏王朝的建立，越南才终于在一定程度上恢复了政治秩序。但即使是在 19 世纪初，这种脆弱的和平状态也经常被来自各地的前朝遗老、不满统治的农民以及土匪团伙所引发的民众骚乱所打破。[2]正如表 22.1 总结的那样，这一时期的军事冲突几乎从未有过缓和的迹象。

正如该表显示的，约 1520—1802 年，发生在越南境内的冲突往往体现为大家族之间的持久斗争。这些冲突大部分集中于北部的东京（Tonkin）地区，但随着阮氏家族迁至位于越南南部的广南地区，冲突发生的范围也扩大了。阮氏与其昔日盟友郑氏在当时成为长期的竞争对手，在两者之间近半个世纪的战争开始后，该地区便完全被暴力所淹没。

表 22.1　大规模暴力事件一览

时间范围	军事冲突的本质
1516—1521 年	陈暠起义
1523—1600 年	莫氏、郑氏与阮氏之间的内战
1600 年—17 世纪 70 年代	莫氏与郑氏之间的持续内战
1627—1672 年	阮氏与郑氏／黎氏之间的内战
1738—1770 年	反抗郑氏统治的黎维榸起义
1739—1769 年	反抗郑氏统治的黄公质起义
1771—1802 年	反抗阮氏统治的西山起义,起义此后演变为西山政权与三大氏族(阮氏、郑氏、黎氏)政权的战争

暴力与冲突的开端：莫氏崛起

后黎朝（1428—1788 年）统治期间，在经历了大约 75 年的社会稳定、经济发展与节节胜利的军事行动之后，越南社会在 16 世纪初迎来了新一轮的动荡。16 世纪的头 20 年，相继在位的数个昏庸无能且暴虐无度的后黎朝君主在皇族内部及其贵族盟友之间接连引发暴力骚乱，有时甚至导致皇族骨肉相残。在帝国都城升龙（今天的河内）发生的内部骚乱使政权濒临崩溃，这些骚乱不但引起民愤，还激发了挑战皇权的力量。

第一个对动荡王朝发起挑战的人是陈暠（Tran Cao），这名 1516 年出现在红河三角洲沿海地区的神秘人物声称自己与此前统治越南的陈氏王朝（1225—1440 年）以及当前执政的黎朝都有血缘关系，他因此吸引了大量武装追随者。不仅如此，他还声称自己是印度教神祇因陀罗（Indra）的转世，而且他的出现应验了当地流传的一个预言：一个新的领导者将从（都城）东边出现。这些都让陈暠的起事变得名正言顺，最终使其自立为王。陈暠的军队迅速逼近升龙，对皇权造成了威胁。尽管这支军队对皇城的最初攻势被击退，但他们最终还是杀入都城，而且摧毁了黎氏宗祠，一个新的政权就此诞生。黎朝的支持者很快从袭击中恢复元气，并把陈暠及其军队赶出了升龙。然而，这位起义领袖只是撤退到了升龙北部的一个据点，他在那里将权力移交给自己的儿子，后者在接下来的五年中继续统治大片领土。

陈暠起义只是拉开了长期动乱的序幕，更加强大的政权挑战者很快便接连出现。一位名叫莫登庸（Mac Dang Dung，1483—1541 年）的中央高级将领对朝廷的内讧和无能感到失望，于是决心从昏庸的黎氏皇帝手中夺权。在 16 世纪 10 年代末至 20 年代初，莫登庸一方面游走于政治斗争的旋涡，另一方面展现了自己杰出的军事才干。1527 年，他终于推翻黎氏统治，建立了新的王朝。[3]和陈暠一样，莫登庸的家族来自东部沿海地区，这可能使莫登庸也利用了早年在民间出现的救世主来自东方的预言。同样重要的是，莫登庸的登基代表了一股新的地区力量在越南政治格局中的崛起，打破了此前由来自清化南部或红河中心地带的家族所主导的旧政治格局。莫登庸着手恢复儒家的礼义原则，并以此巩固自己帝国的权威，在饱受动乱之苦的都城重建秩序。然而，这位莫氏新皇帝着手改革的同时还必须应对新的威胁力量，曾经的贵族集团不满于黎氏王朝被推翻的命运，他们代表了不同地域的政治基础和意识形态。

486 　　对莫氏政权产生最大威胁的是郑氏和阮氏两大家族，他们是身处红河流域南部的强大政治氏族，两者的政治财富都与他们对清化贵族、黎氏王朝的创始人黎利的早期支持密切相关。因此，两大家族都希望黎氏能够恢复统治，并通过重新确立清化地区利益集团的至高地位的方式来恢复自己的声望和权威。在莫氏统治的最初几年间，郑氏和阮氏在政治上和地理上都被边缘化，他们的势力范围不断向西缩减，直到最终被放逐至自己清化老家附近的老挝公国。他们在那里宣誓支持黎氏的复辟事业，集体重新拥戴黎氏称王，随时准备向莫氏发动武装攻势。

尽管这支由阮氏、郑氏和黎氏共同组成的军队对莫氏的进攻是从老挝这一相对边缘的地区发动的，但阮氏、郑氏和黎氏都希望借助黎氏统治者个人以及黎氏政权在名义上的延续来恢复自己的原有地位。在建立了挑战莫氏政权的大本营后，阮氏和郑氏不断对莫氏发起进攻，两大家族起初为了自保和忠于黎氏王朝理念的孤注一掷演变成了大规模的军事行动。到16世纪50年代，通过重新取得义安和清化大片领土的控制权，保皇联盟建立了自己的政权。此时，这场战争已经进入两大势力对峙的拉锯阶段，双方各自代表了不同的政治组织形式与意识形态倾向。尽管这场战争的激烈程度时高时低，但由于双方各自拥有坚实的资源和人口基础以及易守难攻的领土，战火在接下来的半个世纪中不断蔓延。这场战争还成为一个新时期的开端，越南的人口和领土此时在一系列敌对政权之间的冲突中变得四分五裂。直到19世纪初，在阮氏剿灭了西山政权后，越南才重新恢复统一状态。

郑阮纷争：内战引发的再分裂

阮氏和郑氏因共同对莫氏作战而结为同盟，但这也加速了双方关系的破裂，因为双方在结盟期间逐渐演变为争夺霸权的竞争关系。由此，莫氏战争引发了与其同时发生的另一场冲突，这场冲突始于个人层面的争斗，但在17世纪的大部分时间里逐渐扩大成为两个政权之间的长期战争。在阮氏家族的族长去世后，两大家族的联盟开始破裂，郑氏家族逐渐占据上风。1545 年，阮淦（Nguyen Kim）被莫朝降将暗杀①。长期以来，郑氏都通过铲除或排挤他们名义上的盟友来维护自身的统治地位，而这起暗杀事件为此创造了条件。郑氏家族的首领郑检（Trinh Kiem）此时痛下狠手，杀死了阮淦的（至少一个）儿子，还预谋杀死其他阮氏子嗣。考虑到越南北部危机四伏的政治环境，阮氏家族的年轻后裔阮潢（Nguyen Hoang）主动请缨，希望郑检将自己派往南方。想到将自己的对头安置于边疆带来的好处，郑检欣然同意了阮潢的请求，阮潢被派往顺化和广南地区担任朝廷督察。1558 年，阮潢带上自己的心腹前往顺化，两个氏族之间的紧张关系暂时缓解。这不但标志着越南中央政权分裂的开端，而且为接下来两个半世纪的冲突和战争埋下了种子。

直到 15 世纪 70 年代，黎圣宗（Le Thanh Tong）② 击败了盘踞其间的占族统治者，广南和顺化才被纳入越南的统治版图。然而在很大程度上，越南只是该地名义上的统治者，这里主要由驻军守卫，只有少量的平民在此定居。阮潢的到来标志着对这些土地及其人民进行更加体系化的融合的开端，这里不再是后黎朝的前哨站，而是一个全新政权的根据地。

阮氏在这里建立的政权主要基于军事权威而非文人统治，它还建立在南部领土财富的基础上，这些财富的主要来源是曾经由占族帝国控制的海港。阮氏家族在此地巩固了他们的权威，

---

① 阮淦是广南阮氏的第一代领袖。1545 年，莫朝降将杨执一在西瓜中投毒，将阮淦毒杀。

② 黎圣宗是这位皇帝的谥号，他的本名是黎灏（Le Hao），字思诚。

并增强了自己的经济实力。1593 年，当阮潢被召回北方协助最后一次对莫氏的作战时，他几乎不顾自身安危，毫不犹豫地响应了征召。1592—1600 年，这位阮氏家族的首领与他昔日的对手郑氏共同参与了一项军事行动，这项行动最终让莫氏政权垮台，并将北部地区以黎氏（郑氏）的名义统一。这次大获全胜的行动还将莫氏驱赶到了偏远的高平边境山区，这里成为莫氏的据点，莫氏政权的大量军队得以在此保护莫氏的残党。在这里，莫氏不但受到地形的庇护，而且得到了境外中国邻居的庇护，因为干预越南的政治统一符合明朝的既得利益。由于坐拥天险之利，莫氏残党依然定期威胁着黎朝的统治，黎朝发动的清剿行动屡屡以失败告终。1644 年后，随着明朝的灭亡和清朝的崛起，莫氏终于走向衰落。17 世纪 60 年代，郑氏在中国朝代更迭之时趁机对莫氏发起总攻，并将其驱赶至中国境内。这场战斗的胜利标志着越南将边境地区重新纳入自己的版图。

438

在协助郑氏打败莫氏的过程中，阮潢认识到自己为巩固郑氏在越南北部的政治主导地位做出了巨大贡献。于是，他选择回到他在顺化和广南的政治根据地。1600 年，阮潢离开升龙，并在南方成立自治政府，这标志着两个氏族的分裂已摆上台面。1626 年，作为继任者的阮潢之子拒绝了以黎朝官员的身份向郑氏朝廷缴纳税款的要求，长期以来的紧张局势终于在公开的战争中爆发。

在接下来的半个世纪（1627—1672 年），阮氏和郑氏之间时有战事，但往往难分胜负。郑氏政权统治地区的人口更多，军队规模更大，军用物资更多，可供利用的自然资源储备也更丰富。相比而言，阮氏政权统治地区的人口不多，当地资源有限，而且装备精良的战斗部队也少得多。尽管双方并非势均力敌，但阮氏还是多次粉碎了郑氏的进犯企图。这个南方政权的高度防御设施（大规模的强化防御墙）、按照行军路线组织的人口、大量战象以及由葡萄牙人在其都城富春的铸造厂生产的武器装备弥补了其他方面的缺陷，这些优势使阮军得以与更强大的郑军抗衡。双方都有入侵对方地盘的举动，但他们都把重点放在俘虏人员而非占领土地之上。阮氏尤其热衷于对敌方士兵与平民实施暴力掠夺，因为这些人可以被安置在王国南部边缘的边疆地区。1672 年，双方终于正式达成停战协议，阮郑双方以难以逾越的灉江天险为界。

针对宗教少数群体的暴行

即使在上述两个政权激战不已的 17 世纪，越南统治者始终致力于处理稳步增加的越南天主教徒人口以及欧洲传教士所带来的显著威胁。17 世纪的头几十年间，来自葡萄牙的耶稣会士在越南传播天主教，他们对某些地区的民众极具吸引力，特别是传教士人数最多的沿海地区的穷人、女性和渔民。17 世纪，越南的传教士还进入了阮氏统治的地区。由欧洲传教士撰写的报告显示，到 17 世纪中叶时，越南注册在案的天主教徒已至少达 35 万人。[4]

随着新的宗教学说的引入，加上信徒社团在外国牧师主持下的不断涌现，越南的社会和政治局势日趋紧张。当时出现的一个引人注目的争议是，天主教徒是否有资格继续参加包括祭祀祖先以及村庄的神龛和神灵在内的当地仪式。这些仪式——尤其是祭祖仪式——被视为儒家社会结构的支柱，因此也是国家权威及其主导意识形态的核心象征，人们将拒绝遵守此类文化和社会规范的村民视为对国家利益、社会和政治稳定的威胁。于是，越来越多的天主教徒成为当局（有时甚至是地方团体）定期镇压的目标，这些镇压有时会变成出于政治考虑并通过儒家理念被合法化的暴行。政府有时会动手拆毁教堂，官员有时也会向教会勒索赎金，因为看起来富有的基督徒会为了解救他们的宗教领袖而付钱。[5]在这些镇压行动最极端的时期，拒绝放弃信仰的天主教徒会被捕乃至遭到处决，他们的死亡不可避免地树立了虔诚的殉教者形象。

国家对基督徒、基督教群体以及为其提供支持的欧洲传教士的镇压非常难以预测。有时，东京和交趾支那的统治者都试图通过强力镇压将天主教连根铲除。但事实上，当他们忙于应对其他更加紧迫的问题时，镇压与宽容的政策就会交替出现。结果，经常面临国家暴力迫害的越南基督徒的命运存在极大的不确定性。在郑氏统治期间，当局会不时发布禁止基督教的法令（1664年、1689年、1712年、1721年、1750年、1754年、1761年、1765年、1773年和1776年），这既体现了基督信仰在当时的蓬勃发展状态，也表明了当局要将其铲除的决心。虽然在阮氏统治的南方，当局对宗教的镇压程度没有那么严重（因为这里信仰天主教的人要少得多），但基督教团体有时还是会面临一定的压力，尤其是在1698年当局颁布了一项强力的镇压法令（这项法令于两年后生效）后。[6]

郑氏政权内部的起义

随着郑阮纷争的结束，越南的暴力活动中断了大约半个世纪。18世纪30年代，越南出现了前所未有的军事暴动浪潮。这股浪潮始于一系列反对郑氏统治的北方民众起义，起义的诱发因素包括腐败、严苛的税收政策以及自然灾害。[7]虽然许多起义的规模并不大，而且仅在当地产生了一定的影响，但其中一些起义会发展壮大成为试图推翻郑氏政权的威胁。为了寻求合法性和民众的支持，起义领导者利用郑氏与黎氏在都城政治权威方面的特殊区分，高举"扶黎灭郑"的大旗。在当时爆发的所有起义中，黄公质（Hoang Cong Chat）发动的起义不但是其中最早的之一，而且最终持续的时间最长。这场始于1739年的起义爆发于升龙以南的沿海地区，起义军在接下来的三十年间不断动摇郑氏在此地的稳固统治，并依靠自身力量维持了一定程度的自治状态。该起义还与黎氏家族的王子黎维㮞（Le Duy Mat，？—1769年）有关，后者宣称，自己要推翻郑氏家族的压迫统治，并恢复本氏族作为皇帝的正统地位。在一份广为流传的宣言中，黎维㮞用本地文字写下一些古代典故来谴责郑氏的罪行，这是为了眼前的艰巨任务争取民众的支持。起义军首领主张自己的正统出身，还向百姓承诺未来的美好生活，这在北方民众中产生了强烈的反响，他们纷纷站在了起义军这一边。在接下来的若干年间，控制着大片领土的黎氏起义军都是对越南当时统治者的严重威胁。然而到了18世纪70年代初，郑氏的军队终于在与众多对手的较量中占据了优势。1769年，黎维㮞自杀身亡，这成为尤其关键的历史转折441　点。但同样重要的是，充满活力的年轻领主郑森（Trinh Sam）于1767年登上历史舞台，他积极发起了一系列战役来平定各地的起义势力。

阮氏政权内部的民族间暴力

　　18世纪，在郑氏政权为反复爆发的起义而头疼不已的同时，南部的阮氏政权也面临着来自内部的威胁。具体而言，不断增加的对阮氏统治的威胁主要来自高地民族。他们长期以来一直是游离于越南政治格局边缘的特殊群体，但在早期近代，低地越南人与具有独特文化、语言和社会身份的高地民族的交流越发频繁。通常而言，这种交流会因为双方的谨慎选择而受到限制。但由于双方都有对方想要的商品，这种需求至少促进了定期的贸易往来，那些为了给迁往平原的高地民族腾出位置而被赶到边缘地带生活的低地越南人之间自然产生了更多的接触。因此，黎氏政权在 15 世纪颁布法典，禁止越南人和其他民族通婚。两者的关系也在合作和敌对之间来回摇摆，这在一定程度上取决于双方的相对实力：强大的民族往往会寻求将其领土扩展至资源丰富的高地，而弱小的民族则倾向于与对方共享资源。

尽管这些居住在北部边远地区的高地民族偶尔也会与低地政权接触，但地理人口结构限制了此类接触的发展程度，绝大多数越南人与其他民族保持着相当遥远的距离。反观南部地区，由于低地越南人居于在地理上距离西部较近的狭窄海岸地带，所以他们居住的地方很少远离高地民族的居所。随着低地越南人口在南方的增长，各民族之间逐渐发生频繁接触几乎成为不可避免的事情。而且在 18 世纪，越南南部领土的阮氏统治者越发倾向于对高地民族发动强力征服，他们利用武装力量来"平定"当地人口，并将后者变为受其掌控的劳动力，进而侵占他们的资源。低地政权更具侵略性的政策引发了高地民族的反抗，高地民族定期对低地越南人发动袭击，以此来防止后者的进犯。阮氏政权不但默许了私商虐待民众的暴行，而且对在高地打猎和挑起民族争端的低地越南人睁只眼闭只眼，高地因此变得民不聊生，这种现象在广义地区尤为严重。从 18 世

442

纪 40 年代开始，在越南历史上被称为"崖族"（Da Vach）①
的高地民族沿着高地与低地的边界不时袭击低地越南人的定居
点，并且一度将低地占领。这些袭击活动一直持续到 18 世纪
50 年代至 60 年代，当局直到 18 世纪 70 年代初（就在西山起
义使阮氏政权陷入动荡之前）才重新控制住了局势。

因此，越南的民族关系经常涉及暴力。虽然这种暴力有时会
演变为低地越南人和高地民族之间的战争，但其有时也会形成让
各民族与低地越南人并肩作战的复杂同盟关系。无论如何，早期
近代越南的战争经常伴随着这类错综复杂的民族问题，各民族之
间的紧张关系也一直延续至 19 世纪和 20 世纪的现代时期。

西山起义（1771—1802 年）

1771 年，阮氏领地爆发了西山起义，这场起义标志着复
杂的民族冲突进入了一个新的阶段。[8] 这次起义爆发的同时，郑
氏也成功平息了北方一场最严重的反叛，而阮氏则刚刚终结了
频繁侵扰低地的崖族人造成的威胁。种种因素导致了阮氏政权
内部频繁发生反叛：1765 年，长期统治该地的阮氏领主去世
后群龙无首，这引发了一场受人操纵的继承大战；一直以来都
是南方经济支柱的对外贸易的数额不断下滑；当局铸造不受民
众欢迎的锌币，这导致大米囤积和物价上涨，货币危机也因此
加剧。此外，阮氏政权不断扩张的领土使人口结构变得更加复
杂和不稳定。正是在上述因素的作用下，再加上新的统治者将
崛起（这次是在西方）的民间预言，来自西山村的三兄弟于

———————

① "崖族"即今天的赫耶族（H're people），主要分布于越南中部的广义和
平定两省。

1771 年发动了一场起义，这场起义很快就让阮氏的统治陷入瘫痪，并最终导致阮氏政权的覆灭。

起义的领导者来自一个横跨归仁以西的低地和高地的村庄，他们成功在这两个地区之间建立了联系。阮岳（Nguyen Nhac）是这支起义军最年长的领袖，他曾是收税员和兼职槟榔商，因此经常前往安溪附近的高地。由于无力上缴他本应征收的税款，加上受到民间预言和村中儒者①建议的激励，阮岳与弟弟阮惠（Hue）和阮侣（Lu）逃往高地，并开始集结一支由同样不满阮氏统治的农民和当地民族组成的军队。西山地处偏远且人迹罕至的高地，这为起义军抵抗阮氏的镇压提供了安全保障，同时也提供了包括马匹、食物和木材在内的自然资源。起义军明显呈现出多样化的民族特征，他们利用高地民族及其资源来不断加强自身实力。1774 年，在低地势如破竹的西山军占领了位于归仁的沿海堡垒。

在沿海低地，西山起义军不但扩大了队伍，而且吸纳了包括低地越南农民、占族人和汉人在内的不同民族元素。占族人是沿海地区一个曾经强大的王国的后裔，他们中的许多人想要向阮氏复仇。汉人则是从明朝迁移至此的政治流亡者，其中包括一些经济上十分依赖对外贸易的大商人，这些商人在阮氏政权的统治下损失惨重。西山起义者的民族折中主义与他们的阮氏对手如出一辙，后者也从汉人和占族人（以及湄公河三角洲地区的高棉人）中招募士兵。

在西山三兄弟迅速扩大势力范围的同时，北方统治者郑森也

---

① 此处的儒者指焦献。阮氏兄弟的父亲胡丕福曾向焦献学习，后者因受到阮氏朝廷权臣张福峦的迫害而逃亡，遇上胡丕福后，认为其子阮岳、阮惠具备天才，便鼓动他们起义。

趁机扩张郑氏政权的势力范围。1774 年，他组建了一支庞大的军队向南推进，很快就击溃了阮军的防线，并俘虏了身为阮朝国傅的张福峦（Truong Phuc Loan），后者的手下纷纷落荒而逃。对于生活在都城的许多人而言，在经历了近十年的腐败和动荡之后，郑森成了他们的救星。在实现了最初的目标后，郑军开始南下，越过海云关并深入阮氏政权腹地。在此过程中，他们开始接近地理位置更远的西山军在沿海设置的据点。尽管西山军由于向低地沿海地区的扩张而实力大增，但他们依然无法与北方大军抗衡。然而，情况很快发生了变化，包括一些主要将领在内的郑军将士纷纷染上了中部沿海地区的流行病。西山军领袖趁机向郑军请降，北方军队的指挥官欣然受降。起义领袖和他们的军队被编入郑军，并在日后成为郑军追击阮氏残余势力的先遣部队。

随之而来的是一场长达十年的血腥斗争，其间发生了大量的暴力事件，这类事件尤其常见于起义军之中。其中最引人注目的一起事件是 1782 年在嘉定（西贡）发生的大规模屠杀，这起针对汉人的屠杀造成了浮尸上万、血染江河之景。这起暴行很可能是西山军对一名汉人将军叛逃到阮军阵营所展开的报复。这起针对汉人的屠杀是以好斗闻名的西山军实施的所有暴行中最骇人听闻的一起，类似的事件还有很多。西山军士兵会使用涂有焦油并点燃的尖刺木棍等令人毛骨悚然的兵器。事实上，西山军使用的燃烧兵器（包括燃烧的箭和长矛）种类繁多，这些兵器经常被用于战场和围攻带有城墙的堡垒。[9]

在与阮军作战的过程中，西山军逐渐演变为一个政权，尽管该政权组织架构完整，但各方面依然处于初级状态。阮岳将此前占族人的都城毗阇耶当作其政权的政治中心，并在 1775 年以"主"（chua）——阮氏统治者曾经使用的头衔——自称。不久之后，他又加冕为王（*vuong*），最终于 1778 年称帝，定年号为泰德（Thai Duc）。于是，最初的起义演变为一场发生于西山朝与阮朝之间的内战。

西山朝与阮朝的战争一直持续至 1785 年，起义军此时才成功推翻阮氏风雨飘摇的宝座，并迫使阮氏家族向南方逃亡，阮氏家族最终被迫向邻国暹罗寻求庇护。这场战争胜利后，西山政权便着手重新对付郑氏，此时他们还保持着名义上的盟友关系。1786 年春天，在郑氏政权的叛逃者阮有整（Nguyen Huu Chinh）的建议下，西山军向富春发起进攻。阮惠和阮有整领导下的这支西山军屠杀了驻守富春的郑军将士，受到郑氏统治压迫的当地百姓也协助西山军追杀那些打算逃跑的郑军将士。胜利是如此唾手可得，以至于两位将军无视阮岳的命令乘胜追击。1786 年 6 月下旬，西山军攻克升龙。阮惠在黎朝的宫殿宣布，黎氏统治者已从郑氏的暴政中被解救出来，王国秩序因此恢复。年长的黎氏统治者（他在被"解救"几个星期后就去世了）将以前赐予郑氏统治者的头衔统统转到阮惠的名下，他还将一位公主赐给了这位征服者。这样一来，曾经使得郑氏政权合法化的封号和与王室通婚的权利如今都被阮氏掌握。阮惠不久后便离开了东京，他在将权力托付给副手阮有整之后回到富春，在那里获得了新的政治席位，并且能够在必要之时从该地出发对东京事务进行干预。然而在接下来的两年里，阮惠不得不两次率领他的军队北上，第一次是为了挫败阮有整的政治图谋，第二次则是为了扳倒一个雄心勃勃的西山朝将军①。

445

---

① 这里的西山朝将军指的是武文任，他是当时阮惠册封的左军都督，驻守升龙。此后，阮惠怀疑其谋反，武文任在 1788 年于睡梦中被阮惠杀死。

上述动乱使刚登基不久的黎氏君主趁机逃往华南，他请求两广①总督孙士毅出兵援助。在确信自己的军队不会遭遇重大抵抗后，为了恢复越南统治者的地位，清朝皇帝批准孙士毅采取军事行动。正如清军所料，他们在路上几乎没有遇到抵抗的西山军，后者向着南方且战且退。在退回富春这个自己军队的大本营后，阮惠便一边备战，一边策划迎敌手段。更重要的是，阮惠颁布了一道诏书，宣称黎氏家族在逃离都城并请求清朝援军的时候已放弃自己的统治权，于是他自立为帝，年号光中（Quang Trung）。新帝登基使得西山军士气大振，士兵跟随阮惠向升龙进军。在到达升龙附近后，他们知道清军会在庆祝春节期间无所防备，便等到正月才发动攻势。这项计谋完美无缺，仓促御敌的清军士兵措手不及，西山军在几天之内就击溃了北方大军，新登基的光中皇帝夺回了北方都城。

清军的溃败使西山统治者得到了军事上短暂的喘息之机，后者在这一时期得以巩固自身统治。光中皇帝鼓励臣民与清朝人进行边境贸易，并向位于马尼拉和澳门的欧洲前哨站展示了友好姿态。他不但寻求各种刺激经济的方式，而且制定了一些体现该时期和平状态的政策，包括将农民遣回各自的家乡，以及颁布法规鼓励开垦废田和荒地。当时的社会政策鼓励实施教育改革，并推行本民族的语言文字，当局还主持了将儒家经典翻译成越南本土文字的大型项目，这可以使更多民众接触到此类书籍。然而，正如许多传教士的记载所表明的，一方面，大部分基督徒能够在这里相安无事地生活；另一方面，西山政权同时试图像早先的政权那样削弱佛教机构的权威，尤其是限制

446

---

① 此处原文为广东，为两广之误。

新寺院的建设以及规范现有寺院。[10]

西山政权的和平时光并未持续太久。1788年，当越南中部和北部地区风平浪静之时，阮氏家族结束了在暹罗的流亡生涯，并于遥远的南部建立了一个滩头堡垒，从此地发动针对西山政权的持久战。在接下来的十年里，阮氏家族大肆招兵买马，这不但巩固了他们的政治地位，而且逐步扩大了他们掌控的土地面积。1792年和1793年，光中皇帝和泰德皇帝这两位西山政权的年长统治者相继去世，内战胜利的天平进一步倒向了阮氏政权。

即使年轻的西山政权皇帝得到了摄政者的协助，但在西山政权的开创者去世后，该政权仅仅延续了十年。不断吃紧的战事以及随之产生的负面影响使当局对民众的压榨程度日趋加深，在阮氏政权和西山政权南部前哨的交界地带尤其如此。尽管生活在北方的百姓直到最后一年才受到了战争的直接影响，但西山政权此前就以补给、劳工和兵役的形式不断榨取治下百姓资源。西山政权得以苟延残喘的部分原因是它对这些人口的严密管控，但另一个重要因素是，它与在北部湾沿海活动的海盗建立了联盟。18世纪90年代早期，西山政权发布了一系列招募海盗的法令，并为海盗交易掠夺来的赃物提供港口庇护，以换取他们在至关重要的海上防卫方面的协助力量。同样不容忽视的是，与海盗达成的协议为西山政权带来了大量促进经济发展的战利品。直到战争的最后阶段，这些海盗依然效忠于西山政权，但他们之间的联盟也是西山政权与清朝当局关系紧张的根源。[11]

然而，海盗联盟对阻挡阮军的推进步伐而言仅仅是权宜之计。在嘉定（西贡）重新建立大本营后，阮军得以利用南方

的资源来继续扩军。此外，他们得到了欧洲雇佣兵和一些入伙的欧洲船只的援助。阮氏还与法国王室初步签订了军事条约，

447　但法国大革命使他们在这方面进一步的努力化为泡影。然而，被派驻凡尔赛的阮氏特使百多禄（Pigneaux de Behaine）主教在欧洲成功招募了一些士兵。虽然阮军中的欧洲士兵可能只有数十人，但他们高超的军事素养、带来的武装船只以及建造堡垒的技能，都成为阮军成功击败西山军的重要因素。

　　就像18世纪80年代发生在阮氏和西山政权之间的冲突一样，在18世纪90年代后期，战事也受到了季风的影响，这成为军队能否遵循自然规律沿海岸线开展大规模运输的决定性因素。但这一次的受益方并非西山政权，而是阮氏，后者因此得以逐渐将其治下的土地向北扩张到归仁附近的西山政治腹地。1794年，阮军占领了位于芽庄附近的延庆，这成为战争的重要转折点，阮军因此有机会对更北的西山政权据点发动持续的攻击。六年后，归仁落入阮军之手，这为阮军提供了继续向北进攻所需的滩头堡垒。1802年夏天，一场速战速决的战役使阮军推进到红河三角洲。7月20日，这支部队终于攻陷升龙。升龙的陷落不但宣告了这场持续三十余年的战争终于结束，还标志着一个新的（也是最后一个）越南王朝的开端，越南正式迈入现代时期。

结　语

　　越南在早期近代大大扩展了统治版图，但这也引发了大量的暴力活动。以西山战争为顶点，一系列旷日持久的内战从新近占领的南部地区延伸至中越边境，这只是三个世纪以来越南境内冲突不断的一种写照。冲突的表现形式极其多样，从政权

竞争对手之间的大规模军事行动，到规模虽小但往往多年难以
平息的地方反叛。国家主导的针对少数群体（包括高地民族
和沿海平原的皈依基督徒）的暴力也在这一时期不断升级。
虽然越南人在早期近代之前的一千五百余年间就对暴力并不陌
生，但早期近代长期冲突的范围和程度或许是前所未有的。在
19 世纪的头几十年，塑造越南政治格局的暴力活动依然此起
彼伏。首先出现的是民众骚乱，接着是大规模的反叛以及针对 448
基督徒的大屠杀，最后是长达三十年的对法战争，这场战争导
致越南全境都沦为法国的殖民地。

参考论著

任何早期近代越南历史的研究者都无法绕开这本著作：Keith Taylor,
A History of the Vietnamese (Cambridge：Cambridge University Press，2013)。
该著的主要价值在于，将发生在早期近代越南的反叛和暴力事件置于更
大的历史背景中。另一本颇具参考价值的相关著作是 Li Tana, *Nguyen
Cochinchina：Southern Vietnam in the Seventeenth and Eighteenth Centuries*
(Ithaca，NY：Cornell SEAP，1998)。该著的重点研究对象是在越南南部
出现的一个独立政权，这对于读者了解大规模的西山起义爆发的来龙去
脉非常重要。关于西山起义的详细研究成果，参见 George Dutton, *The
Tay Son Uprising：Society and Rebellion in Eighteenth-Century Vietnam*
(Honolulu：University of Hawai'i Press，2006)。

其他包括军事诏令、民众起义以及西山起义的背景和发展历程在内
的研究成果有 Truong Buu Lam, 'Intervention versus Tribute in Sino-
Vietnamese Relations，1788 - 1790', in John Fairbank (ed.), *The Chinese
World Order* (Cambridge，MA：Harvard University Press，1968)；George
Dutton, Jayne Werner and John K. Whitmore (eds.), *Sources of Vietnamese
Tradition* (New York：Columbia University Press，2012)。关于早期近代越
南的军事技术与战略的研究成果，参见 George Dutton, 'Burning Tiger,
Flaming Dragon：Military Technology and Strategy in Pre-Modern Viet Nam',
Journal of East Asian Science，Technology，and Medicine 21 (2003)。

关于莫氏、黎氏和郑氏之间的早期斗争，以及中国在这场斗争中扮演的角色，参见 Katherine Baldanza, *Ming China and Vietnam：Negotiating Borders in Early Modern Asia*（Cambridge：Cambridge University Press, 2016）。关于中国海盗在中越海域边界扮演的角色，参见 Robert Antony, 'Violence and Predation on the Sino-Vietnamese Maritime Frontier, 1450 - 1850', *Asia Major*, series 3, 27. 2（2014）, pp. 87 - 114，以及该作者的另一篇文章：'Maritime Violence and State Formation in Vietnam：Piracy and the Tay Son Rebellion, 1771 - 1802', in Stefan Amirell and Leos Muller （eds.）, *Persistent Piracy：Maritime Violence and State-Formation in Global Historical Perspective*（New York：Palgrave, 2014）, pp. 113 - 30。关于早期近代越南的黎氏法典对暴力的关注，参见下面这部带有评注的三卷本法典的英译本：Nguyen Ngoc Hue and Ta Van Tai, *The Le Code：Law in Traditional Vietnam*（Columbus：Ohio University Press, 1987）。关于当时越南社会针对天主教徒的暴行，参见 Nola Cooke, 'Strange Brew：Global, Regional, and Local Factors behind the 1698 Prohibition of Christian Practice in Cochinchina', *Journal of Southeast Asian Studies* 39. 3（2008）。

注　释

1. K. Taylor, *A History of the Vietnamese*（Cambridge：Cambridge University Press, 2014）, pp. 242, 258, 365.

2. G. Dutton, 'From Civil War to Uncivil Peace：The Vietnamese Army and the Early Nguyen State（1802-1841）', *South East Asia Research* 24. 2（2016）, pp. 167-84.

3. 关于莫登庸的夺权过程，参见 K. Baldanza, *Ming China and Vietnam：Negotiating Borders in Early Modern Asia*（Cambridge：Cambridge University Press, 2016）。

4. G. Dutton, *A Vietnamese Moses：Philiphe Binh and the Geographies of Early Modern Catholicism*（Berkeley：University of California Press, 2017）, pp. 26-7.

5. G. Dutton, *The Tay Son Uprising：Society and Rebellion in Eighteenth-*

Century Vietnam (Honolulu: University of Hawai' i Press, 2006), p. 191.

6. N. Cooke, ' Strange Brew: Global, Regional, and Local Factors behind the 1698 Prohibition of Christian Practice in Cochinchina ', *Journal of Southeast Asian Studies* 39. 3 (2008), p. 408.

7. Taylor, *History of the Vietnamese*, pp. 355-64.

8. 关于西山起义的细节, 参见 Dutton, *Tay Son Uprising*。

9. G. Dutton, ' Burning Tiger, Flaming Dragon: Military Technology and Strategy in Pre-Modern Viet Nam ', *Journal of East Asian Science, Technology, and Medicine* 21 (2003), pp. 69-70.

10. 关于西山政权的本土政策, 参见 Dutton, *Tay Son Uprising*, p. 50; 关于西山政权的宗教政策, 参见同上, pp. 191-6。

11. R. Antony, ' Maritime Violence and State Formation in Vietnam: Piracy and the Tay Son Rebellion, 1771-1802 ', in S. Amirell and L. Muller (eds.), *Persistent Piracy: Maritime Violence and State-Formation in Global Historical Perspective* (New York: Palgrave, 2014), pp. 113-30.

23　亚洲和西方的海盗活动

克里斯·莱恩　安乐博

　　本章从全球视野出发考察长期存在的海上劫掠现象，并对从古代到现代（重点是早期近代）东西方海域的暴力活动进行追溯。这类被西方称为"海盗"（piracy）的活动不但形式多种多样，而且引发了各方的不同反应，既包括民间的自卫与护航，也包括以歼灭海盗为目标的官方海军行动。本章考察的重点是那些引发海上暴力劫掠的因素，如相对贫困（relative poverty）①、文化驱力（cultural imperative）②、新兴技术、总量不断增加的船舶运输，以及在不同历史和文化背景下对海盗活动进行辩护和暴力镇压的话语。

　　"盗版（piracy③）并非没有受害者"，数字媒介这样告诉我们。今天所谓的盗版通常是指未经授权就传播受到版权保护的数据，这种令人不齿的行为会造成重大经济损失，但它并非暴力犯罪。然而，真正的"盗版"（海上劫掠）如今并未销声匿迹。与盗窃知识不同，活跃于今天的海盗与古代的一样暴力，尽管海盗的目标是经济利益，可他们也经常与绑架、殴打、强奸和谋杀有关。海盗暴力可能包括残忍的暴行和无情的

---

①　相对贫困，经济学术语，指在特定的社会生产方式和生活方式下，依靠个人或家庭的劳动力所得或其他合法收入虽能维持食物保障，但无法满足在当地条件下被认为是最基本的其他生活需求的状态。

②　文化驱力，经济学术语，指那些想要使不同文化背景的双方关系处理得融洽而必会遇到且需要遵循或规避的商业习俗。

③　英语中的 piracy 既可以指海盗活动，又可以指盗版行为。

处决，但这类恐怖行径是海盗为了获利而采用的手段。本章首先从主题上检视海盗暴力，然后按照地域划分依次论述。

海盗的暴力性质

按照通行定义，"海盗活动"指针对海洋中的货物和人员的暴力掠夺行径，这些货物和人员因在海上孤立无援或者位于一些无人保护的沿海地区而容易遭到海盗的攻击。长期以来，海盗都是一种飘忽不定的威胁。在民间文化中，他们要么被浪漫化，要么被妖魔化。然而，从海盗自身视角出发，他们是一群时刻面临溺死风险的武装劫掠者，这个行当并没有陆地人想象的那般浪漫。尽管存在风险，但由于世界范围内大部分海域始终处于无政府状态，海盗的行当变得富有吸引力。七大洋①就像网络空间一样深邃且无边，无主且公有。除非被当场抓获，海盗极少为他们的暴行付出代价。

450

我们不难理解海盗如此暴虐的原因——在面对掠夺他人财物或者直接将人员掳走的行径时，几乎没有受害者会束手就擒。那么，历史学家又应该如何对海盗活动展开研究呢？纵观全球数千年来发生的海盗袭击事件可以发现，这些事件在结构或地缘政治变化中体现出某些具有延续性的模式。除了以必要的暴力手段进行长期劫掠之外，海盗还有对其暴力袭击进行辩护的各种理由。海盗发动暴力掠夺的理由包括：（1）生存；（2）个人或家族的报复；（3）民族或种族之间的对立；（4）宗教或教派之间的分歧；（5）阶级对立；（6）文化驱力（例如，将特定酋

---

① 七大洋是对传统四大洋（太平洋、大西洋、印度洋、北冰洋）的进一步划分，包括北太平洋、南太平洋、北大西洋、南大西洋、印度洋、北冰洋、南冰洋。

长领地的年轻人实施的海上暴行视为一种通过仪式）。

从海盗活动受害者的视角来看，尽管他们可能会认为这是一种天谴，但大多数受害者认为，海盗发动的是无差别攻击，他们遭受了如此恶劣的海盗暴力掠夺，却无法诉诸法律或公道。在这些受害者眼中，海盗简直就和掠食性动物（海狼①）无异。在民众饱受海盗暴力之苦的国家，政府往往会不惜一切代价组织力量镇压海盗活动。被俘的海盗会面临最严厉的惩罚：在中国，官府会对最恶名昭彰的海盗实施"凌迟"；在英国，被处决的海盗往往被"吊在示众架上"，这是指将其遭处决的尸体挂在笼子里或用铁链吊起来示众，以此起到震慑作用。因此，国家恐怖可以说是海盗暴力的另一种体现方式（尽管程度不一），对海盗的镇压也经常会殃及无辜的受害者。

生存可能是历史最为悠久的海盗活动诱因，而且至今依然如此，尤其是在捕鱼等生计遭到破坏的地区。尽管历史上不乏好心人②在海上慷慨伸出援手的记载，但我们看到的更多是保守的敌意，即为了保护自己的资源而对那些需要帮助的穷人落井下石。从古代到早期近代的海上旅行记述中存在许多机缘巧合，其中的掠夺事件（通常被归咎于海盗）往往是为了寻找食物。如今我们很难说，迫于生计而发动的海上劫掠的暴力程度是否比其他海盗活动更低。当然，这类事件本身已足够严重。

德意志炮手汉斯·斯塔登对此类典型事件有过记录。他在1557 年出版的一本书中讲述了自己在巴西被囚禁的经历，提

---

① 海狼是古罗马时代的人们对海盗的别称。

② 此处原文为 Samaritans，原意为撒玛利亚人，他们是以色列人与自外地移居而来的异族的混血后裔。由于《路加福音》中的寓言故事，在基督教文化中，撒玛利亚人的意思演变为好心人、见义勇为的人。

到 1548 年 8 月在亚速尔群岛海域遇到了他称为海盗的一群人，他推测其是法国的私掠者（corsair）①。在斯塔登笔下，尽管自己以及船上的葡萄牙船员从巴西出发航行了 108 天后，已经倍感饥饿，但他们依然在双方展开的对峙中"占据上风"。

斯塔登的叙述以这样一句话结束："海盗们乘小船逃往岛屿，大船上留下了很多酒和面包，这让我们精神焕发。"仅就这起事件而言，我们很难分辨谁才是真正的海盗，因为战利品只有食物。¹在中国以及其他地方，自然灾害（特别是饥荒）经常引发大量海盗活动及其他暴力活动。²

复仇是海盗历史上另一个反复出现的主题。一些人认为，有必要对部分海上掠夺者的暴行实施打击报复。至少从荷马时代开始，就有人提出这样的问题："我是否应该亲手夺回自己的荣誉和财富？"另一些人则寻求报复那些伤害自己君主或国家的人。还有一些人认为，某些阶层的所有人都犯下了罪行，或者窃取了本不属于他们的高贵地位，因此他们活该遭到海盗掠夺。伊丽莎白时代②的私掠者弗朗西斯·德雷克（Francis Drake）是在早期近代世界中为了复仇而从事海盗活动的典型人物，他在早期与叔叔约翰·霍金斯（John Hawkins）一同在西属加勒比地区贩卖奴隶。1568 年，他们在韦拉克鲁斯与一支墨西哥的总督舰队发生了激烈冲突。德雷克声称，这次冲突来自西班牙人的背叛（但现存的文献记载并不支持这一说法），他因此发誓，此后余生一定要"烧焦西班牙国王的胡子"，

452

---

① 本章的私掠（corsair/privateering）专指在国家的赞助或许可下的海上劫掠，而狭义的海盗（piracy）则指不受任何法律约束的海上劫掠。

② 指女王伊丽莎白一世统治英国的时代（1558—1603 年），历史学家常常将其描绘为英国历史的黄金时代。

Captain Kidd hanging in chains.

图 23.1 《被铁链吊起来的基德船长》，1701 年。

即对费利佩二世在位期间不设防的西班牙本土发动偷袭。[3]另一位以在加勒比地区的探索而闻名的私掠者是迭戈·德·洛斯·雷耶斯（Diego de los Reyes），又名混血儿迭戈（Diego el Mulato）。据说，雷耶斯对西班牙人进行掠夺的原因是报复在他于哈瓦那为奴时期残酷虐待他的西班牙人。17 世纪 30 年代，雷耶斯的船队投靠荷兰。[4]

民族、阶级和宗教信仰（religious profession）[①] 也是海盗在海上或从海上向岸边发动袭击与劫掠的理由。德雷克有时会扮演破坏传统观念的新教徒的角色，这类似于和平时期的法国与荷兰的一些掠夺者［指在没有战时委托书或私掠许可证（letter of marque and reprisal）[②] 的情况下独自行动的私掠者］。虽然民族或种族区分的观念在人类历史中由来已久，但为海盗活动提供理由的宗教或教派分歧则是更加晚近的产物，公元后的文献对此显然有更加详细的记载。15 世纪中叶，随着基督教帝国和伊斯兰火药帝国（gunpowder empires）[③] 的兴起，当双方在海上遭遇时，这种宗教信仰分歧往往会像在陆地上一样成为引发冲突的导火索。无论是对"异教徒"或"异端"实施暴力掠夺，还是对他们报以仁慈，这些举动都有宗教经文可为之正名。

16 世纪 70 年代后期，米格尔·德·塞万提斯（Miguel de Cervantes）在阿尔及尔被私掠者抓住，当了几年的俘虏。在此

453

———————

① 此处的宗教信仰指公开展示自己信奉的宗教，海盗以此作为理由对不符合自己宗教信仰的船只和海岸发动袭击。

② 私掠许可证的字面意为向敌方追偿海事损失的命令书，指国家政府颁发的特许执照，授权私人驾驶武装民船来攻击、俘获和抢劫敌国商船。

③ 火药帝国是史学界对 16—18 世纪的三个伊斯兰帝国（奥斯曼帝国、波斯萨非帝国、印度莫卧儿帝国）的统称。

期间，他为西班牙的戏剧舞台创造了一些令人印象深刻的角色，例如在《被囚禁在阿尔及尔》① 中的看守巴希（Pasha），后者在第一幕中说道："喂，基督徒们，干活去！一个也不准留在屋里，不管是病人还是健康人；不要拖延时间，如果我进去，我这双手对你们不会客气。我要你们全都干活，不管是神父还是绅士。喂，讨厌的家伙！难道要我叫你们两次？"寥寥数笔之间，这位阿尔及利亚狱卒的威胁话语便透露了囚犯们的阶级、宗教信仰乃至医疗状况。塞万提斯还塑造了一个西班牙教堂司事（sexton）作为狱卒的对立面，他对被俘者的辱骂包括"婊子养的、龟孙子、狗杂种、大叛徒和鸡奸者的兄弟"。在这段囊括了男子气概、性取向、宗教甚至国家的话语中，塞万提斯和他的观众尤其感兴趣的是"加入土耳其阵营"的海盗俘虏，即所谓的叛徒（renegados）。塞万提斯的叙述扭转了此前地中海海盗题材文学作品中"敌我对立"（us-vs-them）② 的简单叙述方式。5

16 世纪，作为十字军东征或圣战延伸的海盗（或私掠）活动此起彼伏，海盗（或私掠者）发动暴力掠夺的借口也与基督教会分裂引发的宗教暴行的借口类似。在西班牙人看来，这些"异端海盗"人数众多。此外，这些新兴国家的水手通过在"英国人""西班牙人""法国人""荷兰人"等词语之前加上"教皇党人"（Papist）或"路德信徒"（Lutheran）的名号，使自己的名头更加响亮。另外，欧洲人经常用"土耳其人"或"摩尔人"这类模棱两可的概念给整个海盗文化贴

---

① 本段出现的人名和译文均出自〔西〕塞万提斯《塞万提斯全集：第二卷》，刘玉树译，人民文学出版社，1996 年，第 309—402 页。

② 此处的"敌我对立"是指此前的有关叙述中只正面描写一方而丑化敌对方，但在塞万提斯笔下，敌对双方都得到了充分的描述。

上"嗜血"的标签，甚至远在东南亚也是如此。[6]在一个日益全球化的世界中，这种笼统的错误标签为海盗的自吹自擂创造了便利条件。事实上，海盗的历史表明，随着各国更加集权以及在文化方面变得更加同质，这些国家的臣民在海外形成了新的身份。遥远的海域就像殖民地边境一样，允许人们拥有相当大的流动性和异质性，而身份的混杂也体现出正反两方面的影响。在某些海域，所有的欧洲入侵者都可能被笼统地称为"法兰克人"或者（没那么友好的）"长鼻子的野蛮人"，这类海盗的人数和商人或传教士的人数一样多。

与宗教信仰或者本土归属相比，海盗的阶级身份或标签可能是更加晚近的产物，它们或许在 17 世纪中叶后才逐渐成形。在讨论阶级仇恨是否会激发海盗暴行的问题上，历史学家彼得·莱恩博（Peter Linebaugh）和马库斯·雷迪克（Marcus Rediker）强调，18 世纪早期的英裔海盗内部同样普遍存在阶级羞辱和待遇不公的现象。而在更早的时期，荷兰水手和其他航海平民中也明显存在此类不满情绪的证据。[7]许多这样的海盗在多年的环球私掠航行后不但变得一贫如洗，还落下一身伤病。这些人占了早期近代航海人口的 99%，但当富有的阿姆斯特丹股东坐收金银红利时，他们得到的只有让人皮开肉绽的拷打和少得可怜的报酬。

海盗仪式可能是我们了解最少的海盗活动，部分是因为海盗仪式的受害者往往会对其产生误解。当然，和西方社会中的海员一样，海盗也有一些独特的通过仪式。但在非西方文化中，人们会发现海盗特有的一些习俗，这可能会与以金钱为全部目标的"普通"海盗习俗相混淆。如果海盗像加勒比地区和南中国海的某些民族那样将头颅作为战利品同货物和俘虏一

454

起带走，这对暴力史研究者来说意味着什么？海盗的这种行为究竟是独特的仪式，还是仅仅作为陆地文化特权的延伸？用海上敌人的股骨做成的匕首究竟有何独特意味？

16—17 世纪，加勒比人以多米尼克和圣卢西亚等岛屿为大本营，发动海上袭击，他们似乎将暴力夺取俘虏和战利品视为通过仪式以及"其他战争手段"。这类突袭的参与者通常是年轻人以及加入海盗阵营的俘虏，他们将突袭视为自己的精神食粮。[8] 婆罗洲的海达雅人因"猎人头"而声名远扬，他们为了宗教仪式而四处劫掳奴隶和头颅。在他们的社会和文化中，突袭活动是如此重要，以至于人们期望年轻的战士通过捕获或猎杀敌人并取其首级的方式来证明自身的男子气概——这是年轻人迈入成年的标志。[9] 正如詹姆斯·沃伦（James Warren）指出的，东南亚"苏禄地带"的海盗也形成了 J. L. 安德森（J. L. Anderson）所说的"内在"海盗文化，这种文化具有仪式化的暴力特征。[10] 早期近代北非的某些私掠者团体也具有类似的特征。大约在塞万提斯生活的时代，阿隆索·德·索萨（Alonso de Sosa）描绘了从阿尔及尔出发的私掠者们用羔羊作为祭品的情景。[11] 在 1800 年前后的华南海岸，海盗们在发动袭击之前同样会先用猪、狗或鸡进行血祭的仪式。

在某些情况下，海盗会将暴力仪式发挥到极致。华南地区流传着许多关于海盗食人的故事，他们这样做既是为了复仇，也是为了神奇的宗教功效。当时的中国人普遍相信血液——尤其是取自活人身上的血液——不但是包治百病的灵丹妙药，而且具有驱恶辟邪之效。为了获得力量、勇气、长寿和好运，海盗折磨和肢解受害者，并喝掉他们的血、吃下他们的心和肝。[12] 在《美洲海盗》（1678 年首版，以荷兰文发行）一书中，

亚历山大·埃克梅林（Alexander Exquemelin）详细叙述了法
国海盗弗朗索瓦·罗罗奈（François L'Olonnais）"恶劣到难以
用语言形容的暴行"。他先是剖开一个被俘的西班牙士兵的胸
膛，接着"从他的身体里活活把心脏扯出来撕咬，然后把它
扔到其他人（另一个俘虏）的脸上"。[13]虽然这些嗜血海盗的传
说并非每个细节都经得起推敲，但它们被广泛接受，并且被当
作事实而广为流传。

海盗活动的模式

长期以来，研究海盗现象的历史学家一直在寻求对这种看
似随机的暴力活动的合理解释。20世纪20年代，菲利普·戈斯
（Philip Gosse）提出了"海盗周期"（pirate cycles）的概念。在
戈斯看来，海盗周期似乎会在政治动荡时期起伏不定，这符合
战后暴力活动的整体趋势。随着攻击目标的增加，海盗纠集的
人数也在增加；但随着分成的减少，原本共同进退的海盗又会
作鸟兽散。政治学家J. L. 安德森在近著中提出了海盗活动的三
种类型：偶发型、寄生型和内在型。第一种类型的海盗活动与
戈斯所谓的海盗周期十分吻合，第二种类型的海盗活动则更加
难以捉摸，而第三种类型的海盗活动构成了名副其实的海盗文化，
海盗类似于加勒比或苏禄的地方文化中的"海洋民族"，他们的
生计来源就是突袭附近的岛屿或掠夺靠近其领地的船只。[14]

其他学者则将海洋视为法外之地，或者说是主权难以执行 456
的场所。借用马克斯·韦伯①的术语来说，在这样一个约占地

---

① 这里引用的是马克斯·韦伯对国家的著名定义：拥有合法使用暴力的垄
断地位的实体。

图 23.2 　《罗罗奈的暴行》，1668 年。

球面积三分之二的广阔且流动的空间内，这些海盗如何做到对
暴力的垄断？我们或许可以将船只想象为漂浮之岛，这些船只
457　通过旗帜表明船上人员的效忠对象，即表明了船上人员和货物

的主权保护者。从主权者的角度来看，在海上攻击自己臣民的人理应受到法律的制裁。依此逻辑，所有的君主都应该对他们的臣民（包括那些海上流亡者）负责。因此，君主会派遣官员严惩这些反叛的海盗。

还有什么比船只更像在一片虚空水域中的法律之岛或王家领地吗？法律史学家劳伦·本顿区分了海洋主权与海洋管辖权，这是荷兰、西班牙、葡萄牙及其他国家在远海的互相攻击过程中形成的两种概念。荷兰人援引西塞罗等古代权威学者的说法对伊比利亚人的海洋主权提出异议，即使伊比利亚人宣称自己对东南亚的海上通道拥有管辖权。这种通常被贴上“海盗”标签的暴力掠夺行为引发了激烈的讨论。[15]在上述历史脉络中，马丁娜·尤利娅·范·伊特苏姆（Martine Julia van Ittersum）对雨果·格劳秀斯（Hugo Grotius）的标志性法律著作进行了详细考察。格劳秀斯是《海洋自由论》（1609 年）的作者，该著首次提出了“海洋自由”这个乐观且似乎十分现代的概念。伊特苏姆指出，格劳秀斯远非一个冷静的法律理论家，恰恰相反，他竭力（特别是在其早期著作《论战利品的法则》中）为荷兰东印度公司①的官员在葡萄牙和西班牙声称拥有主权的贸易区的暴行辩护。格劳秀斯最直接的动机是为在远海进行报复的荷兰人提供法律依据。尽管他后来作为全球和平贸易的促成者而名声大噪，但令格劳秀斯最感兴趣的并非这类活动，而是为一些近乎海盗活动的行为进行辩护。[16]在当时的海上竞争中处于弱势的英国人也是如此，尽管后来英国接受

---

① 原文为“VOC”，这是荷兰东印度公司（Vereenigde Oostindische Compagnie）的荷兰语缩写。

了与"海洋自由"类似的原则。

当然，历史上早已存在更加原始的报复方式。在中世纪晚期的欧洲，各国就会开具私掠许可证来允许其臣民掠夺另一国的臣民，这是为了弥补自己在此前的袭击中蒙受的损失。随着商业运输量的增加，这个已被证明站不住脚的制度为借国家名义的海盗活动大开绿灯，所谓的"许可"不过是一张空头支票。直到现代时期，欧洲各国都通过声称敌国从事的是海盗活动来努力遏制这种"以眼还眼"的风气。这种做法在西方被称为私掠（privateering），但它在许多方面其实只是一种合法化的海盗活动（对受害者而言尤其如此）。实际上，私掠——或从更普遍的意义上说，国家支持下的海上劫掠——在全球各地都屡见不鲜。[17]

此前就存在的"报仇雪恨"（exact revenge）现象得以在本时期延续的部分原因在于，尽管英吉利海峡等地的海盗活动破坏了新兴贸易体制的稳定状态，但这些海盗活动也促进了资本的原始积累，昔日的海盗可能会摇身一变成为效忠于帝国的官员。事实上，如今史学界经常强调海盗在商业帝国崛起中发挥的作用。对于新近成立或资金紧张的国家（既包括公国，也包括像西班牙哈布斯堡王朝或奥斯曼帝国这样的大国）而言，外包海上暴力活动都是一笔非常划算的买卖。[18]

东方各国同样经常遭到海盗的袭扰，但除了少数几个明显的例外情况，亚洲各国的君主对海洋主权或河流和河口之外水域的管辖权的主张并没有体现出欧洲各国那般的强硬姿态。殖民活动和帝国野心是这一充满血腥暴力的时期的主调，但是，我们应该避免把此后才出现的帝国权力不平衡现象代入早期近代的世界史。在当时这片无论是商业还是法律惯例都十分复杂的海域，欧洲殖民者的人数远远超过了海盗的人数。至于1492 年后欧洲的海上扩张是否在世界大部分地区催生了海盗活动，或者在一个充满火药和坚固船只的新时代，海盗活动是否就被由暴力支撑的海外主权所改变和重塑，历史学界至今仍然莫衷一是。[19]不过有一点是清楚的：欧洲人带来的航海和武器技术大大改变了海盗活动的性质。

地中海的海盗活动

地中海的海盗活动可以追溯到很久之前的时代。对于古埃及人、腓尼基人和希腊人而言，海上掠夺者要么是天降灾厄，要么是民间英雄，这取决于自己站在哪一边。但人们也认为，海上旅行者或海岸附近的居民及其亲人最终难逃遭掠的命运。"pirate"一词源自古希腊语 peirates，意为"海上的强盗"。随着罗马帝国的崛起，对海盗的直接报复行为才被治安管理所取代（但两者依然存在反复交替）。在公元前 1 世纪，摧毁像安纳托利亚的奇里乞亚这样的"海盗巢穴"成为伟大的庞培（Pompey the Great）① 等军事家建功立业的途径。为了维持权力的平衡，罗马当局对其他扎根于当地的海上劫掠群体主要采取宽容或收编的政策，希望他们能够成为打击陆上敌国的己方力量。在古典时期活跃于地中海的海盗经常劫掳人口，海盗如果无法用这些人换取赎金，就会将其当作奴隶卖掉。直到 19世纪初，地中海依然存在这种海上暴力活动。[20]

随着罗马帝国的衰落，地中海地区似乎又回到了过去那种"法外"的状态，没有一个国家强大到足以在该地区宣誓主

459

────────────

① "伟大的庞培"是公元前 81 年凯旋的庞培被授予的荣誉称号。

权，遑论对暴力的垄断。包括维京人在内的各种海盗都在此时乘虚而入，但大多数发动袭击的海盗都来自当地，他们的活动范围仅限于一些崎岖的海岸和咽喉要道。随着伊斯兰教在 7 世纪的扩张，一种引发海盗活动的新因素得以诞生。基督徒与穆斯林在宗教上的分歧可能被用作海盗发动突袭的全新且颇具说服力的借口。当时陆地上的十字军东征与圣战引发的战火蔓延至海上，尽管大部分冲突仍然发生在陆地上（至少一开始是如此），但随之而来的敌对情绪在海上引发了新一轮的暴力冲突。[21]

最终，地中海出现了一种基于各地教徒之间进行俘虏交易的经济体系，许多异教徒因此避免了立刻身首异处的厄运。尽管在竞争激烈的市场上，作为奢侈品的人口始终是不缺买家的抢手货，但穆斯林与基督徒的互相劫掳似乎使地中海具有长期传统的俘虏贸易愈演愈烈，其中大部分俘虏会通过现金形式被赎回。因此，圣战或十字军东征引发的劫掠行径使双方相互囚禁或奴役，而非厮杀：活着的敌人比尸体更有价值。于是，到中世纪晚期，地中海出现了一种暧昧共生的绑架-赎回关系，这种令人惊讶的关系网络的成员包括专业翻译、中间人、抄写员，以及外交官。[22]

1453 年，随着君士坦丁堡的陷落，地中海地区迎来了新时代，海上从此充斥着暴力事件。当时的威尼斯和热那亚的商人已经学会了通过自卫手段免受穆斯林私掠者的攻击，但他们也参与了以掠夺俘虏为目的的袭击。在教会和帝国的资助下，圣约翰骑士团和圣史蒂芬骑士团很快在海上扩大了十字军东征的战场。敌对的奥斯曼帝国和哈布斯堡王朝成为自罗马帝国以来首次对海上主权提出严正要求的政权，他们虽然资助海盗，

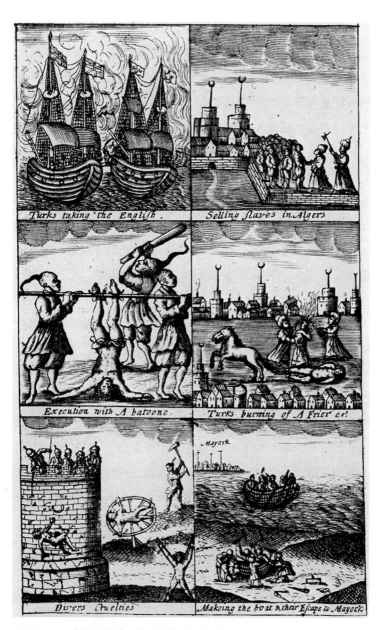

图 23.3 《危险的地中海航程》，1675 年。

但拒绝赋予海盗合法地位。所谓的巴巴里（Barbary）私掠者以及他们在马耳他和里窝那的基督徒同伙劫掳人质的主要目的依然是赎金和奴隶交易，但塞尼（Senj，位于达尔马提亚）的乌斯科克人等小型"海盗组织"也会经常这么干，此类事件使曾经兴盛的威尼斯元气大伤。[23]

17世纪中叶，不同信仰和民族的私掠者结成了长期同盟关系，他们至少签订了条约或者建立了更为正式的赎金机制，各方海盗势力相互制衡。为了减少人员损失以及减轻暴力伤害程度，敲诈勒索或索要保护费成为海盗采用的典型手段。即便如此，饱受私掠之苦的地中海民众（无论是基督徒、穆斯林还是犹太人）依然面临着遭受无端袭击的风险，以及坐牢或在奴隶市场被卖掉的命运。

尽管在当时的记载中，有很多"白人"因被"黑皮肤的摩尔人"和"褐皮肤的撒拉逊人（Saracen）[①]"奴役而悲愤不已，但更多文献表明，那个时期的情况更加复杂：巴巴里私掠者往往是叛逃的欧洲人，而且海盗的俘虏中也包括来自撒哈拉以南地区的非洲人。圣约翰骑士团的暴行与巴巴里私掠者相比不遑多让，他们同样肆无忌惮地掠夺俘虏。他们还将信奉东正教的希腊商人扣为人质，理由仅仅是这些商人在奥斯曼帝国生活。马耳他的首都瓦莱塔（Valetta）在16—17世纪是海盗贩卖奴隶的商业中心。[24]

印度洋海域的海盗活动

与狭小的地中海盆地这个海盗的摇篮相比，广阔的印度洋

---

① 撒拉逊人是当时的基督徒对中东地区的穆斯林的统称。

海域似乎孕育了更加复杂的海盗关系。从长远来看，这种关系或许并不像地中海地区海盗形成的关系那样与暴力密切相关。在印度洋，只有波斯湾和红海等比较封闭的海域才会频繁出现海盗袭击事件，但历史学家也密切关注印度的马拉巴尔海岸、马达加斯加的部分地区和其他小岛，并在这些地方寻找印度洋在欧洲人到来之前就存在海盗活动的证据。历史学界此前认为，印度洋在中世纪存在一个漫长的、主要由季风周期主导的和平贸易时期。[25]然而，最近有学者指出，早在欧洲人出现之前，印度洋海域就已经动荡不安。[26]无论如何，16世纪抵达的葡萄牙人不但从根本上改变了印度洋海域的地缘政治形态，而且改变了海上袭击活动的性质。

　　1500年前后，一批全副武装、信奉基督教的葡萄牙征服者手持教皇的授权书夺取并控制了印度洋的贸易枢纽。他们还制定了一套通行制度，这套制度对所有过路商人征税，而且会对拒不交税者进行制裁。莫卧儿帝国当时并不具备反抗葡萄牙人的实力，但强大的奥斯曼帝国很快向阿拉伯半岛和印度西北部派遣海上远征军，希望打破葡萄牙垄断海上暴力的企图。正如詹卡洛·卡萨莱（Giancarlo Casale）指出的，当这些代价巨大的措施并不奏效时，奥斯曼帝国转而实行赞助私掠者的地中海式政策。[27]16世纪80年代，一些像塞弗·雷斯（Sefer Reis）这样的海盗动摇了葡萄牙在印度洋的贸易和垄断地位。

　　葡萄牙人给印度洋带来的海上暴力的程度显然远高于此前的水平，而且大多数劫掠活动（无论发起者是葡萄牙人还是奥斯曼人）对受害者而言都是海盗行径。情况并没有随着时间的推移而得到改善，恰恰相反，随着其他欧洲人陆续进场，印度洋海域的海盗活动（或打着海盗旗号的活动）变得越发

462

猖獗。

塞巴斯蒂安·普兰格（Sebastian Prange）认为，突袭与贸易相结合是印度西南海岸的马拉巴尔人（Malabari）的生活方式，印度洋海域在葡萄牙人到来之前就存在"土著"海盗或以劫掠为生的海洋民族。文献证据表明，马拉巴尔人的确有根深蒂固的掠夺文化，包括将掠夺视为通过仪式、类似于夸富宴（potlatch）① 的战利品分配活动等。但是，我们如今已很难在公元 1500 年前的文献中找到更详细的相关记载。对于所谓的卡西米（Qasimi）海盗或波斯湾的半掠夺者（part-time raiders）来说，情况可能也是如此。所谓的半掠夺者是指生活在今天巴林附近的采珠部落，他们偶尔会在淡季搜刮出现在视野内的商船。这些被统称为"卡西米"的海盗活动直到 19 世纪的头几十年才受到了严酷镇压，当时的英国海军试图垄断印度洋海域的暴力。等到那个时候，许多沿海民众已经信奉瓦哈比派（Wahhabism）② ，这使得他们的攻击（受害者常常是婆罗门教徒）具有惊人的暴力能量。[28]

直到 17 世纪晚期，印度洋才出现了加勒比地区的殖民者和商人熟知的那类海盗活动。由于新起草的反海盗法将英国、美国、荷兰和法国的海盗（buccaneer）统统赶出了大西洋海域，甚至赶出了太平洋海域，于是他们纷纷涌入印度洋寻找安全的避风港和物资。他们最终在马达加斯加发现了避风港，在波斯湾和红海发现了宝藏。海盗在这些地区的活动使日后被称

---

① 夸富宴是人类学术语，最初是指故意在客人面前大量毁坏个人财产并慷慨地馈赠礼物的印第安人宴席，后来泛指大操大办、铺张浪费的民俗仪式。
② 瓦哈比派是发轫于阿拉伯半岛的近代伊斯兰复古主义教派，主张严格遵从经训文本，对异教徒具有一定的暴力攻击倾向。

为"海盗之轮"（pirate round）的航线得以产生。来自印度和东南亚的穆斯林朝圣船通常会满载珠宝和其他奢侈品，这些船很容易落入经验丰富的西方海盗手中。当异国珍宝通过百慕大、纽约、罗得岛、南卡罗来纳和其他反海盗法律执行不力的次要殖民地的旧海盗窝点网络流通到世界各地时，对此类宝藏的需求也增大了。一些著名的殖民者还开辟了新的冒险路线，他们在行动中往往打着官方特许的私掠者的旗号。[29]不幸的是，对于海盗来说，英国东印度公司恰恰利用这些海盗对其盟友（包括莫卧儿帝国）的攻击发起了一场更加严厉的打击海盗的运动。这场运动的首个著名落网者是从"海盗猎手"沦为"抢劫犯"的威廉·基德（William Kidd），他于1701年在伦敦被处决。当局指控基德对自己的手下虐杀成性，因此他是这个暴力时代罪无可赦的暴力分子。[30]

东亚和东南亚的海盗活动

海盗活动在16世纪初至16世纪中叶的东亚和东南亚大肆兴起，并在17世纪初和18世纪末至19世纪初出现了两次高潮。与印度洋海域相同，大规模的海上暴力事件均是在葡萄牙人抵达这些海域的时期爆发的。来自日本西南部、朝鲜半岛和中国沿海的海盗团伙对（主要是中国的）商船和港口城市造成了严重破坏。但来到这里的葡萄牙人并非无辜的旁观者，因为他们不仅向斗争双方兜售火器，而且还投身于海上袭击和贩卖奴隶的乱局。所谓的倭寇（矮子海盗）包括日本的海贼以及亚洲其他地区的"海上匪寇"，这些令人闻风丧胆的组织最终对欧洲殖民者发动了大规模袭击。1575年，中国海盗林凤（又名林阿凤）险些从西班牙人手中夺取了马尼拉。在他发动

464

的这场大规模行动中，火药技术发挥了突出作用。[31]

此后，中国的沿海防卫能力不断提高。但是，对香料产地和其他战略前哨站的垄断控制权又成为欧洲人从事海盗活动（或打着海盗旗号的活动）的另一个原因。葡萄牙人和西班牙人首先展开对香料群岛（Spice Islands）① 主权的争夺，英国人、荷兰人和其他欧洲入侵者也在不久之后开始为了能在亚洲分一杯羹而大打出手。与贸易伙伴结盟的当地人将受到其伙伴竞争对手的惩罚，这在整个地区引发了"海盗式的"仇杀循环，此类现象在其他许多殖民地早已屡见不鲜。然而，这类海盗活动背后的主导者绝非只有欧洲人。在入侵者展开相互斗争的同时，诸如望加锡和亚齐这样的传统贸易枢纽也在逐渐扩大自身影响力并重获生机。伊斯兰教信仰让战士获得了额外的战斗动力，这也使他们得以与远方的奥斯曼帝国结盟。

在依靠火药的国家建构不断蔓延的同时，东南亚海域的确出现了劫掳奴隶和勒索赎金的现象，但这里似乎并未出现类似于地中海沿岸的绑架-赎回关系。在 17 世纪晚期少数几个发动无差别袭击的海盗出现之前，大多数的海盗勒索发生在具有竞争关系的欧洲贸易商（主要是荷兰人和伊比利亚人）之间。事实上，1603 年，荷兰人正是在新加坡附近的东南亚海域夺取了葡萄牙的大帆船"圣卡塔琳娜号"（Santa Catarina），这起事件使得雨果·格劳秀斯为海上掠夺进行了影响深远的法律辩护。[32]在欧洲人到来之前，东南亚的民众和政府均对外国人口中的"海盗活动"一无所知，这个概念在他们的词汇表中从未存在

---

① 香料群岛是东印度群岛在殖民时代的别称。

过。在东南亚人看来，欧洲人所说的海盗活动无异于某种战争形式。[33]

17世纪40年代，随着明朝的覆灭，中国又出现了新一轮 465 打着海盗旗号的海上劫掠活动。荷兰人和西班牙人此前已经为了控制台湾岛和通往日本的线路与当地军队展开激战，但明朝的灭亡使南明残党和以掠夺商船为生的海盗被迫撤退到华南海域，其中就包括国姓爷（郑成功）。[34]正如安乐博和穆黛安（Dian Murray）所指出的，海盗活动在18世纪末卷土重来，并在19世纪初成为清朝军队的镇压对象。大名鼎鼎的"海盗女王"郑一嫂在1802—1810年统治了广东沿海，她手下有数以万计的海盗和一千多艘船。[35]东亚海域海盗暴力的特别之处是，这里的海盗常年在海上漂泊并形成了自身的独特文化。作为一名女性，郑一嫂的特殊之处并非她经常在海盗船上现身，而是她担任了如此重要的领导角色。

美洲的海盗活动

如果说葡萄牙人在亚洲海域掀起了一股海盗活动的浪潮，那么西班牙人在美洲也扮演了同样的角色。虽然哥伦布来到这里的目的并非抢劫，而是贸易，但殖民者很快就转而进行掠夺性的军事袭击（razzia）。哥伦布在第一次航行中，声称自己帮助了伊斯帕尼奥拉岛上的土著"朋友"（他们在日后被称为泰诺人），使他们免受来自向风群岛的海上掠夺者（所谓的加勒比人）的伤害。尽管加勒比地区的海盗活动可能古已有之（至少在西班牙人到来之前就已经存在），但很显然，是在西班牙人到达伊斯帕尼奥拉岛、古巴和波多黎各后，海上袭击事件（主要针对俘虏）的数量才急剧增加。旨在保护土著民族免受不公正奴役的法律经常受到殖民者的歪曲或蔑视。

加勒比海域的奴隶掠夺与金矿开采和潜水采珠一道成为西属加勒比地区整整一代殖民者的主要经济来源，这些掠夺活动使该地区的土著人口濒临灭绝。科尔特斯、皮萨罗①和其他在此地参与海上袭击的老手同样可被视为海盗，但他们在大陆的征服活动得到皇家许可，在查理五世和费利佩二世在位期间，这些征服活动很快变成帝国名义下的管控行动。像科尔特斯这样的人可能会反感"私掠者"这个称呼，更不用说"海盗"了。但是，就在海上抓捕无辜俘虏和带走大量黄金的行径而言，西班牙征服者自己就是最大的海盗。他们不但持有国王颁发的许可证，而且会将部分战利品献给国王，这使他们看起来更像是私掠者。这些征服者组建并领导的队伍对于任何一个欧洲海上掠夺者来说都是再熟悉不过的了。拉斯·卡萨斯②本可以很容易地将征服者与海盗进行比较，但他更加强调的是，征服者无权在这里实施暴力，因此这些海盗罪无可赦。[36]

美洲的财富吸引着外国商人源源不断地前往加勒比地区，但眼红的西班牙人试图控制这一地区的人员流动。他们很快对在某种程度上由法国率先开展的走私贸易实施打击报复，这反过来又助长了海盗活动。西班牙与法国的长期冲突使海盗活动以私掠的形式变得合法化，法国入侵者仗着他们被授予的权力在哈瓦那、波多黎各的圣胡安、卡塔赫纳以及其他城镇烧杀抢掠。无论这些行径是否合法，随着 1558 年《卡托-康布雷齐

①　指佛朗西斯科·皮萨罗（Francisco Pizarro），西班牙征服时期侵略秘鲁的殖民者。
②　即本卷中反复出现的巴托洛梅·德·拉斯·卡萨斯，西班牙多明我会传教士，以同情美洲土著并谴责殖民者的暴行而著称。

和约》的签订，这些由雅克·德·索尔（Jacques de Sores）、弗朗索瓦·勒克莱尔（François Leclerc）等人领导的早期海上袭击停止了。[37]信仰天主教的海盗会袭击其他天主教徒，但许多早期法国私掠者都是新教徒。西班牙人称他们为路德宗异端，但他们中的大多数其实信仰的是加尔文宗。在天主教徒眼里，这些新教徒没有什么区别，因为他们都会捣毁宗教圣像，并杀害天主教神父。

从16世纪60年代开始，英国人在西属加勒比地区的走私活动同样遭到查禁，这迫使英国人诉诸暴力，并最终变成海盗。正如我们所看到的，德雷克和他的同时代人将他们的袭击行动视为对西班牙国王的报复，即使他们抢劫无辜平民并强行出售非洲奴隶。在1585年英国和西班牙宣战之后，伊丽莎白时代的人们会认为这是天经地义之举，尤其是在1588年英军击败无敌舰队之后。难道还有比切断费利佩国王在美洲的财路更好的惩恶方式吗？

荷兰人与西班牙人更是积怨已久。从1568年开始，荷兰的海盗将海上突袭视为对西班牙人和葡萄牙人的制裁。最终在17世纪40年代，两国殖民者被迫向荷兰人屈服。荷兰海盗一路高歌猛进，他们于1628年在古巴北部海岸俘获了一整支白银舰队，并在1630年协助当局占领了巴西东北部。17世纪40年代中期，荷兰人最终取代了葡萄牙人在整个非洲和亚洲的海上霸主地位。可是，把这群荷兰人称作海盗（这是西班牙人的惯常做法）并不完全准确，许多海盗为荷兰两家大型贸易公司保驾护航，他们的待遇很差并短缺口粮——这还只是针对那些幸存者而言。另外值得一提的是，西班牙民众此时也开始在一些地方从事海盗活动，首先是敦刻尔克，然后是比斯开

467

港。[38]在荷兰、法国和英国，当地渔民和商人都对海盗活动叫苦不迭。

在皮特·海恩（Piet Heyn）和科尔内利斯·约尔（Cornelis Jol，绰号"木腿"）的时代，与三十年战争期间欧洲农民所遭受的暴力相比，美洲海域的海盗（或私掠）暴力程度可以说有过之而无不及。在那个充斥着暴力的时代，人命似乎无足轻重。沿着非洲西海岸发展起来的掠夺式奴隶贸易则呈现了另一番悲惨的景象，这场贸易通常以追逐利益为幌子，干的却是"比野兽更残忍"[①]的勾当。按照葡萄牙人和西班牙人的逻辑，他们"通过公平方式获得"的非洲俘虏被带到基督教世界进行"自我救赎"，这些俘虏必须通过终身劳动来偿还自己的债务。而在一些非洲民间故事中，欧洲人会被描述为食人的海盗。[39]

1648 年，随着《明斯特和约》（Peace of Münster）[②]的签订，加勒比地区出现了第一批自称海盗的团体。这些海盗虽然来历不明，但到了 17 世纪 50 年代，他们已经发展成一股不容小觑的势力。他们还是首批在西方海洋上实现"跨国"扫荡的海盗团体。只有巴巴里私掠者在民族构成上比这类团体更加复杂，但两者的差异更多体现在活动方式和动机这两个方面，而非他们的民族出身。到 1680 年，发迹于托尔图加、牙买加、普罗维登斯[③]以及其他有争议的加勒比海岛屿的海盗团体，已

---

① "人对人比野兽更残忍"（man is wolf to man）是一句古罗马谚语，原文为"homo homini lupus"，形容人类针对同类的暴力比野兽更加凶残。
② 《明斯特和约》是荷兰共和国与西班牙签订的和约，它的签订标志着荷兰正式从西班牙脱离，取得独立国家的地位。
③ 此处指巴哈马的新普罗维登斯岛（New Providence Island）。

经发展成为一种全球性的威胁。[40]

巴巴里私掠者可能会不定期地打劫他们的穆斯林同胞，加勒比地区的海盗活动则更是毫无规律可循，这些海盗可以把任何对象视为发动攻击的软目标（soft target）[①]。事实上，正是在加勒比地区的海盗开始袭击并非西班牙国王治下的船只和城镇之后，他们才为自己招来了前所未有的麻烦。1671 年，亨利·摩根（Henry Morgan）发动了对巴拿马城的突袭，并且因此赚得盆满钵盈，但官方谴责这是一种海盗行径。在摩根回到牙买加后，他却摇身一变成为当地的行政长官。如果海盗发动袭击的目标受到国家保护，摩根就会抓捕和审判这些自己的同行。17 世纪 80 年代，为了避免在大西洋海域受到审判，海盗们纷纷进入太平洋。他们不久后便找到了通往印度洋的航路，并建立了前文所述的"海盗之轮"循环航线。通过该航线，海盗们根据季节变化从一个大洋转到另一个大洋寻找宝藏。[41]

"海寇"（vrijbuiter）一词来自早期荷兰语（该词在法语中为 flibustier），但一些历史学家也会用这个概念称呼活跃于 18 世纪大西洋的最后一批海盗。从 18 世纪 10 年代到 1725 年前后，这些主要由英裔组成的海寇团体在加勒比地区和非洲西海岸的部分地区横行霸道。这个时代还诞生了许多著名的海盗，例如，巴托洛缪·罗伯茨（Bartholomew Roberts）、安妮·邦尼（Ann Bonny）、玛丽·里德（Mary Reid），以及绰号"黑胡子"的爱德华·蒂奇（Edward Teach）。黄金时代最后一批海盗的种种暴行在受害者证词、嫌犯供词甚至布道文中都有详细

468

469

---

① 软目标，军事术语，通常指暴露在地面上且易于摧毁的军事目标，比如人员或轻型物资。

图 23.4　1671 年，普林西比港①被亨利·摩根洗劫一空。

---

① 普林西比港即今天古巴的卡马圭市。

的记载，其中一些故事被丹尼尔·笛福（Daniel Defoe）整理、改编并出版。事实上，这些主要由英裔组成的海寇面对的是一支旨在消灭他们的新式英国海军，这似乎给暴行提供了新的借口，他们的恐怖活动也因此更具攻击性。

但是，出于对海盗的担忧，在与海盗的斗争中最终赢得胜利的辉格党和大贸易公司将海盗塑造成无可救药的人类渣滓，后者会对所有与其有关联者或接受其货物者造成恶劣的影响。在西班牙王位继承战争结束后，那些挤满了纽盖特监狱或在阿尔比恩（Albion）的送命桩（fatal tree）① 上悬挂的所谓"异类"表明，最后一批海盗已经在新社会阶层的复仇命令下消亡殆尽。[42]

美洲的海盗活动并没有随着 18 世纪初剿灭运动如火如荼的开展而彻底消失，但只有当新时代的各国皇家海军卷入大型冲突（如拿破仑战争）难以抽身时，海盗活动才会真正变得猖獗。西属美洲独立战争期间，美洲海盗频繁活动，但这引来了英美当局的共同镇压。[43]许多海盗在国家批准下以私掠船长的身份出航，然而，已经没有船长愿意被人称为海盗，因为海盗在当时是一种死罪。19 世纪，"海盗"变成了一个主要用来称呼西方国家之外的海上掠夺者的概念，而（已经由托马斯·杰斐逊和美国推动的）自由贸易的新世界也使对巴巴里私掠者实施的暴力镇压变得合法。随后，法国和其他欧洲列强便将北非的大部分地区变成了自己的殖民地。

结　语

海盗通过暴力手段从受害者手中抢夺物资，或者通过劫掠

---

① 阿尔比恩是英国的别称，送命桩则是绞刑架的别称。

人口来换取赎金，这些行径甚至比陆地上强盗的行为更加暴力。一些海上掠夺者以宗教或国家的名义发动袭击，或者仅对敌人实施报复。但是，这些暴行只是为了实现物质目的而采取的一种手段。事实上，海盗犯下殴打、偷盗、强奸、谋杀等罪行的地点都在海上，这激发了陆地作家的想象力。他们把海盗塑造成富有异国情调的形象，并将其浪漫化或妖魔化。但从海盗视角出发进行叙述的少量现存文献表明，这类想象并不那么符合海盗对自己的认识。在哥伦布时代之后，世界海洋的开放性为大量冲动的暴行创造了条件，这些暴行往往由对黄金的"神圣的渴望"（sacred hunger）① 所驱使。历史已经证明，以法律和保护财产的名义镇压这些暴行的举动同样充斥着暴力。

470

参考论著

近些年关于海盗学术文献梳理的文章包括 David J. Starkey, 'Voluntaries and Sea Robbers: A Review of the Academic Literature on Privateering, Corsairing, Buccaneering and Piracy', *Mariner's Mirror* 97.1 (2011), pp. 127-47; Patrick Connolly and Robert Antony, ' "A Terrible Scourge": Piracy, Coastal Defense, and the Historian', in Teddy Sim (ed.), *Qi Jiguang and the Maritime Defence of China* (Singapore: Springer, 2017), pp. 43-58。

关于早期近代海盗活动的概览性研究成果，参见 J. L. Anderson, 'Piracy and World History: An Economic Perspective on Maritime Predation', *Journal of World History* 6.2 (1995), pp. 175-99; Philip Gosse, *The History of Piracy* (London: Longmans, Green, 1932); C. R. Pennell (ed.), *Bandits at Sea: A Pirates Reader* (New York: New York University Press,

---

① "神圣的渴望"出自英国作家巴里·昂斯沃斯（Barry Unsworth）的同名小说，用来形容殖民时代的欧洲人为了美化自己在殖民地的暴行而将其视为上帝允许的神圣之举。

2001）。关于海盗、法律和国家之间的关系，参见 Michael Kempe, 'Even the Remotest Corners of the World: Globalized Piracy and International Law, 1500-1900', *Journal of Global History* 5. 3 （2010）, pp. 353-72; Janice E. Thompson, *Mercenaries, Pirates, and Sovereigns: State-Building and Extraterritorial Violence in Early Modern Europe* （Princeton, NJ: Princeton University Press, 1994）; Lauren Benton, *A Search for Sovereignty: Law and Geography in European Empires, 1400 - 1900* （Cambridge: Cambridge University Press, 2009）。

关于地中海地区的海盗活动，参见 Catherine Bracewell, *The Uskoks of Senj: Piracy, Banditry, and Holy War in the Sixteenth-Century Adriatic* （Ithaca, NY: Cornell University Press, 2011）; Robert Davis, *Christian Slaves, Muslim Masters: White Slavery in the Mediterranean, the Barbary Coast, and Italy, 1500-1800* （New York: Palgrave Macmillan, 2003）; G. L. Weiss, *Captives and Corsairs: France and Slavery in the Early Modern Mediterranean* （Stanford, CA: Stanford University Press, 2011）。

关于印度洋海域的海盗活动，参见 Robert Ritchie, *Captain Kidd and the War against the Pirates* （Cambridge, MA: Harvard University Press, 1986）; Charles Davies, *The Blood-Red Arab Flag: An Investigation into Qasimi Piracy, 1797 - 1820* （Exeter: University of Exeter Press, 1997）; Sebastian R. Prange, 'A Trade of No Dishonor: Piracy, Commerce, and Community in the Western Indian Ocean, Twelfth to Sixteenth Century', *American Historical Review* 116. 5 （2011）, pp. 1269 - 93; Patricia Risso, 'Cross-Cultural Perceptions of Piracy: Maritime Violence in the Western Indian Ocean and Persian Gulf during a Long Eighteenth Century', *Journal of World History* 12. 2 （2001）, pp. 293-319。

关于东亚海盗活动的研究成果包括 Kwan-Wai So, *Japanese Piracy in Ming China During the 16th Century* （Lansing: Michigan State University Press, 1975）; Dian Murray, *Pirates of the South China Coast, 1790-1810* （Stanford, CA: Stanford University Press, 1987）; Robert Antony, *Like Froth Floating on the Sea: The World of Pirates and Seafarers in Late Imperial South, China Research monograh* （Berkeley: University of California, Institute of East Asian Studies, 2003）。关于东南亚的海盗活动，参见以下论著: James Warren, *The Sulu Zone* （Singapore: Singapore University Press, 1981）; *Iranun and*

Balangingi （Singapore：Singapore University Press，2002）；Jennifer L. Gaynor，*Intertidal History in Island Southeast Asia：Submerged Genealogy and the Legacy of Coastal Capture*（Ithaca，NY：Cornell University Press，2016）。

471 关于美洲海盗活动的研究论著众多，参见 Mark Hanna，*Pirate Nests and the Rise of the British Empire，1570-1740*（Chapel Hill：University of North Carolina Press，2015）；Jon Latimer，*Buccaneers of the Caribbean：How Piracy Forged an Empire*（Cambridge，M：Harvard University Press，2009）；Matthew McCarthy，*Privateering，Piracy and British Policy in Spanish America，1810-1830*（Kingston upon Hull：University of Hull，2013）；Marcus Rediker，*Villains of All Nations：Atlantic Pirates in the Golden Age*（Boston，MA：Beacon Press，2004）；Kris Lane，*Pillaging the Empire：Global Piracy on the High Seas，1500-1750*（New York：Routledge，2015）；Kevin McDonald，*Pirates，Merchants，Settlers，and Slaves：Colonial America and the Indo-Atlantic World*（Berkeley：University of California Press，2015）。

注 释

1. H. Staden，*Hans Staden's True History：An Account of Cannibal Captivity in Brazil*（1557），ed. and trans. N. L. Whitehead and M. Harbsmeier（Durham，NC：Duke University Press，2008），p. 30.

2. R. Antony，*Like Froth Floating on the Sea：The World of Pirates and Seafarers in Late Imperial South China，China Research monograh*（Berkeley：University of California，Institute of East Asian Studies，2003），pp. 30-1，38，40，51-2.

3. 关于德雷克的事迹，参见 H. Kelsey，*Sir Francis Drake：The Queen's Pirate*（New Haven，CT：Yale University Press，1998）。

4. T. Gage，*The English-American：A New Survey of the West Indies*（1648）（London：Routledge，2005），pp. 348-50.

5. Miguel de Cervantes，' *The Bagnios of Algiers* ' and ' *The Great Sultana* '：*Two Plays of Captivity*，ed. and trans. B. Fuchs and A. J.

Ilika (Philadelphia: University of Pennsylvania Press, 2010),
pp. 9-10.

6. 参见 L. Potter, 'Pirates and "Turning Turk" in Renaissance Drama',
in J. P. Maquerlot and M. Willems (eds.), *Travel and Drama in
Shakespeare's Time* (Cambridge: Cambridge University Press, 1996),
pp. 124- 40; R. Antony, ' Turbulent Waters: Sea Raiding in Early
Modern Southeast Asia', *Mariner's Mirror* 99. 1 (2013), pp. 23-38。

7. P. Linebaugh and M. Rediker, *The Many-Headed Hydra : Sailors ,
Slaves, Commoners and the Hidden History of the Revolutionary Atlantic*
(Boston, MA: Beacon Press, 2000) . 关于此处提到的荷兰人，参
见 Virginia Lunsford, *Piracy and Privateering in the Golden Age
Netherlands* (London: Palgrave Macmillan, 2006)。

8. K. Lane, ' Punishing the Sea Wolf: Corsairs and Cannibals in the
Early Modern Caribbean', *New West India Guide* 77. 3 - 4 (2003),
pp. 201-20.

9. B. Sandin, *The Sea Dayaks of Borneo before White Rajah Rule* (East
Lansing: Michigan State University Press, 1968), pp. 63-77.

10. J. Warren, *Iranun and Balangangi : Globalization , Maritime
Raiding , and the Birth of Ethnicity* (Singapore: Singapore University
Press, 2002); J. L. Anderson, ' Piracy and World History: An
Economic Perspective on Maritime Predation ', *Journal of World
History* 6. 2 (1995), pp. 175-99.

11. M. A. Garcés (ed.), *An Early Modern Dialogue with Islam :
Antonio de Sosa's Topography* of Algiers *(1612)* , trans. D. de Armas
Wilson (Notre Dame, IL: University of Notre Dame Press,
2011), p. 153.

12. R. Antony, ' Bloodthirsty Pirates? Violence and Terror on the South
China Sea in Early Modern Times ', *Journal of Early Modern History*
16 (2012), pp. 81-501.

13. A. Exquemelin, *The Buccaneers of America* (Mineola, NY: Dover,
2000), p. 107.

14. P. Gosse, *The History of Piracy* (London: Longmans, Green, 1932);
Anderson, ' Piracy and World History '.

15. L. Benton, *A Search for Sovereignty: Law and Geography in European Empires, 1400 - 1900* (New York: Cambridge University Press, 2010), p. 123；关于将船视作岛屿，见 p. 112。

16. M. J. van Ittersum, *Profit and Principle: Hugo Grotius, Natural Rights Theories and the Rise of Dutch Power in the East Indies (1595-1615)* (Leiden: Brill, 2006). 亦可参见 H. W. Blom (ed.), *Property, Piracy and Punishment: Hugo Grotius on War and Booty in De Iure Praedae-Concepts and Contexts* (Leiden: Brill, 2009)。

17. 案例参见 G. L. Nadal, 'Corsairing as a Commercial System: The Edges of Legitimate Trade', in C. R. Pennell (ed.), *Bandits at Sea: A Pirates Reader* (New York: New York University Press, 2001), pp. 125-36。

18. 案例参见 A. Pérotin-Dumon, 'The Pirate and the Emperor: Power and the Law on the Seas, 1450 - 1850', in J. Tracy (ed.), *The Political Economy of Merchant Empires: State Power and World Trade, 1350 - 1750* (Cambridge: Cambridge University Press, 1991), pp. 196-227。

19. 参见 S. Prange, 'A Trade of No Dishonor: Piracy, Commerce, and Community in the Western Indian Ocean, Twelfth to Sixteenth Century', *American Historical Review* 116. 5 (2011), pp. 1269-93。

20. 关于古典时期的海盗活动，参见 P. de Souza, *Piracy in the Graeco-Roman World* (Cambridge: Cambridge University Press, 2002)。

21. 关于罗马帝国时代结束后的海盗活动，参见 P. Horden and N. Purcell, *The Corrupting Sea: A Study of Mediterranean History* (Hoboken, NJ: Wiley-Blackwell, 2000), p. 154；关于"宗教转向"对海盗活动的影响，参见 S. Rose, 'Islam versus Christendom: The Naval Dimension, 1000-1600', *Journal of Military History* 63. 3 (1999), pp. 561-78。

22. 案例参见 D. Vitkus (ed.), *Piracy, Slavery, and Redemption: Barbary Captivity Narratives from Early Modern England* (New York: Columbia University Press, 2001)。

23. C. Bracewell, *The Uskoks of Senj: Piracy, Banditry, and Holy War in the Sixteenth-Century Adriatic* (Ithaca, NY: Cornell University

Press, 2011).

24. M. Greene, *Catholic Pirates and Greek Merchants : A Maritime History of the Early Modern Mediterranean* (Princeton, NJ: Princeton University Press, 2010).

25. 参见 P. Risso, *Merchants and Faith : Muslim Commerce and Culture in the Indian Ocean* (Boulder, CO: Westview Press, 1995)。

26. 参见 S. R. Prange, 'A Trade of No Dishonor' and 'The Contested Sea: Regimes of Maritime Violence in the Pre-Modern Indian Ocean', *Journal of Early Modern History* 17 (2013), pp. 9-33。

27. G. Casale, *The Ottoman Age of Exploration* (New York: Oxford University Press, 2011).

28. C. Davies, *The Blood-Red Arab Flag : An Investigation into Qasimi Piracy, 1797-1820* (Exeter: University of Exeter Press, 1997).

29. K. McDonald, *Pirates, Merchants, Settlers, and Slaves : Colonial America and the Indo-Atlantic World* (Berkeley: University of California Press, 2015); M. J. Jarvis, *In the Eye of All Trade : Bermuda, Bermudians, and the Maritime Atlantic World, 1680-1783* (Chapel Hill: University of North Carolina Press, 2010)。

30. R. Ritchie, *Captain Kidd and the War against the Pirates* (Cambridge, MA: Harvard University Press, 1986).

31. I. Kenji, 'At the Crossroads: Limahon and Wako in Sixteenth-Century Philippines', in R. Antony (ed.), *Elusive Pirates, Pervasive Smugglers : Violence and Clandestine Trade in the Greater China Seas* (Hong Kong: University of Hong Kong Press, 2010).

32. P. Borschberg, 'The Santa Catarina Incident of 1603: Dutch Freebooting, the Portuguese Estado da India and Intra-Asian Trade at the Dawn of the 17th Century', *Review of Culture* 11 (2004), pp. 13-25.

33. 案例参见 Antony, 'Turbulent Waters'。

34. T. Andrade, *Lost Colony : The Untold Story of China's First Great Victory over the West* (Princeton, NJ: Princeton University Press, 2011).

35. Antony, *Like Froth Floating*; D. Murray, *Pirates of the South China*

Coast, *1790 - 1810* （Stanford, CA: Stanford University Press, 1987）.

36. R. Adorno, *The Polemics of Possession in Spanish American Narrative* （New Haven, CT: Yale University Press, 2007）, esp. chs. 3 and 7.

37. 关于 1500—1750 年美洲的海盗活动，参见 K. Lane, *Pillaging the Empire: Global Piracy on the High Seas*, *1500-1750* （New York: Routledge, 2015）。

38. R. A. Stradling, *The Armada of Flanders: Spanish Maritime Policy and European War*, *1568-1668* （Cambridge: Cambridge University Press, 1992）.

39. J. Miller, *Way of Death: Merchant Capitalism and the Angolan Slave Trade*, *1730 - 1830* （Madison: University of Wisconsin Press, 1988）, p. 5.

40. 关于此类活动的一部经典的原始文献是 Alexandre Exquemelin, *The Buccaneers of America* （1678）。亦可参见 P. Earle, *The Pirate Wars* （London: Methuen, 2003）, ch. 6。

41. M. Hanna, *Pirate Nests and the Rise of the British Empire*, *1570-1740* （Chapel Hill: University of North Carolina Press, 2015）, pp. 183-221.

42. C. Hill, 'Radical Pirates?', in M. Jacob and J. Jacob （eds.）, *The Origins of Anglo-American Radicalism* （London: Allen & Unwin, 1984）, pp. 17-32.

43. M. McCarthy, *Privateering*, *Piracy and British Policy in Spanish America, 1810-1830* （Woodbridge: Boydell, 2013）.

24　欧洲的骚乱、反叛与革命

朱利叶斯·R. 拉夫

　　纵观早期近代欧洲历史，民众集体暴力的爆发主要有三种
形式。骚乱（riot）有如下特征，即在特定区域发生，持续时
间也十分有限，一般是由地方性问题，如当地市场上的面包等
必需品的价格过高引发。在反叛（rebellion）中，通常始于骚
乱的地方抗议会与更加普遍的问题相结合，并且会将其影响力
散布到多个地区；如果反叛得到了社会精英阶层的有效引导，
那么它们就可能持续数天以上。在当时的欧洲各国，革命
（revolution）旨在引发全国范围的根本性变革，其背后往往有
某个国族（national group）或者多民族国家中的某个民族
（ethnic group）① 的支持。

　　历史学界很早就意识到，发生在早期近代欧洲的大多数抗
议活动的目标并非"颠覆性"（revolutionary）变革，抗议者并
未积极采取行动建立焕然一新或有所革新的社会秩序。相反，
大多数抗议活动反映的是本质上保守的社会价值观，即尊重传
统与遵循古老习俗，抗议者拒绝接受在经济、政治或宗教习俗
中已经实现的革新造成的影响。他们的暴行往往是对特定事件
的反应，而且由于早期近代的欧洲各国均处于剧烈变革的状
态，所以在该时期，骚乱、反叛和革命频繁发生。虽然由于现

---

① national group 和 ethnic group 的区别在于：前者更偏向于政治意味，如中
　华民族；后者更偏向于文化血缘意味，如汉族、苗族、藏族。

存文献记载过少，或者由于许多早期近代国家缺乏最基本的警察部门来正式记录每次民众抗议事件，我们如今无法对这类事件进行精确的量化研究；但越来越多的现有研究表明，这类暴力事件在当时十分普遍。例如，一些研究民众骚乱的历史学家发现，大约在 1580—1660 年，欧洲社会中出现了一股巨大的暴力抗议浪潮。一些人因此认为，17 世纪的欧洲存在一场独特的、在很大程度上由反叛和革命构成的危机。即使在 1660 年之后，随着各国政权的日渐壮大，暴力抗议的规模不断缩小，但抗议民众和当局对抗的情形依然屡见不鲜，这说明影响公共秩序的事件并没有减少。在迄今为止的一项对欧洲集体暴行（collective violence）最具系统性的定量研究中，让·尼古拉斯（Jean Nicolas）领导的一个由 58 名研究人员组成的团队发现，仅在 1661—1789 年的法国，就出现了至少 8528 起 4 人以上参与的、对人身或财产实施言语或身体暴力的集体事件。[1]这是一个充斥着暴力的时代，集体暴行随处可见，这类暴行的起因往往是人口、经济、政治和宗教等方面的变化。

早期近代欧洲出现的最显著变化或许是人口的普遍增长，尽管人口增长的程度在欧洲各国并不相同，但人口增长几乎影响了欧洲社会的方方面面。从经济角度来看，人口增长对所有资源都造成了日益增大的压力，在农业领域尤其如此，它推动了土地以及农产品价格的上涨。与此同时，耕作技术的不断革新部分引发了大地主对公共土地的圈占，许多小佃农被迫放弃原来耕种的土地。通过提高留下来的佃农在其土地上耕作的租金和费用，这些贵族和教会地主试图应对节节攀升的土地维护成本。由于政府在分配和定价上不再对必需品（如制作面包所需的小麦）实施传统的严格监管，民众增加了额外的生活负担。

　　早期近代的欧洲各国还经历了政治上的巨大变化。君主制得到了长足发展，欧洲大国的君主将其统治拓展到了一些新的地区，这些地区的民族构成往往与他们统治的其他区域的民族构成有很大区别。因此，许多由君主统治的多民族国家内部存在严重的矛盾，需要明智的政府进行管控。然而，财政方面不断增长的需求使这些国家的君主更加需要维护自身不容置疑的权威地位，他们试图在其统治区域内扩大权力和规范管控机制。所以，在很大程度上，战争推动了财政和监管机制的发展。事实上，16 世纪末和 17 世纪初的欧洲出现了新式武器、规模更大的职业军队和经过改良的战术，这使一些历史学家认为该时期发生了一场"军事革命"。当然，这些军事革新（以及为不断壮大的军事机构提供和配备的基础设施）都是极其昂贵的。各国在当时都迅速提高了征税额度，建立了必要的财政机制，旨在更加有效地从国民那里收取税款。

　　德意志和意大利的自治城邦也经历了类似的变化。由于受 474 到欧洲君主不断膨胀的军事力量的外部威胁，这些城邦增加了保障自身安全的军费开支和税款。许多城邦的议会在中世纪晚期落入贵族寡头之手，市民则要求恢复他们此前在治理和税收方面拥有的话语权，因此双方经常爆发激烈的政治冲突。

　　最后，这一时期的欧洲还出现了宗教上的变革。虽然根深蒂固的反犹主义始终存在，但原本团结一致的基督教在 16 世纪的宗教改革中分裂为天主教和新教。新旧基督徒之间的关系变得剑拔弩张，这引发了近两个世纪的骚乱、反叛和剑拔弩张的宗教战争。

　　在下文提到的案例中，我们将看到早期近代的欧洲人应对上述变化的方式，以及在该时期发生的大部分集体暴力事件的起因与范围。可是，暴力只是早期近代欧洲民众万不得已才会诉诸的手段，而且这类抵抗行为往往始于个人。正如詹姆斯·C. 斯科特（James C. Scott）指出的，下层民众会以个人的名义对他们认为无法接受或有失公允的现象、规则或上层强加给他们的政策采取一系列的"日常抵抗"（every day resistance）策略。[2]如果更具攻击性的抵抗措施不见效果，民众还可能会通过其他个人行为［如滞纳税款、逃避征兵或为了逃避封建义务（feudal obligation）① 而迁居］来表达自己的反抗态度。但是，所有集体抵抗的最初形态都是个人对影响自身之情形的激进抵抗。威廉·比克（William Beik）写道："抗议往往始于围绕具体不满事件的当面争端，这可能在日后发展为更加情绪化、有更多群体参与的大范围争端。"[3]一些抗议活动可能是和平的。遭遇不公的民众有时会联合起来向当局索赔，以弥补由经济变革造成的损失。例如，这一时期的英国农民就多次请愿，要求议会通过立法限制地主圈占公有土地。然而，每当抗议者聚集到一块并打算与权威人士进行和平商议时，他们往往成为引发集体暴力的潜在威胁因素。下面这个案例便体现了这类情况：在西属尼德兰的许多城市中，行会拥有批准市议会实施立法和税收政策的权力。可是，当行会领袖被召集到市政厅以进行正式批准时，他们不仅可能拒绝议会的提议，而且实际上可能会向当地政府施压，直到议会通过让他们满意的提案为止。这类"静坐抗议"（sit in）不可避免地迅速扩大，人群也因此不断聚集，局势随时可能演变为一场骚乱。

① 这里的封建义务特指当时欧洲的一项土地制度：国王将土地转让给贵族，贵族再转让给农民，条件是每个人必须向其上级交税。

从数十人聚在一起大声抗议和投掷石块，到成千上万的暴徒造成大批人员伤亡和大量财产损失，不同类型的骚乱也有不同的规模。但是，引发骚乱和所有其他集体暴力事件的关键因素都在于民众的普遍不满情绪。历史学界如今意识到，当时参与骚乱的民众都确信自己是正义的一方。在早期近代欧洲参与抗议税收活动的民众往往认为，国家层层加码的财政需求并不能归咎于国王，而应归咎于国王身边的腐败大臣，"如果国王知情"，这类新的税收政策就不会继续推行。抗议者认为自己是忠诚的臣民，他们反抗新出现的不公正税收政策的目的是维护旧时代的秩序。因此，抗议盐税（gabelle，指对食盐的垄断，这种必需品的购买价格包含了税款）的法国人高呼"不征盐税的国王万岁！"；西班牙抗议者的口号是"国王万岁，恶政必亡！"；德意志农民起义者则通过诉诸"自然法"（natural law）[1] 和"上帝法"（godly law）[2] 为抗议的合法性辩护。此外，几乎所有由粮食问题引发的地方骚乱的参与者都确信，自己有权以正常价格购得粮食，市场理应"平价"出售人们每天吃的面包。他们认为，面包之所以变得昂贵，就是因为商人或面包店主在背后囤积居奇，操纵面包价格。

因为对现实的不满以及对自身正义立场的坚信，早期近代的欧洲人积极参与出于各种原因的骚乱和暴力抗议。社群或邻里的共同身份是促使个人参与集体抗议的重要因素。尽管历史学家如今了解到，即使是在小规模的早期近代社区内部也经常

---

① "自然法"是一种主张一定的权利因为人类本性中的美德而固然存在，由自然（传统上由上帝或超然的来源）赋予，并且这些权利可以通过人类理性得到普遍理解的哲学。

② "上帝法"，指《圣经》中由上帝设定的义务与法则，如以命偿命。

会出现难以平息的争端，但对社群成员的外部威胁会让他们团结起来一致对外。因此，介入社群的军队（这显然代表了中央政府日益增长的权威）会促使社群民众在面对诸多共同威胁时搁置彼此之间的分歧，变得团结一致。对社群而言，由于高昂的费用和士兵经常实施的暴行，强行驻扎的军队可能演变为一场灾难。年轻人认为，军队打算趁此将他们征召入伍并让他们长期服役，而且有时还会利用武力强行征税。

然而，导致早期近代欧洲集体骚乱频发的因素并非只有睦邻关系。正如另一个发生于17世纪法国的案例所揭示的，其中显然还存在亲属关系因素。在阿布雅以及周边的佩里戈尔省村庄内被指控犯有骚乱罪的100个居民的名单中，有17个姓氏出现了不止一次，其中有5个姓氏出现了4次以上。此外，还有15个出现在名单上的男子是名单中另一个人的儿子或女婿。

共同的职业经历也会让不同性别的人聚到一起进行抗议。在西班牙、荷兰和德意志地区，男性行会成员的团结和协同行动的传统构成了当地民众抗议的基础。在三十年战争期间，许多暴力抗议者队伍中都有在服兵役期间互相认识的战友，他们明显展现出某种战友情谊。此外，随着工业化的发展，许多女性开始从事城市资本家所有的本地制造业，并进入了此前只有男性劳动者的场所。因此，在18世纪的英国，大量女性在曼彻斯特附近和德文郡的手工织布机边干活。而在黑乡（Black Country）① 的一些制钉企业中，超过一半的劳动力是女性。在

① 黑乡是指英格兰中部的重工业区。因该地盛产煤炭、钢铁、机械，烟囱林立，故有此称。

这种情况下，男女工作经历的相似似乎也引发了类似的事件：许多妇女像她们的男性同事一样参加抗议活动，甚至有时会成为抗议的领导者。

历史学家还将某些特定性别的社会场所与集体暴力相联系。就这方面而言，没有什么是比酒馆更加危险的男性场所了。在酒精的作用下，人们的火暴脾气可能会被点燃，醉汉也更加难以抑制内心的怒火。不仅如此，这些场所的管理者往往比他们的顾客更有涵养，言辞也更得体，他们中有许多人是民众领袖。在 1629 年 7 月 10 日伦敦发生的一场骚乱中，酒馆诱发暴力的可能性体现得淋漓尽致。当时当局在伦敦舰队街（Fleet Street）① 实施的一次逮捕行动使酒客们涌上街头与当局对峙，这场骚乱导致该地区的大部分街道被封锁。

通常而言，暴民和其他形式的集体暴力的参与者有很多社会方面的共同点。与早期近代警署记录中的刻板印象相反，历史学家发现，骚乱很少体现为社会最底层民众的盲目愤怒，这些人被法国官员称为"社会渣滓"（lie du people）。乔治·鲁代（George Rudé）进行的一项开创性研究表明，通过现有技术可以对当年骚乱成员的身份进行识别。而 E. P. 汤普森（E. P. Thompson）、娜塔莉·泽蒙·戴维斯（Natalie Zemon Davis）等其他历史学家同样证明，参与骚乱的人群总是怀有某种特定目的。[4]他们通常没有多少资产，大部分人是熟练或半熟练的工匠、零售业者或以小型农业租借地（agricultural holding）为生的佃农。这些人并非游手好闲的穷光蛋，他们有固定的住所，

---

① 舰队街是伦敦市内的一条著名街道，依邻近的舰队河而命名，由于这条街在历史上有众多出版机构，至今依然是英国媒体的代名词。

如果被捕也有能力自行交保，而且通常具有撰写抗议标语和阅读抗议文献的文化水平。但他们的收入并不高，而且随时可能失去拥有的一切。无论是食品价格的突然上涨、新出现的税种或更高税率的税收政策，还是此前耕作的公共土地被圈占，都能使他们瞬间陷入困境。这些人在与地方政府打交道方面也有足够的经验，同时对插手社区事务的外界权威十分反感。在早期近代的欧洲，那些警察和政府官员惧怕的、处境极为不利、常常无所依靠的穷人并不足以成为集体抗议的代表。一些历史学家把这些穷人的被动性归因于饥饿导致的身体虚弱，或者从贫穷文化中滋生出的逆来顺受，但辛西娅·布顿（Cynthia Bouton）在她对 18 世纪法国粮食骚乱（food riot）的研究中提出了另一种解释。她注意到，无论是天主教国家还是新教国家，当局都会在宗教改革后转变对穷人的态度，这些穷人不但遭到边缘化和污名化，他们衣食无忧的邻居也会对其产生畏惧，因此将其排除在有利于召集人群的社区、亲属关系和职业纽带之外。[5]

尽管在一些历史学家的假设中，发生在早期近代欧洲的集体抗议事件都遵循某种普遍模式，但无论其原因如何，这一时期出现的骚乱并不能完全用一种模式概括。抗议的形式体现了当地社会和文化规范的方方面面，因此会随时间和地点而变化。此外，几乎没有一次骚乱是由单一因素引发的。尽管如此，历史学家还是确定了一些在早期近代欧洲引发骚乱的基本原因，其中的主导因素是粮食供应的短缺和农业圈地运动的兴起。

在早期近代的欧洲，人们完全有理由担心饥荒的发生。在该时期的大部分时间内，由于人口增长对缺乏弹性的农业产出造成了不小的压力，粮食价格在欧洲各国普遍大涨。另外，粮食歉收也会造成面包价格的迅速上涨。因为面包是大多数欧洲人的主食，其价格的飙升甚至会使通常情况下富裕的工匠陷入赤贫的境地，有时还会引发大饥荒。由此，人们赖以生存的粮食的匮乏及其价格的不断上涨经常引发抗议，粮食骚乱可能是这一时期最频繁出现的集体暴力形式。政府在意识到粮食问题对公共秩序的威胁后，通常会采取一些维持和平的措施。例如，试图管控国内的粮食贸易，以此确保 478 粮食在当地市场上以合理的价格供应。在粮食极其匮乏的时候，一些政府也会赈济灾民。日内瓦、威尼斯和许多荷兰城邦都会在政府粮仓门口分发物资，而法国君主则从波罗的海地区的生产者那里购买应急小麦。但是，如果此类干预措施不够及时、不够充分或者没有真正得到实施，骚乱就可能随之到来。

粮食骚乱的出现通常反映了民众的普遍共识：作为日常粮食的面包应当遵循运输、碾磨、分配、烘焙等一整套合法惯例，而那些违反这套惯例者必须受到惩罚。最重要的是，在西欧大部分地区，在某种道德经济驱使下的民众认为，所有人都有权以可负担的"合理价格"购得粮食。而在其他地区（如巴伐利亚），能够通过自己的农场（*Hausnotdurft*）负担起整个家庭的饮食并自给自足，这是男性个人荣誉的重要体现之一。在粮食歉收的时节，对上述价值观的威胁就会导致民众为了活命而频繁发起骚乱。18 世纪似乎是英国和法国粮食骚乱的高发期。在英国，17 世纪时停滞的人口在此时又恢复了增长，这使粮食价格水涨船高，加上政府鼓励粮食出口，传统粮食市场的秩序受到了干扰。在法国，人口增长对传统农业造成的压力也导致了粮食价格的上涨，但最激烈的粮食骚乱是发生于1775 年的面粉战争（The Flour War），当时同时发生了两起事件：农作物歉收，以及政府取消了所有与粮食贸易有关的管控手段。上述事件导致面包价格飞速上涨，几周内就出现了超过300 起骚乱。就像其他地方一样，这些骚乱也呈现为多种不同的形式。

市场骚乱的典型表现是：人群将矛头对准涉嫌囤积粮食并哄抬粮价的商人或面包店主人，指责后者哄抬面包价格，或者以平时的价格出售掺假或不足量的面包。暴民还会对可能储有大量粮食的当地粮仓下手。虽然骚乱的参与者在市场、面包店和粮仓中掠夺货物，但他们并不总是以抢夺为目的。在一种被法国人称为"人民征税"（*taxation populaire*）的行动中，民众往往会以他们认为合理的价格抛售谷物或面包，但也会将销售所得转交给商人或面包店主人。市场骚乱经常发生在满足当地需求的集镇上，而且可能引发血案，因为暴徒会对那些被指控要为大众生存问题负责的人实施报复。

479 　　1585 年 5 月 8 日，那不勒斯的市场爆发了一场最终引发致命暴行的骚乱。当时市议会下令缩小该市供应面包的标准尺寸，但面包价格并没有因此下降，这道命令实际上提高了面包的价格。愤怒的民众将矛头对准了焦万·文森索·斯托拉斯（Giovan Vincenzo Storace），他是议会六名议员中唯一的普通民众代表，人们认为他在从事谷物投机活动。当斯托拉斯的轿子穿过城市时，人群将他的轿子拦下。与许多发生在早期近代欧洲的骚乱一样，这次集体骚乱在很大程度上借鉴了当时文化中的流行习俗来表达民众对官员行为的不满情绪。暴民抓住他乘坐的轿子的栏杆，拖着他的身子向后穿过街道，在喧闹的队伍中模仿示众游行（skimmington ride）①。与此同时，暴民还将各种东西往斯托拉斯的身上砸，这最终导致了他的死亡。此外，暴民还会在处理尸体时表达对死者的蔑视。在一些被判死刑的罪犯被绞死后，人们会把尸体脸朝下拖过街道，然后对尸体进行屠宰，类似于狂欢节期间常见的动物屠宰仪式。斯托拉斯的尸体就按照上述方式被大卸八块，他的内脏则被人们用武器尖端刺穿后举着经过街道。最后，斯托拉斯在西班牙总督的住所附近被抛尸。暴民们高呼："这就是坏政府的下场！"

在当时的欧洲，还有另一种在法语中被称为"阻断"（entrave）的粮食骚乱。当此类骚乱发生时，人群会将道路或水路堵塞，阻止粮食从他们所在的地区流向主要城市的市场，这些市场对农产品的出价更高。通常情况下，人群不仅会阻断这些货物的运输，而且会对其进行掠夺，或者通过"人民征税"的方式将其抛售。在本时期的欧洲社会中，随着陆路和水路交通的改善，大宗货物被运往主要市场或分销中心的渠道变得更加便捷，但这也成为助长群众骚乱的因素。在主要城市地区的运输路线上，这种骚乱尤其常见。因此，在 17 世纪 30 年代至 40 年代的泰晤士河谷和供应伦敦市场的所有地区（包括埃塞克斯、赫特福德郡、肯特、米德尔塞克斯和苏塞克斯）都发生过运输中的粮食遭民众围追堵截的骚乱事件。在面粉战争期间，巴黎盆地的主要河流马恩河、瓦兹河和塞纳河的沿岸地区均发生过类似的"阻断"事件。

第三种常见的粮食骚乱占据了面粉战争期间骚乱的 64%，

① 示众游行即"喧闹音乐"、"大声喧闹"或"青年修道会"。参见本卷第 14 章。

在这种发生于巴黎盆地这样的大规模农业地区的骚乱中，群众的诉求是占有储存在农场、磨坊、城堡、（有时甚至包括）宗教社区的大量粮食。

480　　　农业方面的革新同样可能引发民众抗议。在 16—17 世纪的英国，骚乱的最常见原因或许是农业社区的公共土地被富有的地主大量圈占。圈地运动剥夺了小农（smallholder）在公共土地上放牧以及采集木材、煤炭、泥炭和矿石的传统权利。在许多地区（例如，肯特郡的西德纳姆），40% 的自由持有农（freeholder）① 只拥有一座小屋和一块耕地，他们之中的小农在经济上依赖对公共土地的使用来维持生存。因此，只要出现和圈地有关的事件，哪怕仅仅出现了相关谣言，农民都有可能将矛头对准地主，对后者进行威胁、起诉乃至施暴。一旦抗议演变为骚乱，参与者就会破坏象征圈地的栅栏和树篱。但圈地引发的骚乱的最大危险在于，一旦这类骚乱中出现领导者，就可能演变为一场彻底的反叛。在 1548—1549 年的东盎格利亚就发生过此类事件，在当时众多村民、教区官员和教士的领导下，全副武装的农民发动了凯特起义，这是都铎王朝时期爆发的最大规模起义。起义军一度占领了诺维奇，他们在与一支超过 1.5 万人的皇家军队进行激战后才被击败，英军在这场战斗中阵亡了约 3000 人。

　　还有其他一些可能引发骚乱的综合因素。在早期近代德意志地区，公民和市议会的冲突有时会导致骚乱，这类骚乱的根本原因在于税收、宗教以及公民要求在城邦治理中拥有更大的

---

① 　自由持有农，指当时英国的自由农民，他们拥有自己的土地，土地权利受国王法庭的保护，人身相对自由，只需向领主交少量的地租，不承担封建义务。

发言权。法兰克福就体现了上述情况：17 世纪早期，当地民众对市政府的抗议与反犹主义思潮相结合，最终引发了菲特米尔茨起义。法兰克福作为当时德意志地区最大的城市之一，人口约有 2 万，大部分居民是路德宗教徒。因此，该市的宗教少数群体经常受到歧视，这种现象在当时的欧洲各地普遍存在。法兰克福不但将加尔文宗教徒和天主教徒排除在公民特权之外，而且将犹太人的活动范围限制在犹太社区（法兰克福拥有德意志地区最大的犹太社区"犹太街"，人口约有 2000）。法律还规定，这些犹太人连公民都算不上，而且他们不得加入任何行会。作为一个自治的自由城市，法兰克福由神圣罗马帝国皇帝直接管辖，其地方治理机构是一个由市民选举产生的议会，该议会同时行使广泛的司法权。如同许多早期近代的德意志城邦一样，法兰克福的议会逐渐被少数显赫家族控制，这些家族操纵选举结果，这实际上等于将商人市民和行会领袖排除在真正的政治权力之外。因此，像当时的许多欧洲城邦一样，法兰克福处于世袭寡头的统治之下。从 15 世纪至 17 世纪初，这些寡头对地方治理和税收的掌控使越来越多的市民感到不满。1612 年，一场公民骚乱终于爆发，这场骚乱起初与其他城市中爆发的类似骚乱并无二致。

　　市民自行成立了一个委员会，通过向市议会提出一系列诉求（*Gravamina*）的方式向其施压，并要求议会向贵族以外的民众开放，消除腐败现象，降低税收，以及使政府工作更加透明。不幸的是，市民认为，当地的犹太人正在从事高利贷活动，这损害了占人口多数的基督徒的利益，于是他们向议会提出一系列诉求，其中包括将犹太人驱逐出城，这也是早期近代的德意志地区行会成员经常会提出的要求。其他许多城市的市民委员会与市议会达成了妥协，但法兰克福的市民委员会与市议会之间旷日持久的谈判的结果并不能令市民满意。1614 年 5 月，面包店老板文森兹·菲特米尔茨（Vincenz Fettmilch）领导下的人群最终攻占市政厅，将原来的市议会解散并成立了一个新的市议会。菲特米尔茨宣布，自己是这座城市的总督（gubernator）①。这场反叛使神圣罗马帝国皇帝颁布诏令，要求市民服从帝国权威。然而，正当帝国钦差们在 8 月 22 日寻求恢复秩序时，一群公民侵入犹太人的聚居区，并实施了一场名副其实的屠杀（pogrom）。尽管这场屠杀并未造成大量人员死亡，但犹太人的财产被洗劫一空。第二天，在菲特米尔茨的监督下，犹太人被悉数驱逐出城，神圣罗马帝国皇帝因此宣布菲特米尔茨及其手下的统治非法。1616 年，菲特米尔茨及其手下遭到逮捕和审判，并最终被处决。随着其余叛军头目遭到鞭笞和流放，这场反叛也瓦解了。随后，这些犹太人在帝国军队的保护下返回自己位于法兰克福的社区。

然而，无论这类群众骚乱规模如何，它们都构成了对早期近代欧洲政治和社会稳定的威胁。因此，政府试图通过立法来对付骚乱的参与者。早在 16 世纪，法国君主就开始限制公众集会的规模。到 18 世纪，当局禁止一切未经许可的 4 人及以上的集会。政府的想法正如当时的一位法学家所写的："在不断增加人数的过程中，他们可能成为扰乱宗教、国家或公众安宁的隐患。"[6]在英国，传统的普通法将骚乱定义为任何 3 人或 3 人以上可能扰乱和平的集会，这类集会的参与者是轻罪犯。只有当他们诉诸暴力时，他们才可能成为所有公民都有责任将

---

① 这里的总督是古罗马时代对地方行政长官的称呼。

其逮捕的重罪犯。但在 1715 年，汉诺威王朝正值王位更替时， 482
社会动荡不安，议会因此加重了对单纯集会行为的惩罚。《防
暴法案》规定，任何由 12 人或更多人组成的、意图暴力对抗
王室权威的集会都属于骚乱。如果骚乱人群在地方官员来到集
会地点公开宣读该法案后一小时内没有解散，那么他们就会被
认定为重罪犯。于是，单纯的集会行为（而不是这种行为可
能导致的暴力）也成了一种重罪。不仅如此，立法机构还再
次要求公民协助镇压骚乱，并免除了他们在镇压过程中可能承
担的任何法律责任。

英国法律允许公民直接对骚乱者采取行动，这体现了所有
早期近代欧洲国家面临的难题。在本时期结束时，除了法国乡
村地区的骑警（*Maréchaussée*）之外，各国均未出现任何具备
现代国家警察部队职能的机构。一般而言，早期近代欧洲各国
唯一可用的力量是军队，但军队不仅很难有效控制人群，而且
很难在短时间内集结。1780 年 6 月 2 日，戈登骚乱爆发，这
场骚乱旨在反对议会立法减少官方对天主教徒的歧视。然而，
直到 6 月 8 日，当局才在伦敦集结了足够数量的士兵用于恢复
秩序。骚乱期间，首都的大部分地区都被骚乱者控制，后者对
人员和财产造成了相当大的损害。但军队在首都集结后，暴露
了另一个管控人群方面的问题：这些军人只受过战斗方面的训
练，而从未受过控制人群方面的训练。如果士兵的武器无法吓
退骚乱者，那么士兵除了开火之外别无选择。他们在伦敦也确
实这样做了，结果造成大约 285 人死亡、173 人受伤。虽然在
戈登骚乱这个案例中，军事力量的确终结了民众暴力，但大量
平民的死亡总是伴随着使骚乱事件升级的潜在风险。也许这就
是为何早期近代政府很少使用致命武力来平息骚乱，也很少大

批处决骚乱的参与者。大多数骚乱在几天内就会结束，而军队尚未集结，当局能做的只是在骚乱平息后处决几个头目。

尽管如此，一些骚乱还是存在发展为大规模反叛的可能性，而其中的关键因素似乎是骚乱的领导者，他们大多是拥有声望和教育经历以及可能受过军事训练的贵族。受过军事训练的贵族有时发现，他们可以借助民众的集体暴力来实现自身目的，如遏制王室权威的膨胀。反叛的领导者中有时还会出现神职人员的身影，他们和教区的居民住得很近，因此理解民众的不满情绪。不仅如此，他们还因为受过足够多的教育，从而在当地有一定的话语权。那些拥有一定司法权力的地方官员（如市长和市议员）必须平衡自身的地方利益代表和中央政府代表这两个角色。有时他们对当地的情感甚于对王室的忠诚，因此也有可能成为反叛的领导者。正如骚乱一样，本章所述时期的反叛数量同样巨大，所以我们无法在本章讨论所有的反叛。但在下面要讲到的两场大规模反叛中，我们都可以看到当地政要在其中扮演的角色。

在 1789 年的法国大革命之前，欧洲最大规模的民众起义爆发于 1524 年德意志南部的瑞士边境附近，随后蔓延至法兰肯、图林根和莱茵兰。长期以来，这场起义都被人们称为德国农民战争，但彼得·布利克勒（Peter Blickle）指出，其中的参与者也包括城镇居民和矿工。他十分贴切地指出，这场战争实际上体现的是"普通民众的反抗"。[7]成千上万的普通民众出于各种原因拿起武器，所有这类现象都源于前文已经提到的经济、政治和宗教变迁。随着人口的不断增长，试图靠日益有限的农业资源养家糊口的普通人的生计遭到了地主和政治当局的打压。地主从农民那里收取的现金税（cash due）逐渐贬值，地主便开始对农民畜牧所必需的公共土地进行圈占，并限制平民的伐木和狩猎活动。此外，他们还巧立名目从佃户手上榨取资源，如设立土地转让费。对许多人来说，圈地运动似乎预示着"农奴制的死灰复燃"（second serfdom），其推动者不仅包括普通领主，而且包括众多天主教机构的教士领主。在一个宗教改革于德意志地区大行其道的时代，那些天主教机构成为民众暴力发泄怒火的主要靶子。

在早期近代欧洲各国出现的领地问题中，当局开始利用税收和行政手段压榨普通民众。在 16 世纪初的欧洲各地，包括支付土耳其战争的特别税款在内的税金出现了大幅增长。在法兰肯，农民的全部税收负担和向领主缴纳的现金税约占自身年收入的一半。与此同时，君主们开始用罗马民法取代习惯法。习惯法维护的是"农民不仅对领主有义务，而且有权使用公共土地，并享有领主的保护"这类中世纪观念，而罗马民法则将土地归于领主个人所有，禁止农民提出任何土地方面的要求。1525 年 2 月（农民战争爆发前夕），所有这些问题都成为在 15 世纪末至 16 世纪初爆发的一场名为"鞋会运动"（Bundschuh）的起义的根本原因。

484

在鞋会运动初期，形势对起义军十分有利，帝国军队和维持德意志西南地区治安的士瓦本联盟军队此时还在与弗朗索瓦一世（Francis I）领导的法国军队争夺意大利半岛的控制权。此外，一些帝国骑士成为起义军的领袖，在集权的王公贵族、退役士兵、城市工匠和改革派传教士的作威作福之下，这些骑士感到苦不堪言。起义者被组织成公共军事队伍，他们主要的攻击目标是城堡和修道院、富裕的市民以及犹太人，后者遭受的迫害与在 1614 年发生于法兰克福的反犹骚乱中遭受的迫害类似。起义军还找来了当时的知识分子对外宣传他们的不满情绪，如资深毛皮商塞巴斯蒂安·洛泽（Sebastian Lotzer），以及受过学术训练的慈运理派（Zwinglianism）[①] 牧师克里斯托夫·沙佩勒（Christoph Schappeler）。他们撰写的宣传册《十二条：所有自认为受到宗教和世俗政权压迫的农民和佃农的公正和基本的条款》广泛流传，这本重印多达20次的小册子让起义者找到了一些共同奋斗的目标。作者将"条款"用宗教术语进行表述，宣称自己的事业乃"基督正义"，其基础是"上帝法"。他们还希望能够自主选举传播真正福音的牧师，并且相信自己的诉求与《圣经》相一致。但是，起义者的核心观点与前文提到的诸多早期近代的发展成果背道而驰。他们的诉求包括：结束农奴制，享有贵族的自由狩猎权和捕鱼特权，将公共土地交还当地社区，以及在劳动服务、租约和农民对领主所欠税款方面一视同仁。

然而，农民起义军的优势并未持续很长时间。1525年春天，从意大利返回的德军将起义军一举击溃，后者从未真正跨越他们原本的阶级实现完全统一。当局对这场起义进行了残酷镇压，据估计，起义军在战斗和随后的迫害中，死亡人数高达10万。起义的残余势力被处以巨额罚款，用于赔偿教会团体和贵族所遭受的损失。当局还试图解除起义地区的武装。不过，为了避免起义再次发生，一些贵族在有限条件下与他们的佃农达成了妥协。

早期近代欧洲各国日益发展的财政政策也成为反叛频发的

---

① 慈运理派，指在瑞士的一场同名的基督新教改革运动后诞生的教派，比路德宗改革得更加彻底。

一大根源，这在法国体现得尤其明显。从 1548 年开始，法国境内爆发了一系列反叛，民众奋起反抗为了应对当时的战争以及为不断膨胀的中央政府提供资金而增加的新税，这类反叛持续了长达一个半世纪，也许其中规模最大的是在法国西南部的佩里戈尔爆发的克洛堪（Croquants，该词是对乡下人的蔑称）起义。 485

克洛堪起义爆发于 1636 年 12 月，当时政府宣布征收一项临时税，用于向在巴约讷集结准备入侵西班牙的法军提供口粮。国王很快又增加了另一项临时税，根据当时皇家总督的推算，这项税收使得 1636—1637 年度的地方税与前一年相比增加了三分之一。1637 年 5 月 10 日，佩里戈尔的农民拿起武器并将矛头对准税官，起义因此爆发，至少有 3 万名全副武装的农民占领了贝尔热拉克（Bergerac，该省最大的城市之一）。克洛堪起义的参与者从一开始就表明，他们只是反抗税收政策，并不寻求激进的社会或经济变革。起义军从未对大地主的城堡和庄园发起过进攻，事实上，他们还推举了一名当地贵族职业军官——森林之母阁下（Sieur de La Mothe-La-Forêt）[①] 安托万·杜·皮（Antoine du Puy）——担任起义军的总指挥官。虽然佩里戈尔的大多数贵族不支持起义的任何一方，但我们不难推断，森林之母阁下和其他跟随农民举起反抗旗帜的贵族之所以会这样做，要么是出于对起义事业的同情，要么就是试图通过担任领导来遏制起义运动的发展，却弄巧成拙。森林之母阁下的许多下属不太可能自行发动社会革命，他们成为起义军领袖的理由似乎是其军事经验或地方声望，人们并不相信他们

---

① 森林之母阁下是杜·皮的封号。

（包括 7 名当地贵族、6 名法官、5 名律师、4 名牧师、3 名商人、2 名公证员和 1 名医生）会主动加入反抗现有社会和经济秩序的起义军行列。此外，我们还可以从这些知名人士撰写的现存文献（其中一些是写给国王的）中了解到克洛堪的诉求。在这些文献中，他们恭敬地请求对官员政策一无所知的国王减少这类特殊的财政要求，并且希望国王能够惩罚这些官员。克洛堪还呼吁国王重建社会的自由传统（包括恢复正常的征税政策），并相信这可以让国家迎来一个新的黄金时代。

在占领贝尔热拉克之后，森林之母阁下率领农民沿多尔多涅河谷而下，试图夺取该地区的首府波尔多。然而，这支由农民组成的军队缺乏远程火力，这使他们迟迟难以攻克贝尔热拉克下游的一个名叫圣佛伊（Sainte-Foy）的大型城镇。当克洛堪起义军随后向南进入阿热奈并占领了当地的几个城镇时，该地总督从西班牙前线召回了自己的部队。1637 年 6 月 1 日，皇家军队攻入起义军控制的拉索沃塔（La Sauvetat），他们在经过血腥的巷战后最终占领了该城，多达 1500 名克洛堪战死，整座城市也被洗劫一空。不久之后，森林之母阁下撤退到贝尔热拉克。当皇家部队带着大炮抵达时，他发现自己已经难以阻挡对手的脚步。于是，克洛堪及其领导人四散而逃，森林之母阁下也在佩里戈尔的深林中消失，从此再未出现。

起义结束后，皇家当局对当地的农民实行恩威并施的政策。当局迅速采取以儆效尤的惩戒措施将起义的十几个头目处决，其余领导者也被分别判处流放或苦役。当局还在发生起义的城镇驻扎军队，军费开支由当地社区承担。但当局也撤销了为巴约讷的军队征收的特别税，并颁布了一项法令，声明对征税中出现的问题负主要责任的是皇家官员，而非国王本人。然而，该地区并没有因此变得和平，周边地带依然起义频发，一些不死心的克洛堪退回森林中组建土匪团伙，他们最终在西南部的其他地区发动了另一场大规模起义。研究 17 世纪法国西南部起义的历史学家伊夫-玛丽·贝尔塞（Yves-Marie Bercé）指出了此类问题持续存在的原因："起义不仅是一项有日程、理由和计划的事业，它还成了一种习俗，一种生活方式，一种对财政控制的永久拒斥。"[8]

　　除了骚乱和反叛，该时期的欧洲还爆发了一些大规模革命，没有一个大国能够幸免于此。激进的宗教思想是人们敢于挑战君主制"暴政"的重要因素。1588 年形成的法国天主教同盟（Catholic League in France）[①] 和 1649 年建立的英格兰共和国（Republic in England）[②] 开启了人民主权观念的短暂实验，但或许没有哪个国家比君主制的西班牙受到了更加强烈的革命冲击。作为 1469 年卡斯蒂利亚的伊莎贝拉（Isabella of Castile）和阿拉贡的斐迪南（Ferdinand of Aragon）联姻的产物，西班牙最能体现那个时代君主制的民族融合状态。到 1580 年，通过婚姻和继承关系，西班牙的天主教共治君主不但统治了西班牙和葡萄牙，其领土还包括意大利的撒丁岛、西西里岛、那不勒斯王国和米兰公国，以及弗朗什-孔泰（位于今天法国东部的勃艮第）与尼德兰的一些省份（包括今天的比利时、卢森堡和荷兰）。在 16—17 世纪，西班牙王室统治的许多领土几乎常年处于战争状态，经常疲于应付革命的当局需要更多财政收入，因

487

---

① 法国天主教同盟是部分天主教贵族和教士结成的同盟，1598 年解散。

② 英格兰共和国，全名英格兰、苏格兰与爱尔兰共和国，是第一个统治全英国的共和政府。1660 年，流亡法国的查理二世复辟，英格兰共和国覆灭。

此当局对其领地内不同民族的臣民进行压榨。革命又是各种问题的结果，问题包括宗教和族群分裂、自治传统受到集权君主制的挑战、粮食歉收，以及不断加重的税收负担。在 1562 年爆发的一场革命中，尼德兰北部的七个省份在 1581 年宣布脱离西班牙独立。尽管葡萄牙王室在 1580 年与西班牙王室合并，但在 1640 年爆发的一场革命中，葡萄牙再次成为独立的国家。西班牙在意大利的领土尤其麻烦重重：1516—1517 年，西西里爆发起义；1547 年，那不勒斯爆发起义。1647 年，两地的起义势力都发展成了革命。1647 年，西班牙皇家军队迅速镇压西西里的起义，但那不勒斯的起义军席卷了意大利南部的大部分地区，并一度建立了独立的共和国。直到 1648 年，西班牙王室才恢复了对该地区的控制。但是，对西班牙君主产生最大威胁的动荡局势恰恰发生于伊比利亚半岛境内。

加泰罗尼亚（Catalonia）公国是古代阿拉贡王国的统治地区，这里的臣民在语言和文化上都与主要处于西班牙君主直接统治下的卡斯蒂利亚地区大相径庭。此外，加泰罗尼亚人还有宪法（constitucións）自治的传统，所有即位的西班牙新君主都必须宣誓服从，这削弱了后者的权威。这里还有一个叫作"议院"（Corts）的市民代表机构，所有当地税收政策都必须经过这一机构的批准。这些因素都阻碍了西班牙国王的首相奥利瓦雷斯伯公爵（Count-Duke of Olivares）①的计划，他打算让加泰罗尼亚在对付邻国法国的三十年战争中为国家贡献更多的收入。然而，尽管加泰罗尼亚正值严重的干旱，奥利瓦雷斯还是在

---

① 奥利瓦雷斯伯公爵的全名是加斯帕尔·德·古斯曼-皮门特尔·里韦拉-贝拉斯科·德·托瓦尔，奥利瓦雷斯伯公爵（Gaspar de Guzmán y Pimentel Ribera y Velasco de Tovar, Conde-duque de Olivares）。

1640 年执行了这一计划，他还下令在公国境内驻扎军队。当局
造成的威胁或许促使当地人放下了彼此之间的分歧，当一位王
室官员来到圣科洛马·德·法尔执行驻扎的命令时，居民纷纷
严阵以待。由于一位贵族向市民提供了少量的火器，这场运动
便很快出现了当地领袖。4 月 30 日，一名当地牧师指挥人群发
起抵抗，一场骚乱随之爆发，人们迫使王室代表及其仆从逃到
一家旅馆避难。暴民随后包围并烧毁了旅馆，杀死了几乎所有
人，仅有一名仆从幸免于难。这次骚乱还引发了一系列针对加
泰罗尼亚民众攻击全境军队的焚烧村庄的军事报复。事实上，
到 1640 年 6 月初，巴塞罗那也陷入骚乱，总督本人因此丧生。 488
此外，这场骚乱不但标志着 1640—1652 年全面革命的开端，而
且促使加泰罗尼亚人在法国的帮助下寻求脱离西班牙而独立。

　　当然，这一时期最伟大的革命是 1789 年爆发的法国大革
命。从一开始，这场革命的追随者就借鉴了早期近代欧洲民众
骚乱中大量被使用的手段，他们也体现了与此前三个世纪的暴
徒和反叛者相同的姿态、举动、游行、反游行和暴力仪式。[9]尽
管 1789 年的革命始于传统的民众暴力表现形式，但这场革命
很快就走向了不同的道路。革命者并不希望恢复过去的黄金时
代，而是想要创造新的社会、经济和政府。因此，法国大革命
不仅是早期近代欧洲的最后一场革命，也是欧洲在现代爆发的
首场革命。

参考论著

　　除了本章在注释中引用的论著外，对早期近代欧洲集体暴力的概览
性研究成果还包括 Yves-Marie Bercé, *Revolt and Revolution in Early Modern
Europe：An Essay on the History of Political Violence* (New York：St Martin's
Press, 1987)；Wayne P. Te Brake, *Shaping History：Ordinary People in*

European Politics, *1500 - 1700* （Berkeley: University of California Press, 1998）；Jack A. Goldstone, *Revolutions in the Early Modern World* （Berkeley and Los Angeles: University of California Press, 1991）；Hugues Neveux, *Les révoltespaysannesen Europe*（*xiv - xviie siècle*）（Paris: Albin Michel, 1997）；Geoffrey Parker, *Global Crisis*: *War*, *Climate Change and Catastrophe in the Seventeenth Century*（New Haven, CT: Yale University Press, 2013），该著关注了 17 世纪欧洲社会危机中的集体暴力；Charles Tilly, *European Revolutions*, *1492-1992*（Oxford: Blackwell, 1993）；Perez Zagorin, *Rebels and Rulers*, *1500-1660*, 2 vols.（Cambridge: Cambridge University Press, 1982）。然而，大多数关于集体暴力的研究成果是从历史学家各自特定的国家视角出发的。

对英国集体暴力的概览性研究成果包括 Anthony Fletcher and Diarmaid MacCulloch, *Tudor Rebellions*, 5th edn（London: Pearson Longman, 2008）；John Stevenson, *Popular Disturbances in England*, *1700-1832*, 2nd edn（London: Longman Publishing, 1992）；Charles Tilly, *Popular Contention in Great Britain*, *1758 - 1834*（Cambridge, MA: Harvard University Press, 1995）；Andy Wood, *Riot*, *Rebellion and Popular Politics in Early Modern England*（New York: Palgrave, 2002）。关于圈地运动中的暴力现象，参见 Roger Manning, *Village Revolts*: *Social Protest and Popular Disturbances in England*, *1509-1640*（Oxford: Oxford University Press, 1998）；Buchanan Sharp, *In Contempt of All Authority*: *Rural Artisans and Riots in the West of England, 1586 - 1660*（Berkeley: University of California Press, 1980）；Andy Wood, *The 1549 Rebellions and the Making of Early Modern England*（Cambridge: Cambridge University Press, 2007）。关于粮食骚乱，参见 John Bohstedt, *Politics of Provisions*: *Food Riots, Moral Economy and Market Transition in England*, *c. 1550-1850*（Farnham: Ashgate, 2010）；Adrian Randall, *Riotous Assemblies*: *Popular Protest in Hanoverian England*（Oxford: Oxford University Press, 2006）。下面这部著作考察了英国内战期间的民众抗议活动：David Underdown, *Revel*, *Riot and Rebellion*: *Popular Politics and Culture in England*, *1603 - 1660*（Oxford: Oxford University Press, 1985）。

对席卷法国的农民起义浪潮的研究始于苏联，Boris F. Porshnev, *Les soulèvements populaires en France de 1623 à 1648*（Paris: SEVPEN, 1963）—

书用阶级冲突来解释这类抵抗运动。这项研究引起了一些学者以及他们的学生的质疑：Roland Mousnier, *Peasant Uprisings in Seventeenth-Century France, Russia, and China*, trans. Brian Pearce（New York：Harper & Row, 1970）；Yves-Marie Bercé, *Histoire des Croquants：étude des soulèvements populaires au XVIIe siècle dans le sud-ouest de la France*, 2 vols.（Geneva：Librairie Droz, 1974）；Madeleine Foisil, *La révolte des nu-pieds et les révoltes normandes de 1639*（Presses Universitaires de France, 1970）；René Pillorget, *Les mouvements insurrectionels de Provence entre 1596 et 1715*（Paris：Éditions A. Pedone, 1975）。近年关于这些区域的研究成果还包括 Gauthier Aubert, *Les révoltes du papier timbré, 1675：essai d'histoire événementielle*（Rennes：Presses Universitaires de Rennes, 2014）。关于城市骚乱的一项重要研究成果是 William Beik, *Urban Protest in Seventeenth-Century France：The Culture of Retribution*（Cambridge：Cambridge University Press, 1997）。关于宗教暴力，参见 Denis Crouzet, *Les guerriers de Dieu：la violence au temps des troubles de religion, vers 1525–vers 1610*, 2 vols.（Seyssel：Champ Vallon, 1990）；W. Gregory Hanlon, *Let God Arise：The War and Rebellion of the Camisards*（Oxford：Oxford University Press, 2014）。关于粮食骚乱的研究成果还包括 Cynthia Bouton, *The Flour War：Gender, Class, and Communities in Late Ancien Régime French Society*（University Park：Pennsylvania State University Press, 1993）；Louise Tilly, 'The Food Riot as a Form of Political Conflict in France', *Journal of Interdisciplinary History* 2（1971）, pp. 23–57。

1525 年爆发的农民战争主导了本时期的德国历史，下面这项研究成果具有举足轻重的意义，读者也可以参考该著作者对德意志动乱更为全面的研究：Peter Blickle, *Obedient Germans？A Rebuttal：A New View of German History*, trans. Thomas A. Brady Jr（Charlottesville：University Press of Virginia, 1997）。关于在法兰克福爆发的菲特米尔茨起义，参见 Christopher R. Friedrichs, 'Politics or Pogrom？The Fettmilch Uprising in German and Jewish History', *Central European History* 19.2（1986）, pp. 186–227。

在西班牙君主制时期爆发的起义中，对那不勒斯起义的一项经典研究成果是 Rosario Villari, *The Revolt of Naples*, trans. James Newell, 5th edn（Cambridge：Polity Press, 1993），读者亦可参见 Alain Hugon, *Naples insurgée，1647 - 1648：de l'événement à la mémoire* （ Rennes：Presses Universitaires de Rennes，2011）。关于伊比利亚半岛的起义活动，参见 Stephen Haliczer，*The Comuneros of Castile：The Forging of a Revolution，1475-1521* （Madison：University of Wisconsin Press，1981）；J. H. Elliott，*The Revolt of the Catalans：A Study in the Decline of Spain (1598-1640)* （Cambridge：Cambridge University Press，1963）。

注 释

1. Jean Nicolas，*La rébellion française：mouvements populaires et conscience sociale，1661-1789* （Paris：Éditions du Seuil，2002）.

2. James C. Scott，*Weapons of the Weak：Everyday Forms of Peasant Resistance* （New Haven，CT：Yale University Press，1985）.

3. William Beik，*Urban Protest in Seventeenth-Century France：The Culture of Retribution* （Cambridge：Cambridge University Press，1997），p. 27.

4. G. Rudé，*The Crowd in the French Revolution* （Oxford：Oxford University Press，1959）；E. P. Thompson，'The Moral Economy of the English Crowd in the Eighteenth Century'，*Past & Present* 50 （1971），pp. 77 - 136；N. Z. Davis，*Society and Culture in Early Modern France* （Stanford，CA：Stanford University Press，1975）.

5. C. A. Bouton，*The Flour War：Gender，Class，and Community in Late Ancien Régime French Society* （University Park：Pennsylvania State University Press，1993），pp. 110-12.

6. François Serpillon，*Code criminal oucommentaire de l'ordonnance de 1670*，4 vols.（Lyon：Les frères Perisse，1767），vol. I，p. 92.

7. Peter Blickle，*The Revolution of 1525：The German Peasants War from a New Perspective*，trans. Thomas A. Brady Jr and H. C. Eric Midelfort （Baltimore，MD：Johns Hopkins University Press，1977），pp. 122-4.

8. Yves-Marie Bercé，*Histoire des Croquants：Étude des soulèvements*

populaires au xviiesiècle dans le sud-ouest de la France, 2 vols. (Geneva: LibrairieDroz, 1974), vol. I, p. 442.

9. Yves-Marie Bercé, *Croquants et nu-pieds : les soulèvements paysans en France du xvie au xixe siècle* (Paris: Éditions Gallimard, 1974), p. 122.

第六部分
宗教暴力

25　东亚的宗教与暴力

杜博思

在 1500—1800 年这段时间内，东亚各国的政治、社会和经济都发生了巨大变化。这些变化在不同地区（包括中国、朝鲜、日本和中国以北的边远地带）有着不同的表现，但不同国家之间显然存在关联之处，它们共同体现了东亚的地域特征。变化的压力还延伸到了宗教领域，并且往往会演变成实际的暴力事件：16 世纪日本对佛教僧侣的屠杀，各国对天主教士的排斥，以及数量不断增加、严重程度和顽强程度不断提高的中国千年末世之乱①。但是，暴力并不总是处于显性状态。本时期出现的一些短暂冲突显然表明，对宗教进行管控的政治愿景与救世主式的宗教思想之间存在更加复杂的矛盾，伴随这种矛盾到来的不仅包括国家暴力对上述宗教少数群体的威胁，还有救世主义宗教思想的显著兴起。

宗教暴力涵盖了一系列不同的现象，其中最明显的是国家对宗教对手或异端的政治迫害。但暴力本身也是宗教的组成部分，它不仅出现在对正义战争和天谴等道德问题的探讨中，还出现在对神圣时间（sacred time）②与宇宙诞生和毁灭的周期等形而上学问题的探讨中。教徒自己也可能诉诸暴力来镇压其阵营中的异端，或者暴力恐吓非信徒、敌对宗教团体乃至国家

---

① 关于千年末世之乱与千禧年主义，参见本卷导言。

② 神圣时间这一术语出自宗教学家伊利亚德，与自然时间相对，指以神的活动来感知和计算时间，如宗教节日、帝王年号等。

本身。这些宗教暴力的表现并不是孤立的，而是相互作用和相互影响的连续统一体。宗教暴力源于一种神学观念，即暴力何时才是可以接受的，甚至是否直接来自神的旨意。然而，作为一种社会现象，宗教暴力通常是对政治迫害等外部压力的回应。如果我们想要了解早期近代东亚宗教暴力的各种表现形式，就必须首先将其视为一种整体现象。

494

后蒙古时代东亚的转型

东亚政治格局变动的信号首先是蒙古人退出中心舞台。12—13 世纪，蒙古大军横扫欧亚大陆，他们摧毁了各国的旧政体，而且通过在广阔的领土上开辟直通各地的交通线路从而改变了整块大陆。尤其值得一提的是，蒙古人还将草原周围的农业核心地带彼此相连，这为中国与西亚和中亚的文化交流提供了便利。人们（尤其是官员）之间的不断交流成为蒙古统治时期的一大特征。在流动的专业阶层中，各种各样的神职人员尤其常见：藏地喇嘛、佛教僧侣、聂斯托利派（Nestorian）[①] 基督徒、道士，不一而足。蒙古人建立的元朝（1271—1368 年）在东亚推行大一统政策（cosmopolitanism），这不仅使宗教经文广泛流传，也使新的思想和宇宙观（如中亚摩尼教的观念）在各地广泛散播。[1]

随着蒙古人退回北方草原，东亚各地纷纷出现新的专制政权，其中最为重要的是明朝（1368—1644 年）。明朝在 14 世纪末重新确立了汉人在这片大陆上一直以来的主导地位。在随

[①] 聂斯托利派是最早传入中国的基督教派，在中国也称景教、波斯教、大秦教。

后的几十年内，东亚的相邻各政权通过谈判瓦解了日渐式微的蒙古秩序，并转而向崛起的明王朝称臣。经过多年的表面臣服之后，朝鲜最终通过高丽王朝（918—1392年）内部发生的一场政变使得自身摆脱了蒙古的干涉，并转变为更接近中国的政治模式，但后来的朝鲜王朝（1392—1897年）仍然保持与邻近的北元政权①的关系。虽然日本人在镰仓幕府（1192—1333年）和足利幕府（1338—1573年）统治期间都没有受到征服者的直接统治，但日本在此期间还是深受东亚大陆政治局势的影响，其中就包括了为了抵御蒙古人进犯而产生的备战压力（尽管从未完全变为现实）。16世纪后期，在经历了常年内战之后统一日本的江户幕府（1603—1868年）借鉴朝鲜王朝的经验，开始大量吸收东亚大陆的政治和文化影响，尤其是建立一个强大的官僚制国家。

对宗教的监管和压迫

495

这一时期的新兴政权都对宗教采取了强力政策，但强度不一。所有政权都为了巩固自身统治而与特定宗教结盟，并采取措施消除宗教可能带来的威胁。哪些人是朋友，哪些人是敌人，以及何时对敌人诉诸暴力，这些选择反映了不同政权对宗教利益的不同看法，尤其反映了王朝缔造者与宗教有关的经历。

中国

在中国，儒家思想是为明朝统治者服务的意识形态典型。

---

① 北元（1368—1635年）是1368年元朝在中原的统治崩溃后，元朝皇族退居漠北形成的与明朝并存的游牧政权，朝鲜人将这一政权称为北元。

这种如今被称为"宋明理学"的思想不仅比此前任何儒家思想都更加强调中央集权，而且在政治上也更加雄心勃勃（公开宣扬经世致用）。与其说这是一个单独的学派，不如说它代表的是一股探索新领域（如形而上学和心智的本质）的思潮，这已经与孔子及其同时代人的儒家经典讨论的内容相去甚远。有时人们会认为，儒家的这些创新受到了道家玄学的影响；但作为一种政治哲学，儒学首先是一股对社会秩序和道德教育的推动力量。

儒学的复兴也是对金朝（1115—1234 年）和元朝两个多世纪统治的一种政治上的反拨。儒学在这两个朝代并未受到压制，但它确实受到了其他知识分子和宗教传统（如藏传佛教）的显著影响。明朝开国之君朱元璋（1328—1398 年）几乎毫不掩饰地推行大汉族主义（Han chauvinism），他致力于让国家回归以汉族为中心的正统规范轨道，以此作为对此前元朝之失败的补救措施。在宣布建立新王朝的前夕，朱元璋昭告天下，谴责蒙古人的统治是对社会等级制这一自然法则的曲解。问题不在于统治者是非汉民族，而在于他们"不遵祖训，废坏纲常"。在蒙古人的暴政下，"大德废长立幼，泰定以臣弑君，天历以弟鸩兄，至于弟收兄妻，子烝父妾，上下相习，恬不为怪，其于父子君臣夫妇长幼之伦，渎乱甚矣"。[1][2]

从某种程度上而言，颁布此类诏书是一种旨在安抚士大夫并恢复其在元朝时期丧失的地位的宣传手段。但是，这些诏书并非一纸空文。明朝统治者在掌权后不但极其严肃地对待儒家

496

---

[1]　本段两处史料引自《谕中原檄》，这是朱元璋于 1367 年在应天府（今江苏南京）出兵北伐时颁布的檄文，相传由宋濂起草，全文见《明实录》《续资治通鉴纲目》《皇明文衡》等 20 余种公私文献。

提倡的清规戒律，而且在促进国家向平民灌输孝道美德方面发挥了新的干预作用。儒家正统思想被写进了国家治理的每一个层面，其中最显著的体现便是新制定的法典。《大明律》以秩序和等级的名义使国家重新负责为已故亲属举行丧礼等似乎属于私人领域的事务。

明朝对其他宗教的政策以宽容共存为主，但对可能聚集独立力量的宗教组织的打压毫不留情。明朝开国皇帝不但镇压了亦思巴奚战乱（1357—1366 年，这是一场东南穆斯林民兵之间长达十年的冲突）①的领导者，而且取消了佛寺和道观在元朝享有的免税待遇，但并未没收其财产。他还公开抨击在当时蓬勃发展的藏传佛教，可他从未直接将喇嘛驱逐出境。此后的明朝皇帝都以信奉某种宗教而著称，然而，他们通常不会迫害其他教徒。嘉靖皇帝（1521—1567 年在位）迷恋服用长生不老药，他对道教的迷信最终使其丧命。他还取消了朝廷对佛教寺庙的资助，并让僧侣悉数还俗。但即使是这些打压宗教的运动，最终也并未演变成对佛教僧侣或普通信众的大规模暴行。[3]

相反，明朝廷最深恶痛绝的是异端邪说，朝廷对这类行为实施了最严厉的惩罚措施。朝廷尤其对那些被认为有害于社会秩序的教义或习俗十分敏感。《大明律》（几乎逐字逐句地被清朝沿用）从法律上将所有神灵和宗教习俗分为三种：合法的（正）、非法的（淫）和扭曲的（邪，或"异端"）。在所有的异端中，最著名的当属官方称为"白莲教"的松散民间宗教团体。朱元璋与白莲教颇有渊源，他在军事生涯之初就统

---

① 此处为作者之误。明朝成立于 1368 年，亦思巴奚战乱结束于 1366 年，尽管朱元璋制定过压制穆斯林的政策，但并未直接镇压这场战乱。

率了一支被百姓称为"香军"的军队，并与白莲教结盟。这次经历非但没有使朱元璋同情民间宗教，反而令他下决心避免让宗教的军事化力量在他的统治下生根发芽。明朝统治者始终对民间宗教保持高度警惕，白莲教和其他各类被查禁的宗教团体都遭到了朝廷的无情打压。明朝统治者对宗教罪行的密切关注与憎恶在律法中体现得淋漓尽致。《大明律》对"巫假借邪神，书符咒水，扶鸾祷圣……及妄称弥勒佛、白莲社、明尊教、白云宗等会"[①] 的首犯处以绞刑，追随者各杖一百，流放三千里（约 1500 公里）。[4]像明初的许多制度一样，《大明律》中的某些条款一直沿用至中国帝制时代结束的 1911 年。[5]

朝鲜

与明朝类似，朝鲜王朝同样十分注重宗教的正统性，但两者在一些重要方面存在差异。14 世纪，朝鲜从向元朝称臣转为向明朝称臣，同时采取了一系列变革措施，包括采用中国的律例，以及热烈欢迎为统治阶级服务的儒家学说，并对其进行积极且全面的诠释。这种转变在很大程度上是双方的意识形态真正亲近的结果：即使在元代，也有许多朝鲜王公贵族在京师生活和学习。[6]朝鲜对明朝儒家秩序的接受侵犯了佛教徒的利益。15 世纪，朝鲜统治者取消了佛寺在高丽王朝时曾享有的慷慨赞助，此后的历任统治者都将僧侣的土地所有权收归国有，而且取消了寺院的免税待遇，并限制佛教人员数量的增加。除了据理力争之外，僧人对此毫无办法。许多佛寺都因此迁居山间，僧人在那里保持不问政事的状态，这种状态一直持续到了 20 世纪。

---

① 原文出自《大明律·礼律》。

　　另外，无论是来自佛教还是来自活跃于地下的异端邪说，宗教思想都很少能够从内部威胁朝鲜王朝的统治。与明朝一样，朝鲜也致力于强化意识形态的正统性。朝鲜还遵循了中国行政体制在其他许多方面的做法，并将明朝律法作为本国法典的基础（例如，19世纪早期《牧民心书》这样的行政指南就同时参考了明朝和朝鲜的成文法）。通过这种方式，朝鲜法律颁布了针对神婆、萨满以及信奉或传播异端邪说的类似禁令。19世纪初，这些规定被用于指控不同类型的巫术，并且成为抑制天主教传播的一种合法手段。[7]然而与中国不同的是，直到19世纪末的东学党起义，朝鲜都没有出现过大规模宗教暴力或反宗教暴力的威胁。

498

日本

　　足利幕府的军事政权与明朝保持着密切的关系，宋明理学的一些特定流派（尤其是那些旨在促进伦理规范或社会结构政策发展的流派）在早期近代传入日本并扎根发展。然而，与中国和朝鲜相比，日本的儒学从未发展成为一种排他性的统治意识形态，因此也从未取代佛教的政治地位，佛教仍然受到武士阶层和皇室成员的大力追捧。

　　除了直接的意识形态或政治联系之外，日本与早期明朝更重要的共同点是动荡不安的政局。足利幕府因为军事集团之间的冲突而变得四分五裂，16世纪末，这场分裂最终演变成长达40年的战乱。由于受到强大宗族的支持，以及作为国家的保护者（例如在13世纪，当局动员佛教徒祈愿抵御蒙古东征），拥有大量领地的大型佛寺经常卷入政治和军事斗争。寺庙武装的迅速膨胀很快产生了巨大的负面效应。1570年，迅速成为中部地区主导力量的织田信长（1534—1582年）击败了一支军队，该军队的残余势力在京都附近比睿山上的延历寺避难。当守卫森严的寺庙拒绝交出这些避难的士兵时，织田信长率领 3 万大军返回这里，并实施了一场长达一周的屠杀，寺内的所有僧侣和普通民众都被猎杀和斩首，无数的文化宝藏遭到毁坏或掠夺，寺内所有建筑都付之一炬。然而，这并非最后一次发生在佛寺中的血腥事件。尽管延历寺遭受的前所未有的暴499 行震慑了其他大多数心怀鬼胎的寺院［1585 年，织田信长的军事继任者丰臣秀吉（1537—1598 年）摧毁了根来寺，上述观念得到了强化］，但这也激起了全副武装的普通信徒的怒火，尤其是"净土真宗"①的信徒。在政治、经济和宗教问题以及敌对势力的共同驱使下，这些民间武装在接下来的 10 年里都设法抵御住了织田信长的进攻。

　　此后德川幕府制定的重大国策从这一动荡时期中吸取了教训。与朝鲜相比，日本德川时期的佛寺既得到了经济上的庇护，也受到了当局更加严格的监管。许多佛教流派被迫停止了长期以来的内斗——直到 1606 年，宗教斗争的失败者都会遭受酷刑，他们的眼睛、鼻子和其他部位会被切掉。由于这类暴行有演变成动乱的趋势，所以被当局禁止。然而，一旦被征服，寺庙就会对当权者保持忠诚，直到 1868 年德川幕府统治终结。这种忠诚的部分原因是确保寺庙成为社区的监管机构，寺庙借此与不受约束的民间宗教运动抗衡——包括更加不服管控的救世主义佛教教派，如宣扬不受不施的日莲宗（于 1669年被禁），以及（尤其是）天主教。[8]

---

　　① "净土真宗"是日本佛教主要宗派之一，又名一向宗、本愿宗、门徒宗，由法然之弟子亲鸾在镰仓时代初期（约 12 世纪）创立，是为继承法然的日本净土宗而发展的教团。

对天主教士的回应

伊比利亚半岛的天主教势力此时来到东亚大陆，传教士在这里同时寻求致富商机和皈依更多信众，这既意味着机遇，又意味着威胁；他们带来了宗教活力，也动摇了社会的稳定。海运贸易的高额利润使得权力的中心转移至沿海地区，并且为内陆各方争斗势力带来了新的武器和资金。伊比利亚人还带来了新的理念，尤其是基督教义。与他们的枪炮和黄金一样，外来思想在威胁到社会稳定时，就会成为当局的眼中钉。

随着西班牙人带来了天主教，日本当局开始对宗教实施强有力的控制措施。葡萄牙的耶稣会士从在果阿和马六甲建立的大本营出发前往东亚，他们最先抵达日本南部的九州岛。经过一段时间的适应（包括对日语的深入学习），传教士很快便在当地大名的居城里交到了朋友，而且让许多深受佛教诸流派（尤其是禅宗）影响的武士纷纷皈依天主教。1560 年，耶稣会士加斯帕·维莱拉（Gaspar Vilela）拜访足利幕府，并且得到了在国内传播天主教信仰的许可。尽管耶稣会士最初取得了成功，但他们的传教活动因内战的加剧而受挫，这场内战包括其在九州的支持者与新兴的丰臣秀吉之间的霸权之争，后者由于与僧兵作战的经历而逐渐对宗教的军事化产生了厌恶。丰臣秀吉起初承诺宗教宽容（这可能是一个确保安全通过九州的基督教领地的诡计），但他不久后便转向了暴力镇压。除了大名和武士精英之外，民众也如火如荼地开展反天主教运动。许多天主教徒本身就是在武力胁迫下皈依的，现在他们被迫通过污损圣母玛利亚（Virgin Mary）和婴儿耶稣（baby Jesus）的画像再次改变了自己的信仰，无论是出于对原先信仰的虔诚，还是害怕当局报复，这显然都是一种可能引发社会动荡的现象。

正如一位审讯者所描述的，"那些被迫踩踏神像的老人和妇女显得焦躁不安，脸色发红；他们喘着粗气，汗流浃背"。[9]拒绝恢复原先信仰的人则会遭受更多的惨烈酷刑，包括被钉上十字架。这场针对基督徒的暴力运动还与1638年的岛原起义存在重叠之处，在这场起义期间或之后，大约有3.7万名起义者被杀，他们中的大多数人是天主教徒。为了彻底防止百姓重新信仰天主教，德川政权委托此时已恢复地位的佛教僧伽（sangha）①逐户登记寺庙教区的居民。

在被驱逐出日本后，耶稣会士开始在中国立足。尽管他们同样引发了冲突，但值得注意的是，中国社会中始终没有发生在日本出现过的那种暴行。1577年，一支由42名教士组成的船队抵达葡萄牙的贸易飞地澳门。他们像在日本所做的那样，立即开始学习当地的语言和文化，并在精英阶层中培养皈依者。耶稣会士在中国以儒者自居，他们被视为一种新学说的传播者，但也因为掌握了各种实用科学（如地图绘制和天文学）以及与利润丰厚的大型船舶有贸易来往而受到当局青睐。和在日本时一样，这些耶稣会士再次致力于一个终极目标，即说服皇帝信仰天主。他们还因此与朝廷建立了政治关系，这种关系实际上从明朝一直延续到了清朝。当危机来临时（主要是由于教派——特别是西班牙支持的方济各会和多明我会——的内讧），这些信仰天主教的耶稣会士就会拒绝对中国儒家礼仪做出妥协。康熙皇帝和雍正皇帝在位期间（分别为1661—1722年和1722—1735年），清廷对天

501

---

① 僧伽原指由4名以上出家佛教徒组成的团体，后来单个和尚也称僧伽，简称为僧。

主教派的内讧和教皇的两项决定（禁止中国天主教徒举行明清律法要求的葬礼和敬神仪式）感到失望，因此将传教士统统驱逐出境，并禁止天主教信仰在域内公开传播。

值得一提的是，朝廷对天主教的打压活动基本到此为止。与 17 世纪的日本和 19 世纪的朝鲜对天主教徒的迫害形成鲜明对比的是，中国明清两朝的基督徒既没有遭到朝廷的系统性迫害，也没有被勒令改变自己的信仰。虽然许多士大夫认为基督教是一种错误的异端邪说，但朝廷似乎更倾向于认为，不守规矩的是传教士，而不是基督教本身。[10]只要邪恶的教士被赶走，这些已经建立的基督教社区就不再受到影响，它们只是偶尔会受到来访官员的刁难。朝廷没有对天主教徒进行大规模的清洗，当然也没有像德川幕府那样长期痴迷于铲除隐藏在地下的基督教组织。造成这种差异的原因来自庞大政体中各民族宗教团体的历史，但更根本的原因在于，虽然规模更大、更加自信的清廷对傲慢的外国传教士并无好感，并对蔑视敬祖行为的天主教徒深感忧虑，但统治者认为，天主教教义的其他方面只不过是另一种所谓的"夷技"。只要布道者受到适当的监督和管控，"天主"（耶稣会士对其基督教上帝的称呼）的学说就不会对国家安全产生威胁。[11]

宗教内部的暴力

宗教习俗中的暴力

在考虑东亚各国的宗教政策的时候，我们需要记住一点：暴力深深渗透进宗教本身的思想和习俗。宗教仪式里存在各种各样的暴行与暴力的表达方式：用血祭取悦或引诱神灵，用惩罚仪式来驱逐邪灵之力，用自残来锤炼精神或展示道德决心。

502　　这些仪式的表达方式是随着传统教规一同发展起来的，在许多
情况下，早期的直接暴力都被更加委婉和更具象征意味的暴力
所取代。日本的情况尤其如此。由于日本人对死亡污染十分敏
感①，血祭在这里并不常见。东亚的大多数佛教教派对血祭十
分反感，这种影响有时体现得更为广泛（例如在日本的祭孔
仪式中，植物常常被用作动物的替代品）。但从长远来看，这
些仪式的暴力程度不但没有减弱，反而有所增强。在儒家思想
的影响下，东亚各国都十分流行祭祀，然而，政治当局也会积
极确保这些祭祀活动不会演变为崇拜妖魔鬼怪的血祭仪式。

　　血祭和惩罚仪式是中国已知最早的宗教习俗，两者在道教
和萨满教的仪式中都十分常见。驱魔的咒语和仪式构成了原始
宗教活动的主体。中国公元前 2 世纪的一份手稿记述了一些具
体的驱魔措施：投掷灰烬或狗粪、大声喊叫、敲钟，或者用棍
棒和鞭子抽打空气。[12]久而久之，这类做法在道教的镇妖习俗
中得到了细化，其中一些变体不仅包括使用武器（如剑和鞭）
的仪式，还包括烧纸祭献、恐吓和血书誓言。这类见血的仪式
经常与朝鲜人和蒙古人狂热的萨满附身仪式相结合。

　　当新时期到来时，独尊儒家道学的统治者开始摒弃一些传
统，但他们认为这些传统并不足以产生必须将其查禁的威胁。
儒家对血祭的疑虑并不在于杀戮（传统儒家的最高祭祀活动
同样包括屠宰牛、猪和羊），而在于这些不受管控的仪式与逍
遥法外的地下力量的结合可能造成的危险。长期以来，中国人
一直将政治和法律方面的规章制度投射到精神领域，人们把神
灵世界想象成一个高度官僚化的天庭体系，各路神仙都有各自

---

① 参见本卷第 16 章的"污染焦虑"。

统治的领地。游魂同样必须服从天庭制定的种种规矩，那些守规矩的妖怪就会像改过自新的强盗一样得到提拔进入天庭。正如在消灾仪式中的祭拜对象"雷公"的重要政治地位所体现的，这些概念的力量反映的是帝制中国社会现实中的官僚秩序。[13] 尽管道士在民间仪式中依然占有一席之地，那些为朝廷观测天象的道士甚至可能位高权重，但在明清时期，他们的政治影响力逐渐减弱。朝鲜王朝的宫廷道士也面临着同样的命运。与此类似的还有中朝两地的佛教。这些传统宗教在政治方面日趋衰落的主要原因并非当局的驱逐，而是自身的避世倾向。[14]

503

　　儒家仪式中的道德说教经常要求参与者经历一些身体上的痛苦（至少是经历一些身体上的考验）。守孝是一种旨在使人吃苦耐劳的仪式。为了展示自己的孝心，（明律规定的）最高规格的守孝要求参与者必须连续三年粗衣粝食，完全杜绝娱乐或一切身体享受的活动。从这一点来看，身体上的自我伤害只是为了表现自身道德而做出的一小步举动。此类"仪式之外"的传统，把对个人虔诚的要求扩大到一个极端且危险的程度。道德上的自我暴力还发展成一种文学上的理想叙事，这些故事既令人皱眉，又令人钦佩。《二十四孝》记载了一些著名的孝道故事，其中既有"卧冰求鲤"① 和 "拾葚供亲"② 这样令人

---

① "卧冰求鲤"：晋王祥，字休征。早丧母，继母朱氏不慈。父前数谮之，由是失爱于父。母尝欲食生鱼，时天寒冰冻，祥解衣卧冰求之。冰忽自解，双鲤跃出，持归供母。

② "拾葚供亲"：汉蔡顺，少孤，事母至孝。遭王莽乱，岁荒不给。拾桑葚，以异器盛之。赤眉贼见而问之，顺曰："黑者奉母，赤者自食。"贼悯其孝，以白米二斗、牛蹄一只与之。

敬佩的故事，也有成年子女通过把自己的肉煮成药来侍奉父母①这样令人唏嘘的极端举动。除了《二十四孝》这个特定的文本，还有一些尤为真诚或严肃的守孝故事，这些故事往往会将守孝者的死亡作为叙述的高潮——这不但是孝道文学中的常见主题，而且毫无疑问，此类故事也在民间口口相传。[15]

日本也存在让身体受苦的类似传统，但其主要目的不在于道德展示，而在于苦行本身。佛寺的修行需要很好的身体素质，就禅宗而言，严厉的禅宗大师经常会对在打坐时丧失专注（如打瞌睡）的初学者进行身体上的击打。然而，这些行为的目的与其说是惩罚，不如说是让修行者集中精神的手段。此外，苦行还是一种隐喻，悟道本身就相当于一次醍醐灌顶。清苦的寺院理想（通常与现实有相当大的偏差）本身便很好地与严酷的自然禁欲主义传统融合在一起，其体现则是包括修验道②在内的本土宗教习俗。

504　　**道德考量**

东亚的宗教思想从神学角度探讨了与暴力本身有关的议题，包括暴力的道德意义、必要性或正当性，暴力在毁灭和重生的宇宙循环中的作用，以及暴力作为一种普遍现象的形而上存在。这类探讨受到了现实中发生的诸多政治和社会变革的深刻影响。无论是儒家还是道家，其政治思想均探讨了暴力在道德方面的运用。尽管儒道之间存在差异，但两者都认为，作为

---

① 此处是指"割股疗亲"，即孝子割下自己腿上的肉来治疗父母的疾病。但因为可能存在伦理问题，"割股疗亲"并未被收录进元代郭居业所撰的通行本《二十四孝》。

② 修验道（しゅげんどう）是日本社会中一种传统的苦行方式，强调跋涉山林，苦修练行。

一种治国工具，诉诸暴力是统治者丧失道德权威的表现，因此难以持续。正史主要关注王朝衰落之时兴起的暴力，以及暴君不可避免的灭亡命运。儒家圣人孟子（约公元前385—前312年）① 最直接地提出了"仁者无敌"的理念，他认为百姓或邻邦的暴行恰恰是君主的统治违背天意的证明。然而，儒家也并非完全拒斥所有的国家暴力。动荡时期需要强硬的统治手段，而惩罚（对应的中文是"霸"，该字既可以指强迫行为，又可以指暴力威胁）是镇压域外的野蛮民族或域内的恶贯满盈之徒的适当措施。朝廷对暴力必要性的态度发生了转变，尤其是在宋朝（960—1279年），当时王朝北部的边境长期受到契丹人和女真人的威胁和蹂躏。面对这些威胁，儒者将目光投向了古代文明，并将强大的统治者为征服野蛮民族和一统江山所采取的强力行动理想化。整个明朝都在呼应此类思想的一个主题：区分建立在纯粹道德劝诫基础上的理想政府与驯服野蛮人性的实际需求的必要性。[16]

作为朝鲜和日本的国教，佛教在理想和实际治理的类似分离环境中形成了看待暴力的独特方式。大乘佛教当中蕴含了"戒杀"（*ahimsa*）——禁止伤害众生——这一道德理想。这种观念认为，施暴者终将因自己的暴行遭受因果报应。因此，施暴者本人就是暴力的化身。这种观念还体现在关于妖魔鬼怪的信仰中。这些魂魄在阴间游荡，无法摆脱自己因为作恶而陷入的轮回命运。但就像道教一样，佛教在中国也提出了一套理论来证明，一些暴力不但是被允许的，而且是合理的。在佛教

505

---

① 关于孟子的生卒年，另有两种说法：公元前372—前289年，公元前385—前304年。

教义看来，可接受的暴力的主要标准是施暴者的慈悲之心和施暴动机。一个人如果为了某个更大的目标而伤害或杀死他人，例如预先阻止一个即将犯下更严重暴行的人的行动，那么这个施暴者就会免于负担所有因果报应。这种合法施暴之举在藏传佛教的忿怒尊（wrathful deities）身上得到了体现。菩萨为了震慑观者而展现自己暴力的一面，使信徒养成良好的行为习惯，抵御邪灵的诱惑，并让其果断割舍阻碍自身觉悟的事物。对于神灵和人类来说，保护佛教本身的责任高于一切，中国的僧侣在战乱频繁的 3 世纪至 4 世纪开始形成必要时诉诸暴力的观念。[17]

在对生与死、破与立的普遍形而上探索中蕴含着一种比较隐晦的暴力形式。兴衰思想出现于早期道家的时间循环理论中，其表现是阴阳、五行和八卦的相互作用。上述思想为中国人最终接受来自南亚和中亚的世界观奠定了基础，这些世界观在 1 世纪时随佛教一同传入中国。当这种世界观与其他令人忧心之事相联系时，就可能引发动荡。佛教对神圣时间的划分方式很容易被人们理解为万物复苏的自然节点，因此也是现实社会中政局动荡的自然节点。无论是朝廷还是百姓，双方都密切关注天文历法可能带来的预兆。早在 2 世纪的中国，人们就将干支纪年的循环周期与宗教引发的反叛相联系。[18]

中国本土的宇宙观还与来自南亚的"劫"（kalpa）相结合，这一概念指万物从诞生到毁灭后重生的过程。生长和衰亡的周期同样影响着整个宇宙，人类也可以在尘世中广泛感受到这一周期的存在：在一劫的高峰期，生命是漫长、和平且富有意义的；在一劫的低谷期，生命是短暂、暴力且无可救药的。

佛教经文对"劫"这个时间概念有过阐述，各种命理学的研究都对此有所体现。

宗教组织的暴力活动

神圣时间与千年末世之乱

在明代时，对神圣时间的探索与宗教暴力的发展过程密切相关。"劫变"（kalpic change）观念与其他思潮相结合，新的宗教思想传统由此产生。其中最早出现的是中亚的摩尼教，它启发了一种基于对被称为"明王"的神灵之崇拜的地下宗教团体。摩尼教的传播活动引起了明朝廷的怀疑，统治者指责摩尼教徒犯有妖术、奸淫等常见罪行。但是，明朝廷不但缺乏对这一教派进行彻底清算的兴趣，而且也不具备相关条件。此时出现的另一种趋势是将各类神学和习俗结合，从而形成一个杂糅各家的独立教派，这种综合各类思想的探索既是佛教与道教在中国的古老传统，也是一些世俗化的宗教思想家遵循的传统。这类宗教思想家包括明代文人林兆恩（1517—1598 年），他将这种思想的一个分支发展成"三一教"的教义。起初，林兆恩的教义仅在文人中公开传播。在三一教转向提倡平均主义之后，加上社会秩序的普遍崩溃，三一教的教义在百姓当中广为流传。日后还兴起了一些在民间秘密传播的教派（如罗教），这些教派都为弱势群体提供了精神和物质方面的庇护。

明朝此时已国力渐衰，官员在执行清剿这些新教派的法令时面临着诸多困难。清朝统治者则更加积极地追捕此类教众，他们不但重新禁止了三一教的传播，而且四处打击罗教以及与此类似的其他教派。[19]然而，政治打压非但没有让这些宗教团体销声匿迹，反而将其逼入地下，它们继续朝着更加暴力的方向发展。一个显著的变化是三一教的教义中加入了末世论的元素。根据最早出现在《龙华经》中的末世论，一位被称为无生老母的神灵将一代又一代的宗师（包括"三教"的创始人：孔子、佛陀和老子）遣至世间，以使人类远离恶行，并为真教在未来的降临铺平道路。真教的出现还是新"劫"降临的标志。虽然在印度教的原始教义中，"劫"是一段不可估量的漫长时间，但这些新教派开始将其终结视为某种更内在的概

507 念。借助弥勒佛（弥勒信仰此前已在中国和朝鲜引发了千年末世之乱[1]）救世主信仰的古老传统，无生老母的末世论在民间不断流传，这为旨在摧毁残余的腐败秩序以迎接新时代的政治动荡提供了沃土。这些运动的领袖往往会宣称自己就是真教的传授者或弥勒转世，即将在新"劫"来临之际一统天下。

通过暴力来加速实现神圣时间的目标，通常会与旨在给正义之师提供神灵庇护的仪式实践相结合。起初挑战元朝政权的起义军遵循的是早在 2 世纪就已出现的习俗[2]，他们依靠符咒和符水的力量与官军战斗。[20]其他起义军的士兵在战斗时同样坚信，一整套净化仪式能使自己刀枪不入，他们的领袖还有撒豆成兵、斩草为马的神力。这类观念的力量集中体现在 18 世纪后期爆发的小规模起义中，不仅起义士兵对此深信不疑，敌对的官军及其指挥官也将信将疑，为了与"妖术"抗衡，他们会采取一些类似措施。在 18 世纪晚期，一支自称得到神灵庇佑的起义军围攻北方的临清县城。当时驻守于城内的官军在

---

[1] 关于千年末世之乱，参见本卷导言。关于弥勒信仰与民间起事的关系，参见本卷第 6 章。

[2] 此处指东汉末年的黄巾起义期间，张角"奉事黄老道，畜养弟子，跪拜首过，符水咒说以疗病，病者颇愈，百姓信向之"（《后汉书》卷七一《皇甫嵩传》）。

城墙上洒满城中妓女的经血和尿液，认为这样做可以破坏起义军仪式的神奇效果。[21] 即使是 19 世纪的现代化推动者李鸿章（1823—1901 年），在他率领的军队中也有士兵会在与地下教派的追随者对峙之前小心翼翼地将武器浸泡在狗尿里。

尽管统治者试图抓捕起义领袖、焚烧经书或摧毁庙宇，但新出现的教派可能马上会像遭到打压的旧教派那样再次星火燎原。铲除民间教派的部分困难在于，它们并不都是暴力的。这些教派在社会稳定发展的时期可能通过和平途径进行发展，它们只有在受到压制的时候才会诉诸暴力。而且，这些教派的确在元朝晚期和明清两朝受到了来自朝廷的重重压迫。民间教派还会适应时代的变化，对宇宙的循环周期、救世主的领导、神灵庇佑等观念进行重新解释。在 1796—1805 年的川楚白莲教起义中就有人预言，一个新的时代（清朝的覆灭与明朝统治的回归）即将到来。实际上，川楚白莲教起义并非单个事件，其中包含了多场大大小小的起义，这些在清朝中部多省蔓延的起义都基于相同的末世论主题。在川楚白莲教起义期间，还有两场起义相继爆发：1774 年的王伦起义和 1813 年的八卦教起义。不过，它们规模更小，且更快被镇压。八卦教起义的领袖不但自称弥勒转世，而且自封明朝江山的正统继承者，这支起义军甚至一度威胁到京师皇宫的安全。[22] 但是，这些小规模起义和偶尔与妖术有关的事件只是 19 世纪中后期出现的一场更大危机的征兆。当时人口增长造成的压力和国家治理不善共同酿成了一系列更加广泛的千年末世之乱。在所有这些起义（包括在 19 世纪中叶由一个自称耶稣之弟的人领导的太平天国起义）中，都出现了社会宇宙观的重塑、神明庇佑和道德修辞的融合现象。

寺庙武装与佛道卫士

发生在日本的宗教暴力产生了与在中国的宗教暴力类似的影响，但两者的发展轨迹完全不同。这种暴力的来源之一是发生在军事化的寺庙和各大教派之间的争斗。大型佛寺在政治和经济方面拥有巨大的影响力，这种影响力随着它们在交战中与不同派系和门阀结盟而发展和转变。11—12 世纪，围绕佛寺展开的暴力事件越发频繁，受到动员的农民和劳工结盟，日复一日地采取传统方式摧毁敌对佛寺，数以千计的僧兵团体定期从固若金汤的寺庙中倾巢而出以骚扰政治当局。这类暴力活动的根源在于对资源的争夺：政治庇护、土地、商业利益，以及信徒的忠诚（这一点变得越发重要）。[23]

与在中国一样，日本社会中的居士参与政事的部分原因在于对神圣时间的解释，这种解释将时间定义为"消劫"或"末法"（*mappō*），并相信宇宙终将衰败，同时伴随着对政治和社会（包括佛教僧侣的阴谋）的明确批判。此类观点在中国体现为千禧年主义的愿景，在日本却导致了摒弃繁文缛节的宗教活动的兴起，大众也因此首次接触到了佛教组织并受到它们的吸引。随着信佛平民逐渐集结成军事组织，现有寺庙之间本就经常发生的暴力冲突进一步加剧，在具有反教会权威倾向的净土真宗、日莲宗等教派中尤为严重。

寺庙的暴力活动与信徒的积极献身这两种趋势汇聚在一起后，不但酿成了 1571 年织田信长与延历寺的冲突，还引发了持续不断的民间暴力浪潮。在整个 16 世纪，大型寺庙对都城的政局以及净土真宗与日莲宗日益激烈的内部斗争都产生了极重要的影响。1536 年，延历寺通过与净土真宗结盟插手政事，掀起了一场将京都南部夷为平地的进攻浪潮，这也使延历寺相信自己在该城的地位不可撼动。几十年后，当织田信长掌权时，他只能在是顺从寺庙还是反抗寺庙中二选一。织田信长对延历寺的毁灭性打击表明了其态度：无论敌人是军队还是神职人员，他都不会任由其摆布。织田信长铲除宗教异己的决心一直延续到他与净土真宗的信徒军队的冲突中。虽然这并非第一次有寺庙遭到毁坏，但延历寺遭受的灭顶之灾还是让日本佛教界震动不已。法主显如（Kennyo）①公开宣布织田信长为"佛敌"，命令他的追随者不惜一切代价对抗织田信长率领的军队，并承诺为因捍卫佛法而丧生的人进行超度。这引发了信徒的强烈共鸣，他们以极大的决心顽强抵抗织田信长达十年之久。直到1580年，随着石山堡垒的沦陷，这场运动才以失败告终。

宗教与教派暴力

并非所有的宗教暴力都与官方有关，民间宗教团体往往也是暴力活动的导火索，让当地的紧张局势爆发进而转为有组织的暴力。前文已提到了其中的一些争端：中国东南部穆斯林世族之间的暴力争斗，以及日本佛教教派和寺庙的自相残杀。其他地方的僧兵（如中国的少林僧人）既可能效忠于政权又可能反抗统治，但他们也会完全出于非政治的目的诉诸武力，如寺院之间的土地纠纷。尽管在此前几个世纪，中国和朝鲜的佛教徒在内部争斗方面已经达到了顶点（伴随着土地寺院势力的崛起，这些暴力争斗在后来有所减少），但他们仍然是促使官方始终保持戒备的威胁。[24]

---

① 显如是本愿寺第十一代法主的法号，他的讳名是光佐，在位时本愿寺的势力达到顶峰。

510 　　宗教信仰的差异还经常成为不同群体间爆发冲突的导火索。在中国不断变迁的民族格局中，宗教通常为不同民族提供了界定与捍卫利益的某种共同结构。暴力在边疆地带尤为频繁，那里的民族划分最为复杂，在这些动荡的边境社区中，新移民、矿工和伐木工为了保护和扩大他们的利益而借助宗教团结在一起。19世纪，在靠近缅甸边境的云南山区，汉人与回民之间的暴力事件不断升级。争斗双方主要来自穆斯林团体和被称为"香把会"的汉人组织。[25]从法律和秩序的角度而言，宗教团体始终是一把双刃剑，因为把村民、宗族、行会及其他团体聚集到一处的仪式生活，会成为类似的敌对群体对其发动武装攻击的理由。

结　语

　　早期近代的东亚社会中产生了一系列长期的政治、思想和社会潮流：专制政府希望对社会施加空前的集权统治，神职人员和平民信徒之中产生了神学和知识方面的平等主义，围绕宗教观念和群体的社会利益也因此诞生。这些潮流综合在一起，导致了针对当局的冲突。这种冲突有时十分暴力，但并不总是如此。各方势力在政治权力和宗教权力之间游走，在学校、修道院、寺庙、教派和信徒所处的宗教世界中为了争夺优先地位而不断展开争斗。

　　从个别政权、统治和危机时刻的背后可以看出，无论这些暴行是为了支持还是反对宗教，它们显然都体现出了某些共同的趋势。在整个早期近代，东亚所有统治者都认为自己是在奉天承运，因此不惜动用全部国家强制力量来遏制威胁正统的活动，以此确保社会遵守道德和礼仪规范。虽然村庄之类的较小社区并非完全以政治权威为参照物，但这些社区中的等级制也体现出与国家相同的道德和礼仪维度。当局依靠宗教限制社会中的个人或群体的自由。如果我们从政治权威中心的视角出发来看就会发现，宗教正统是促进社会稳定的黏合剂。但反过来说，旁门左道的信仰和仪式也很容易滋生异端，成为孵化蛊术的温床，或者成为群体暴力的导火索。

然而，这些东亚国家既非神权政体，也从未在宗教多样性 511 和异端之间进行明确划分。政治权力建立在为国家服务的意识形态框架之上，而不是其他方面。作为治国之道，这些框架为制度和信仰的多样性（如相互争斗的佛教派系、排他主义的宗教团体以及体现地方特色的神灵）留下了自由运作的空间。尽管如此，虽然东亚各国并未压制宗教的多样性，但宗教还是受到了当局严密的监管。正如庞大的奥斯曼帝国在伊斯兰国家的背景下为基督徒和犹太少数民族的自治创造了合法的空间，中国和朝鲜的儒家皇权以及日本德川时期的武士政权都提供了一个团结和管理各类宗教派别的整体结构。[26]这一结构以及存在于其中的宗教社区有一些界限，而且法律和暴力都会对其进行监督和考验。

宗教和政治宇宙观（political cosmology）①中存在与暴力的重叠之处，而这明显体现了宗教在不受控制的情况下可能产生的危险。宗教为农民和城镇居民提供了一个可能形成共同体的结构，其中就包括那些彼此可能进行暴力对峙或直接挑战国家权威的群体。但更重要的是，异端邪说可能会对政府统治的合法性产生根本威胁，无论它是以自己的方式，还是通过带来

———————

① 此处的政治宇宙观是指相信历史上的政治事件背后都自有其天意。

关于神之授意、宇宙时间和道德正义的全新理念。这种由宗教引发的暴力威胁不仅是东亚各国自身合法性的镜像，也是整个早期近代时期这些政权的心腹大患。

参考论著

关于东亚宗教历史的概览性研究成果，参见 Joseph Mitsuo Kitagawa, *Religion in Japanese History* (New York: Columbia University Press, 1966); John Lagerwey, *China: A Religious State* (Hong Kong: Chinese University of Hong Kong Press, 2010); Thomas DuBois, *Religion and the Making of Modern East Asia* (New York: Cambridge University Press, 2011)。关于宋明理学，参见 Benjamin Elman, John Duncan and Herman Ooms, *Rethinking Confucianism: Past and Present in China, Japan, Korea, and Vietnam* (Los Angeles: University of California Press, 2002)。

关于法律对宗教的管理，参见 Edward Farmer, *Zhu Yuanzhang and Early Ming Legislation: The Reordering of Chinese Society following the Era of Mongol Rule*, Sinica Leidensia 34 (Leiden: Brill, 1999); Philip A. Kuhn, *Soulstealers: The Chinese Sorcery Scare of 1768* (Cambridge, MA: Harvard University Press, 1990); Neil McMullin, *Buddhism and the State in Sixteenth Century Japan* (Princeton, NJ: Princeton University Press, 1984)。

512 　关于弥勒千禧年主义在东亚的发展历程，参见 Alan Sponberg and Helen Hardacre, *Maitreya, the Future Buddha* (Cambridge: Cambridge University Press, 1988)。关于这些思想在中国的演变过程，参见 Ma Xisha and Meng Huiying (eds.), *Popular Religion and Shamanism*, trans. Chi Zhen and Thomas David DuBois (Leiden: Brill, 2011)。关于白莲教及其他民间传统教派的研究成果，参见 Barend ter Haar, *The White Lotus Teaching in Chinese Religious History* (Honolulu: University of Hawai'i Press, 1992); Hubert Michael Seiwert, *Popular Religious Movements and Heterodox Sects in Chinese History* (Leiden: Brill, 2003)。

David Ownby, 'The Heaven and Earth Society as Popular Religion', *Journal of Asian Studies* 54.4 (1995), pp. 1023–46 一文讨论了三合会等秘密社团的宗教倾向。关于清朝中叶教派起事的爆发及其原因，参见

Susan Naquin, *Shantung Rebellion: The Wang Lun Uprising of 1774* (New Haven, CT: Yale University Press, 1981) ; *Millenarian Rebellion in China: The Eight Trigrams Uprising of 1813* (New Haven, CT: Yale University Press, 1976)。

关于延历寺和天主教在日本的覆灭，参见 Carol Richmond Tsang, *War and Faith: Ikkō-ikki in Late Muromachi Japan* (Cambridge, MA: Harvard University Asia Center, 2007)。关于日本当局对天主教的迫害，参见 George Elison, *Deus Destroyed: The Image of Christianity in Early Modern Japan* (Cambridge. MA: Harvard University Press, 1973)。

注　释

1. W. Lin, 'A Study on Equivalent Names of Manichaeism in Chinese', in X. Ma and H. Meng (eds.), *Popular Religion and Shamanism* (Leiden: Brill, 2011).
2. E. Farmer, *Zhu Yuanzhang and Early Ming Legislation: The Reordering of Chinese Society following the Era of Mongol Rule* (Leiden: Brill, 1995), p. 54.
3. C. F. Yü, 'Ming Buddhism', in D. Twitchett and F. Mote (eds.), *The Cambridge History of China*, vol. VIII, *The Ming Dynasty*, part 2, 1368– 1644 (Cambridge: Cambridge University Press, 1998), pp. 918–19.
4. Lin, 'Study on Equivalent Names', pp. 100–1.
5. B. ter Haar, *The White Lotus Teachings in Chinese Religious History* (Honolulu: University of Hawai'i Press, 1999), pp. 129–30.
6. D. Clark, 'Sino-Korean Tributary Relations under the Ming', in Twitchett and Mote (eds.), *Cambridge History of China*, vol. VIII, p. 273.
7. P. E. Roux, 'The Great Ming Code and the Repression of Catholics in Chosŏn Korea', *Acta Koreana* 15. 1 (2012), pp. 73–106.
8. H. Ooms, *Tokugawa Ideology: Early Constructs, 1570 – 1680* (Princeton, NJ: Princeton University Press, 1985), pp. 190–2; N. McMullin, *Buddhism and the State in Sixteenth-Century Japan*

（Princeton, NJ: Princeton University Press, 1984）, p. 247.

9. G. Elison, *Deus Destroyed: The Image of Christianity in Early Modern Japan* (Cambridge, MA: Harvard University Press, 1973), p. 204.

10. Ter Haar, *White Lotus Teachings*, pp. 219-20.

11. H. Harrison, *The Missionary's Curse and Other Tales from a Chinese Catholic Village* (Berkeley: University of California Press, 2013), pp. 41-64.

12. D. Harper, 'Spellbinding', in D. Lopez Jr (ed.), *Religions of China in Practice* (Princeton, NJ: Princeton University Press, 1985), pp. 241-50.

13. J. Lagerwey, *China: A Religious State* (Hong Kong: Hong Kong University Press, 2010), pp. 63-93.

14. J. H. K. Haboush and M. Deuchler, *Culture and the State in Late Chosŏn Korea* (Cambridge, MA: Harvard University Asia Center, 1999), p. 7.

15. K. N. Knapp, *Selfless Offspring Filial Children and Social Order in Early Medieval China* (Honolulu: University of Hawai'i Press, 2005), pp. 137-63.

16. M. E. Lewis, *Sanctioned Violence in Early China* (Albany: State University of New York Press, 1990).

17. N. Broy, 'Martial Monks in Medieval Chinese Buddhism', *Journal of Chinese Religions* 40. 1 (2012), pp. 50-3.

18. T. Kleeman, *Great Perfection: Religion and Ethnicity in a Chinese Millennial Kingdom* (Honolulu: University of Hawai'i Press, 1998), p. 65.

19. K. Dean, *Lord of the Three in One: The Spread of a Cult in Southeast China* (Princeton, NJ: Princeton University Press, 1998).

20. Kleeman, *Great Perfection*, pp. 48, 66.

21. S. Naquin, *Shantung Rebellion: The Wang Lun Uprising of 1774* (New Haven, CT: Yale University Press, 1981), p. 101.

22. S. Naquin, *Millenarian Rebellion in China: The Eight Trigrams Uprising of 1813* (New Haven, CT: Yale University Press, 1976).

23. M. S. Adolphson, *The Teeth and Claws of the Buddha: Monastic*

Warriors and Sōhei in Japanese History (Honolulu: University of Hawai'i Press, 2007).

24. 参见 Broy, 'Martial Monks'。

25. D. Atwill, *The Chinese Sultanate: Islam, Ethnicity, and the Panthay Rebellion in Southwest China, 1856 - 1873* (Stanford, CA: Stanford University Press, 2005), pp. 63-83.

26. K. Barkey, 'Aspects of Legal Pluralism in the Ottoman Empire', in R. J. Ross and L. Benton (eds.), *Legal Pluralism and Empires, 1500 - 1850* (New York: New York University Press, 2013), pp. 83-107.

26 欧洲的异端迫害与猎巫运动（1022—1800年）

罗伯特·W. 瑟斯顿

本章重点关注 11—18 世纪欧洲（尤其是西欧）社会发生的针对异端和女巫的暴行。所谓的"异端"（heresy）是指一个人有与自己宣称信仰的教义不一致的宗教信仰。因此，从严格意义来说，异端是个"内部问题"，例如在中世纪，教会不会将某个从未受洗的人视为异端。

异端一词源自古希腊语中的 *hairese*（意为"选择"），其通行定义来自 13 世纪的林肯主教①罗伯特·格罗斯泰斯特（Robert Grosseteste）："异端是一种人为选择的、与圣经相抵触并对自身进行固执捍卫的公开观点。"但是，某种观点是否与圣经相抵触，谁才有裁定的权力？为何西欧各国在 11 世纪之前的几个世纪只发生过一些小规模的宗教迫害，却突然在 11 世纪时开始密切关注异教徒的所谓"错误"选择？

异教徒并不总是公开或顽固地坚持自己的信仰。1184 年，罗马教廷颁发诏书宣布，由个别审讯人员和宗教裁判所组成的宗教法庭将以官方名义进行天主教调查。1231 年，教皇格列高利九世（Gregory IX）创立了一个经常对私人信仰进行审判的新机构。[1]在西班牙、葡萄牙、葡萄牙统治下的果阿以及新西班牙，当局发动异端审判主要是为了揪出信仰伊斯兰教的虚假

---

① 林肯主教是英格兰教会在坎特伯雷省林肯教区的主教头衔。

皈依者（*conversos*）和那些伪装成基督徒的犹太人。即使是最顽固的分子，他们在面对残忍的酷刑时也往往会选择坦白从宽。

如果没有宗教正统，那么异端的说法也就不会存在。换言之，当不存在官方的教会与教义时，信仰差异仅仅是意见上的分歧，而不是一种罪行，例如在 325 年尼西亚公会议（Councils of Nicaea）① 召开之前的基督教就是如此。一旦宗教结构和宇宙观形成一定规模，并且受到教会官员等级制的保护以及世俗力量的支持，与主流教义相左的观点就会被称为"异端"。

514

晚期中世纪/早期近代的巫术观念是从对异教徒及其所谓异端活动的描述演变而来的。人们指责女巫在魔鬼的帮助之下传播邪说（*maleficia*）并实施黑（邪恶）魔法，对人、家畜或农作物造成伤害。各种书籍和证词中都有类似如下的说法：在安息日，女巫们聚集在一起，并在一瞬间成群结队地飞走。"安息日"这个来自犹太教的用词在当时成为基督徒眼中多种不同敌人的综合符号，我们将在下文对此进行检视。

几个世纪以来，对异端和巫术的审判活动互为助长因素，它们导致酷刑和极端形式的处决在当时极为泛滥。[2]在 11 世纪的欧洲，异端作为一种必须被严惩的罪行出现，或者更确切地说，以报复的方式②再次出现。1022 年，约有 16 人在奥尔良被烧死，这似乎是宫廷和教会派系之间的斗争。在此之前，西欧社会中已经近 600 年没有一人因被判异端而遭处决。[3]但就在

---

① 此处的尼西亚公会议指第一次尼西亚公会议。该会议由罗马皇帝君士坦丁一世主持召开，旨在使基督教教义规范化，并巩固罗马帝国的统一。

② 基督教为了报复早年被视为异端时遭受的迫害，在当权后反过来迫害其他异教。

短短几十年间，在奥尔良遭受宗教迫害的人就被描绘成一群魔鬼的崇拜者，他们不但参与包括乱伦和鸡奸在内的纵欲狂欢，而且还杀死并吃掉婴儿。[4] 在一份写于 1233 年的正式文书中，教皇格列高利九世为上述说法增添了教会的支持。这些对异端的想象大多可追溯到古罗马人对早期基督徒的指控。[5] 后来，这类想象延伸到犹太人、穆斯林和女巫身上，并激起了人们对他们以及其他异端的暴行。异端迫害持续了数个世纪，特别是在 13 世纪法国朗格多克的一场迫害运动中，数以千计的人在没有确凿证据的情况下就被当作异端处死。随着时间的推移（特别是到了 17 世纪），对异端分子的追捕才最终稳定在一个比之前低得多的水平。

　　早期文献提供了在特定案件中遭受火刑的各类异教徒的数量。西班牙宗教裁判所详细记录了 1540—1700 年它审理的所有案件，而罗马宗教裁判所的档案则没有集中保存下来，该机构在拿破仑战争期间被洗劫一空，其原始档案也散落于欧洲各地。但我们可以确定的一个事实是，西班牙和罗马的宗教法庭很少下达死刑判决。1540—1700 年，在西班牙法庭（包括新大陆和果阿的法庭，但不包括马德里和昆卡的法庭）中被判处死刑的人数约为 820 人，这只占 4.4 万个案件的 1.9%。[6] 意大利各地的宗教法庭在死刑判决方面差别很大，但其中几个例子表明，死刑率同样普遍较低。1551—1647 年，在阿奎莱亚和康科迪亚（Aquileia-Concordia）的宗教法庭接受审判的前 1000 名被告中，只有 4 人被判死刑。在弗留利（Friuli）的宗教裁判所的巫术审判中，既没有出现死刑判决，也没有出现酷刑。现实历史中的宗教裁判所与其在民间臭名昭著的形象并不相符。

　　威廉·蒙特尔（William Monter）的研究指出，1520—1575年，被当作异端处决的受害者大致有 3000 人，其中约 2000 人为再洗礼派（Anabaptist）①。但他写道："最重要的一点……是这些被处决的罪犯并不只是被宗教裁判所宣布为异端。"恰恰相反，这些"对异端成员"的死刑判决往往来自世俗法庭。[7]世俗权威对任何不被视为正统的教派发动攻击，这类攻击至少应被视为宗教战争中与迫害异端性质相同的暴行。另一迹象也表明了这点：实际发动宗教清洗的机构是世俗当局，而非教会法庭。此外，再洗礼派教徒也是被天主教和新教的神职人员共同唾弃的离经叛道者。世俗当局的迫害活动此后有增无减，如在 1685 年《南特敕令》被废除后的法国。虽然路易十四在当时只是将新教徒称为异端，他的目标是在善良的天主教徒队伍中揪出敌人；但这场运动随后将境内的新教徒作为迫害对象，并将他们赶尽杀绝。这些案例与其说是内部问题，不如说是外部问题。尽管如此，"异端"还是被广泛视为对异教徒进行审判的罪名。

　　虽然宗教裁判所并不像传闻中的那样暴力，但它与广义的异端追捕的确为更大规模的屠杀——女巫审判——打开了大门。除了 1326 年发生于爱尔兰的一起个案之外，西方社会中最早出现的女巫审判是 15 世纪初在瑞士境内进行的异端审判。随着猎巫运动的展开，巫师（sorcerer，出于善或恶的目的以某种方式利用超自然力量的人）的古老概念被女巫所取代。人们相信，这些女巫蓄意与魔鬼结盟，并利用了后者的

---

① 再洗礼派是宗教改革后诞生的基督教派别，核心教义包括反对婴儿受洗、教会应与政治划清界限，拒绝立誓，反对死刑，以及拒绝服兵役。

邪恶力量。如今已没有任何文献能够揭示法庭从异端审判转

516 向女巫审判的原因，我们只能指出或猜测其中的一般因素。女巫迫害并非一定就发生在异端迫害程度很高的地区，比如葡萄牙和法国中部较少发生异端迫害事件，但这些地方的猎巫运动十分猖獗。

猎巫运动的时间大致是 1500—1700 年，但学界偶尔也会将其界定为 1450—1750 年。在 16 世纪 80 年代至 90 年代以及 17 世纪 20 年代至 30 年代，女巫审判以及随之而来的酷刑和处决出现了两次高潮。在这两次高潮结束后，西欧和北美的法庭受理的女巫案件相对较少。根据近年研究者的估测，因猎巫运动死亡的受害者人数为 3 万到 4 万。[8]

早期（尤其是在 11 世纪）的异端杀戮行为主要体现为私刑：群众在没有官方批准的情况下处死异教徒。私刑让官员们感到不安，因为暴民所追求的"民间正义"意味着对社会稳定和精英法治管理秩序的威胁。随着异端审判逐渐成为一种制度，一些天主教国家通过审判程序减少了死刑判决的数量，这抑制甚至遏止了民间社会对女巫的追捕热情。

11—14 世纪，欧洲南部的天主教会和法国王室通过迫害异端扩大了自身的权力和影响力。在 12 世纪以及随后的一段时间内，对异端的指控似乎经常源于以下两个方面：各教派之间的斗争，以及为了维持或扩大自身权力的统治家族之间的斗争。[9]当时的许多文献记载表明，宗教法庭和世俗当局都认为，异端（或被认为属于异端的举动）会对高尚的宗教和社会构成巨大威胁。他们宣称，异端审判的目标是通过惩罚罪犯来保护信仰，这与加强天主教和（此后处于统治地位的）新教的影响力并巩固世俗统治者领导下的基督教社区的愿望一致。

就猎巫运动而言，学界的一大论争焦点是，除了消除危险的罪行之外，这场运动是否还存在其他目的或（作为社会学术语的）功能①？[10]猎巫实际上是不是一场恐吓女性并迫使她们 517 在大多数情况下保持沉默的运动？[11]这些审判是否掩盖了（尤其是向农民）灌输社会规范的意图；或者更宽泛地说，猎巫是否旨在阻止偏离正统的思想和行为？[12]这场迫害究竟是一种策略，还是一种以新的权力形式帮助中央实施国家建构的方式？[13]一些历史学家也强调了小冰期的影响，其"核心阶段"可追溯至 16 世纪 60 年代早期。这种观点认为，当庄稼歉收和自然灾害频发时，就会有人被指控使用巫术来制造灾难。[14]

但是，为何这些因素会导致一波又一波的审判浪潮，这个问题至今依然争议重重。无论前置条件如何，女巫迫害运动的发生都毫无规律可循。许多地区从未发生过此类事件，无论这些地区是否受到了小冰期的影响。而在其他地区则有许多迫害事件，只是它们很快就平息了。不同地区的定罪率也有巨大的差别。如果我们仔细考察女巫迫害的时间、地点、受害者和推动因素，就会发现功能理论并不足以解释女巫审判现象。[15]也许"潜意识"或无意识的功能发挥了作用，这个来自功能理论的概念引导我们进入精神分析的洞穴，我们可以在其中进行各种推测。

猎巫时期的所有现存文献都没有提到，这场运动除了清除当时的显性威胁之外是否还有其他目的。既然上层阶级可以用

---

① 这里的功能是指历史学界和社会学界的功能理论或功能主义学派。该学派的理论与实体主义理论截然相反，主张持中立态度看待历史上的特定概念和现象，同时放下对概念或现象本身进行定义的执着，转而关注这些概念或现象作为功能直接或间接地作用于社会的过程。

更加直接的手段实现这一目的，那么他们为什么还会采取这种极具破坏性且往往代价高昂的巫术审判（无论是雇用一个有经验的刑讯者/刽子手，还是收集燃烧人体所需的木材，这些活动的成本都很高）来震慑民众呢？欧洲各地普遍存在有效地确保农民和所有女性各司其职的法律和习俗。

从 14 世纪到法国大革命之间的几个世纪，除了以失败告终的德国农民战争（1524—1525 年）之外，精英阶层对农村人口的控制始终没有遇到大规模的抵抗。当局无须依赖巫术指控就能很好地管控乡村生活，这类指控的提出者和被指控者几乎都是农民自己。

统治者对社会的控制欲的确引发了一些女巫审判，但这些审判遭到了其他权威的反对。米兰大主教、当时的枢机主教卡洛·博罗梅奥（Carlo Borromeo，1563—1584 年当权）被天主教改革运动①激怒，于是下令迫害任何不严格遵守教会教义的人并四处追捕与审判巫师和女巫。但是，他的行为遭到了罗马教廷的坚决反对。似乎只是因为博罗梅奥的家族关系——他的叔叔在 1560 年被选为教皇，即庇护四世（Pius IV）——及家族威望，他才得以绕过罗马宗教裁判所开展女巫处决活动。例如，1583 年在梅索尔奇纳山谷，博罗梅奥一共处决了 10 名女性。[16]然而，罗马教廷很快下令，所有审讯人员都不得进行类似的审判。1585 年，博罗梅奥的行为促使罗马教廷禁止起诉那些被指控作为女巫参与安息日活动的人。这项禁令阻止了女巫迫害进一步向北扩展的滚雪球效应。1600 年，教廷发布了关于巫术审判的新指令，该指令规定了更高的定罪证据标准；

---

① 天主教改革运动即反宗教改革，参见本卷第 20 章。

例如，医生必须检查尸体以确定死因，单凭疾病无法构成对巫术活动定罪的证据。[17]此后，罗马宗教裁判所对巫术案件的处理变得"谨慎而温和"。[18]所有这些做法都与神圣罗马帝国的德语和法语自治城邦的大部分巫术审判程序形成了鲜明对比，后者往往更具破坏性。

异　端

519

这些迫害活动为何会出现？要回答这个问题，我们首先必须弄清楚，是什么导致了 11 世纪的西方社会突然变得如此关注异端，以至于必须将其置于死地。东欧斯拉夫语国家的鲍格米勒派（Bogomil）①（字面意为"上帝之友"）是否在此时向西欧派遣了布道者？首次提到从"希腊和其他国家"传入的异端的记载出现于 1147 年，但没有证据表明，当时的异端和这些国家之间存在联系。[19]10 世纪的保加利亚文献提到了鲍格米勒派教徒，但后者在文献中只以敌人的身份被提及。[20]东正教和天主教将鲍格米勒派视作共同敌人，两者都认为该教派极其腐化堕落。对鲍格米勒派的他者想象融合形成了"bougre"（字面意为"浑蛋"）这个源自保加利亚语的古法语词。1239年，法国巫术审判的一个审讯官的名字就是"混蛋"罗伯特（Robert 'Le Bougre'），据说他曾是清洁派（Catharism，又称阿尔比派）② 这一西方最大异端教派的领袖，但他放弃了自己的异端信仰。无论真实情况如何，关于鲍格米勒派及其与类似

---

① 鲍格米勒派是基督教的异端派别，该派号召人们拒绝履行义务，不向国家屈服。

② 清洁派泛指受摩尼教影响而相信善恶二元论和坚持禁欲的各教派，是中世纪流传于欧洲地中海沿岸各国的基督教异端教派之一。

的西方异端团体存在联系的虚构故事，都是在欧洲天主教会为诋毁东方基督教（Eastern Christianity）① 而展开的狂热宣传活动中产生的。

清洁派同样引发了类似的问题。当时的文献表明，人们关于这一教派的论争十分激烈。一些学者以厌恶的口吻描绘异端，其中就包括清洁派教徒，如"异端及其激发的恐惧之情"。他们还将这种教义上的背离描述为针对真正信徒的广泛且邪恶的阴谋。[21]对于一些作家来说，清洁派则具有发达的教会等级制度与礼仪规范。[22]然而，清洁派在当时的敌人（那些声称曾经是其中一员者、"信仰天主教的观察者"或审讯官）也提出了一些反对该教派的说法。[23]在中世纪的文献里，清洁派很少指"一个可以辨认的信仰或群体的集合"。[24]一份名为"尼金塔宪章"的文件据称写于 1167 年，这份文件此前被认为表明了东正教对清洁派教徒的影响和后者有组织教会的范围。但近来的研究者认为，这份文件伪造于早期近代。[25]中世纪的文献中没有关于从东方来的高级教士与西方异教组织的神职人员会面的记载。

当然，当时社会中也存在一些不同的观点，这些异议者在一些记载中称对方为"好人"。他们似乎都是普通人，有时还包括一些天主教神父，他们对任何神秘主义教义都持怀疑态度。例如，一些农民可能会否认"圣灵感孕"（Immaculate Conception）②，他们坚持认为，基督的诞生是人类交媾的结果。村民们在日常讲

---

① 东方基督教是发展于巴尔干半岛、东欧、小亚细亚、中东、东北非以及南印度的基督教派的统称，东正教是其中最大的教派。

② "圣灵感孕"是罗马天主教会的主张，认为圣母玛利亚是因为圣灵在她身上而感孕的，并不是因为性行为而怀孕。

话中也会使用"见鬼去吧"这样的话。但是，所有这些都不足以成为开展大规模异端审判运动的理由。

无论他们是什么人，或被称为什么人，遭到迫害的异端都难逃惨死的厄运。在 1022 年奥尔良的大火之后，类似事件在多地接连发生：1028 年的米兰，1076 年的康布雷，1210 年的巴黎，以及 13 世纪中叶的更多地区。[26]此类事件在西欧许多国家十分常见，但在西班牙、沃尔姆斯以东的德意志地区、斯堪的纳维亚半岛或不列颠群岛鲜有发生。1209—1229 年，法国军队发动了一场被称为"阿尔比派/清洁派十字军征服"的战役，目的主要是扩张北方的领土，以及将王室权力扩展至南方。或许有 1.5 万—2 万名"异端"在这场战役中被杀。但事实上，我们无从得知这些死者是否真的违反了正统教义。

几个环环相扣的过程使西方社会展开了新一轮对异端分子的追捕。最普遍的是 R. I. 摩尔（R. I. Moore）所说的"迫害社会的形成"。在处于转折期的 11 世纪，麻风病人、犹太人、穆斯林和异教徒都被人们视为对和平的基督徒社区的直接威胁。[27]同时，随着教会的发展，13 世纪中叶逐渐出现了完整的钦定本《圣经》以及其他宗教文件和仪式；教民逐渐过上了受到宗教规训的生活（至少需要偶尔通过牧师进行例行代祷），教堂和修道院也在各地纷纷落成。1000 年，许多欧洲人（特别是农民）在没有任何"宗教教育"的情况下度过自己的一生。[28]当时许多人只有在当地主教访问他们的教区时才能听到布道。[29]所谓的"修道院复兴"始于 9 世纪末，但在接下来的几个世纪中，修道院、修女院和教堂仍然是民众海洋中的孤岛，基本不受有组织宗教的影响。

1054 年，天主教会和东正教会正式分裂，这引发了西方各国对自身信仰与安全的另一份担忧。十字军东征在其中发挥了一定的作用，这场战争始于 1095 年，当时的教皇乌尔班二世（Urban Ⅱ）热情号召发动一场旨在驱逐占领耶路撒冷的"邪恶种族"（穆斯林）的战争。战斗和此后的宣传活动使基督教群体更加团结。另一个强大的额外因素是"大魔鬼"①的兴起，这一新出现的概念并非来自东正教，也非出自亚洲或非洲的信仰，而是源自西方本土的壁画、镶嵌画和石像中新出现的可怖魔鬼的形象。[30]佛罗伦萨的圣若望洗礼堂中以撒旦为主题的镶嵌画在当时的东欧并不存在。在这幅画中，一个巨大的人形魔鬼在嘴里咀嚼着灵魂，他还得到了从他的耳朵和肛门中蠕动出来的蛇的帮助。在 1000 年，很少有欧洲人会想象魔鬼也在尘世间活动。而到 1400 年时，整个西方社会中都十分盛行此类想象。

最后，从 11 世纪开始，西方各国普遍将基于罗马法的"封建式"或控告式的法庭程序转为纠问式②的法庭程序，这使得世俗法庭更加积极地搜集案件证据。尽管宗教法庭在审判过程中也会寻找证据，但世俗法庭的审判程序不应与宗教裁判所的活动混为一谈。从理论上说，控告式的法庭审判有赖于上帝的裁决，通过诸如火烧、比武等严酷的考验来确定被告是否有罪。然而，在早期近代的欧洲，法庭更加看重的是证据。在欧洲大陆，法庭会仔细寻找犯罪的蛛丝马迹（indicia）。例如，一个名叫玛丽的人死于刀伤，随后法庭在皮埃尔的小屋里发现

---

① 尽管基督教的早期文献中经常出现与魔鬼类似的形象，但直到 11 世纪，魔鬼才被赋予"devil"之名，并且大量出现在视觉艺术作品中。
② 控告制度的基本特征为：控诉与审判职能分立，遵循"不告不理"原则。案件一般由被害人或法定代理人提起私诉，由法庭直接受理。关于纠问制，参见本卷第 17 章。

了一把带血的刀。但不幸的是，对巫术定罪的证据可能就像其通常的声誉那样不足采信，在最糟糕的情况下，甚至连长相丑陋都会被法庭视为足以定罪的证据。在德意志地区，两项证据就足以将一个人送上审判的法庭。但在纠问式法庭中，供词才是"证据之王"（queen of proofs），这就导致法庭很可能动用酷刑。所有上述观念都在西方社会中受到教会审判的不幸者周围蔓延，民愤因此更加高涨。

从 11 世纪开始，西方人的态度和习俗都发生了诸多变化，这些变化使人们对于教士"相信异端是魔鬼的杰作"的说法产生了怀疑。[31]"信仰"是难以捉摸的，一个人的信仰在一天之内就可能发生变化。此外，人们还可能同时拥有互相矛盾的信仰。如果那些权威反复地向民众灌输某个教义才是真理，那么民众就可能会相信它，或者不假思索地接受它。[32]当社会中时常广泛弥漫着对来自内部敌人的恐慌情绪时，民众就可能会感到某种可怕威胁的逼近。教徒是否相信，他们面对的异端分子是不共戴天的敌人，这些人有组织地效仿和嘲弄官方教会，并在魔鬼的授意下将异端传播到整个基督教世界？这是有可能的。在 20 世纪 30 年代至 40 年代，德国人就对他们正面临一个强大的犹太/布尔什维克阴谋深信不疑。而在 20 世纪 50 年代早期，美国也深陷参议员约瑟夫·麦卡锡（Joseph McCarthy）荒诞不经说辞的旋涡。在这些事例中，上层对于内部敌人的长期焦虑使人们纷纷对危险迫在眉睫的说法深信不疑，而在 11 世纪早期的西欧社会中同样存在类似的气氛。

随着反异端运动在西方（尤其是在法国）的不断发展，异端和女巫的形象逐渐重叠。1180 年，贝桑松的法庭指控异教徒与魔鬼签订了书面协议，他们在魔鬼的授意下散播邪说。

1239 年，在马恩河畔沙隆举行的一场异端审判中，一名被告向法庭供认，一个恶魔在她丈夫身边的床上假扮成她的形象，使她能够以极快的速度前往远方异端同伴的聚集地。1275 年，法国图卢兹的一次异端审判提到，异端分子参加了魔鬼现身的安息日活动。1239 年，巴黎大学神学院颁布法令，如果有人在魔鬼的授意下从事巫术活动，那么这就是异端的表现。1435—1440 年的文学作品中，经常出现在安息日飞行的女巫的故事。这些故事将异教徒和女巫混为一谈，并坚持认为其中大部分人在现实中存在。因此，从对异端的追捕中衍生出了巫术的"法国概念"。[33]这种新的刻板印象可以被看作猎巫运动的一大"原因"，但它并没有在欧洲的大部分地区占据主导地位。

在这种情况下，书籍和审判记录所描述的邪说不仅与异端信仰有关，也与具体的恶行有关。人们还将巫术与那些"核心罪行"联系在一起，包括偷窃、伤害自由公民、谋杀、破坏财产等每个社会都将之视为罪行的举动。如果巫术与这些罪行相关，那么惩罚就会变得非常残酷（尽管并非一定比对与恶魔无关的普通罪行的惩罚更加残酷）。

另外，西欧法庭对异端的指控最终更多依据的是言语而非行为。发表异端言论，持有宣扬错误教义的书或认同此类书中的观点，无故缺席仪式或参与异端仪式，都可能被视为异端的证据。严格意义上的异端则更多与宗教当局对思想和信仰的控制有关，而不是与世俗权力的问题有关。宗教改革震撼了基督教世界，并使任何地区居统治地位信仰的神职人员对其他各种信仰都表现得异常敏感。在三十年战争中，各教派跨越了教派界限，不断与其他教派结盟，可到了 17 世纪 40 年代，新教和天主教之间的矛盾已不可调和。这些事件表明，过分追捕异端而浪费鲜血和精力是吃力不讨好的做法。由任何信仰支配的管辖区都有义务揭发异端，但也正是因为如此，对异端的惩罚变得更轻了。

巫　术

与宗教法庭对异端的指控不同，对巫术的指控通常来自农民，他们怀疑自己的邻居做了奸邪之事，或者借助超自然的力量获得了某些好处，甚至种出特别大的蔬菜的村民也可能遭到邻居的怀疑。村民在谴责他们的同伴时很少提到魔鬼，大多数情况下，对巫术的最初指控在谈到魔力的源头时都含糊其词。该地区的世俗和宗教当局（无论是天主教还是新教）如果在阅读或了解其他地方的审判记录后认为这些异教徒使用魔法的能力来自与撒旦签订的契约时，他们就可能对其进一步展开调查。官员还经常会调查被指控异端者的性行为和其他行为，并迅速下令对嫌疑人实施酷刑。这项审判的原则是揭露恶毒的反人类阴谋，并使嫌疑人的肉体感到痛苦，旨在打破魔鬼的控制，让真相浮出水面。

按照当时的因果观念，猎巫运动有其逻辑可循。一个上午还很健康的孩子，下午就满身斑点并死亡，人们无法找到科学的解释。冰雹能够摧毁一块田地的庄稼，邻近的作物却丝毫不受影响，这类现象也使人们求助于超自然的解释方式。瘟疫在没有明显原因的情况下突然出现又突然消失，这种现象一直持续至 18 世纪晚期。对于因任何问题而处于紧张状态的人（早期近代的大多数欧洲人生活在灾难的边缘）而言，他们自然而然地会怀疑这是魔鬼在世间活动造成的结果，而自己的邻居就是与魔鬼签订协议的巫师。当然，神职人员也告诉人们，黑

暗之君（Prince of Darkness）① 或他手下的恶魔会不断地设置
陷阱，诱惑那些信仰薄弱之人。

女巫是尤其恶毒的人类之敌。她作恶的目的在于伤害人、
牲畜和庄稼；她直接与撒旦签订了契约；她可能被魔鬼招募并
单独行动，而不是作为一个异端团体的成员；她可以瞬间飞到
524 远方参加安息日活动。女巫可能就生活在善良的人们中间，举
止得体，这使其可以在人们毫无防备的情况下发动攻击。

上述说辞大多来自女巫举报者，但很快就出现了强烈反对
这些说辞的声音，许多地区的人从事实上反驳了猎巫者的妄
想，尽管这些声音往往只能起到亡羊补牢之效。1486 年，由
多明我会士海因里希·克雷默（Heinrich Kramer）撰写的《女
巫之槌》就说明了这一点。该著如今经常被视为臭名昭著的
终极猎巫手册，字里行间都流露出一股强烈的厌女倾向，这一
点尤其会令今天的读者难以忍受。该著的观点在一些地方被视
为真理，但在其他地方则被认为是危险的无稽之谈。反对者包
括 15 世纪 80 年代克雷默自己的上级布里克森（位于今天的奥
地利境内）主教、稍晚的纽伦堡市议会，以及 1528 年的西班
牙宗教裁判所。因为在审判中对女性施以酷刑，克雷默遭到了
主教的惩罚，此后在布里克森附近再也没有出现类似的审判。
然而在其他地方，《女巫之槌》或其他鼓吹迫害女巫的书籍受
到了过于认真的对待。

1600—1660 年，作为神圣罗马帝国一个省的弗朗什-孔泰
进行了大约 800 场猎巫审判，其暴力程度与中世纪盛行的异端

---

① 黑暗之君是弥尔顿在《失乐园》中对魔鬼撒旦的称呼。参见〔英〕约
翰·弥尔顿《失乐园》，金发桑译，长沙：湖南人民出版社，1987 年，
第 333 页。

迫害狂潮相比有过之而无不及；1616—1629 年，维尔茨堡和班贝格的主教辖区一共处决了 1500 多人；1586 年后的一段时间里，特里尔郊外圣马克西明的修道院管辖地区内爆发了野蛮的猎巫运动。在 16 世纪 80 年代至 90 年代，特里尔附近的所有村庄（位于今天的鲁沃和艾特尔斯巴赫附近）都不复存在，几乎每家每户都有人遭到指控和处决，所有家庭都拼命逃离该地。如果说这些案件涉及某种更深层次的功能，那么这种功能实际上已经演变为过度杀戮，而非对不当行为的矫正。

　　然而，大多数天主教辖区似乎没有发生大规模的猎巫运动。在中央当局和上诉法院体制能够基本维持运转的地区，人们往往对此类指控持强烈的怀疑态度。因此，1609 年在波尔多南部的巴斯克地区调查巫术指控的法学博士皮埃尔·德·朗克（Pierre de Lancre）对 50—80 名被判女巫罪的囚犯进行了迅速的审判和处决。但当他的任期于当年秋天结束时，囚犯们向波尔多的法庭（主要是上诉法院）提起了上诉，法庭认为德·朗克关于邪说的证据不足采信，因此驳回了他此前的判决。在 1586 年发表的一篇文章中，该市法庭的早期官员、法律理论学家蒙田认为，"仅仅因为一个人提出的某种猜测就把他活活烧死，那么猜测的代价未免也太大了"。巴黎大法院同样对巫术指控持批评态度，17 世纪 70 年代，从斯德哥尔摩派来的皇家专员则会监督当地的一系列女巫审判。

　　在英语地区，当中央权力处于薄弱或真空状态时，大规模的迫害运动就会出现，英国内战期间的东盎格利亚和 1692 年马萨诸塞的塞勒姆就是如此。1688 年的光荣革命之后，马萨诸塞的殖民者赶走了一位不得人心的总督。在新的宪章和总督到来之前，一位当地的牧师兼医生开始谈论年轻女孩中的恶魔附身现象，此时的法庭体系已停止正常运作。儿童被允许在特别的诉讼程序中作证，这在当时的马萨诸塞十分常见，近年来发生在瑞典的一些案件也遵循了这种做法①。

正如马修·霍普金斯（Matthew Hopkins）于1645年在东盎格利亚所做的那样，当局在发现女巫活动之后会迅速动用酷刑，这种现象在帝国各地以及帝国统治下的各个殖民地都屡见不鲜。上诉法院以及镇上的官员不得不更多地依赖文件而非乡村或领主法庭进行判决，而后者在当地是威严和名誉的象征。当一个大型城镇上的婴儿突然生病和死亡时，附近往往居住着成百上千名居民，当局无法从这么多人中间揪出女巫。因此，罗滕堡和法兰克福都没有出现过女巫被定罪的案件，纽伦堡只出现过寥寥数起。加尔文所在的日内瓦对女巫的审判主要集中于该市管辖范围内的村庄。农民对他们每天生活的社区内存在的问题了如指掌，他们更加倾向于认为某个特定的人应该受到谴责。

为什么女性在那些因为巫术而受审的人中占据了如此之高的比例（也许是75%）？在探究其原因时，我们不应低估厌女情结的广泛影响，但女性所扮演的性别角色似乎更加重要。当婴儿死亡时，负责生育和照顾婴儿的母亲和助产士就会遭到如下谴责：混合不同食材进行烹饪，在村头交头接耳地议论有关性和堕胎的秘密，并像照顾宠物一样照顾伪装成家畜的魔鬼。那些狂热追捕女巫的男性施虐狂最热衷的可能就是折磨女性。人们相信魔鬼都是男性，这使得无论是普通民众还是精英阶层都认为，只有女巫才会与魔鬼发生性关系——这通常也被人们

---

① 资料显示，瑞典近年来的儿童性伤害案件数量高居全球首位。

视为女巫在安息日的主要活动。但在一些地区，男性占了巫术审判受害者的绝大多数，如在冰岛和诺曼底，擅写符咒的男性牧羊人引起了人们的强烈怀疑。考虑到猎巫运动的不规律特征，而且许多地区没有发生过此类运动，我们很难将所有此类运动统统归因于震慑女性并使其进一步屈服的企图。

如果我们关注女巫恐惧的传播情况，则会有更多新的发现。莱茵河是当时的信息高速公路，那些一开始就倾向于判处女巫死刑的人可能通过德语、法语、拉丁语等不同语言听到和读到关于审判和支持迫害的意见。在已知的处决中，或许有大约 80% 发生在莱茵河两岸 100 公里的范围内。有时候，令人不安的女巫恐惧也遵循一定的传播轨迹，例如在 1692 年，它就穿过阿尔萨斯，从瑞典来到了英国，再传至马萨诸塞。随着女巫恐惧遍布整个社会，当局也不再遵循此前给女巫定罪的证据标准。像博罗梅奥枢机主教或斐迪南大主教（Archbishop Ferdinand）这样热衷于追捕女巫的官方人士不需要任何实物证据就可以将女巫定罪。

一些观念上的发展有助于人们扭转对巫术的看法。一方面，出现了对巫术观念的反对意见，提出者中就包括医生约翰·威尔。他在 1563 年坚称，只有上帝才能呼风唤雨，而女巫审判中的酷刑只会带来不可靠的供词。威尔补充说，"理性和真理的力量"使许多关于女巫魔法的故事不攻自破，因为这些故事没有任何实际根据。另一方面，更多对酷刑本身的谴责也在此时开始出现，代表性的观点来自 1631 年的弗里德里希·施佩·冯·拉格斐（Friederich Spee von Lagerfeld）。

对证据的质疑成为结束女巫迫害活动的关键因素。马萨诸塞的一些著名牧师很快就在什么才是巫术的有力证据方面出现

526

分歧。在科顿·马瑟（Cotton Mather）的强烈支持下，一场猎巫运动在几个月内夺走了 20 人的性命。在此之后，该殖民地的其他主要神职人员——其中就包括科顿的父亲英克利斯·马瑟（Increase Mather）——再次声明，他们有权废除对不可靠证词的依赖，而且这些证词在过去的法庭上本就是不被接受的。天主教国家的统治者马克西米利安（Maximilian）和斐迪南（Ferdinand）兄弟①在同一个支持巫术迫害的老师那里接受了教育，但他们在对待巫术的方式上存在很大差异。在1597—1651 年担任巴伐利亚公爵时，马克西米利安在一番犹豫后因担心证据问题而叫停了巫术审判。而斐迪南在 1595—1650 年担任科隆大主教和选帝侯，他在任时发动了一场欧洲历史上规模最大的猎巫运动。

　　1578—1585 年，已有超过 20 名女性在罗滕堡被烧死。当地法官评论道，如果按照这种速度持续下去，城里很快就没有女性了。德意志西南部的猎巫运动"最终停止，因为人们不知道如何才能找到更多女巫"。[34]换言之，人们无法分辨罪犯和无辜者，猎巫运动因其自身的高昂代价而走向崩溃。猎巫狂热在美洲殖民地死灰复燃，在塞勒姆周边地区，约有 200 人受到了巫术审判。在法国、瑞典和詹姆斯一世（James I）在位期间的英国，猎巫运动的领导者都是当地官员，但这些运动均遭到了其上级的反对或阻止，这表明国家建构的核心并非女巫审判；恰恰相反，中央当局通过终止猎巫来维护自身原有的立场。

527　　到 17 世纪 90 年代时，曾经无数次走上火刑柱或绞刑架的

---

① 此处分别指来自巴伐利亚的马克西米利安一世（Maximilian I，1573—1651 年）和巴伐利亚的斐迪南（Ferdinand von Bayern，1577—1650 年）。

老太婆在书籍中被画成和蔼可亲的鹅妈妈（Mother Goose）[①]，这一形象成为对女巫的暴行迅速减少的象征。但是，此时的欧洲社会中依然存在村民对女巫动用私刑的罕见情形，其直到最近几十年依然时有发生。

俄国的基督教以及随之而来的沙俄政权对异端和女巫的追捕走上了一条与西欧不同的道路。俄国贵族阶层在 988 年皈依拜占庭教会。在该教会的教义中，基督的形象通常不被描绘成在十字架上的受难者，而是被描绘成普世君王（Pantocrator），全能的宇宙主宰，一个强大无比的年轻人。在东正教信仰中，魔鬼无法与耶稣抗衡，而恶魔（demon）[②] 只是在圣像周围飞来飞去的小角色。同时，俄国人还忙于同其他信仰的国家交战（从 1238 年开始的蒙古人，以及之后的德国人、波兰人和瑞典人），无暇关心内部宗教的分裂问题。此外，由世袭的地方贵族统治特定地理区域的封建形式也没有在俄国出现。因此，与法国南部或分裂的德意志地区相比，俄国中央集权当局没有理由害怕地方权力膨胀，或者将其抹黑为异端邪说。

即使是在俄国人统治的德语区东部，对异端和女巫的追捕情形也与西方社会的有很大不同。虽然俄国人经常坚持同时信仰异教神明与基督教上帝，但几个世纪以来，教会人员并不热衷于消灭这些传统信仰，他们在短期内也没有从当局获得这样做的许可。沙俄统治时期的确出现了一些或多或少具有连续性的异端，如 1470 年生活在诺夫哥罗德附近的犹太信徒，他们承认《旧约》（希伯来圣经），但不承认《新约》。然而，这

---

① 鹅妈妈诞生于 17 世纪，是世界最早的儿歌童谣及其传说中作者的名字。

② 在基督教语境中，魔鬼特指与上帝作对的魔鬼撒旦，而恶魔泛指魔鬼周围的小妖小怪。

些异端信仰显然只在贵族阶层之内传播，这群犹太信徒的领袖也于 1504 年被火刑处死。

1666 年，俄国教会爆发了一场教派分裂。当官方教会采取一些改革措施时，旧信徒（又称旧仪式主义者）不但坚持传统的方式，而且坚称他们才是真正的东正教徒。沙俄出兵摧毁了几个旧信徒社区，特别是 1676 年位于白海附近的一个社区，该社区曾公然抵制中央世俗当局和宗教当局。旧信徒有时被允许公开活动，但有时也会遭到迫害，直到 1905 年沙皇政府宣布宗教宽容后，这种局面才告一段落。但在 17 世纪以后，这些旧教派便再没有对国家构成过严重威胁。

俄国社会中的异端也没有被人们指责为撒旦的伙伴，这使得当地的女巫审判数量十分有限。据记载，在 17 世纪的俄国，只有 227 人因女巫罪而受审，大约 14% 的被指控者遭到处决，但沙俄的做法在很大程度上使这种宽松政策并未真正得到落实，因为当局要求在调查开始时对被告和指控者都实施“无情”的酷刑。这是由于散播邪说被视作危害国家安全的罪行。直到 18 世纪早期，撒旦才出现在俄国的审判中；女巫就是那些吟诵咒语、制作可疑药剂、导致人们突然死亡的人，或者只是未经官方许可就拥有书面材料的人。但可以肯定的是，在俄国被指控为异端和女巫的人都遭受了极端暴力。

波兰因信仰天主教和使用拉丁字母而在文化上更加接近西方，但这里的女巫审判数量也相对较少，这类审判的高峰期是在 1650—1750 年，大约比西方的女巫审判高潮晚一个世纪。由于在二战期间波兰的女巫审判记录被大量销毁，如今我们很难估算出准确的死亡人数。或许有数千人，或许有 3 万人，前者的可能性似乎更大。大多数审判似乎是针对单纯的邪说活动，而不是为了找出犯人与撒旦的联系。在波兰，女巫被称为 *czarnownik/czarnownica*，该词源于"黑（*czarny*）魔法"，因此更准确的译法应为"巫师"。巫术案件在波兰大量出现的年代较晚，而且判决也可能相对温和，这表明女巫恐惧主要是在邻近的地理区域散播，因为大多数有记载的案件发生在波兰西部地区。

结　语

巫术是一种假想出来的罪行。无论有组织的异端行为是否来自精英阶层，这类迫害中被告所遭受的残酷虐待在整个人类历史上都是骇人听闻的。对嫌疑人施加的身心折磨给他们带来了巨大的痛苦，但至少从理论上而言，动用这些酷刑的目的并非残害或者杀死他们。即使巫术审判采用的是不直接对身体施压的手段（尤其是剥夺睡眠以及可怕的监禁条件），囚徒也可能因此遭受毁灭性的打击。与其他猎巫者一样，马修·霍普金斯会用针头检查嫌疑人的身体以发现"魔鬼的标记"，因为据说只要是撒旦接触过的地方，人们就不会感受到疼痛。嫌疑人被绑在架子上进行拉伸或被处以吊刑，即把双手绑在背后，用滑轮上的绳子将其吊着猛地从地板上拉起来。嫌疑人的脚上还经常绑着重物，以使其关节脱位。嫌疑人身体的任何部位都可能被烧伤。有时，行刑者会将木板在嫌疑人的双腿周围收紧，然后用楔子在其四肢周围敲打并挤压它们，直到骨头裂开、骨髓渗出。显然，这些审讯程序都可能导致受害者的永久残疾或死亡。

在欧洲大陆，如果当局能找到经验丰富的刽子手并向其支付报酬，这名刽子手通常会在当地官员或显贵批准"痛苦"

审讯后执行酷刑。16 世纪时，1532 年的《加洛林纳刑法典》
和 1539 年法国颁布的《维莱科特雷法令》都试图制定规则限
制酷刑。但《加洛林纳刑法典》也规定，巫术调查需要遵循
当地的法律和习俗。在许多司法辖区，帝国制定的宽松法典完
全没有对酷刑的使用产生影响。在一些地区，如果一个囚犯能
够在经受多次酷刑审讯后依然否认自己是女巫，就会被宣布无
罪释放——但受害者永远也无法恢复健康。

　　在新英格兰及其宗主国，对女巫的处决方式是绞刑，行刑
通常会持续几分钟，直到受害者窒息而死。而在欧洲大陆，并
非所有被定罪的女巫都会被判处死刑。但如果被判死刑的话，
执行方式通常是火刑。女巫在被焚烧之前可能还会经历其他痛
苦，例如，用加热的钳子大块撕下身上的肉。被判死刑的女巫
要么被活活烧死，要么在被绞死之后遭到焚尸；这种刑罚上的
区别似乎取决于其被指控罪行的严重程度。如果一个人被判犯
有与魔鬼签订协议、与魔鬼私通并在它的命令下杀死农场动物
的罪行，那么其尸体可能在被焚毁之前就会被处理掉。如果一
个人被判犯有在撒旦的帮助下杀死许多儿童的罪行，那么其在
处决之前会遭受更严厉与更长时间的酷刑。当时书籍中的插画
清晰地展现了那些遭受酷刑与火刑处决的人所面临的痛苦和
折磨。[35]

　　到了 17 世纪晚期，此类恐怖情绪在西欧几乎消失得无影
无踪。但是，使迫害女巫现象销声匿迹的并非启蒙运动或科学
进展，而是对酷刑和巫术证据越来越多的怀疑。人们在猎巫运
动期间提出了关于疾病和风暴等自然现象的问题，这间接导致
法庭对一般证据采取了更加严格的立场；从这个角度来看，对
女巫的迫害反而是科学革命的推动力。

大规模的猎巫运动往往在字面上或象征意义上沦为一种自我损耗，它对普通人的生活和家庭以及地方经济都造成了巨大的破坏，越来越多的世俗当局和宗教当局抨击此类行径。由于女巫迫害活动丝毫没有解决针对女巫提出的问题，到 1640 年时，此类活动几乎销声匿迹。同样，当异端不再是对现有教会或政治精英的严重威胁时，对异端的追捕次数便会降低。随着政治与宗教之间的界限变得更加清晰，欧洲人开始以更为人道的方式对待基督徒。

参考论著

530

20 世纪 60 年代，随着研究数量的井喷式增长，关于欧洲异端和巫术的研究视野发生了很大变化。清洁派一直都被视为组织严密的异端群体，但最近的研究者认为，在当时就算是识别清洁派都困难重重，可对比阅读以下两部著作：Malcolm Lambert, *Medieval Heresy: Popular Movements from the Gregorian Reform to the Reformation*（New York：Holmes & Meier，1976；Oxford：Basil Blackwell，1992）；R. I. Moore, *The War on Heresy*（Cambridge, MA：Belknap Press of Harvard University Press，2012）。法国学者同样质疑了此前学界对清洁派的刻板印象，参见 Monique Zerner（ed.），*L'histoire du catharisme en discussion: le' concile' de saint-Félix, 1167*（Nice：Centre d'études médiévales：Diffusion Librairie Archéologique，2001）。

关于俄国异端审判的研究并不多见，John Fennell, *A History of the Russian Church to 1448*（Longman：Harlow，1995）这部重要著作只对其有过简短的讨论。1666 年俄国的教派分裂是一起社会与宗教的重要事件，但其并非女巫审判产生的原因。关于俄国女巫审判数量较少的背景分析，参见 Valerie Kivelson, *Desperate Magic: The Moral Economy of Witchcraft in Seventeenth-Century Russia*（Ithaca, NY：Cornell University Press，2013）。

中世纪书籍（尤其是 1486 年海因里希·克雷默所著《女巫之槌》）的重要性在如今的猎巫运动研究中被淡化，但中世纪书籍有时依然扮演着重要角色。在所有此类研究论著中，Wolfgang Behringer, '*Malleus*

Maleficarum', in *The Encyclopedia of Witchcraft: The Western Tradition*, vol. Ⅲ, ed. Richard Golden（Santa Barbara, CA：ABC-CLIO, 2006）发现，尽管《女巫之槌》对于猎巫运动而言并没有那么重要，但它对追查女巫的个人行动依然影响深远。

本章所讨论的这些迫害现象是否具有社会或政治"功能"？Wolfgang Behringer, *Witchcraft Persecutions in Bavaria: Popular Magic, Religious Zealotry and Reason of State*（Cambridge: Cambridge University Press, 1997）一书认为，此类审判对国家建构起到了一定的作用。持同样观点的还有 Brian P. Levack, *The Witch Hunt in Early Modern Europe*, 3rd edn（Harlow：Pearson, 2006），尽管该著在一些方面持保留意见。猎巫运动与女性的失声状态存在联系，相关研究成果参见 Bonnie S. Anderson and Judith P. Zinsser, *A History of their Own*, revised edn（New York：Oxford University Press, 2000）。但功能理论的分析范式同样遭到了一些批评，例如 Robert W. Thurston, *The Witch Hunts: A History of the Witch Persecutions in Europe and North America*, revised edn（London：Pearson/Longman, 2007）。有学者认为，猎巫运动的重点是揭开恶人的面纱，因此猎巫运动中有对罪犯的直接追捕：Johannes Dillinger, *Evil People: A Comparative Study of Witch Hunts in Swabian Austria and the Electorate of Trier*（Charlottesville, VA：University of Virginia Press, 2009；in German 1999）。

除了前面提到的布莱恩·P. 莱瓦克（Brian P. Levack）的著作之外，还有一些有价值的调查研究成果，包括 Wolfgang Behringer, *Witches and Witch Hunts: A Global History*（Cambridge：Polity Press, 2004）；Robin Briggs, *Witches and Neighbors: The Social and Cultural Context of European Witchcraft*（New York：Viking, 1996）。以下研究成果同样不容忽视：Andreas Blauert, *Frühe Hexenverfolgungen: Ketzer-, Zauberei- und Hexenprozesse des 15. Jahrhunderts*（Hamburg：Junius Verlag, 1989）。

关于猎巫的个案研究在今天依然不断出现，在德国学界尤其如此。但是，这些新的研究成果可能并未改变目前学界对猎巫运动的理解，即这种运动极其飘忽不定，任何希望从中找出原因的系统性论点都很难站得住脚。

注　释

1. 关于宗教裁判所的重要概览性研究包括 Bernard Hamilton, *The Medieval Inquisition*（New York: Holmes & Meier, 1981）; Edward Peters, *The Inquisition*（New York: Free Press, 1988）; Michael D. Bailey, *Battling Demons: Witchcraft, Heresy, and Reform in the Late Middle Ages*（University Park: Pennsylvania State University Press, 2003）。

2. 关于异端，参见 Gordon Leff, *Heresy, Philosophy and Religion in the Medieval West*（Farnham: Ashgate, 2002）; Malcolm Lambert, *Medieval Heresy: Popular Movements from the Gregorian Reform to the Reformation*, 3rd edn（Oxford: Blackwell, 2002）; R. I. Moore, *The Formation of a Persecuting Society: Power and Deviance in Western Europe, 950-1250*（Oxford: Blackwell, 1987）。

3. R. I. Moore, *The War on Heresy: Faith and Power in Medieval Europe*（Cambridge, MA: Belknap Press of Harvard University Press, 2012）, p. 2. Christine Caldwell Ames, *Medieval Heresies: Christianity, Judaism, and Islam*（Cambridge: Cambridge University Press, 2015）, p. 147 同意在迫害异教徒方面曾经出现历史中断的观点，同时讨论了中世纪的拜占庭帝国和穆斯林对异教徒的严酷迫害。

4. R. I. Moore, *The Birth of Popular Heresy*（Toronto: University of Toronto Press, 1995）, p. 13.

5. Norman Cohn, *The Pursuit of the Millennium: Revolutionary Millenarians and Mystical Anarchists of the Middle Ages*（New York: Oxford University Press, 1970）.

6. J. Contreras and G. Henningsen, 'Forty-four Thousand Cases of the Spanish Inquisition（1540 - 1700）: Analysis of a Historical Data Bank', in G. Henningsen and J. Tedeschi（eds.）, *The Inquisition in Early Modern Europe*（DeKalb: Northern Illinois University Press, 1986）, pp. 100-29.

7. William Monter, 'Heresy Executions in Reformation Europe, 1520-1565', in Ole Peter Grell and Bob Scribner（eds.）, *Tolerance and*

Intolerance in the European Reformation (Cambridge： Cambridge University Press, 1996）, p. 60.

8. 此前学界对于因女巫审判死亡人数的估算值普遍较高，从数十万甚至到 900 万不等；Andrea Dworkin, *Woman Hating* （New York： Dutton, 1974）, pp. 17, 130, 191。近年来，学界在排除了其他审判现象后，对在女巫审判中直接被处决人数的估算值已大大降低，案例参见 Christina Larner, *Witchcraft and Religion: The Politics of Popular Belief* （London：Basil Blackwell, 1984）, pp. 26 – 30。Robin Briggs, *Witches and Neighbors: The Social and Cultural Context of European Witchcraft* （New York：Viking, 1996）, p. 260 提出的估算值为 4 万到 5 万。我提出的估算值为 3 万到 4 万，参见 Robert W. Thurston, *The Witch Hunts: A History of the Witch Persecutions in Europe and North America* （London：Pearson/ Longman, 2007）, pp. 147–52。

9. 案例参见 Elaine Graham-Leigh, *The Southern French Nobility and the Albigensian Crusade* （Woodbridge：Boydell & Brewer, 2005）。

10. 也许首部用"功能"来解释猎巫运动的著作是 Geoffrey Scarre, *Witchcraft and Magic in Sixteenth- and Seventeenth-Century Europe* （Houndmills：Macmillan, 1987）, p. 37。大多数研究者没有提到功能理论，但它是对在迫害行为中消灭罪犯的所有目的进行论证的基础。

11. 一些研究者认为，猎巫本质上是针对独立或直言不讳的女性的迫害运动，参见 Dworkin, *Woman Hating*; Carol F. Karlsen, *The Devil in the Shape of a Woman: Witchcraft in Colonial New England* （New York：W. W. Norton, 1987）; Anne Llewellyn Barstow, *Witchcraze: A New History of the European Witch Hunts* （San Francisco：Pandora, 1994）。

12. 关于这种方法的一项经典阐述是 Kai T. Erikson, *Wayward Puritans: A Study in the Sociology of Deviance* （Hoboken, NJ：Wiley, 1966）。

13. 案例参见 Brian P. Levack, *The Witch Hunt in Early Modern Europe*, 3rd edn （London：Pearson, 2006）, pp. 95–103，但作者也指出，实施猎巫的通常是下级法庭和地方当局，而上级法庭和中央法庭则不鼓励进行猎巫，参见该著第 96 页。

14. Wolfgang Behringer, *Witches and Witch Hunts: A Global History* (Cambridge：Polity Press, 2004), pp. 88-9 以及（尤其是）p. 104。

15. 功能理论的出处是 Robert K. Merton, *Social Theory and Social Structure*, rev. and enlarged edn (Glencoe, IL：Free Press, 1957)。作者在该著中认为，功能可能是显性的，在言语和行为上容易识别；但也可能是隐性的，即使是那些执行行动的人对此也不知情。近年来，社会学界对该理论进行了尖锐的批判，参见 Colin Campbell, 'A Dubious Distinction：An Inquiry into the Value and Use of Merton's Concepts of Manifest and Latent Function', *American Sociological Review* 47. 1 (1982), pp. 29, 30, 37。

16. Guido Dall'Olio, 'Inquisition, Roman', trans. Carlo Dall'Olio, in *The Encyclopedia of Witchcraft: The Western Tradition*, ed. Richard Golden, 4 vols. (Santa Barbara, CA：ABCCLIO, 2006), vol. II, p. 558.

17. Oscar De Simplicio, 'Italy', 同上, vol. II, pp. 574 - 5；Paolo Portone, 'Borromeo, St Carlo', trans. Shannon Veneble, 同上, vol. I, p. 140；Matteo Duni, *Under the Devil's Spell: Witches, Sorcerers, and the Inquisition in Renaissance Italy* (Syracuse, NY：Syracuse University Press, 2007), p. 33。

18. John Tedeschi, introduction to *The Prosecution of Heresy: Collected Studies on the Inquisition in Early Modern Italy* (Binghamton, NY：Center for Medieval and Early Renaissance Studies, 1991), pp. xi-xii；"谨慎而温和"的说法来自该著第 231 页。

19. Moore, *War on Heresy*, p. 323.

20. Dmitri Obolensky, *The Bogomils: A Study in Balkan Neo-Manichaeism* (Cambridge：Cambridge University Press, 1948), p. ix. 这部著作至今依然是关于鲍格米勒派的奠基性研究成果，尽管作者认为鲍格米勒派的影响力从"黑海延伸到了大西洋和莱茵河畔"（p. 8），但他只是在缺乏证据的情况下暗示了鲍格米勒派与清洁派等其他西方宗教团体之间存在交流（案例参见 p. 226）。

21. Lambert, *Medieval Heresy*, p. 3.

22. 案例参见 Jeffrey B. Russell (ed.), *Religious Dissent in the Middle Ages*

(Hoboken, NJ: Wiley, 1971), pp. 41-65; Bernard Hamilton, 'The Cathars and Christian Perfection' 以及 Peter Biller, 'Northern Cathars and Higher Learning', 两篇文章都收录于 Peter Biller and Barrie Dobson (eds.), *The Medieval Church: Universities, Heresy, and the Religious Life* (Woodbridge: Boydell, 1969)。

23. Lambert, *Medieval Heresy*, pp. 137-8.

24. Moore, *War on Heresy*, p. 6n.

25. Monique Zerner (ed.), *L'histoire du catharisme en discussion: le 'concile' de saint-Fe' lix, 1167* (Nice: Centre d'études médiévales: Diffusion Librairie Archeéologique, 2001), pp. 1, 14, 16, 216.

26. 地图参见 Moore, *War on Heresy*, pp. xiv-xv。

27. Moore, *Persecuting Society*.

28. Hamilton, *Medieval Inquisition*, p. 13.

29. 同上, p. 13。

30. Thurston, *Witch Hunts*, pp. 44-9.

31. Lambert, *Medieval Heresy*, p. 4.

32. Thurston, *Witch Hunts*, pp. 25-7.

33. Andreas Blauert, *Frühe Hexenverfolgungen: Ketzer-, Zauberei- und Hexenprozesse des 15. Jahrhunderts* (Hamburg: Junius Verlag, 1989), pp. 28-32.

34. H. C. Erik Middelfort, *Witch Hunting in Sourthwestern Germany 1562-1684* (Stanford, CA: Stanford University Press, 1972), p. 6.

35. 关于酷刑和处决的插图以及实际存在的酷刑工具的照片，参见 Alexander Koch (gen. ed.), *Hexen: Mythos und Wirklichkeit* (Speyer: Historisches Museum der Pfalz Speyer, 2009)。

27 欧洲宗教群体间的暴力

彭妮·罗伯茨

毫无疑问，一场名为"欧洲宗教改革"（或宗教变革过程）的运动造成了欧洲社会程度前所未有的教派分裂与人员流动。[1]然而，人们很容易夸大这场运动所引发之暴力现象的频率与普遍性，我们有必要对此类暴力反应的多变性与复杂性进行更加细致的解释和说明。诚然，宗教改革深刻影响了早期近代欧洲的群体间暴力，这场改革本身就体现为基督教世界统一性的暴力分裂。它还使一系列教派之间的关系变得紧张，从而引发了群体之间的冲突，并为冲突提供了正当的理由。暴力事件从口头侮辱升级为圣像破坏，甚至可能演变为全面屠杀。然而，虽然暴力的威胁笼罩着许多群体的社会关系，但它只是偶尔才会变成对物品、财产和人身的攻击，这些暴行往往体现为成熟的仪式。因此，早期近代欧洲宗教群体间的暴力都存在类似的模式，它们之间的差异主要体现在规模而非性质上，但各国史学界都会强调此类暴力的差异性而非相似性。虽然根据所涉群体在政治、社会和文化背景上的差异，此类以宗教名义实施的暴行的范围与残酷程度有很大不同，但它们同样有许多共同之处。在理解这些共性时，无论是官方引导还是公民自行其是，都可能会不断吸引我们的注意力，但我们并不总是能够截然区分两者在其中扮演的角色。

当我们审视早期近代欧洲宗教群体之间的暴力时，无论我们关注的是哪个国家，都会发现各教派之间的关系在本时期逐渐变得紧张。宗教改革导致了宗教少数群体的迅速壮大，尤其是在 16 世纪，这些人与主流信仰以及当局遏制内乱的意图发生了冲突。宗教改革引发的许多暴行都具有本地化与私人化的特征，这些暴行还会影响到此后当地社区的团结，因为邻里和家庭成员可能会被不同教派之间新出现的紧张关系影响，从而走向分裂。暴行对此前和谐稳定的社区的影响清楚地证实了安东·布洛克（Anton Blok）的观点，即"最激烈的斗争"往往发生在"差异很小的个人、团体和社区之间"。[2] 引发暴行的因素包括列队行进、教堂和钟声的使用、礼拜和埋葬的地点、圣像破坏，以及其他蔑视宗教的行为，而暴行通常只会在局部地区发生，且规模偏小。然而，这类暴行也可能被赋予重大意义并产生广泛影响，德国农民战争、尼德兰革命和法国的圣巴托洛缪大屠杀就是如此。内战的爆发为暴行的背景和程度增加了新的维度。暴行可能与从政治到社会经济的其他不满情绪交织在一起，并加剧这种不满情绪。此外，对主流信仰的挑战可能会被当局视为对其统治地位的威胁，这一挑战还会质疑少数群体对法律和秩序的服从总体而言是对公共和平的扰乱举动。随着被教会视为异端的新教群体势力渐长，天主教镇压新教的活动最终失败，当局这才意识到，双方需要达成某种形式的和解。为了换取效忠的承诺，新教统治者也不得不对那些继续信仰天主教的臣民持宽容的态度。出于上述原因，当时以叛国罪进行审判与惩罚的案件数量要比以异端罪进行审判和惩罚的案件数量更多。[3] 这些教派暴力的实施者则主要被视为反对当前政体的叛徒，而不是捍卫自身信仰的殉教者。

当各国试图适应宗教共存的新时代时，宗教少数群体对主流信仰的不满和紧张情绪也不断增加，而这经常会导致动乱。

无论统治者及其官员自身的立场如何，他们都对限制和管控民众的自发暴行十分敏感，无论此类暴行涉及何种信仰。事实上，如果当局对少数信仰群体所做的让步被认为过大，甚至与当局同一教派的成员也会感到不满。因此，如果我们仅仅在宽容政权和高压政权之间进行二元划分，那就难以揭示官方认可的宗教共存中引发暴力的潜在因素。究竟哪一方才应该对宗教 ⁵³³ 暴力事件负责，双方对这类指控总是各执一词。一方面，各教派都谴责敌对教派的暴行；另一方面，他们又都会为自己的暴行辩护。对敌人暴行的反对可以为针对敌人实施的更多镇压手段提供正当理由。对于暴力仪式的描绘尤其如此，这被用来对施暴者进行诋毁，认为他们已丧失了人性。不过，历史学界已经意识到，这些仪式对于我们理解和解释这些暴行至关重要。尽管这些记载的真实性存疑，但它们所反映的文化全貌（cultural repertoire）① 能让我们了解到当时社会习俗的方方面面，以及受到这类习俗影响的群体之间敌意加剧的原因，即使原因并非仅仅与宗教有关。在探讨这些主题时，我们的重点是在当地宗教群体内部已经存在或有所发展的各种暴行，以及在欧洲大部分地区演变成内战的大规模教派冲突。

宗教群体内部的暴力

本杰明·卡普兰（Benjamin Kaplan）等人强调，当时在欧洲各国发生的教派暴力事件在起因方面都具有公共性，"公共宗教活动是最容易引发暴行的潜在因素"。⁴ 一些宗教群体对其

---

① 文化全貌是由美国人类学家鲁思·本尼迪克特（Ruth Benedict）在其名著《菊与刀》中提出的术语，指以一两个具有支配作用并具有驱动活力的文化特质为中心综合形成的整体或体系。

他群体进行冒犯，或者当着这些群体成员的面进行异教活动，都会引发对方的暴力反应。这类行为主要包括在城中容易爆发冲突的地带列队行进、携带武器参加宗教仪式、口头和身体的对峙，以及那些不参与常规宗教活动（不参与教区生活和周期性礼拜）者的消极抵抗。在各种节日以及如基督圣体节（圣体是每年的宗教节日中各派分歧最为严重的神学主题）这样的重大活动中，各教派之间经常发生暴力冲突。在教派关系历来十分紧张的地区，一定程度的动荡总是不可避免地出现，在公共假期前后更是如此，具有挑衅性的个人举动可能很快便会使其他宗教团体诉诸暴力。拒不参与特定的宗教活动（如在斋戒日吃肉或劳动），或者不对游行路线上的房屋进行装饰，抑或不尊重仪式上传递的圣物，都是颇具象征意味的挑衅举动，它们有时也可能会引发暴力反应。在 1568 年的法国奥弗涅大区，克莱蒙的一名新教徒没有对自己的房子进行装饰（按照惯例，必须在节日期间装饰房子），同时被指控向圣体投掷石块，他因此被一群信仰天主教的暴徒活活烧死。对挑衅举动的反应并非都如此极端，但某种形式的侮辱或轻微的攻击十分常见，尤其是在流言四起或人们互相猜忌的时候。各教派间的紧张关系主要体现为口头交锋和斗殴。瓷砖、石头、泥土、污秽甚至动物（如象征着放纵性欲的猫）都可能成为用来羞辱和挑衅对方的投掷物。然而，"使人们开始对他们的邻居动用私刑的原因不只是宗教信仰的差异"，而且"民众对新教崛起的暴力反应"并非不可避免。[5]即使在最动荡的时期，暴力也不是每天都会发生。但只要有宗教分歧之处，就会存在引发暴力的可能性。挑衅举动是许多教派暴力事件的主要诱因，但当局可以通过大力克制和小心警惕来化解此类紧张局势。

虽然宗教改革的根本分歧是新教和天主教之间的分歧，但宗教的多元化还包括无数其他信仰［或多元信仰（multiconfessionalism）①］，这些信仰实际上在许多地区都与当地生活融为一体。尽管如此，在某些情况下，暴行也可能发生在已经充分融合的地方群体内部。事实上，卡普兰提醒我们注意，宗教宽容是出于务实需要而制定的政策，它是对冲突的调节和遏制，而非对冲突的消除。⁶虽然欧洲各国的宗教状态大体稳定，但在特兰西瓦尼亚、普鲁士、立陶宛、波兰等境内有多个宗教信仰群体的国家中，天主教徒、东正教徒、加尔文宗教徒、路德宗教徒以及反三位一体派（Antitrinitarian）②教徒之间会发生激烈冲突。不过总体而言，中欧和东欧的居民更多持宗教宽容态度，这是因为他们在处理信仰的多元化和多样性方面有丰富的经验。尽管在许多情况下，邻居们在前往不同教堂的路上擦肩而过时并不会表现出明显的敌对倾向，但宗教共存始终是脆弱的，而且"宗教群体之间看似稳定的关系可能很快会受到一连串暴力事件的破坏"。⁷例如，在立陶宛的维尔纽斯［Vilnius，维尔诺（Wilno）］③，那里有一个存在五种宗教信仰的多元社区，但在这个通常和平的社区内，依然偶尔会出现冲突。冲突可能会导致教堂关闭或者被拆除，当局甚至会对整个群体进行镇压，以此缓和紧张局势或惩罚施暴者。

535

---

① 多元信仰是指在一个国家或民族内部存在多种和谐共存的不同宗教信仰的状态，它通常被用于描述拥有三个或更多宗教群体的国家。

② 反三位一体派，又称非三位一体派，是基督徒的一大分支，他们认为上帝是三位一体的传统教义并非《圣经》之教导。一位论派、耶和华见证人、耶稣基督后期圣徒教会及基督弟兄会都属于反三位一体派。

③ 维尔纽斯是立陶宛语的写法，波兰语的写法为维尔诺，该市是立陶宛的首都和最大城市，也是该国的政治、经济、文化和交通中心。

1724 年，在普鲁士的托伦，路德教会的高级官员因未能阻止对当地耶稣会学院的袭击而受到刑事审判，他们最终被处决。人们期望地方当局干预争端以维护和平，无论他们本身存在何种偏见。官员如果不愿或不能这样做，就可能为此付出代价。

当局虽然可能会在一些宗教群体之间进行调解和斡旋，但对另外一些群体的暴行则决不姑息。那些观点最激进的群体会遭到特别严厉的惩罚，如果他们还在天主教国家和新教国家被误认为"再洗礼派"，那就会因为自己的异端信仰即刻遭到处决。激进教派的成员和他们的礼拜场所也成为当局重点关注的对象。他们时常卷入一些暴力性质的行动（这些行动企图加速变革），这不仅使他们容易失去当局和民众的同情，也成为当局发动强力镇压的正当理由。俄国的旧信徒是一个具有极端倾向的宗教群体，该群体成员对莫斯科教会发动了大量集体"自杀式"（受害者并不总是自愿赴死）袭击，这让人们联想到近些年来世界各地出现的一些极端宗教组织。为了掩饰自己的恶名，他们恐吓不服从命令的教徒和平民，并禁止他们到处声张。像其他宗教少数团体一样，教派中的激进分子会被当局流放或驱逐出境，这种驱逐有时是强制的。在本时期，欧洲人对犹太群体的零星迫害仍在持续，其中就包括对布拉格的犹太人聚居区的隔离、各种反犹暴力活动，以及数不胜数的驱逐事件。例如，在 1669—1670 年，维也纳的市民将当地的犹太人驱逐出城。而在乌克兰南部，数以万计的犹太人在 1648—1658 年的赫梅尔尼茨基大屠杀中丧生。1609 年，西班牙当局在数十年的残酷镇压后下令，将摩里斯科人（moriscos，指改信天主教的穆斯林）从本土强行驱逐至北非。

末世主义、仪式与狂欢节

天主教和新教中都充斥着与末世主义和千禧年主义有关的信仰，这些信仰因宗教改革给社会带来的不稳定影响变得更加盛行。先知和他们的预言激起了教徒们的反抗和报复，例如，激进的牧师托马斯·闵采尔（Thomas Müntzer）在 1525 年德国农民战争期间的所作所为使成千上万的农民在这场战争中反抗他们的领主并因此丧命。马丁·路德在《反对农民的抢劫和 536 屠杀行径》一文中谴责了那些声称以他的名义施暴的人，并通过取消农民使用武力的合法性为暴力镇压反叛提供了正当理由。末世主义（认为世界末日即将来临，因此必须无所不用其极地加紧对末日到来的准备）是早期近代欧洲的激进宗教团体实施暴力的根源。例如，在 16 世纪 30 年代中期，德意志北部的明斯特发生的一起臭名昭著的事件就源于此。在这起事件中，天主教和新教两股势力互相勾结，随后围困该城市，并对上述运动（这场运动引入了强制性的再洗礼派教义和一夫多妻制，并驱逐或处决那些抵抗者）实施了血腥镇压。这些号称救世主的起义领袖在遭受酷刑和处决后，尸体被吊在笼子里，悬挂在城市主要教堂的塔楼之上，这种令人毛骨悚然的暴力场面提醒人们，这就是反抗的下场。

这类宗教团体即使消极避世，也因为经常受到末世主义启发而激怒当局，后者谴责这种做法具有煽动性，会对社会秩序造成危害。当局常见的手段是对其进行强制驱逐或使其解散，例如，中欧的哈特莱特教派（Hutterite）① 就受到了如

---

① 哈特莱特教派是一种再洗礼千宗教派别，主张消极抵抗主流宗教，并与世隔绝。

此对待。与包括犹太人在内的许多其他少数群体一样，这些宗教群体被迫向东迁徙，还有一些群体选择前往北美寻求庇护。在 17 世纪的英国，官方针对因内战而兴起的党派［如平均派（leveller）和掘地派（digger）①］所实施的暴力进一步证明，当局会对不服从的行为和社会抗议采取强硬态度。另外，对那些似乎阻碍了神圣计划（divine plan）②的人表达的不耐烦和不容忍情绪也会导致激进群体的暴行。所有教派都相信上帝站在他们自己这一边，而无论其表现是战胜对手还是他们自己所受迫害的考验。事实上，许多关于新教政权和天主教政权的研究都表明，在挑起和解释暴力方面，上帝显然扮演了重要角色。在 16 世纪的法国，内战的创伤激发了大量极端残忍的骇人故事（如父母对他们的孩子的暴行），而当时的"奇书"（wonderbooks）热衷于将其解释为神迹。建筑物突然倒塌，或者教派反对者突然死亡，这些事件都会被人们视为天意难违的神奇体现。例如在 1623 年的伦敦，黑衣修士院中的一座教堂倒塌，一名耶稣会士和他的会众因此丧生。

虽然许多传统信仰依然受到天主教徒和新教徒的共同拥护，但历史学界强调，在暴力的使用和实施方面，不同信仰之间存在差异。娜塔莉·泽蒙·戴维斯在早年发表的一篇引人注目的文章中认为，新教徒特别注重对宗教实体的破坏以及对天主教神职人员的攻击，而天主教徒则主要通过杀害新教徒来消

537

---

① 平均派和掘地派都是在英国 17 世纪革命中涌现的政治派别，他们所追求的不只是政治负责制，还有更为广泛的社会革命，这吓坏了议会所代表的有产阶级。

② 神圣计划在基督教中指上帝对人类生活的各种安排。

除异端造成的污染。[8]戴维斯的研究为一场颇具影响力的持续性辩论奠定了基础，这场辩论的主要议题是发生于早期近代欧洲的教派冲突的根本性质。此外，各教派在法国宗教战争中都会举行暴力仪式，多数派天主教徒与少数派新教徒对峙，并导致了大量流血事件，戴维斯采用人类学和社会学的方法对两者暴力仪式的显著对比进行了研究。然而，正如戴维斯本人所指出的，这种二分法从来都不是绝对的。如果我们看看欧洲其他国家的情形就不难发现，神职人员在大多数地区是宗教暴行的主要受害者。例如在 1623 年的波兰立陶宛联邦，位于波洛茨克的希腊礼天主教会（Greek Catholic Church）①的大主教被一群东正教徒杀害，他的尸体被拖着经过街道，并最终被扔进河里。后来，在 1648 年的哥萨克起义中，数百名希腊礼天主教会的牧师被杀。然而，情况并不总是如此。乔治·米歇尔斯（Georg Michels）在对 17 世纪匈牙利和俄国民众针对官方教会的宗教暴力的性质进行比较研究后发现，它们明显存在背景方面的差异。在匈牙利，为了报复 17 世纪 70 年代至 80 年代的天主教迫害，新教徒实施的是圣像破坏与对神父及其家人的羞辱和折磨仪式，这些行径使人想到宗教改革时期在西欧大部分地区出现的暴力仪式。但在这里，新教徒实施的暴行比其他教派的都更加残忍，其中有对神父各种形式的虐待（甚至是阉割）。[9]相比而言，俄国官方的东正教寡头统治引发的反应更多来自社会经济层面，这些反应的集中表现是掠夺和破坏，它们基本上不含宗教仪式方面的元素。

①　希腊礼天主教会是完全承认罗马教廷地位的天主教分支，但他们继续保持原有的传统礼仪和特点，不受拉丁语系天主教会的影响。

　　然而，暴力仪式已经成为整个欧洲社会中非宗教文化习俗的公认特征。集体的行为期望以及当地的道德监管共同塑造了民间文化。因此，宗教团体能够利用已经存在的一系列措施来应对不同群体之间发生的摩擦。"大声喧闹"① 这一社会文化习俗为不同群体之间的紧张情绪提供了发泄的渠道，但它既"解决了冲突，又加剧了冲突"，而且"充满了引发暴力的潜在因素"。[10]这并不奇怪，因为这种通常由一伙年轻人参与的活动中充斥着敌意、仇恨与各方恩怨。在所有"大声喧闹"之类的消遣仪式中，最受欢迎的一种仪式是对妻子出轨或被妻子殴打的丈夫进行公开羞辱。但是，如果这类羞辱还融合了其他怨恨情绪，那么嘲笑和讥讽之举就可能很快引发粗暴的审判、殴打甚至杀戮。狂欢节（Carnival）是四旬斋（Lent）②之前的一个充斥着骚乱的节日，其中存在允许这种不可预测和喧闹之举的仪式。在 16 世纪发生的几起臭名昭著的事件中，狂欢节成为意大利弗留利的家族仇杀，以及法国南部罗马小镇政治和社会经济紧张局势引发的动乱的施暴舞台。在整个早期近代欧洲，仪式习俗始终被人们用来表达不满情绪，而这种表达有时会演变为暴行。其中一起臭名昭著的事件是 18 世纪的巴黎工人发动的所谓"屠猫狂欢"（Great Cat Massacre），罗伯特·达恩顿（Robert Darnton）对这一事件有十分生动的叙述。[11]在这一事件中，仪式和社会经济方面的不满情绪与猫科动物的象征性相结合，暴力一触即发，随后的屠猫场面反映了主人家庭与工场中社会和文化方面的紧张局

---

① 关于"大声喧闹"，参见本卷第 14 章。
② 四旬斋也叫大斋节，封斋期一般是从四旬斋的第一天到复活节的 40 天，基督徒视之为禁食和为复活节做准备而忏悔的季节。

势。此外，在整个早期近代欧洲，折磨和虐杀动物的仪式是民间娱乐和街头节日的普遍特征，屠猫狂欢也是这种民间风俗的延伸。

随着宗教改革运动的展开，基督教内部出现了教派分裂，各派之间也出现了新的分歧，这些分歧涵盖了当时许多不同的领域，而这些领域此前并不存在争议。宗教引发的紧张局势可能会结合并加剧已有的教派敌对倾向，还可能像古罗马时期那样使各教派各行其是，并由此形成新的敌对关系。宗教引发的紧张局势既让人热血沸腾，又具有破坏性。在宗教改革期间不断升级的还有另一种引人注目的人际暴力形式，其中涉及对死者的蹂躏。从爱尔兰到匈牙利，对葬礼的破坏以及对尸体的挖掘和亵渎在欧洲各国都时有发生。例如在英国，一个被处决的牧师的头颅被当成足球踢来踢去；在法国，尸体被抛给食腐的狗和鸟类。墓地同样成为施暴的目标，暴徒们会破坏坟墓，并推倒墓碑。这类暴行体现了暴徒对异端的唾弃和敌意，并剥夺了异端获得基督教式体面安葬的权利，这是一种象征性的、令人不安的、旨在恐吓的行为。其他的教派暴行还包括：在布道和游行期间对教士进行身体和语言攻击，对与其他信仰有关联的人进行随机或更具预谋性的攻击，以及对支持他们的人甚至自己的家庭成员进行暴力威胁。此外，焚烧、拆除具有重要宗教意义的教堂和其他场所，焚烧书籍，以及亵渎神龛（shrine）① 和十字架，都对暴力清除异教信仰产生了物质层面的影响。

589

———————————

① 基督教中的神龛指圣徒的墓地、建在圣徒墓地上的建筑、保存圣徒遗骸或其他遗物的建筑，可供信徒瞻仰和崇拜。

圣像破坏

圣像破坏是宗教改革时期最突出也最独特的暴力类型之一，其可能的表现形式包括：销毁、丢弃圣髑（relics）[①] 和图像，在雕像和祭坛上涂抹排泄物，以及熔化圣物和其他装饰品。在此类暴行中，施暴者受到了某种意识形态的驱动；他们通过这种方式公开拒斥和净化他们认为属于天主教偶像崇拜的东西。这种行为也会带来政治上的影响。圣像破坏可能是个人之举，也可能是集体所为；可能是秘密进行的，也可能是蓄意公开的。我们有必要区分那些官方批准的圣像破坏（最明显的例子就是在英国宗教改革期间、尼德兰革命期间和神圣罗马帝国统治地区出现的此类活动）以及旨在摧毁亵渎神明的天主教崇拜的民间行为，尽管两者并非泾渭分明。但我们的重点在于，有必要注意到不同社会团体、民众和当局、教士和教众在进行圣像破坏方面体现的差异。对宗教形象的故意破坏行为可以追溯至 16 世纪 20 年代，当时宗教改革刚刚兴起，"圣像破坏是改革派意识形态运作的必然结果"，它加剧了对现有秩序的颠覆。[12]新教牧师和当局致力于压制和管控民众被夸张的布道激发的狂热情绪。牧师与平信徒长老（lay elder）[②] 都担心会因此遭到天主教徒的报复，并失去精英阶层的支持。尽管对天主教的"冒牌"信仰载体进行攻击符合新教教义，但市政官员对由目无法纪的民众犯下的无序暴行深感不安，官方与

[①] 圣髑指圣人或有德行之人的遗物，狭义的圣髑指圣人的毛发或骸骨，广义的圣髑则指圣人在日常生活中使用的一切物品。

[②] 平信徒长老是对新教某些教派中教徒领袖的称呼，指早期教会中德高望重的信徒，一般由各教堂信徒推选，数位平信徒长老共同管理教会的工作。

会众的关系由此变得紧张，1528 年发生在伯尔尼的事件①就是
如此。事实上，这种行为可能看起来具有"革命性"，因为它 540
似乎严重威胁到了当局的统治，例如在（尤其是 16 世纪 60 年
代的）尼德兰和法国。然而，根据各自的偏好，或出于虔诚，
或出于狂怒，当时人们对圣像破坏的理解形成了一种"假两
难推理"（false dichotomy）②。[13]但是，无论这些行为是否存在
提前谋划，它们肯定都是有意为之的。教徒发动圣像破坏运动
除了是要摧毁圣像本身，也是为了震慑世人。

我们如今依然可以在乌得勒支的圣马丁大教堂的一座引人
注目的 15 世纪雕像中发现上述事件的视觉印记。在这座被称
为"（荷兰）共和国所有教堂建筑中最具象征意义的"的雕像
上委婉地贴有"在宗教改革中被破坏"的标签，仿佛这只是
一场意外（图 27.1 和图 27.2）。[14]暴徒故意凿去这座雕像上圣
徒的面孔，其余部分则完好无损，如今我们依然可以欣赏到它
的艺术之美。因此，比起其他遭到完全破坏的雕像，这座雕像
的模样似乎不但更具感染力，而且也更令人震惊，当时的人们
肯定也有同感。面对这样一个可能是用公共捐款支付费用而雕
成（且肯定是社区奉献的象征）的圣像，对它的破坏如果不
是来自社区本身的话，那么就一定是对这个社区的攻击宣言。
同时，这种行为还以最激进的方式强化了"圣像无用"与
"新教胜利"的观念。近年来，与构成战争背景的暴力流血冲
突相比，巴米扬大佛、伊拉克博物馆文物或叙利亚帕尔米拉古

---

① 伯尔尼在 1528 年的一场宗教辩论后迅速普及宗教改革，新教取代天主教
成为官方宗教，但双方势力也因此冲突不已。
② "假两难推理"是逻辑谬误的一种，它对讨论的问题提出看来是所有可能
的选择或观点；但其实这些选择或观点并不全面，亦不是所有的可能。

图 27.1　乌得勒支的圣马丁大教堂中遭到破坏的 15 世纪祭坛装饰。

遗址的被毁在某些人看来可能是无足轻重的不敬之举。然而，我们也可以认为，哀悼这些被毁的文物有其充足理由，因为这是对文化破坏行为的自然反应，文化破坏行为代表的则是对历史的恶意篡改以及对公共价值观的粗暴攻击。[15]早期近代欧洲的圣像破坏运动的象征意义也以同样的方式运作，无论是施暴者还是观察者，他们都敏锐地意识到了这一点。

图 27.2　图 27.1 的局部细节。

最骇人听闻和最激烈的圣像破坏浪潮发生在 1566 年的尼德兰，当时各省都试图脱离西班牙天主教当局的统治，建立信仰加尔文宗的共和国。在短短两周之内，尼德兰各地的天主教

541　堂就在没怎么抵抗的情况下被洗劫一空，圣像不仅被摧毁，而且遭到蹂躏和肢解。这场运动迅速蔓延到欧洲的各大城镇，并且深入乡村地带。虽然加尔文宗的牧师既不谴责也不宽恕这类行为，但他们利用这股风潮掀起的波澜占据了优势地位。宗教改革运动的清洗和内战中的激进倾向也导致英国当局对雕像、

542　神龛、教堂屏风和宗教绘画进行了有组织的破坏。在大革命时期的法国，同样出现了针对王室和教会的类似破坏行为。在一种以绞刑或火刑来处决罪犯的文化中，司法程序具有强烈的仪式意味，所以圣像和圣物受到这类象征性的攻击也就不足为奇了。此外，圣像破坏还是一种对更极端暴行的替代，或者是后者出现的前兆。

543　圣像破坏是一种旨在挑衅和引发丑闻的行为，但也是一种旨在引导和展示"真正的"宗教道路的行为。然而，它的具体目标是"反对（已确立的）教会的精神权威"。[16]圣像破坏的实施者主要是新教徒，其反对的对象是天主教，而 17 世纪 40 年代英国清教徒的圣像破坏运动则反映了维护新教这一至高无上意识形态的抗争。同一信仰的不同群体成员之间发生的冲突和争端并不局限于上述现象。对圣像破坏行为的惩罚同样可能十分残酷，其中就包括处决，因为天主教当局在他们占据统治地位的地区寻求纠偏，并重新建立自身在宗教上的权威与合法地位。同样，官员也采取措施清除和销毁具有煽动性的分裂象征物，包括文献和纪念碑。其中最为臭名昭著的一起事件发生在 1571 年的巴黎，（标志着胡格诺派的房屋被夷为平地的）

加斯蒂纳十字架被转移到了另一个地点，尽管这一行动反过来引起了挑衅和暴力反应。这类个别事件可能会逐渐平息，但也可能像上述事件那样引发一种"爆炸性的情感经济"，进而导致更大规模和更加残暴的暴力事件。[17]宗教改革再次成为不同群体之间争斗的导火索，更大规模的冲突也随之到来。

大屠杀与暴行

正如圣像破坏是新教徒净化神圣空间的一种方式，对天主教徒而言，异端的污染元素也可以通过对新教徒的杀戮来净化。在法国各地，不同群体之间发生的最残酷的暴行都具有典型的宗教意味：1572 年 8 月到 9 月，天主教徒杀害了数千名新教徒，这起事件被称为圣巴托洛缪大屠杀。毫无疑问，法国宗教战争的残暴程度在整个欧洲大陆都是最高的。但是，我们不能因此忽视在其他地方发生的类似暴行，尤其是在安特卫普出现的所谓"西班牙狂怒"（Spanish Fury）①，以及在 16 世纪 70 年代至 80 年代的尼德兰出现的其他军事暴行，或者 17 世纪 40 年代的爱尔兰新教徒所遭受的非人虐待。这里的区别或许在于，在尼德兰发生的大部分暴行的实施者是外国人，而不是本国的同胞和邻居（内斗在任何时期都是最恶劣的暴行）。自 16 世纪以来，英国军队便一直对爱尔兰人进行暴力镇压，后者因此怀恨在心，并于 17 世纪进行了猛烈的报复。

人们认为，1572 年圣巴托洛缪大屠杀的主要实施者是巴黎的民兵组织，而在法国其他城市也存在此类官方参与的大

544

---

① "西班牙狂怒"广义上指尼德兰革命期间西班牙哈布斯堡王朝军队对低地国家许多城市发动的暴力洗劫，狭义上指 1576 年的安特卫普大屠杀。

规模暴行。虽然这种暴行针对的仍然是邻居和同胞，但其规模如此之大，以至于它们似乎必须依靠军事力量或官方的参与。同样，在 1576 年的西班牙、1641 年的爱尔兰，甚至在三十年战争期间的神圣罗马帝国，我们都可以看到对官方和军队实施的野蛮暴行的生动记载。此类行径与在法国发生的事件类似，包括食人、无端肢解和酷刑，以及冷血地杀害无辜者（特别是儿童和孕妇）。当然，我们在本章关注的是意识形态驱动的教派冲突话语导致的偏激暴行，这种话语的目的是将对手妖魔化。历史学界在对这类暴力事件进行研究和分类时需要保持审慎态度。毫无疑问，成千上万的人因暴力事件死于非命，而且我们能够从更温和的天主教徒的记载中发现拖着尸体穿过街道、蓄意将受害者溺死在河里等仪式存在的确凿证据。虽然当时许多人记载的个案如今已很难核实，但就理解当时人们对暴力的态度而言，它们的象征意义和真实性一样重要。

　　然而，并非当时欧洲所有的宗教群体都经历了严重程度相同的暴行。朱迪斯·波尔曼（Judith Pollmann）认为，当涉及不同教派群体之间的暴力时，荷兰天主教徒比法国天主教徒更加克制，因为他们普遍反对西班牙实施的严格的异端律法，而且其神职人员很少有极端倾向。然而，法国神职人员热衷于挑起教派之间的暴力冲突。[18] 在考虑对比法国宗教战争期间与尼德兰革命期间发生的天主教暴行时，我们有必要进一步思考西班牙在其中扮演的角色。在尼德兰北部，西班牙军队的残暴行径极大地破坏了天主教事业，同时使新教徒将自己的暴行描述为对外国暴政的抵抗。在法国，天主教传教士煽动民众对少数派新教徒产生反感，而他们与西班牙的联盟则是在 16 世纪 90

年代导致天主教联盟名誉扫地的因素之一。毫无疑问的是，对   545
抗"他者"（无论是以外国人的形式，还是以教派反对者及其
对更广泛社区所构成威胁的形式）的强烈意识，在煽动和调
节大规模的暴行方面发挥了关键作用。

    正如在法国和尼德兰发生的事件所表明的，宗教改革引发
的"频繁的暴力余波"大多集中于 16 世纪；除了一些值得注意
的例外，许多国家直到 17 世纪和 18 世纪依然会受到宗教改革的
微弱影响，暴行也会因此产生。[19] 根据大卫·吕布克（David
Luebke）的观点，在神圣罗马帝国，教会共享（*simultaneum*，
指各教派共用一个礼拜场所）和其他公共事务的安排方式能
"对宗教暴力产生遏制效果"，因此，在 1648 年以后，宗教暴行
的爆发次数变得十分少了。[20] 而基思·卢里亚（Keith Luria）指
出，在 17 世纪的法国，各种冲突层出不穷，暴力在一些地区
"是一个持续的因素……［它］尤其容易出现在社会动荡时
期"。但他也认为，其他教派的信徒在这里得到了广泛接纳。[21]
然而，即使在相对和平的荷兰共和国，直到 18 世纪，外默兹
（Overmaas）① 地区仍会出现零星的教派暴力事件。内战的暴
力后果在 17 世纪中期的英国和爱尔兰也有十分显著的体现。
三十年战争是 17 世纪的欧洲各国之间爆发的一场最血腥的冲
突，它导致神圣罗马帝国境内大量人口的死亡、毁灭、流离失
所等许多难以预料的严重后果。然而，宗教是否扮演了这些战
争的推动者的角色，学界一直存在争议。

    彼得·威尔逊（Peter Wilson）是对此持反对观点的代表

---

① 外默兹是今天荷兰的北布拉班特省在当时的称呼，因位于默兹河对岸而
得名。

学者，他淡化了三十年战争的教派性质，并认为明确的宣传夸大了主要由外国士兵实施的野蛮残忍的暴行，这些行径反过来成为受害者群体实施报复行动的正当理由。1631 年，马格德堡还发生了一起臭名昭著的破坏或"洗劫"事件，这起事件导致该市五分之四的居民丧生。威尔逊认为，这起事件尽管令人毛骨悚然，但它属于历史中的例外，历史学家往往给予了它过分的重视。因此，当 1620 年的瓦尔泰利纳发生对 600 名新教徒的屠杀或"血洗"时，这场屠杀也被归咎于天主教神职人员。威尔逊断言，尽管发生了圣像破坏事件以及出于教派动机的暴行，但"暴力在多大程度上是由宗教直接驱动的，这一点仍然值得商榷"，士兵对平民实施的暴力更是如此，其中往往涉及酷刑。[22] 于是，他在比较宗教冲突与其他类型冲突的过程中淡化了宗教在战争中的作用。但是，本章同样注意到了军事暴力和民众暴力之间的差异。对于士兵而言，其他考虑因素显得更为重要，其中就包括掠夺和羞辱敌人的机会。威尔逊也认为，许多暴行源于士兵与当地居民的交流障碍。然而，暴力并不总是单向的；民众的抵抗和报复也是冲突的重要体现，因此，我们必须考虑此类暴行中存在的民众因素。有学者认为，战争期间几乎没有关于平民死于暴力的记载，大多数已故平民的死因是疾病。可是，这种观点忽略了流行病的传播与内战导致的人口减少之间的密切关系。例如，法国在宗教战争期间同样出现了人口的大幅下降。威尔逊承认，教派之间愈演愈烈的敌对倾向是导致战争爆发的因素。他还指出，在 17 世纪上半叶，神圣罗马帝国的新教徒和天主教徒分化成彼此对立的武装团体，这使局势变得更加紧张，并且"直接导致了暴力的产生"。[23] 因此，宗教和暴力在这些情况和其他类似情况下的

546

相互作用，以及宗教作为暴力之促成因素的作用，仍然是一个争议不断的问题，这取决于当时的人们对教派差异的重视程度。

在17世纪40年代的爱尔兰发生的暴行中，"民族和教派仇恨交织在一起，引发了极其可怕的后果"，这似乎为上述难题提供了一个不容置疑的论据。[24]然而，这些暴行直到近年才引起学界的高度关注，它们在许多方面仍然具有一定的政治意味。在当时的爱尔兰，最恶劣的暴行是阿尔斯特的天主教徒针对新教徒居民发动的屠杀，尤其是在波塔当（Portadown）和（恰如其名的）基尔莫尔（Kilmore①），天主教徒不但蓄意溺死新教徒移居者，而且将宗教避难者活活烧死。当然，反过来说，这也是当地教徒对英国军队实施的血腥征服和殖民运动的暴力回应。在17世纪的爱尔兰，我们可以看到与此前欧洲各地的宗教群体所经历的许多暴行类似的描述，但这里肯定也发生了"比都铎和斯图亚特王朝时期其他地方发生的事件都更加激烈和恶毒……的暴行"，[25]其中就有斩首仪式的象征性使用，双方（再次）指控彼此有包括食人在内的野蛮行径，以及对暴行受害者的非人化描述。随着时间的推移，暴力事件不断升级，这种制裁在神的庇佑下变得合法化，并被视为对挑衅举动的正当回应。就像在神圣罗马帝国和尼德兰发生的事件里一样，当地的宗教团体习惯性地将最恶劣的罪行归咎于外国人。因此，暴力不但被用于恐吓对方，而且也是对自己以前所遭受暴行的一种报复。事实上，英国士兵在16世纪的战争中对爱尔兰平民的冷血杀戮显然远远比本地领主的地方性氏族暴

547

---

① Kilmore 的字面意为"杀死更多人"。

力更过分，但后者更经常被人们提及。在爱尔兰，仪式中也经常公然发生暴行。在 1535 年的圣母领报节（Annunciation）①期间，"叛乱分子"在梅努斯的城堡中被斩首，这起颇具象征意味的蓄谋事件传达了王室实施报复的严正信息。教派之间的分歧在以后的岁月里才越发凸显，而且与来自其他方面的敌意融合在一起，给不同宗教群体之间的关系造成了灾难性的后果。

威尔逊指出，帝国中普遍存在不确定的气氛，他认为这种气氛冒犯了当时民众习以为常的观念；但亚历克斯·沃尔沙姆（Alex Walsham）的观点与此相反，她认为在英国发生的这类暴行是"正常睦邻关系的突然破裂"。尽管如此，她还是承认，在政治动荡时期，不同宗教群体之间的"口头和肢体攻击事件"也会有所增加，此时"在社群和邻里中出现的宗教迫害浪潮是纵向的，而不是横向的"。[26]但在一些地区，导致社会关系破裂的因素的确是内部冲突，并伴随着圣像破坏事件和民众暴力，其中就有针对富有的天主教领主而发动的反天主教暴动。此外，宗教少数群体的无礼态度、挑衅举动以及他们的与世隔绝倾向都助长了来自其他教派的敌意，他们遭受暴力的可能性因此增加。伊桑·沙甘（Ethan Shagan）质疑学界此前就早期近代英国在宗教关系上相对克制的正面描述，他认为英国王室尽管提倡温和与克制的政策，但这同样是一种控制和胁迫民众的"不易察觉的暴行"（subtle violence）。[27]他还认为，在英国革命期间，为了君主制国家和官方教会的利益，当局粗

---

① 圣母领报节是基督教纪念圣母玛利亚领受天使的预告，得知自己将由"圣灵（圣神）"感孕而生耶稣的节日。

暴地要求民众必须服从和顺应统治，就连言论自由也是不能容忍的。因此，暴力（或至少是动用武力）可能成为加剧与缓和各教派紧张关系的一大因素。对内乱的平定同样涉及当局的约束和管控。

结　语

548

如果我们接受"暴力中隐含了荣誉和地位"的说法，那么宗教改革时期不同团体之间的暴力冲突就可以归因于群体或教派认为自身的荣誉受到了威胁。[28]更重要的是，强行驱逐或战胜敌对教派，抑或破坏后者的圣物，都显示了神灵对胜利者或破坏圣像者的信仰或真理学说的认可。这展示了一种神圣的力量。如果这类暴行没有披着宗教的外衣，那么它们看起来就和长期存在的民间仇杀仪式或敌对政治派别之间的争斗并无多大区别。然而，如果没有这些行动背后的意识形态，那么这些暴行可能根本就不会发生，或者肯定不会以这种形式或程度发生。无论是对施暴者还是受害者而言，暴行的象征意义和目标都十分重要。暴力体现的是宗教团体内部看似不可调和的分歧，但它只是表明宗教关系状况的指标之一。从某种程度上来说，宗教改革导致的各派之间的紧张关系因此得以调和。而且随着时间的推移，这种紧张关系在早期近代欧洲社会中转化为暴力的概率也处于不断下降的态势。部分原因在于宗教共存的不断建立和推广，无论这种共存状态有多不稳定，它都更加有效地抑制了来自宗教少数群体的威胁。最终，一些始终没有得到解决的非宗教问题占据了主导地位。在人口压力很大、处于社会关系转变过程中以及通过一场革命宣告终结的早期近代欧洲，民众话语更关注的是政治和社会经济方面的不满情绪。每当危机发生之时，宗教少数群体仍然是当局第一个谴责的对象。但到了 19 世纪初的欧洲，人们已经不再将这些群体的存在视为一种关乎自己生死存亡的威胁。此前遭到驱逐的群体（如犹太人）如今被重新接纳，不断变化的文化和政治气候使得一些不满情绪被允许进行更加充分的表达。虽然教派之间的关系依然紧张，但欧洲宗教群体内部的暴行数量有所减少，这体现了前文所述的重大变迁。

宗教改革动摇了早期近代欧洲各国的统治秩序，并且提出了鼓励当局更大程度地管控本国人口的主张。为了处理不同宗教群体之间暴力的影响，以及消除宗教战争的影响，统治者被迫在公共领域与宗教和睦方面进行立法。1648 年签订的《威斯特伐利亚和约》此前被视为宗教战争（或者说宗教冲突）结束的标志，但这种观点在两个方面具有误导性：正如前文已经指出的，宗教暴力在 1648 年之后仍在继续；此外，在战争结束之前，欧洲各国就已经提出了一系列和平结束战争的方案，统治者们寻求的是解决宗教动乱的方法，因为这些动乱中的暴行扰乱了民众的生活。正如 1598 年的《南特敕令》（这只是法国推行各教派和平共处的一次最为著名的尝试）一样，《威斯特伐利亚和约》为建立和平提供了一个跨越国家的平台，但其形式依然受到一些更早时期发生的事件的影响，例如天主教与路德宗在神圣罗马帝国签署的《奥格斯堡和约》（1555 年），以及荷兰共和国为了从西班牙独立所进行的坚持不懈的斗争。然而，由于宗教群体之间的暴力往往局限于当地，当局自然需要建立可以平息这种暴力的机制，各宗教群体都寻求放下过去的仇恨，他们在此过程中解决了许多困扰当地多年的问题。他们共享同一个教堂，限制钟声的使用场合，提前商定游行和节日中的礼仪。在荷兰共和国，小型基督教堂往往隐藏在看似普通的城镇住宅中，由于不会感觉受到冒犯，人们便默许它们的存在。当局鼓励所有的信仰尊重其他宗教的仪式和礼拜场所，而不鼓励人们以任何方式破坏其他教派的活动。当然，这些办法并不总是有效的，暴行依然偶尔会发生。因此，宗教群体之间的紧张关系虽然有所缓解，但远未消除。

如果恰逢内战，那么敌对双方就变得难以达成和解。提议和平的条款往往会引发争议和分歧，冲突反而会因此变得更加激烈和持久。斯塔西斯·卡列瓦斯（Stathis Kalyvas）认为，在和平时期，暴力或潜在暴力的存在源于同一种鼓吹战争的对立情绪。由此，除非这些问题得到解决或被淡忘，否则持久和有意义的和平状态就不可能实现，暴力冲突仍将持续下去。[29] 所以，即使各教派之间形成了共存关系，在局势变得极其紧张时，教派之间的分歧也总是存在重新出现的可能。尽管如此，韦恩·特·布瑞克（Wayne Te Brake）还是认为，到 17 世纪下半叶，欧洲已经"在一定程度上实现了持续性的宗教和平状态"，但与此同时，宗教的多样性在这种相安无事的状态当中受到了刻意掩盖。[30] 布瑞克认为，这种和平状态是一种棘手、复杂和不稳固的折中，涉及即兴发挥，而且只能提供远非完美的解决方案。然而，尽管官方的武力镇压依然是早期近代欧洲政治的一个重要体现，但至少不同宗教群体之间暴力事件的发生最终变得不再频繁。1685 年，在路易十四废除《南特敕令》之前，暴力在 550 宗教群体当中如影随形，军队在胡格诺派的住所附近扎营，这些家庭别无选择，只能选择皈依天主教或逃离法兰西王国。萨伏依的瓦勒度派（Waldensians）① 遭到了更加严酷的迫害。1706 年，法国当局残酷镇压了卡米扎尔派（Camisard）② 在南部发动的起义，这进一步表明了官方对宗教抵抗与不服从现象的零容忍态度。他们对冉森派（Jansenism）③ 信徒的镇压——包括于 1711 年将其在波尔罗亚尔（Port-Royal-des-Champs）④ 的总部夷为平地——也并非官方最后一次暴力镇压宗教少数群体。欧洲各国的统治者欣然接受了维持和平的需要所带来的机会。他们不但通过规训宗教少数群体来维护自身权威，而且镇压具有攻击性或颠覆性的宗教活动，同时谴责不同教派之间的暴行，因为这种暴行更加难以预测，也更加妨碍治安。此外，统治者还越发能够在这些方面渗透符合自身利益的宗教观念。就这样，到 1800 年，政治暴力已经取代了宗教群体间的暴力，成为压迫和排斥的主要表现形式。

参考论著

关于从不同角度对暴力在各个宗教群体之间以及内部发生的冲突中的作用的概览性研究成果，可参见 Anton Blok, *Honour and Violence* (Cambridge：Polity Press, 2001)；Stathis N. Kalyvas, *The Logic of Violence in Civil War* (Cambridge：Cambridge University Press, 2006)；Richard Bessel, *Violence: A Modern Obsession* (London and New York：Simon &

---

① 瓦勒度派兴起于 12 世纪的法国，提倡一种以贫穷、单纯的生活方式师法基督之传福音运动，被新教视为宗教改革的先声。
② 卡米扎尔派是当时在法国信仰加尔文宗的教派的别称，他们于 18 世纪发动了著名的卡米扎尔起义。
③ 冉森派是 17 世纪上半叶在法国流行的基督教派，教义接近加尔文宗，信徒中有许多学者和作家，深受法国哲学家笛卡尔的理性主义的影响。除进行宗教改革外，还从事学术研究、文学创作和教育活动。
④ 此处指波尔罗亚尔修道院，位于巴黎西南的郊区，后来成为冉森派聚集的大本营。

Schuster，2015）。

关于宗教改革时期的暴力背景，有许多具有历史意义的论著，它们所涉及的时间和空间都十分广泛：Andrew Pettegree （ed.），*The Reformation World* （London and New York：Routledge，2000）；Diarmaid McCulloch，*Reformation: Europe's House Divided 1490–1700* （Harmondsworth：Penguin，2003）；Mark Greengrass，*Christendom Destroyed: Europe 1517 – 1648* （Harmondsworth：Penguin，2014）；Peter Marshall （ed.），*The Oxford Illustrated History of the Reformation* （Oxford：Oxford University Press，2015）。关于该研究领域更加简洁的概览性研究成果，参见以下两本论文集：Bob Scribner，Roy Porter and Mikuláš Teich （eds.），*The Reformation in National Context* （Cambridge：Cambridge University Press，1994）；Alec Ryrie （ed.），*Palgrave Advances in the European Reformations* （Basingstoke：Palgrave Macmillan，2006）。一项关注宗教动乱造成的人口迁徙的富有意味的研究成果是 Nicholas Terpstra，*Religious Refugees in the Early Modern World: An Alternative History of the Reformation* （Cambridge：Cambridge University Press，2015）。

近几十年来，关于宗教共存、宗教宽容和宗教多元化的研究论著呈指数级增长，这些论著为我们理解宗教暴力如何运作以及如何平息这种暴力提供了重要思路。具体参见 Benjamin J. Kaplan，*Divided by Faith: Religious Conflict and the Practice of Toleration in Early Modern Europe* （Cambridge，MA：Harvard University Press，2007）；Ole Peter Grell and Bob Scribner （eds.），*Tolerance and Intolerance in the European Reformation* （Cambridge：Cambridge University Press，1996） 中的多篇论文；C. Scott Dixon，*Dagmar Freist and Mark Greengrass* （eds.），*Living with Religious Diversity in Early-Modern Europe* （Farnham：Ashgate，2009）；Thomas Max Safley （ed.），*A Companion to Multiconfessionalism in the Early Modern World* （Leiden：Brill，2011），以及一部更多采用政治学研究方法的著作：Wayne P. Te Brake，*Religious War and Religious Peace in Early Modern Europe* （Cambridge：Cambridge University Press，2017）。关于这些暴力活动的特定地域背景，参见 Keith Cameron，Mark Greengrass and Penny Roberts （eds.），*The Adventure of Religious Pluralism in Early Modern France* （Bern：Peter Lang，2000）；Keith P. Luria，*Sacred Boundaries: Religious Coexistence and Conflict in Early-Modern France* （Washington，DC：University of America

551

Press, 2005）; Alexandra Walsham, *Charitable Hatred: Tolerance and Intolerance in England, 1500 - 1700* （Manchester: Manchester University Press, 2006）; Ethan Shagan, *The Rule of Moderation: Violence, Religion and the Politics of Restraint in Early Modern England* （Cambridge: Cambridge University Press, 2011）; Laura Lisy-Wagner and Graeme Murdock, 'Tolerance and Intolerance', in Howard Louthan and Graeme Murdock （eds.）, *A Companion to the Reformation in Central Europe* （Leiden: Brill, 2015）。

关于仪式（包括末世主义）及其与暴力的关联，参见 Edward Muir, *Ritual in Early Modern Europe* （Cambridge: Cambridge University Press, 1997）; Natalie Zemon Davis, 'The Reasons of Misrule: Youth Groups and Charivaris in Sixteenth-Century France', *Past & Present* 50 （1971）, pp. 41- 75; 'The Rites of Violence: Religious Riot in sixteenth-century France', *Past & Present* 59 （1973）, pp. 51-91; John Cashmere, 'The Social Uses of Violence in Ritual: Charivari or Religious Persecution?', *European History Quarterly* 21 （1991）, pp. 291-319; Denis Crouzet, *Les Guerriers de Dieu: la violence au temps des troubles de religion (c. 1525-c. 1610)* , 2 vols. （Paris, 1990）; Graeme Murdock, Penny Roberts and Andrew Spicer （eds.）, *Ritual and Violence: Natalie Zemon Davis and Early Modern France* （Oxford: Oxford University Press, 2012）中的多篇论文; Georg Michels, 'Rituals of Violence: Retaliatory Acts by Russian and Hungarian Rebels', *Russian History* 35. 3/4 （2008）, pp. 383-94; 'The Violent Old Belief: an Examination of Religious Dissent On the Karelian Frontier', *Russian History* 19 （1992）, pp. 203-29; R. Po-chia Hsia, 'Münster and the Anabaptists', in R. Po-chia Hsia （ed.）, *The German People and the Reformation* （Ithaca, NY: Cornell University Press, 1988）; Penny Roberts, 'Contesting Sacred Space: Burial Disputes in Sixteenth-Century France', in Bruce Gordon and Peter Marshall （eds.）, *The Place of the Dead: Death and Remembrance in Late Medieval and Early Modern Europe* （Cambridge: Cambridge University Press, 2000）, pp. 131- 48。关于该领域的经典个案研究成果，参见 Emmanuel Le Roy Ladurie, *Le Carnaval de Romans. De la Chandeleur au Mercredi des cendres 1579-1580* （Paris: Gallimard, 1979），该著的英译名为 *Carnival in Romans*; Robert Darnton, 'Workers Revolt: The Great Cat Massacre of the Rue Saint-Séverin', in *The*

Great Cat Massacre and Other Episodes in French Cultural History (London: Basic Books, 1984), pp. 79 - 104; Edward Muir, *Mad Blood Stirring: Vendetta and Factions in Friuli during the Renaissance* (Baltimore, MD: Johns Hopkins University Press, 1993)。

关于早期近代欧洲社会中的圣像破坏现象，参见 Phyllis Mack Crew, *Calvinist Preaching and Iconoclasm in the Netherlands, 1544 - 1569* (Cambridge: Cambridge University Press, 1978); Carlos M. N. Eire, *War Against the Idols: The Reformation of Worship from Erasmus to Calvin* (Cambridge: Cambridge University Press, 1986); Olivier Christin, *Une revolution symbolique. L'iconoclasme Huguenot et la reconstruction catholique* (Paris: Éditions de Minuit, 1991); Eamon Duffy, *The Stripping of the Altars: Traditional Religion in England, c. 1400 - c. 1580* (New Haven, CT: Yale University Press, 1992); Lee Palmer Wandel, *Voracious Idols and Violent Hands: Iconoclasm in Reformation Zurich, Strasbourg and Basel* (Cambridge: Cambridge University Press, 1994); Julie Spraggon, *Puritan Iconoclasm in the English Civil War* (Woodbridge: Boydell, 2003)。

552

学界已经对本时期欧洲的宗教与暴力在一些重大国内冲突中的作用进行了充分的研究，下面仅列出一些我个人认为对本章最有参考价值的研究成果。关于法国宗教战争：Barbara Diefendorf, 'Prologue to a Massacre: Popular Unrest in Paris, 1557-1572', *American Historical Review* 90 (1985), pp. 1067 - 91; David Nicholls, 'The Theatre of Martyrdom in the French Reformation', *Past & Present* 121 (1988), pp. 49 - 73; Mark Greengrass, 'Hidden Transcripts: Secret Histories and Personal Testimonies of Religious Violence in the French Wars of Religion', in Mark Levene and Penny Roberts (eds.), *The Massacre in History* (New York and Oxford: Berghahn, 1999); Jérémie Foa, 'An Unequal Apportionment: the Conflict over Space between Protestants and Catholics at the Beginning of the Was of Religion', *French History* 20. 4 (2006), pp. 369 - 86。关于尼德兰：Judith Pollmann, 'Countering the Reformation in France and the Netherlands: Clerical Leadership and Catholic Violence 1560-1585', *Past & Present* 190 (2006), pp. 83-120; Erika Kuijpers, 'Fear, Indignation, Grief and Relief: Emotional Narratives in War Chronicles from the Netherlands (1568-1648)', in Jennifer Spinks and Charles Zika (eds.), *Disaster, Death and the Emotions in the Shadow of the*

Apocalypse, 1400- 1700 （London： Routledge， 2016）。关于三十年战争：Peter H. Wilson， Europe's Tragedy: A History of the Thirty Years War （Harmondsworth： Penguin， 2009）；'Dynasty, Constitution, and Confession： The Role of Religion in the Thirty Years War'， *International History Review* 30. 3（2008）， pp. 491-502。关于爱尔兰：David Edwards, Pádraig Lenihan and Clodagh Tait （eds.）， *Age of Atrocity: Violence and Political Conflict in Early Modern Ireland* （Dublin： Four Courts Press， 2007）； Joan Redmond， 'Memories of Violence and New English Identities in Early Modern Ireland'， *Historical Research* 89. 246（2016）， pp. 708-29。

注 释

1. 关于宗教改革引起人员流动的个案研究成果，参见 Nicholas Terpstra， *Religious Refugees in the Early Modern World: An Alternative History of the Reformation* （Cambridge： Cambridge University Press， 2015）。

2. Anton Blok， *Honour and Violence* （ Cambridge： Polity Press， 2001）， p. 5.

3. David Nicholls， 'The Theatre of Martyrdom in the French Reformation'， *Past & Present* 121 （1988）， pp. 49-73；在神圣罗马帝国，官方允许效忠于皇帝的路德宗贵族保留他们的信仰和财产，参见 Peter H. Wilson， 'Dynasty, Constitution, and Confession： The Role of Religion in the Thirty Years War'， *International History Review* 30 （2008）， p. 486。

4. Benjamin J. Kaplan， *Divided by Faith: Religious Conflict and the Practice of Toleration in Early Modern Europe* （Cambridge， MA： Harvard University Press， 2007）， pp. 78-9， 84-6， 97.

5. Judith Pollmann， 'Countering the Reformation in France and the Netherlands： Clerical Leadership and Catholic Violence 1560-1585'， *Past & Present*， 190 （2006）， p. 119.

6. Kaplan， *Divided by Faith*， pp. 8-9.

7. Laura Lisy-Wagner and Graeme Murdock， 'Tolerance and

Intolerance', in Howard Louthan and Graeme Murdock (eds.), *A Companion to the Reformation in Central Europe* (Leiden: Brill, 2015), pp. 471-2.

8. Natalie Zemon Davis, 'The Rites of Violence: Religious Riot in Sixteenth-Century France', *Past & Present* 59 (1973), pp. 51-91.

9. Georg Michels, 'Rituals of Violence: Retaliatory Acts by Russian and Hungarian Rebels', *Russian History* 35 (2008), pp. 383 - 94, at 388-90.

10. Edward Muir, *Ritual in Early Modern Europe* (Cambridge: Cambridge University Press, 1997), p. 104.

11. Robert Darnton, 'Workers Revolt: The Great Cat Massacre of the Rue Saint-Séverin', in *The Great Cat Massacre and Other Episodes in French Cultural History* (London: Basic Books, 1984), pp. 79-104.

12. Carlos M. N. Eire, *War against the Idols: The Reformation of Worship from Erasmus to Calvin* (Cambridge: Cambridge University Press, 1986), p. 279.

13. Alexandra Walsham, *Charitable Hatred: Tolerance and Intolerance in England, 1500 - 1700* (Manchester: Manchester University Press, 2006), pp. 106-7.

14. 引文出自 Benjamin J. Kaplan, ' "In Equality and Enjoying the Same Favor": Biconfessionalism in the Low Countries', in Thomas Max Safley (ed.), *A Companion to Multiconfessionalism in the Early Modern World* (Leiden: Brill, 2011), p. 117; 对这座雕像所受破坏的意义和影响的思考来自我自己。

15. Julian Baggini, 'Why It's All Right to be More Horrified by the Razing of Palmyra than Mass Murder', *Guardian*, 24 Aug. 2015, www. theguardian. com/culture/2015/aug/24/razingpalmyra-mass-murder-isis.

16. Phyllis Mack Crew, *Calvinist Preaching and Iconoclasm in the Netherlands, 1544-1569* (Cambridge: Cambridge University Press, 1978), p. 26.

17. Natalie Zemon Davis, ' Writing " The Rites of Violence " and Afterward', in Graeme Murdock, Penny Roberts and Andrew Spicer

(eds.), *Ritual and Violence: Natalie Zemon Davis and Early Modern France* (Oxford: Oxford University Press, 2012), p. 17.

18. Pollmann, 'Countering the Reformation', pp. 83–120.

19. 引用内容出自 Jennifer Spinks and Charles Zika (eds.), *Disaster, Death and the Emotions in the Shadow of the Apocalypse, 1400–1700* (London: Palgrave Macmillan, 2016), p. 3。

20. David M. Luebke, 'A Multiconfessional Empire', in Safley (ed.), *Companion to Multiconfessionalism*, pp. 150–2.

21. 在 17 世纪 20 年代和 1685 年《南特敕令》被废除之前尤其如此：Keith Luria, 'France: An Overview', in Safley (ed.), *Companion to Multiconfessionalism*, pp. 222, 229–30。

22. Peter H. Wilson, 'Dynasty, Constitution, and Confession: The Role of Religion in the Thirty Years War', *International History Review* 30.3 (2008), pp. 491–2, 502.

23. Wilson, 'Dynasty, Constitution', p. 477.

24. Walsham, *Charitable Hatred*, p. 114.

25. Tait et al., 'Early Modern Ireland', p. 23.

26. Walsham, *Charitable Hatred*, pp. 136, 140, 148.

27. Ethan Shagan, *The Rule of Moderation: Violence, Religion and the Politics of Restraint in Early Modern England* (Cambridge: Cambridge University Press, 2011), pp. 29, 341.

28. Blok, *Honour and Violence*, p. 9.

29. Stathis N. Kalyvas, *The Logic of Violence in Civil War* (Cambridge: Cambridge University Press, 2006), p. 22.

30. Wayne P. Te Brake, *Religious War and Religious Peace in Early Modern Europe* (Cambridge: Cambridge University Press, 2017), pp. 17–18.

28　欧洲及其殖民地的动物虐待现象

布鲁斯·博勒

早期近代欧洲社会产生了一种名为"笛卡尔主义"的哲学思潮以及随之而来的实验方法。笛卡尔主义者认为，非人类动物（non-human animal）不但没有理性和意识，甚至无法感受到痛苦。按照这种逻辑，动物不应成为暴力史的书写对象，因为它们缺乏将暴力转化为残忍的精神禀赋（mental equipment）。讽刺的是，本章所叙述的历史时期恰逢笛卡尔主义走向式微的过程，近年来实验科学本身的发现成果也加速了这一过程。早期近代社会出现了对动物主体性更具包容性的态度，本章无法对此一一罗列，但这些态度大致可以归于两个方面：从普鲁塔克到蒙田再到边沁①以及其他复兴的哲学传统，都赋予动物一种与人类相似的思维和感觉的能力，尽管这种能力比较有限；现代动物行为学发现，动物有"通过推理和洞察力解决简单问题，［对］近期的未来进行规划……理解并使用抽象的符号进行交流"的能力，甚至还会做出一些具有利他性质的举动。¹[1]

然而直到 1500 年，非人类动物长期以来一直都在世界各地遭受来自人类的暴力，部分原因是人类追求衣食等必需品，但很大程度上也是出于锻炼和娱乐的目的。1500—1800 年，后一

---

① 此处指杰里米·边沁（Jeremy Bentham，1748—1832 年），英国法理学家、哲学家、经济学家和社会改革者。

种暴力经历了与欧洲列强的帝国主义扩张一致的演变过程：随着欧洲各国在全球各地建立殖民统治，他们将本土的动物娱乐活动带到新的领地，同时将具有异域风情的产品、动物和习俗融入欧洲的消遣观念。反过来说，这一过程也改变了欧洲各国及其殖民地的生态环境，由此产生的变化则迫使动物娱乐活动本身不断进行相应的调整。如果我们要对这一演变过程进行考察，就必须区分狩猎（早期近代社会中最流行的带有娱乐性质的动物虐待活动）以及其他次要的观赏性运动［如斗鸡、逗熊、逗牛（bull-baiting）以及斗牛（bullfighting）①］。本章接下来将依次检视这些消遣活动，同时对赛马（horseracing）、马上比武（jousting）等与动物有关的运动的历史进行简要论述。尽管后者并不以动物的死亡为直接目的，但这些活动还是使动物遭受了暴力。

狩猎、偷猎和捕猎

狩猎是一项既符合人类需求，又符合传统的运动。传统观念认为，由于狩猎可以带来食物，所以这种号称"最古老的男性职业"自然就是合理的。[2]人们或许会质疑食肉的必要性和健康性，在早期近代的欧洲也是如此；同样，人们（少数人）可能还会质疑，捕猎是否古已有之，并且关乎个人威望。但该时期大多数人的看法（尽管持这种观点的人逐渐减少）与这些质疑者的看法相反：不仅肉类是生活必需品，而且狩猎也是典型的男性活动和贵族体现自身特权的主要方式。

_____

① 逗牛是指用斗牛犬来挑逗公牛，而斗牛是指斗牛士进行的斗牛活动。

16 世纪，巴尔达萨雷·卡斯蒂廖内（Baldassare Castiglione）在《廷臣之书》（1528 年）这本卓越的行为指南中对狩猎活动进行了典型的文艺复兴式赞颂：

> 有……许多种……活动，这些活动虽然并非都需要武器，但它们都适宜使用武器。在所有这些活动中，我认为最重要的当数打猎。因为它与战争有某种相似之处，而且确实是大人物们的消遣方式，适合宫廷贵族。根据记载，古人也经常从事狩猎活动。

尽管写下这段话的是意大利人，但欧洲各地都存在类似的看法。例如在 1615 年，英国人哲瓦斯·马克汉姆（Gervase Markham）称赞"猎杀野兽"比所有其他娱乐活动都更加优越，"因为在所有活动中它最能体现威严，所以最具王室风范；因为最富智慧和机巧，所以最能体现熟练的技艺；因为最考验体力和耐力，所以最能体现男子气概和尚武精神"。上述观点十分接近 13 世纪就已出现的类似看法，当时来自马略卡的拉蒙·勒尔（Ramón Lull）宣称："骑士们理应骑着骏马去参加锦标赛（tornoys）……去狩猎雄赤鹿（hart）和公野猪（bore）以及其他野外生灵，因为这些年轻骑士会在此过程中锻炼武力和骑士精神。"[3] 勒尔还将狩猎与中世纪的另一项运动——马上比武——相联系，我们会在下文提及这一点。考虑到狩猎在很大程度上是一种为战争做准备的活动，这种类比是很恰当的。因此，它在当时成为一种界定中世纪贵族社会的广

555

义属性：由贵族、骑士和佩戴贵族徽章的地主（armigerous landlords）① 共同参与的一项活动，参与者在其中体现自己的战斗阶层身份。在中世纪封建社会的法律中，狩猎不但是一项王室特权，而且是一种土地的使用特权，这部分是因为狩猎预示了未来盛行的兵役制度，该制度正是以头衔和土地授予作为奖励的。

对于一项与战争有关的活动而言，早期近代欧洲的狩猎形式自然因其与战争的相似性而受到人们的重视。在由此产生的等级区分中，猎狗狩猎（par force de chiens）因其尚武特质而最受人尊敬。这种捕猎方式源于 11—13 世纪的盎格鲁-诺曼社会②，指由狗、马和猎人组成的狩猎群体以预先安排好的号角声来协调行动，并长距离地追捕猎物，直到狂吠不止的猎狗把疲惫不堪的野兽困于一隅，然后主人用剑将猎物杀死。⁴武力狩猎在战略方面的挑战（加上在不平坦的地形上骑马追逐大型猎物往往会置自身于险境）使得这种形式的捕猎尤其接近真正的战争，而其他狩猎活动也依据同样的标准受到人们的褒贬。逐猎（drive hunt）是指狩猎者将猎物驱赶至一个固定的位置，并向那里射出箭或弩箭，这项活动显然不需要太多技巧和耐力[除了助猎者（beater）③]。而与格力犬（greyhound）④ 一同追逐猎物——包括让狗自己拖住猎物——的做法"本质上是

---

① 佩戴贵族徽章的地主指在中世纪的英国拥有继承的或被纹章机构授予的盾形徽章（绣在盔甲外的袍子上）的绅士。

② 此处的盎格鲁-诺曼社会指诺曼人征服不列颠时期的英国社会，时间大约为 9—11 世纪。

③ 助猎者是指狩猎中使猎物从掩蔽处惊起的人。

④ 格力犬又名灵缇，原产于中东地区，是当时最常见的猎犬，法国王室和英国王室的盔饰上都可发现其形象。

一项供人观赏的消遣活动"。然而，其他形式的狩猎——例 556
如，鹰猎（hawking）或诱捕（trapping）——在当时并不被
人们视为真正的狩猎方式。苏格兰国王詹姆斯六世（James
VI of Scotland，1567—1625 年）就认为，"与奔跑的猎犬……
一同狩猎……才是最光荣和最高尚的狩猎方式，而用火器和
弓箭配合格力犬的狩猎则是一种虚假的狩猎方式，这种方式
既不勇武，也不高贵"。"至于鹰猎，"詹姆斯六世继续说道，
"我并不谴责它，但我也不会过多赞美它，因为它既不与战
争相似，也不像上述狩猎活动那样能使参与者在各方面都变
得坚韧不拔、技艺娴熟。" 这种对狩猎尚武特质的强调也导
致其爱好者摒弃了这项运动的实用性。例如在 1210 年前后，
戈特夫里德·冯·斯特拉斯堡（Gottfried von Strassburg）写
道，特里斯坦和伊索尔德（Tristan and Isolde）① 把打猎"仅
仅当成一种消遣"，"更多是为了娱乐而不是生计"。⁵ 这种早期
对狩猎娱乐性的强调也预示了狩猎日后的发展趋势，比如在英
国兴起的猎狐活动。

　　与狩猎的形式一样，猎物也被人们按照提供挑战的程度高
低进行区分。16 世纪 90 年代，约翰·曼伍德（John Manwood）
在评论英国森林法时对猎物进行了下述区分：大型和危险的森
林野兽［雄赤鹿、雌赤鹿、野猪、狼和野兔（hare）②］、较
小的可被捕猎的野生动物（公鹿、母鹿、狐狸、燕子和狍），

---

① 《特里斯坦和伊索尔德》是 11 世纪在欧洲流传的凯尔特民间传说，和
　《罗密欧与朱丽叶》并称西方两大爱情经典。斯特拉斯堡在 1211—1215
　年将该传说整理改编为一首长诗。

② 根据本章作者的邮件回复，此处曼伍德把野兔既视为危险的森林野兽，
　又视为与家禽一样大的野兽。

以及与家禽一样大的野生动物［野兔、兔子（rabbit）①、野鸡和鹧鸪］，其中第一类猎物尤其珍贵，"国王和王子十分重视这类猎物，对它们进行捕猎是一项高贵的消遣"。在欧洲其他国家也有类似的划分，但不同地区的划分方式在细节上存在很大差异。例如在萨克森，1662—1717 年颁布的猎物分类在所有三个类别中都包含不同种类的动物：第一类是熊、狼、野猪和其他动物，第二类是野猪、狍、鸭子和松鸡，第三类包括野兔、狐狸、海狸、燕子、黄鼠狼、松鼠甚至仓鼠。[6]

英国的情况还显示了狩猎环境和社会影响之间的直接联系，而这些影响直到早期近代才出现。例如 16 世纪 90 年代，曼伍德在将狼列入森林野兽时就承认，英国境内已经根本没有任何狼了：

557

> 虽然他们把狼视为一种森林野兽，但在我们英国，已经没有狼的身影。可以这样理解：虽然英国如今已没有狼，但它们的数量曾经很多，作为森林野兽，它们曾是公认的狩猎对象，王室成员都以将其猎杀为荣。

但曼伍德似乎没有意识到如下事实：他提及的另一种森林野兽——野猪——在英国同样濒临灭绝。直到 17 世纪 80 年代，英国依然有关于野猪和野猪狩猎的零星记载，但在此之前的一

---

① 此处的野兔是指兔属动物（Lepus），而此处的兔子是指穴兔属（Oryctolagus）和棉尾兔属（Sylvilagus）的动物。野兔和兔子都属于兔科动物（Leporidae），后者体型略小。

个世纪里，这些动物就已变得十分稀少。查理一世（Charles I）在位期间，当局就致力于将这类野兽重新带回英国的威尔特郡。国王"从法国带来了一些这类野兽，并在新森林（New Forest）① 放生，它们在那里大量繁衍，成为对旅行者的可怕威胁"。然而"在内战期间，它们被捕杀殆尽"。虽然"历史上大多数野兽灭绝的主要原因是农业而非狩猎"，[7]但在经历了数个世纪的狂热物种捕杀之后，英国的狼和野猪在特定的区域内已不见踪影。我们很难不将狩猎活动视为这些动物灭绝的原因。无论如何，到 17 世纪末，英国的五种森林野兽中有两种只存在于法律条文里。

然而，狩猎活动并未就此结束。森林中仅存的大型野兽（如雄马鹿和雌马鹿，由于捕猎季节不同，两者在法律上被视为不同的物种）在内战期间饱受狩猎者的折磨。在 1642 年之前的几个世纪中，马鹿与体型较小的黇鹿和狍（两者都是被人们捕猎的野兽）都在英国逐渐失去了它们原先栖息的空间，于是逐渐从真正的野兽沦为被饲养在指定庄园供人狩猎的对象。因此，这些动物成为任何想要挑战既定社会秩序的人——被排挤的乡绅、孤注一掷的擅自占地者（squatter）、政治颠覆分子——的主要偷猎目标。在 17 世纪初，尽管当局一再努力保护这些动物，并补充它们的数量，但随着偷猎行为日益猖獗，鹿类的数量还是大幅减少。1500 年，兰开夏郡鲍兰的皇家森林中据说有约 2000 只鹿；到 1556 年，这个数字已降至"134 只马鹿和146 只黇鹿"；1652 年的一项调查发现，这里只剩 20 只"各种

---

① 此处的新森林特指当时的英国王室为了狩猎活动而在伦敦西南方向建造的森林，即今天的新森林国家公园。

各样的"马鹿，包括"犄角鹿（stagg）、雌鹿（hynde）和小鹿（calve）"，以及 40 只黇鹿。在玛丽女王①在位期间，王室在斯坦福郡的尼德伍德森林中饲养了将近 900 只鹿，但 1650 年的"一项官方调查显示，鹿的数量已减少到 120 只"。事实上，到了复辟时期（Restoration）②，英国官方供应的鹿的数量已大幅下降。此后，猎鹿活动有所减少，但这项活动再也无法以过去几代人的那种方式继续进行。亨利八世在位期间，他可以在一次逐猎中杀死 240 只母鹿和牡鹿，而且在第二天还能驱赶格力犬再上演一次类似的猎杀盛宴。又比如，晚年的伊丽莎白一世可以早上在围场射杀"三四头"鹿，之后在傍晚时分前往观察塔楼欣赏猎犬围猎"16 只公鹿"来打发一天的闲暇。另外，到 18 世纪中期时，偷猎野鹿者也在减少——根据 E. P. 汤普森的说法，"也许只是因为可供偷猎的野鹿数量减少了"。[8]

因此，到了 18 世纪，所有传统意义上的大型猎物都已在英国濒临灭绝。由于缺乏更好的捕猎对象，英国的狩猎者将注意力转向当地的狐群。虽然自中世纪以来，狐狸就被官方指定为可被捕猎的野兽，并且几个世纪以来它们一直被农民当作有害动物进行捕杀，但直到复辟时期，猎狐才开始引起地主阶级在狩猎方面的特别关注。英国最早的猎狐活动似乎出现在 1668 年的比尔斯代尔，发起者是第二代白金汉公爵乔治·维利尔斯（George Villiers）。然而，这项活动较晚的出现时间掩盖了其内在的保守性质。事实上，"斯图亚特王朝的猎狐运动

① 此处的玛丽女王即玛丽·斯图亚特，又称苏格兰女王玛丽一世，1543—1558 年在位。
② 复辟时期指的是从 1660 年查理二世登上英国王位到 1688 年"光荣革命"之间的近 30 年。

仍然与皇家的猎鹿运动颇为相似"。⁹带上猎犬骑马追捕猎物，使用号角作为信号，以及分解猎物尸体——这种后出现运动的做法与早期狩猎活动在本质上十分相似。因此，随着乡绅从军事人员转变为有闲阶级，武力狩猎这一活动得以保存，其传统形式的消失速度取决于乡绅此前的狩猎习惯导致的环境变化的速度，而象征着狩猎和战争之间传统关系的对体型更大、更危险猎物的狩猎活动则濒临消失。

　　作为武力狩猎式微后的无可奈何的替代品，猎狐成为对上层社会进行讽刺的绝妙工具。例如在 1711 年，约瑟夫·艾迪森（Joseph Addison）和理查德·斯蒂尔（Richard Steele）在《旁观者》上塑造了罗杰·德·考弗利爵士（Sir Roger de Coverley）① 这位笨拙的乡绅，他因"对狐狸的显著敌意"以及有限的识字能力而闻名，"如果［他］读过莎士比亚"，可能就会认同《仲夏夜之梦》中的忒修斯（Theseus）对自己猎犬的那番赞美②。两个世纪后，奥斯卡·王尔德（Oscar Wilde）延续了同样的讽刺主题，他将"英国乡绅慌忙追捕狐狸的举动"形容为"坏透了的人全力追逐不可食用之物"。然而早在猎狐之前，对此类活动的讽刺就已存在。例如，在 1508 年出版的《愚人颂》中，德西德里乌斯·伊拉斯谟（Desiderius Erasmus）这

559

---

① 罗杰·德·考弗利爵士是当时流行的一种乡村舞蹈的名称，该名称最初指的是一只狐狸，其舞步让人想起狐狸遭受捕猎时上蹿下跳的脚步。1711 年的《旁观者》连载了以该名字人物为主角的故事，这个主角被塑造成一位老乡绅，受人尊敬但又令人捧腹。作为一个具有广泛影响力的文化符号，罗杰·德·考弗利爵士还出现在日后的许多文学作品中，如狄更斯的《圣诞颂歌》、乔治·艾略特的《织工马南》、品钦的《万有引力之虹》等。

② 在《仲夏夜之梦》的第四幕，忒修斯用了整整一段的篇幅赞美自己的猎犬在打猎时的威武姿态。

位伟大的荷兰人文主义者就辛辣地嘲讽了当时狂热的捕猎
风气：

> 我想，狗屎在他们闻起来就像是肉桂一样，而野
> 兽被分割成碎块时他们觉得多么痛快！……他们这种
> 连续不断狩猎和吃食野味的行为，得到的无非就是本
> 身的退化——他们实际上变成了野兽，尽管自以为过
> 的是配得上帝王的生活。①

在《堂吉诃德》（1615 年）的第二卷②中，桑丘·潘沙（Sancho
Panza）在考虑承诺给他的总督职位时对打猎十分拒斥，认为
那只是一种特权闲人的消遣："饶了我吧！我不懂找上它有什
么趣味……况且这类畜生又没犯罪……打猎消遣不是总督的
事，是闲来无事的人干的。"¹⁰

此外，早期近代欧洲还形成了一种与上述讽刺方式十分相
近的反暴力话语，这种话语不但贬低了狩猎及其相关活动，而
且在随后的几个世纪里不断扩大自身影响。例如，米歇尔·
德·蒙田就在他的随笔《论残忍》（1578 年）中抗议道："滥
杀动物的天性说明了人性残酷的一面。"③ 而在半个世纪前，
托马斯·莫尔爵士在《乌托邦》（1516 年）中也将狩猎视为
"一种屠戮"，而且是一种极其卑劣的屠戮，因为"狩猎者纯

---

① 译文出自〔荷〕伊拉斯谟《愚人颂》，许崇信、李寅译，南京：译林出
版社，2010 年，第 48—49 页。
② 译文出自〔西〕塞万提斯《堂吉诃德（下）》，杨绛译，北京：人民文
学出版社，2015 年，第 227—228 页。
③ 译文出自〔法〕蒙田《蒙田随笔全集（中卷）》，潘丽珍、王论跃、丁
步洲译，南京：译林出版社，2001 年，第 106 页。

粹是为了自娱自乐而杀死和残害可怜的小动物"。如果再加上新教的个人重生（personal regeneracy）① 观念，上述批判可能会导致和平主义和素食主义的进一步发展。例如，第一本英文素食食谱《智慧的律令》（1691 年）的作者托马斯·特赖恩（Thomas Tryon）就力劝读者"避免从事狩猎、鹰猎、射猎以及其他带有暴力和压迫色彩的打猎活动"，因为

560

> 终有一天，狮子将和牛一起吃草，而狼与羔羊躺在一处，也就是说，在神的旨意面前，人身上的凶猛兽性将彻底收敛，并展现出羔羊般的顺服精神；只要我们意识到这一天终将到来，那么我们就会满足于食用草药、面包和类似的无害食物。

上述观点可能为史蒂芬·平克（Steven Pinker）的论点——"暴力已经在很长一段时间内呈现为减少趋势，今天我们可能生活在人类有史以来最为和平的时代"——提供了细节方面的支持。[11]然而，西方的道德素食主义实践至少可以追溯至公元前 6 世纪的毕达哥拉斯（Pythagoras）。而且我们也没有什么值得骄傲的理由认为，今天人类的所作所为就能代表我们这个物种有史以来最善良的一面。

除此之外，猎狐这种从武力狩猎衍生而来的活动还随着欧洲人在殖民地定居而被带到国外。英国殖民者"在 18 世纪中期为了狩猎"而将欧洲红狐引入北美，并在 18 世纪晚期从欧洲

---

① 在基督教语境中，个人重生是指个人在出生之后发自内心地信仰基督的经历，这种经历就仿佛是一个人第二次获得了生命。

引进了新配种，后者显然与本土红狐进行了杂交。大约在同一时期，英国殖民者还将猎犬带到了美洲。北美已知最早的猎狐犬出现于 1747 年，而且恰好出现在该地常驻贵族托马斯·费尔法克斯勋爵（Thomas Fairfax）的家中；费尔法克斯的邻居乔治·华盛顿（George Washington）同样饲养了一群猎犬，其中就有拉斐特侯爵（Marquis de Lafayette）送给他的三对半猎狐犬。除了美洲，英国人还在 19 世纪中期将红狐引入澳大利亚，这同样是出于狩猎的目的。它们在澳洲大陆的繁衍给当地生态带来了严重后果，以至于"到 1894 年，红狐被维多利亚当局正式确定为有害动物"。[12]

561 　　然而，早在英国人将红狐带到美洲之前的两个多世纪里，西班牙人就已经将他们自己的另一种欧洲狩猎方式的变种——格力犬狩猎——带到了新大陆。罗德里戈·兰格尔（Rodrigo Rangel）是埃尔南多·德·索托（Hernando De Soto）在探索北美东南部期间（1539—1542 年）的私人秘书，他在描述这项活动时难掩自己的厌恶之情。兰格尔声称，德·索托"非常热衷于以此方式猎杀印第安人"。在佛罗里达登陆后，德·索托命令自己的副手瓦斯科·波卡洛·德·菲格罗亚（Vasco Porcallo de Figueroa）前往附近的一个村庄：

　　　　在这位船长抵达那里，发现人全都走了后，他就放火烧了整座城镇，并放狗出来紧追（aperrear）① 一个他带来做向导的印第安人。读者必须明白，放狗出

---

　　① 这是一个巴斯克语单词，意为"刺激狗做出攻击举动"。巴斯克语是西班牙东北部和法国西南部的一种语言，与西班牙语和法语都有很大差别。

　　来紧追［印第安人］意味着，让狗吃掉或杀死印第
　　安人，把他们撕成碎片。西印度群岛的征服者在战争
　　中总爱使用格力犬……因此，那个向导就是这样被杀
　　死的，因为他撒了谎，而且没有做好他的向导工作。

根据兰格尔的说法，德·索托放格力犬猎杀印第安人的血腥嗜
好并不是在当时才出现的，他之前在尼加拉瓜和秘鲁服役时就
已养成了这种嗜好。[13]所以，在哥伦布首次登陆美洲后的 40 年
内，征服者似乎一直在美洲的所有统治区域采用这种方式享受
着狩猎带来的快感。

　　但具有讽刺意味的是，1500—1800 年，欧式狩猎最重要
的发展并非源于欧洲，而是源自东亚。14 世纪中叶时，火药
武器已经从火药的发源地中国传到了欧洲。在接下来的五个世
纪，欧洲的枪械师对这些火器进行了改进，这改变了世界各地
的狩猎方式。到 15 世纪中期时，两项创新——有膛线的火枪
枪管与簧轮枪的射击装置——共同使火器的性能首次变得如弓
和弩一般稳定。因此，"1525—1550 年……是枪支作为一种真
正用于狩猎的武器的开端阶段"；关于枪支狩猎的最早书籍是
巴勃罗·德尔·富卡尔（Pablo del Fucar）的《弩枪、滑膛枪
和火绳枪》（1535 年）和伊拉斯谟·迪·瓦尔瓦松（Erasmo di
Valvasone）的教诲诗《狩猎颂》（迟至 1593 年才出版），这两
本书都作于本时期。[14]不出所料，贵族努力将枪支的拥有限制
在自己的圈子内，但这注定以失败告终。随着火器技术的进一
步创新（尤其是燧发装置），到 17 世纪末时，有膛线的火枪
已经成为战争和狩猎活动的首选武器。

　　火器的基本功能与同为发射型武器的弓弩相同，因此许多

562

最初为弓箭设计的狩猎技术自然而然地转移到了枪支狩猎活动之中，最突出的当数逐猎——打猎者将猎物驱赶至在固定射击位置等候的射手附近。该技术也与殖民地猎物丰富的环境十分相称，甚至可以产生令人目瞪口呆的效果。1760 年，在宾夕法尼亚的庞弗雷特城堡附近组织的一次著名狩猎活动中，猎人们在一个名叫"黑杰克"施瓦茨（'Black Jack'Schwartz）的人的指挥下，利用火力和噪声将一大群受惊的动物驱赶至"一个直径数英里的圆圈"的中心。等这场屠戮结束时，被杀死的猎物包括"41 头美洲豹、109 头狼、112 只狐狸、114 只山猫、17 头黑熊、1 头白熊、2 只麋鹿、198 只鹿、111 头野牛、3 只食鱼貂、1 只水獭、12 只狼獾、3 只海狸，以及超过500 只体型更小的动物"。在南非，逐猎也成为当地人狩猎羚羊（如跳羚）的首选方式。对于不同的猎物需要运用不同的追捕技巧，但枪支狩猎对野生动物种群产生的整体影响是毁灭性的。彼得·科尔布（Peter Kolb）在 1719 年撰写的《开普殖民地》一书中对该时期的狩猎活动进行了总结。他在开普敦东南方约 80 公里的霍屯督荷兰山脉观察后写道：

> 狮子、老虎、豹子、犀牛、麋鹿以及在开普敦附近乡间能看到的所有其他野兽，过去都可以在这里看到。但是，受到火药和炮声的影响，这些动物很快就被消灭，或者被吓退到了偏远地带。如今，我们已经很难在这里见到野兽了……它们出现时，很快就会被猎杀，或者被赶到很远的地方。而且，由于枪炮声的存在，它们再也不会在这里出现了。[15]

暴力运动与虐待仪式

除了狩猎，早期近代欧洲社会中还存在其他各种动物虐待仪式。这些仪式通常具有宗教、社会谴责或仅仅是娱乐方面的目的。我们无法全面统计出这类活动的范围，但我们可以以猫这个物种为例证明，无论是出于宗教、谴责、娱乐还是其他目的，猫在各地都遭到了不同方式的虐待。在法国等天主教国家，动物经常被折磨致死——它们被扔进篝火之中，在地上被压扁，被撕成碎片，或者被活埋——以庆祝谢肉节（Mardi Gras）①和圣约翰节前夜（St John's Eve）②等教会节日的到来，或祈求各种宗教方面的庇护。而在英国等新教国家，作为对上述天主教习俗的模仿，动物有时会被火烧或以其他方式受虐。而在被称为"大声喧闹"或"刺耳音乐"（Katzenmusik）的这类民众参与的羞辱游行③中，人群会通过喊叫和敲打盆子来嘲笑臭名昭著的邻居，参与者有时会"围着一只猫，撕扯它的皮毛，让它号叫"。而在其他地方，猫被虐待不外乎是为了满足人性中固有的施虐倾向。理查德·布雷斯韦特（Richard Braithwaite）在作于1615年的一首诗中兴高采烈地描述道："庆典的人群蜂拥而至/像极了热衷于鞭打猫的阿宾顿人。"显然，布雷斯韦特用虐猫来调侃的原因就在于，此类消

563

---

① 谢肉节，直译为"肥美的星期二"，又称"忏悔星期二"、薄饼日或四旬斋狂欢节，是天主教社区每年都会举办的最大的狂欢节日，也是现代狂欢节的前身。它是人们坦白罪过、净化灵魂、请求上帝宽恕的日子，也是封斋之前最后的庆祝日。

② 圣约翰节前夜是圣约翰节的前一天，在每年的6月25日为纪念耶稣的十二门徒之一的使徒圣约翰而举办活动，当晚会举行传统宗教游行。

③ 关于此类游行，参见本卷第14章。

遣活动在当时颇受欢迎。[16]

然而，猫并非唯一受到人类虐待的家养物种。从古典时代开始，人们就会饲养斗狗。斗鸡在古希腊时期已十分流行，而且在整个早期近代欧洲的社会中依然十分普遍。斗鸡不仅能给观众带来快感，而且还有一定的道德教益，它以贺拉斯（Horace）的方式①将娱乐性与实用性结合到了一起。因此，乔治·威尔逊（George Wilson）告诫读者，要"记住这些没有理性的生物的难以言喻的勇气"，以免我们"这些被智慧与理智所灌输的人类……反而更多表现出了懦弱和胆怯，连这些愚蠢的空中飞禽都不如"。[17]而英国的一项名为"扔公鸡"（cock throwing）的运动，不但教化意义变弱，而且在平民之中更加流行。该运动是指将公鸡绑在木桩上或者埋在齐脖深的地下，游戏者用砖头砸过去，直到公鸡死掉。基斯·托马斯（Keith Thomas）声称，这类活动在忏悔星期二（Shrove Tuesday）②"极其普遍"。但到了18世纪中期，这项运动开始变得不那么盛行。威廉·荷加斯的系列版画《四个残酷的舞台》（1751年）中的第一幅画就是对此场景的描绘。在英国，同样与忏悔星期二有关的活动还包括"拉鹅"（goose pulling），但这项活动在荷兰人、弗拉芒人和日耳曼人当中流行了更长时间。这项令人发指的运动是指将一只活鹅倒挂在高高的水平绳索或树枝上，"当它在空中摆动时，一群年轻人［会］一个接一个地全速骑马到绳索下，在马镫上站起来，去抓动物的头部，而这只动物的头部［被］紧紧地夹住并涂上了肥皂，因此不容易

564

· ① 此处的贺拉斯的方式即寓教于乐的方式。
　② 即上文提到的谢肉节。

被抓住"。[18]第一个将鹅头拽下并拿在手里的人即为胜出者。

野生动物也遭到了类似的虐待。例如,神圣罗马帝国的君主们喜爱观看一种名为"战斗狩猎"(*Kampfjagden*)的活动——受到古罗马时代的野兽在运动场内搏斗的启发,这项活动旨在引诱熊、雄鹿、狼和其他大型动物进行互相搏斗。普鲁士的腓特烈一世(1701—1703 年在位)非常喜欢观看这项活动,以至于"他在印有自己头像的勋章的另一面印上了他的战斗狩猎竞技场"。同样受到追捧的还有一项名为"抛狐狸"(fox tossing)的消遣活动,这项活动是指:

> 两个人相距约 20 英尺或 25 英尺,[拿着]用网带或绳索制成的吊索的两端,[其]中心松弛地落在地上。当受惊的动物被驱赶至竞技场时,表演者[投掷者]拉动吊索的末端,将动物高高抛向空中。地面上会铺满木屑或沙子,以免这些可怜的动物死得太快。

在萨克森选帝侯、"强力王"奥古斯塔斯二世(Augustus Ⅱ the Strong,1694—1733 年在位)于德累斯顿举办的一场抛狐狸活动中,一共消耗了 687 只狐狸、533 只野兔、54 只獾和 12 只野猫;在另一场于 1672 年的维也纳举办的类似活动中,神圣罗马帝国皇帝利奥波德一世最后亲自登场,与"宫廷侏儒(court dwarf)① 和小男孩们一起,对狐狸展开了致命攻击(*coup de grâce*),乱棒将其打死"。[19]

---

① 宫廷侏儒在西方封建社会中象征着王室财富,各国国王还会攀比各自拥有侏儒侍从的数量。

在大多数情况下，上述习俗并没有在其他国家流行开来，而是局限于其发源地，可其中也存在例外。"大声喧闹"传播到了北美殖民地，但在大部分情况下并不涉及动物虐待。荷兰人将拉鹅带到了新阿姆斯特丹（New Amsterdam）①。1656 年，当时的行政长官彼得·斯图伊文森（Pieter Stuyvesant）谴责这项运动"无益、野蛮且有害"。然而，尽管受到了这样的指责，拉鹅还是传到了美利坚南部，并且在那里一直延续至 19 世纪。[20]就斗鸡运动而言，其从宗主国到殖民地的影响力则呈现出衰退趋势。这项运动在亚洲独立发展了数个世纪，并且在那里发展出了独特的形式，包括在公鸡腿部装上弯曲的刀片。与欧洲传统斗鸡运动中使用的尖刺相比，刀片可以让斗鸡变得更加血腥，但又不会使公鸡立即丧命。因此，随着殖民商业活动的不断发展，到 18 世纪初，追求时尚的伦敦人同样可以欣赏到"以东印度的风格用镰状刀进行斗鸡"的新奇运动。[21]

但在所有此类血腥运动中，最具代表性且最为声名远播的当数斗牛和逗熊。历史上已有大量关于这两项运动的记载，[22]不过，我们在本章只能进行一些简单的比较。它们似乎都是从本地习俗和被称为"斗兽"（venationes）的古罗马运动发展而来的，但其他习俗［如密特拉教（Mithraism）②的宰牛活动］也可能对其产生过影响。到中世纪时，两者各自发展成独特的运动。关于斗牛的最早记载来自 11—12 世纪的王室婚礼。《末

565

---

① 新阿姆斯特丹是 17 世纪荷兰在北美洲的殖民地的名称，位于今天纽约的曼哈顿岛附近。

② 密特拉教是古代的秘密宗教，崇拜史前文明社会中雅利安人信拜的密特拉神。在 391 年的西奥多法令之后，密特拉教销声匿迹。

日审判书》（*Domesday Book*）① 则记载，在"忏悔王"爱德华
（Edward the Confessor）统治期间（1042—1066 年），诺维奇
市"每年都会向国王提供一头熊，并提供六条狗作为诱饵"。[23]
在 16 世纪，这两项运动都越来越受到民众的欢迎，它们分别
被伊比利亚和英国视为自身民族文化的独特表现。王室此前
"极少"组织斗牛活动，直到"查理五世和费利佩二世的时
代"，它才成为"每一项［西班牙］皇家庆典中都有的标准流
程"。而在英吉利海峡对岸，"嗜好逗熊的君主不仅有亨利八
世和詹姆斯一世，还包括伊丽莎白一世"。从出现开始，这两
项运动就和一系列同源的消遣活动有暧昧的关系：经典的
"斗牛"（*corrida de toros*）与非致命性的"滑稽斗牛"（*toreros
cómicos*）② 以及当地的"奔牛"（*encierros*，如潘普洛纳的奔牛
节）等活动融合在一起；逗熊则不仅与对其他动物（尤其是
公牛和獾）的挑逗活动存在相似之处，而且与早期近代英国
戏剧舞台上将鞭打被蒙住双眼的熊作为演出后消遣的习俗十分
类似。[24]

　　当然，这两项运动也存在某些方面的差异。逗熊始终有大
体一致的基本流程（将熊绑在木桩上，再放出五六条大狗挑
逗），而斗牛的规则在 18 世纪发生了巨大变化，旧的比赛形式
（公牛与骑在马背上手持长矛的贵族对抗）变成了如今人们熟
悉的一幕：行走的斗牛士用斗篷和剑驱赶猛兽。现代斗牛场面

566

---

① 《末日审判书》又称"最终税册"，是英国官方在 12 世纪制作的全国土
　　地调查情况的汇编，目的在于了解王田及国王嫡系封臣的地产情况，以
　　便收取租税，加强财政管理，并确定封臣的封建义务。"末日审判书"这
　　个名字意指它所记录的情况不容否认，犹如末日审判一样。

② 指按照传统斗牛运动组织的斗牛喜剧表演，参与者都是人类。此处原书
　　错拼成了 *toreos cómicos*。

最早出现在 18 世纪中叶，这与弗朗西斯科·罗梅罗（Francisco Romero，1700—1763 年）的经历①有关。斗牛的现代化成为这项运动走向平民、摆脱其贵族渊源的标志。[25]

逗熊与斗牛的差异还体现在针对这些活动的法律管控历史中。在 16 世纪的英国，反对逗熊的提案首次出现在清教徒的社会议程中。在接下来的几个世纪里，这种呼声越发高涨，议会最终于 1835 年立法禁止逗熊。[26]相比而言，斗牛在西班牙和葡萄牙几乎没有受到过法律的限制，这一事实有时被新教徒用作攻击天主教的论据。但实际上，天主教会的斗牛政策并非始终保持一致，而是与自身利益息息相关。一方面，托马斯·德·维拉努埃瓦（Tomás de Villanueva，1488—1555 年）大主教等神职人员会对斗牛进行谴责，教皇庇护五世（Pius V）也在 1567 年颁布的诏书《上帝对羔羊的救恩》中明令禁止这项运动——尽管理由"并非它虐待动物"，而是它"将男性举止降格为一种兽行"。另一方面，当庇护五世的诏书传到西班牙时，当地的教会人士依然在公开出版的印刷品上为这项运动辩护，在 1685 年为维拉努埃瓦举办的封圣仪式（canonisation）②中就包括斗牛。事实上，"斗牛与天主教会的联系由来已久"，[27]因此当教会原则与世俗利益发生冲突时，后者当然会占据上风。庇护五世的禁令逐渐被废弃。

这类消遣活动的主要海外输出地是位于新大陆的西班牙和英国的殖民地。到了 18 世纪，斗牛运动在西属美洲已十分普

---

① 1726 年，这位名叫罗梅罗的斗牛士助手徒步刺杀了公牛，斗牛运动的历史由此改写。罗梅罗因此也被称为现代斗牛之父。

② 封圣仪式，又称列圣品，指天主教教宗颁发谕令，将一些已故天主教徒的名字列入圣人名册，在此期间会举办大型庆典。

遍，墨西哥城成为这项运动在新大陆的中心，墨西哥的第一座
永久性斗牛场于 1788 年开张。两年后，为了庆祝西班牙国王
卡洛斯四世（Carlos Ⅳ）登基，墨西哥境内的十几个城镇都建
设了斗牛场。大约在同一时期，逗熊也在英属北美殖民地开始
流行。例如在 1767 年，一位前往纽约的英国游客记录了他在
拉内拉赫花园（Ranelagh Garden）与一只被锁住的熊相遇的
情景：

> 我径直揪住了熊先生（Bruin）① 的耳朵，他立
> 即愤怒地攻击我并撕咬我的右腿，但十分幸运的是，
> 我设法摆脱了他。我的丝袜被撕破了，小腿上也有很
> 多伤痕……但熊先生并没有嚣张太久，因为几天后他
> 又成功地抓住了一个黑人男孩并当场将其杀死，下一
> 分钟他就被射穿了脑袋。[28]

567

在接下来的几个世纪，逗熊在北美逐渐受到严格约束（尽管
在南卡罗来纳的部分地区逗熊仍在继续）。同样，在过去的半
个世纪里，对斗牛的限制在大西洋两岸也变得日益普遍。

其他相关体育活动

最后，我们还要考察与动物有关的其他体育活动。尽管这
些活动并不直接以非人类动物（non-human animals）的死亡为
目的，但作为附带事件，动物的确在其中遭受了暴力。在所有
这类活动中，最重要的是马上比武。作为一项宫廷运动，马上

---

① 熊先生是当时英国民间对棕熊的昵称，Bruin 在荷兰语中指"棕色"。

比武一直延续到 16 世纪中叶的法国和 17 世纪初的英国。火药武器的改进以及贵族的逐渐非军事化加快了马上比武的衰落趋势。1536 年，亨利八世在一次马上比武中受伤，这次改变了他人生轨迹的事故说明，这项运动会给人和马都带来巨大的风险。当时"国王骑着一匹好马疾驰，突然人和马都重重摔倒，所有人都认为，这场事故没有夺走国王的生命简直就是奇迹"。亨利八世在事故发生后昏迷了两个小时，他的马很可能在事故发生时压到了他的身子，这加剧了他的腿部伤势，使其终身残疾。[29]（历史上没有关于这匹马后续命运的记载。）此类事件的发生，再加上马上比武本就处于不断衰落的状态，英国人对马上比武的热情骤减。在 17 世纪，其他新出现的马术运动（特别是盛装舞步和赛马）占据了主要位置。

事实证明，这些新出现的运动通常比其前身更安全，也更人道。但在这里，"更安全"并不意味着绝对"安全"。正如彼得·爱德华兹（Peter Edwards）所记述的，"1671 年或 1672 年的 3 月 18 日，在兰开夏郡举行的一场比赛中，属于埃格顿先生（Mr Egerton）的赛马'鹅哥'取得了胜利，但代价不菲，它'从肩膀到身侧都流出了鲜血'"，而"在 1714 年的诺丁汉举行的另一场比赛中，霍尔贝克先生（Mr Holbeck）的马摔断了肩膀，据说是因为另一匹马故意挤占其跑道"。同样，"更人道"也并不意味着绝对"人道"。16 世纪的骑师试图用使马受苦的马具、鞭子和其他工具来"灌输恐惧"和"击垮马的精神"，这当然是事实；另外，"到 17 世纪，这类技术已经变得温和"，同样是事实。然而，尽管后来的训练手册越来越强调"确保马与自己合作，而不是把它打到服从管教"，但这种强调"表明后者在当时依然十分普遍，所以有必要对其进行责罚"。事实上，所有此类体育活动似乎都鼓励人们对马施虐，因为"上层人士在从事体育或娱乐活动时并不关心他们的马，他们只关心自己能否从中享受到乐趣"。[30]

此外，人类还以各种方式残害家畜，其目的往往与上述娱乐活动有关。出于如下错误逻辑，马的尾巴被剪掉："缰绳容易被［不受控制的尾巴］压住，这会导致马匹乱踢并逃跑。"斗狗的耳朵和斗鸡的冠部被割掉，这是为了"防止它们在战斗中被撕裂和弄伤"。马的鼻孔被切开，因为"人们误以为这样做能让马在飞奔时吸入更多空气"。[31]除了上述如今已无法完全统计的大量暴行和虐待之举，我们还必须将无数人出于取乐目的对非人类动物随意施加的其他残忍行为纳入检视范围。最后，我们在这里通过一件逸事来阐明这些行为的残忍程度。威廉·欣德（William Hinde）在 1641 年回忆道：

> 有一次，我看见一位先生准备喂他的鹰，他从福克纳袋①中拉出一只活的鸽子，先抓住它的两只翅膀，接着用很大的力气把翅膀从它的身体上扯下来，然后抓住两只腿，以同样的方式将其扯下，这个可怜生灵的身体在他手中颤抖。他的鹰吃完猎物后感到乏味时，他却非常满足和高兴地握紧了双拳。[32]

很难想象，还能有什么比整个人类对被抛到面前的弱小生命的

_____

① 此处的福克纳袋指当时一家名为福克纳（Faulkners）的公司生产的户外旅行袋。

这种行为更有力的论据，来证明灭绝一个物种的正义性和必要性。此类行径充分印证了乔纳森·斯威夫特（Jonathan Swift）对人类的判词："你的同胞中，大多数人都是大自然让它们在地面上爬行的最可憎的害虫中最有害的一类……"[33]①

参考论著

许多关于动物消遣运动的早期近代文献如今可以开放获取或在订阅网站上找到。英国文献参见 *Book of Saint Albans*（Saint Albans，1486）；George Gascoigne，*The Noble Arte of Venerie or Hunting*（London，1575）；Gervase Markham，*Country Contentments*（London，1611；revised 1615），*Cavelarice, or the English Horseman*（London，1607）；Richard Blome，*The Gentlemans Recreation*（London，1686）。欧陆文献参见 Jacques du Fouilloux，*La venerie*（Poitiers，1561）；Erasmo di Valvasone，*Della Caccia*（Padua？［1593］）；Hans Friedrich von Fleming，*Der vollkommene teutsche Jäger*（Leipzig，1719）的第一卷。上述文献如今已电子化，多为原书书页的扫描。英语参见 http：//eebo. chadwyck. com，德语参见 www. deutschestextarchiv. de。

还有许多从法律或其他角度研究早期近代欧洲社会狩猎现象的二手文献。关于英国，参见 E. P. Thompson，*Whigs and Hunters: The Origin of the Black Act*（New York：Pantheon，1975）；Roger Manning，*Hunters and Poachers: A Social and Cultural History of Unlawful Hunting in England, 1485–1640*（Oxford：Clarendon Press，1993）；关于德国，参见 Werner Rösener，*Geschichte der Jagd. Kultur, Gesellschaft und Jagdwesen im Wandel der Zeit*（Düsseldorf：Artemis & Winkler，2004）；Karl Roth，*Geschichte des Jagd- und Forstwesens in Deutschland*（Berlin，1879）；关于法国，参见下面这本论文集：*Chasses princières dans l'Europe de la Renaissance*（Paris：Actes Sud，2007），edited by Claude d'Anthenaise。关于狩猎枪械的发展历程，参见 Howard L. Blackmore，*Hunting Weapons from the Middle Ages to the Twentieth Century*（London：Barry & Jenkins，1971）。

---

① 译文出自〔英〕斯威夫特《木桶的故事·格列佛游记》，主万、张健译，北京：人民文学出版社，2000 年，第 288 页。

除了狩猎以外，其他血腥的动物娱乐活动也受到了学界的广泛关注。关于早期近代欧洲社会中虐猫现象的长篇讨论，参见 Robert Darnton, *The Great Cat Massacre and Other Episodes in French Cultural History* (London: Basic Books, 1984); Bruce Boehrer, *Animal Characters: Nonhuman Beings in Early Modern Literature* (Philadelphia: University of Pennsylvania Press, 2010)。关于斗牛的研究成果十分丰富，许多论著往往不局限于某个时代。在西班牙语学界，最重要的一项研究成果是四卷本的 José Maria de Cossío, *Los Toros: Tratado técnico e historico* (Madrid: Espasa Calpe, 1943– 61)，在随后的 1980 年和 1981 年又新增了两卷，作者为安东尼奥·迪亚兹·卡纳巴特 (Antonio Díaz Cañabate)。英语学界的研究论著包括 Gerry Marvin, *Bullfight* (Champaign: University of Illinois Press, 1999); Adrian Shubert, *Death and Money in the Afternoon: A History of the Spanish Bullfight* (Oxford: Oxford University Press, 1999); Carrie Douglass, *Bulls, Bullfighting, and Spanish Identities* (Tucson: University of Arizona Press, 1997)。上述研究成果同样涵盖了广泛的历史时期。相比而言，关于早期近代欧洲的逗熊活动最详尽的研究来自德语学界：Christof Daigl, ' *All the world is but a bear-baiting* ': *Das englische Hetztheater im 16. und 17. Jahrhundert* (Berlin: Gesellschaft für Theatergeschichte, 1997)。英语学界的重要成果包括 Andreas Höfele, *Stage, Stake, and Scaffold: Humans and Animals in Shakespeare's Theatre* (Oxford: Oxford University Press, 2011); Anthony Mackbinder et al. , *The Hope Playhouse, Animal Baiting and Later Industrial Activity at Bear Gardens on Bankside: Excavations at Riverside House and New Globe Walk, Southwark, 1999 – 2000* (London: Museum of London Archaeology, 2013)。

其他关于马匹训练和饲养的二手研究文献（涵盖了大量与马有关的体育运动的信息）包括 Peter Edward, *Horse and Man in Early Modern England* (London: Hambledon Continuum, 2007); Donna Landry, *Noble Brutes: How Eastern Horses Transformed English Culture* (Baltimore, MD: Johns Hopkins University Press, 2009)。Keith Thomas, *Man and the Natural World: Changing Attitudes in England 1500–1800* (Oxford: Oxford University Press, 1983)这部经典著作精彩地描述了英国社会中人道主义情绪的增长，以及对非人类动物的同情文化的兴起。

注 释

1. 关于笛卡尔主义，参见 René Descartes, *A Discourse on the Method*, trans. Ian Maclean（Oxford：Oxford University Press, 2006），pp. 44-8。关于重点问题的讨论，参见 Tom Regan, *The Case for Animal Rights*（Berkeley：University of California Press, 1983），pp. 1-33；Stephen Gaukroger, *Descartes: An Intellectual Biography*（Oxford：Clarendon Press, 1995），pp. 278-90；Erica Fudge, *Brutal Reasoning: Animals, Rationality, and Humanity in Early Modern England*（Ithaca, NY：Cornell University Press, 2006），pp. 147-74。关于动物行为学，参见 Jane Goodall, 'Chimpanzees-Bridging the Gap', in Paola Cavalieri and Peter Singer（eds.）, *The Great Ape Project: Equality beyond Humanity*（New York：St Martin's Press, 1993），p. 13。关于动物的利他行为，参见 Frans de Waal, *Are We Smart Enough to Know How Smart Animals Are?*（New York：W. W. Norton, 2016），pp. 67-8。关于动物权利思想史的简要概述，参见 Bruce Boehrer, Molly Hand and Brian Massumi's introduction to Bruce Boehrer, Molly Hand and Brian Massumi（eds.）, *Animals and Animality in the Literary Field*（Cambridge：Cambridge University Press, 2017）。

2. Charles Bergman, *Orion's Legacy: A Cultural History of Man as Hunter*（New York：Plume, 1997），p. 28.

3. Baldassare Castiglione, *The Courtier of Count Baldassare Castilio, deuided into foure* Bookes, trans. Sir Thomas Hoby（London, 1588），sigs. D1v-D2r；Gervase Markham, *Country Contentments (1615)*（Amsterdam：Da Capo, 1973），p. 3；Ramón Lull, *The Order of Chivalry*, trans. William Caxton, ed. F. S. Ellis（Hammersmith：Kelmscott Press, 1893），p. 24.

4. 关于此类活动的更多细节，参见 Ryan Judkins, 'The Game of the Courtly Hunt: Chasing and Breaking Deer in Late Medieval English Literature', *Journal of English and Germanic Philology* 112. 1（2013），pp. 70-92, esp. 72-3。

5. Edward Berry, *Shakespeare and the Hunt: A Cultural and Social Study* (Cambridge: Cambridge University Press, 2001), p. 18; James VI, King of Scotland, *Basilikon Doron* (Edinburgh, 1599), pp. 144-5; Gottfried von Strassburg, *Tristan*, trans. A. T. Hatto (Harmondsworth: Penguin, 1960), p. 268.

6. John Manwood, *A Treatise and Discovrse of the Lawes of the Forrest* (London, 1598), sigs. 21-3, at sig. 22r (接下来的引文段落出自 sig. 21v); Karl Roth, *Geschichte des Jagd -und Forstwesens in Deutschland* (Berlin, 1879), pp. 475, 511.

7. Manwood, *Lawes of the Forrest*, sig. 21v; Edmund James Harting, *British Animals Extinct within Historic Times* (London, 1880), pp. 101-3; John Aubrey, *The Natural History of Wiltshire*, ed. John Britton (London, 1847), p. 59; Thomas T. Allsen, *The Royal Hunt in Eurasion History* (Philadelphia: University of Pennsylvania Press, 2006), p. 117.

8. Manwood, *Lawes of the Forrest*, sig. 21v; Roger Manning, *Hunters and Poachers: A Social and Cultural History of Unlawful Hunting in England, 1485-1640* (Oxford: Clarendon Press, 1993), p. 112; Thomas Dunham Whitaker, *An History of the Original Parish of Whalley, and Honor of Clitheroe, to which is subjoined an account of the parish of Cartmell*, ed. John Gough Nichols and Ponsonby A. Lyons (Manchester, 1872), p. 331. 最后一群鹿在 1805 年被猎杀 (p. 335); Manning, *Hunters and Poachers*, pp. 112 - 13; Muriel St Clare, Byrne (ed.), *The Lisle Letters*, 6 vols. (Chicago: University of Chicago Press, 1981), vol. VI, p. 177; John Nichols, *The Progresses and Public Processions of Queen Elizabeth*, 3 vols. (London, 1823), vol. III, p. 91; E. P. Thompson, *Whigs and Hunters: The Origin of the Black Act* (New York: Pantheon, 1975), p. 231。

9. Jane Ridley, *Fox Hunting* (London: Collins, 1990), p. 2; Alexander Mackay-Smith, *The American Foxhound 1747-1967* (Millwood, VA: American Foxhound Club, 1968), pp. 9, 3.

10. Joseph Addison and Richard Steele, *The Spectator*, ed. D. F. Bond, 5 vols. (Oxford: Clarendon Press, 1965), vol. I, p. 116. 亦可参见 *A*

Midsummer Night's Dream 5.1.119 – 26 ［*The Riverside Shakespeare*, ed. G. Blakemore Evans et al. (Boston, MA: Houghton Mifflin, 1997) ］; Oscar Wilde, *A Woman of No Importance* (London: Methuen, 1908), p. 23; Desiderius Erasmus, *The Praise of Folly and Other Writings*, trans. Robert M. Adams (New York: W. W. Norton, 1989), p. 40; Miguel de Cervantes, *Don Quixote*, trans. Peter Motteux (Clinton: Colonial Press, 1967), p. 178。

11. Michel de Montaigne, *The Complete Essays of Montaigne*, trans. Donald Frame (Stanford, CA: Stanford University Press, 1965), p. 316; Matt Cartmill, *A View to a Death in the Morning: Hunting and Nature through History* (Cambridge, MA: Harvard University Press, 1993), p. 77; Sir Thomas More, *Utopia*, trans. Paul Turner (Harmondsworth: Penguin, 2003), p. 76; Thomas Tryon, *Wisdom's Dictates: Or, Aphorisms & Rules, Physical, Moral, and Divine; for Preserving the Health of the Body, and the Peace of the Mind* (London, 1691), pp. 7, 105; Steven Pinker, *The Better Angels of Our Nature: Why Violence Has Declined* (New York: Penguin, 2011), p. xxi.

12. Mark J. Statham et al. , ‘The Origin of Recently Established Red Fox Populations in the United States: Translocations or Natural Range Expansions?’, *Journal of Mammalogy* (16 Feb. 2012), http: // dx. doi. org. proxy. lib. fsu. edu/10. 1644/11-MAMM-A-033. 1 52 – 65; Alexander Mackay-Smith, *The American Foxhound 1747 – 1967* (Millwood, VA: American Foxhound Club, 1968), pp. 19-21, 9-17; Glen R. Saunders, Matthew N. Gentle and Christopher R. Dickman, ‘The Impacts and Management of Foxes Vulpes vulpes in Australia’, *Mammal Review* 40. 3 (2010), pp. 181-211.

13. Lawrence A. Clayton, Vernon James Knight Jr and Edward C. Moore (eds.), *The De Soto Chronicles: The Expedition of Hernando De Soto to North America in 1539-1543*, 2 vols. (Tuscaloosa: University of Alabama Press, 1993), vol. I, pp. 256-7.

14. Howard L. Blackmore, *Hunting Weapons from the Middle Ages to the Twentieth Century* (Mineola, NY: Dover, 2000), p. 229; Wirt

Gerrare, *A Bibliography of Guns and Shooting* (Westminster, 1895), pp. 16, 24-5.

15. John G. W. Dillin, *The Kentucky Rifle* (York, PA: Trimmer Press, 1959), pp. 8-9; John Buchan, *The African Colony: Studies in the Reconstruction* (Edinburgh: William Blackwood, 1903), p. 178; Peter Kolb, *The Present State of the Cape of Good Hope* (London, 1731), p. 34.

16. Robert Darnton, *The Great Cat Massacre and Other Episodes in French Cultural History* (London: Basic Books, 1985), p. 83. 更多关于虐猫历史的研究成果，参见本章的参考论著; Richard Braithwaite, *A Strappado for the Diuell* (London, 1615), sig. M1v。

17. Dieter Fleig, *History of Fighting Dogs*, trans. William Charlton (Neptune City, NJ: Tfh, 1996), pp. 20 - 1, 48 - 50, 84 - 6; George Ryley Scott, *The History of Cockfighting* (Hindhead: Saiga Press, 1983), pp. 87-92; G[eorge] Wilson, *The Commendation of Cockes, and Cockefighting* (London, 1607), sig. B2v.

18. Keith Thomas, *Man and the Natural World: Changing Attitudes in England 1500 - 1800* (Oxford: Oxford University Press, 1983), p. 76; Philip Parsons, *Newmarket: Or, An Essay on the Turf*, 2 vols. (London, 1771), vol. II, p. 174.

19. Tim Blanning, *The Pursuit of Glory: The Five Revolutions that Made Modern Europe 1648 - 1815* (Harmondsworth: Penguin, 2007), p. 403; Blackmore, *Hunting Weapons*, p. xxiii.

20. Thomas E. Bird, 'Dutch', in George B. Kirsch, Othello Harris and Claire Elaine Nolte (eds.), *Encyclopedia of Ethnicity and Sports in the United States* (Westport, CT: Greenwood Press, 2000), p. 137; William Gilmore Simms, *As Good as a Comedy: Or, The Tennessean's Story* (Philadelphia, 1852), pp. 114-15.

21. Scott, *History of Cockfighting*, p. 129; John Ashton, *Social Life in the Reign of Queen Anne* (London, 1897), p. 227.

22. Scott, *History of Cockfighting*, p. 129; John Ashton, *Social Life in the Reign of Queen Anne* (London, 1897), p. 227.

23. Harting, *British Animals*, pp. 19 - 22; Garry Marvin, *Bullfight*

（Champaign： University of Illinois Press， 1999）， pp. 52-5.

24. Adrian Shubert, *Death and Money in the Afternoon: A History of the Spanish Bullfight* (Oxford： Oxford University Press， 1999)， p. 181； Andreas Höfele, *Stage, Stake, and Scaffold: Humans and Animals in Shakespeare's Theatre* (Oxford： Oxford University Press， 2011)， p. 47； Paul Hentzner, *Itinerarium Germaniae, Galliae, Angliae, Italiae* (Nürnberg， 1612)， p. 132； Thomas Dekker, *Worke for Armorours* (London， 1609)， sig. B2r.

25. Marvin, *Bullfight*, pp. 56-8.

26. Thomas, *Natural World*, pp. 156-8.

27. Max Norman, 'Bull Fighting', *The Cambrian* 19. 1 (1899)， pp. 6-7； Abel Alves, *The Animals of Spain: An Introduction to Imperial Perceptions and Human Interaction with Other Animals, 1492-1826* (Leiden： Brill， 2011)， p. 90； Shubert, *Death and Money*, pp. 147-8， 19.

28. Michael Werner (ed.)， *Concise Encyclopedia of Mexico* (Chicago： Fitzroy Dearborn， 2001)， pp. 51-2； William Owen, *Narrative of the American Voyages and Travels of Capt. William Owen, R. N.*, ed. Victor Hugo Paltsits (New York： New York Public Library， 1942)， p. 26.

29. J. S. Brewer, J. Gairdner and R. H. Brodie (eds.)， *Letters and Papers, Foreign and Domestic, of the Reign of Henry VIII*, 21 vols. (London： Her Majesty's Stationery Office， 1862-1932)， vol. X， letter 200， p. 71， and letter 427， p. 172. 关于这起事件的详细讨论，参见 Suzannah Lipscomb, *1536: The Year That Changed Henry VIII* (Oxford： Lion， 2009)， pp. 55-62。

30. Peter Edwards, *Horse and Man in Early Modern England* (London： Hambledon Continuum， 2007)， pp. 99， 109， 50； Thomas, *Natural World*, p. 101； Donna Landry, *Noble Brutes: How Eastern Horses Transformed English Culture* (Baltimore， MD： Johns Hopkins University Press， 2009)， p. 30； Edwards, *Horse and Man*, p. 55.

31. George Fleming, 'The Wanton Mutilation of Animals', *The Nineteenth Century: A Monthly Review* 37 (Jan. -June 1895)，

pp. 455, 443, 446.

32. William Hinde, *A Faithfull Remonstrance of the Holy Life and Happy Death, of John Bruen* (London, 1641), p. 35.

33. Jonathan Swift, *Gulliver's Travels*, ed. Paul Turner (Oxford: Oxford University Press, 1998), p. 121.

第七部分
暴力的表征与建构

29　非洲的暴力仪式：西非和流散地的近身战斗

T. J. 德施-欧比

本章将探讨 15 世纪中叶至 19 世纪后期与欧洲人接触的西573非以及非洲流散地社会中以近身战斗（close combat）为主的暴力仪式。奴隶贸易于本时期结束，然而，欧洲人的殖民统治也于本时期开始。非洲仪式中的近身战斗诞生于一系列互相交叠的社会语境，包括休闲运动、宗教仪式、通过仪式、决斗以及战场搏斗。近身战斗的目的在于获得在对手面前的优势地位，因此其暴力程度不尽相同，但它们往往受到程序规则的严格限制，甚至在战场上也是如此。在本时期，非洲早已存在的暴力仪式观念与该地区以外的军事和意识形态体系之间产生了冲突，在战场搏杀中尤其如此。这类与战斗传统的冲突首先爆发于西非沿海的加那利群岛的战场上，当地的关契斯人（Guanches）通过投掷石块、棍斗等战斗模拟方式备战迎敌。即使在 15 世纪末，在经历了一个多世纪的斗争后，西班牙人仍然经常在与使用棍棒和石头的关契斯人的战斗中败下阵来。

欧洲人很快意识到，他们尚不具备对非洲大陆实施殖民统治的军事能力。尽管如此，他们还是通过出售武器和购买战俘产生了深远的影响。当欧洲人抵达非洲西海岸时，这些未受伊斯兰教影响的地区既没有奴隶供应，也不存在奴隶贸易。17世纪，非洲许多地区的奴隶贸易额激增，这正是因为当地对欧洲火器购买量的不断增加。[1]黄金海岸等地区尤其如此，火器在574

这些地区的普及速度较快，战场搏斗的性质也因此发生改变，至少火器在战场上取代了近身战斗仪式曾经扮演的角色。然而在西非其他地区，火器的普及速度较慢。[2]正如下文即将指出的，在本时期，近身战斗仪式在西苏丹①和安哥拉的大草原的搏斗文化中依然占据主导地位，这些搏斗体系中的一些元素甚至传播到了美洲。

西苏丹贵族的骑术暴力

早在3世纪至4世纪时，西苏丹的非洲大河谷的草原上就陆续诞生了一批大型帝国。最早诞生的是瓦加杜帝国（它更为人熟知的称呼是"加纳"，这是帝国当时的勇士王的名字），该帝国通过对来自撒哈拉沙漠的盐和来自南方的黄金（这些黄金通过贸易跨越撒哈拉沙漠，进入北非和更远的地区）征税而发展壮大。9世纪至11世纪是瓦加杜帝国的全盛期。马里（Mali）曾是被瓦加杜帝国征服的附属王国，其国民说曼德语。之后，马里通过军事扩张逐渐取代了此前的帝国领主，并直接控制了南部的金矿。马里帝国在14世纪中期达到全盛，它在当时控制了塞内加尔和冈比亚河谷，其统治范围一直延伸至尼日尔河大拐弯处的著名城市加奥（Gao）和廷巴克图（Timbuktu）。

15世纪50年代，欧洲人在大举进犯非洲大陆时，屡次被马里沿海部落的海上力量击败。因此在随后的几个世纪里，西苏丹大部分地区的陆上贸易路线仍然集中于北部。从16世纪开始，马里帝国逐渐衰落，金矿的长期控制权落到了桑海

---

① 本章的苏丹作为地理概念时，指撒哈拉沙漠以南的大草原地区，其中西苏丹指尼日尔河流域的西非草原地带。

（Songhay）这个最大也是最后的草原帝国手上。桑海人发迹于尼日尔河大拐弯处，其统治区域向北延伸至沙漠地带，他们还直接控制了特加扎（Taghaza）的盐矿，这是西非大部分地区食盐的供给地。

　　根据约翰·伊利夫的观点，在宗教走向世界化之前的时代，荣誉是非洲人行为举止的主要意识形态动机。大草原上的贵族追逐着装、礼仪、社会地位和骑术技巧方面的荣誉，但最高的荣誉来自平民之间的决斗或者战场上的骑术暴力仪式。虽然来自河流沿岸的密集农业人口出身的步兵构成了军队的主体（他们首先受到军事暴力的影响），但在大草原平坦开阔的乡村地区，贵族的骑术暴力仪式依然是占主导的战争方式。[3]

　　自公元 1000 年以来，非洲的弓箭手就骑着马驹在大草原上驰骋。但到了 13 世纪，当地开始出现大体型的战马，这又反过来改变了男性贵族的文化。贵族竞相饲养和训练这些昂贵的马，他们在奔腾骏马的背上展示骑术，如从地上拾回武器，或用盾牌抹去坐骑身后的蹄印。不过最重要的是，贵族从年幼时期就开始进行剑和投枪（azagaya，一种既可投掷也可刺击的非洲短矛）的训练，他们通过在私人决斗和国家战争中的英勇表现赢得荣誉。大草原的骑手和他们的骏马都穿戴一种用来保护自己的皮革或链条盔甲，但能让战士保持敏捷的防具只有皮革盾牌。骑马贵族的用盾技巧可以达到极其精湛的程度，骑兵队长伊曼纽尔的故事就说明了这点：在一次叛乱中，他"一度被许多人层层包围，箭如冰雹一样落下，但他通过对盾牌的灵活使用使自己毫发未损"。[4]骑兵常年通过竞赛仪式磨炼刀法、箭术和用盾技巧，他们鄙视那些农民出身的步兵，因为后者射术不精。尽管如此，这类步兵弓箭手仍然构成了马里帝

575

国和桑海帝国的军队主力，而且在少数情形中，他们的确在击溃敌人方面发挥了决定性作用。这主要体现了当时军队统帅的懦弱无能，因为这些军官受到了一种强调骑士英雄主义的军事观念的约束。

对于大草原上的贵族而言，与他们的对手（甚至是来自敌对王国或帝国的军队）进行骑术较量无异于一场受荣誉准则支配的危险运动，在这类运动中，荣誉准则往往比军事目标更加重要。根据一位曾经到访马里的旅行家的记述，根据战士的功绩大小，马里帝国皇帝用不同尺寸的金脚镯和阔腿裤奖赏他们。[5]两位军队主将直接开打的情形并不罕见。例如，在1588年的桑海内战期间，一个名叫巴尔马阿（Balma'a）的叛军首领与库米那法里（Kurmina-fari）[①] 在马背上进行单挑，后者最终以一记令人印象深刻的投掷击败了对手。[6]大草原上的格里奥（griot，意为讲述故事或历史之人）称赞那些无畏的指挥官，因为他们意志坚定地率领自己的军队对抗据压倒性优势的对手，而他们的壮举也将代代相传。即使是敌方骑手，也经常对这种勇气报以尊重。根据廷巴克图编年史的记载，1553年，24名桑海骑兵与来自卡齐纳的400名骑兵展开了激烈战斗，桑海骑兵有15人丧生。激战过后，胜利者为幸存者处理了伤口，并"极其热心地照顾他们，然后将他们释放并送回［桑海皇帝那里］，声言这些勇士不应该就这样死去"。[7]

1591年，摩洛哥苏丹向大草原派遣了一支配备火器并使用欧式战术的军队，由荣誉驱动的暴力仪式（与欧洲骑士的

①　库米那法里，也叫康法里（Kan-fari），是对当时帝国军队最高指挥官的称呼。

典型情况相似）与敌对的跨国军事行动发生了冲突。在通迪比战役（Battle of Tondibi）中，由大约 4000 名主要配备了火枪的士兵组成的摩洛哥军队击败了一支人数上占据绝对优势的桑海大军。这支摩洛哥军队的士兵在当地被称为"阿玛"（*arma*）① 或"枪手"，他们在尼日尔河畔实施殖民统治，并在一段时间内保持了对火器的实际垄断。虽然桑海帝国因此迅速土崩瓦解，但在之后于桑海出现的许多规模较小的王国（如塞古）中，受到荣誉观念驱使的骑术暴力活动依然延续了数个世纪。不过，没有一个国家能达到马里或桑海的规模和实力。不出所料，火器的普及和贵族逐渐采用与近身战斗并不那么兼容的伊斯兰模式，日益削弱了近身战斗在战场上的作用，同时也削弱了人们对激发骑士精神之战斗的追求。然而，尽管子弹使在战场上用盾牌展示英雄气概的举动变得不那么实用，但这种战斗技巧在大草原的格斗运动和文化仪式中始终占有一席之地。

西部大草原的格斗竞赛

在大草原上，最受欢迎的运动是摔跤。在西侧的冈比亚河地区，它是人们获得地位和荣誉的一种手段。曼丁哥人的大型部落按照年龄段被划分成不同组别展开激烈竞争，只有最优秀的人才会被选中代表自己部落与其他部落对抗。在这些来自不同部落的优秀战士展开冠军争夺战期间还会举办如下活动：自吹自擂、嘲讽仪式、击鼓和精心筹划的赞歌表演。曼丁哥人遵循的仪式在整个西非都十分盛行，任何社会阶层出身的摔跤冠

577

---

① "阿玛"在阿拉伯语里的意思是"燧发枪手"。这些人日后发展成名为阿玛人（Arma people）的尼日尔河中游地区的一个民族。

军都会赢得美名。巴卡里·K. 西迪贝（Bakari K. Sidibe）和温妮弗雷德·加洛韦（Winifred Galloway）指出，冈比亚的许多著名酋长"在年轻时曾是极具天赋的摔跤手，即使是奴隶也能从摔跤中获得比大多数自由平民梦寐以求的更多的威望、尊敬和崇拜"。[8]因此，与此前的骑术较量相比，摔跤为人们赢得荣誉和地位提供了一种更加平等的途径。

在尼日尔河大拐弯处以东，豪萨人的摔跤习俗十分多样，其中有各种不同程度的暴力仪式。与其他地区一样，这里的摔跤手通过在腰间系上铃铛或葫芦来展示自身勇气，如果铃铛和葫芦甩在背上，他们就可能会摔得很难看。豪萨人练习的摔跤类型有四种，包括小幅度的擒拿、手脚并用的激烈摔打等。豪萨人的拳击训练主要有两种：达目搏（dambe）和山刺（shanci）。达目搏是一种攻守兼具风格的拳击运动，一只拳头用于攻击对手，另一只拳头则像盾牌一样用于防御。还有一种被称为"豹拳"（leopard boxing）的更加危险的达目搏，参与者的"拳套"上挂着一块锄头状或耙子状的刀片，能够对人造成极大伤害。与此类似的山刺则是豪萨人用锋利的铁手镯进行格斗。上述格斗传统在日后演变为两种更加暴力的摔跤形式。19 世纪 20 年代，当探险家休·克拉珀顿（Hugh Clapperton）路过豪萨兰（Hausaland）时，他请求观看一场友好的摔跤比赛，他看到的却是"搏斗者用胳膊夹住对方的头，用另一只手猛击对方，同时猛地抬起膝盖，凶狠地击打对手的睾丸"。比这种潘克拉辛（Pankration）①式的摔跤更加暴力的是金属摔

---

① 潘克拉辛即古希腊式搏击，是古代奥林匹亚竞技大会的一个技击性项目，参与者可以使用全身各个部位进行整体性攻防竞技。

（*kokawar karfe*①），它是一种加上了刀刃的豹拳格斗。[9]在农村地区，这些极其暴力的竞赛依然普遍存在，那里的伊斯兰教渗透程度较低，因此这种习俗还没有受到影响；而只在城市传播的伊斯兰教教义，也逐渐倾向于用道德上的尊重和对先知的关注取代对荣誉竞争和军事英雄的颂扬。

在牧民那里扮演摔跤在豪萨人等非洲农业人口中所扮演角色的通常是棍斗，这一点可以从富拉尼人（Fulani，又称 Fula 或 Fulbe）的例子中看出。10 世纪前后，富拉尼人作为一个独立的西非民族出现，他们从塞内加尔河谷向东迁徙至大草原，经常与当地的农业人口混居。来自尼日尔河流域平原的马希纳（Masina）的富拉尼人最初隶属桑海帝国，后来又被塞古人统治，他们在塞古时代开始驯养马匹，并且发展出一种独特的格里奥史诗文学。18 世纪描写马希纳骑马贵族的史诗式记载表明，暴力仪式是该民族英雄主义观念的主要体现。库纳里（Kounari）的统治者汉博迪迪奥（Hambodedio）就是一位这样的英雄。传说中，他的妻子鼓励他挑战该地区的其他英雄。其中一场挑战发生在一系列的比赛中，汉博迪迪奥首先在名为"曼卡拉"（*mankala*）②的棋盘游戏中战胜了他的挑战者，随后在魔法决斗中与其打平，最后在肉搏战中将对手打败。另一位马希纳骑士西拉姆卡（Silamka）领导了一场以失败告终的反对塞古的税收政策的起义。直到他的起义部队被塞古的大军击溃，他都在英勇对抗塞古军队的头领。[10]然而，并非只有富拉尼的骑兵

①　它在豪萨语中意为"像金属一样摔跤"。

②　"曼卡拉"来自阿拉伯语 *naqala*，意为"移动"，它不是一种游戏，而是由几个共同的特点结合在一起的数百种游戏，代指在布满浅坑或洞的棋盘上移动豆子或类似形状符号的游戏。

贵族才会在面对暴力时展现出坚韧不拔的品格。所有的富拉尼人都必须在一种被称为"莎罗节"（sharo）的相互施虐的折磨仪式中忍受暴力带来的痛苦，之后才能成功走向社会。在这场折磨仪式中，富拉尼青年轮流用棍棒击打对方。受击者站直面对击打者，而旁观者则会密切观察前者的脸部表情是否有变化。只要发现任何畏缩的迹象或任何面部表情的变化，持有苦修观念的富拉尼人都会将其视为不通过，这些年轻人就必须再经受一次此种折磨。

尽管莎罗节展现了富拉尼人忍耐痛苦的能力，但这场牧民仪式的核心是对挑战者实施惩罚的棍术。在棍术中体现的暴力男性气概是牧民与生俱来的特性。年幼的公牛偶尔会攻击牧民，就像它们也会挑战牛群首领一样。富拉尼人认识到这些公牛的挑战，并以挥舞牧杖和快速冲向它们作为反击。如果公牛没有屈服或退缩的意思，那么牧民就用棍棒击打它，直到它屈服为止。因此，莎罗节除了要求参与者拥有坚定不移的勇气之外，还要求他们展示在棍斗中造成严重伤害的实力。棍斗是年轻男孩之间的一种娱乐方式，这些技能在以后的生活中也有助于他们抵御人类或动物对牲口的威胁。牲口不断受到的潜在威胁还来自盗贼，这使得富拉尼牧民对他人的侮辱和对牛群的攻击举动同样敏感，他们对此的回应方式便是以棍棒进行决斗。牧民如果无法通过棍斗来树立自己的声誉，那么他们的牲畜就有被同伴偷走的风险。18 世纪初，一个专于伊斯兰法律和教育的新兴富拉尼部落在大草原的农村地区不断壮大。几个世纪以来，因其教义的严格性，伊斯兰教只在城市传播。但在传教士成功使农村地区的富拉尼牧民接受他们的信息后，后者的精神属性使其成为一支强大的军事力量。富拉尼人不但征服了当时的政权，而且建立了许多强大的伊斯兰国家，其中就有名义上由豪萨人统治的索科托哈里发国，以及将桑海、班巴拉、阿玛等此前政权纳入新的富拉尼神权统治的新马希纳帝国。

安哥拉大草原上的豹子与格斗仪式

非洲中西部（我简称为安哥拉①的一块区域）讲刚果-恩吉拉语（Kongo-Njila）②的民族在民间和军事这两个领域都普遍举行战舞仪式。虽然这里的地形同样以草原为主，但没有骑兵来到此地建立像马里或桑海那样的大帝国。在该地区北部的许多国家中，最有影响力的当数刚果王国。该王国于1491年成为基督教国家，并且很早就宣称自己拥有刚果河与宽扎河（Kwanza River）之间一些土地的主权。在宽扎河下游的中部高原有许多农业王国，而在南部高原则有一个名为马塔马的牧民王国。刚果以东的开赛河流域则是由猎人头者组成的会社（sodality，③兄弟会）统治的地带。葡萄牙人在西部沿海地区建立了两个殖民城市：北部的罗安达（Luanda）和南部高原沿海的本格拉（Benguela）。在整个地区以及更加偏远的地带，由于人们将猫科动物与神秘学知识和杀戮能力相联系，豹子成为政治权力的突出象征。在殖民时代到来之前，这里存在两种与豹子有关的隐喻传统：豹与王权的联系，以及它与通常独立于君权的会社权力的联系。

---

① 此处的安哥拉为地理概念，即安哥拉大草原，位于上节所述的西苏丹大草原以南。

② 恩吉拉语是当地原始部落的通用语言，日后发展为刚果语。

③ 本章的会社特指当地信仰天主教的宗教团体。

会社在开赛河流域十分普遍，其暴力的主要特点为不对称性。① 在安哥拉东北部，女性会社管理和裁决社会中的女性事务，而对应的男性会社（ngongo）则专门处理狩猎、入会和保护部落等男性事务；男性会社传授给年轻男孩的技能既包括战斗、狩猎等身体技巧，也包括获得成功必需的精神素养。训练结束的正式标志是割礼，男孩通过这项仪式初步在社会中获取一席之地。然而，如果他们想成为会社的正式成员，就必须先证明自己有猎取人头的能力。猎人头是该地区特有的一种习俗，男性只有通过成功猎取人头才能够在会社中不断提高自身的地位。作为一种致命的不对称暴力，猎人头以闪电式袭击的形式进行，这与猎豹突然对人类发动的袭击十分类似。在这些高度仪式化的活动中，猎人头者首先会进行特殊的仪式以祈求神灵庇护，然后潜行至敌人附近，接着（在理想状态下）出其不意地攻击对方，拿着像弯刀一样的恐怖刀具（muela na nvita）冲入人群近身战斗。成功猎取人头的新晋勇士随后会被接纳为会社的正式成员，然后人群表演一种名为马坦布（matambu）的舞蹈来公开宣布这些人的战斗王牌地位。如果获得了更多战功，他们就有机会继续提升自己在会社中的地位。[11]获得勇士荣誉地位的动力，加上对突袭战术的强调，使得这里的火器革新趋势与其他热带雨林地区（如黄金海岸）相比更加缓慢。学界将欧洲奴隶贩子和后来的殖民者与另一种形式的社交暴力仪式联系起来，这种仪式在 19 世纪似乎变得更加频繁；非洲人用特殊的爪子杀死俘虏，使受害者看起来就

---

① 本章所说的"不对称暴力"是指强大者对弱小者施加的暴力，而"对称暴力"是指实力相当的双方实施的互相攻击举动。

像是死于掠食性的猫科动物之手。在整个西非的殖民地时代，这种被称为"人豹杀戮"（man-leopard murder）的仪式对欧洲人来说始终是一个未解之谜。[12]

在安哥拉的大部分地区，主导战争的是上述人豹杀戮团体的领袖及其实施的对称暴力。有两类人会对毫无防备的人群实施闪电式袭击：南部边缘地带寻找牛群的牧民，以及东北部开赛河流域的猎人头者。然而，在安哥拉的其他地区，最常见的战争形式是地方冲突仪式与国家层面的战争。地方冲突仪式的突出表现是敌对部落的酋长之间势均力敌的战斗，而战斗中的伤亡人数始终维持在极低的水平，因为在冲突结束时，每支军队都需要为自己杀死的敌人支付一笔巨款。大国之间的民族战争与现实利益的关系则更加密切，但大多数战斗仍然是肉搏战。与西欧或尼日尔河流域的大草原不同（作为对骑兵冲锋的坚固防御，两地都形成了一种步兵收拢成紧密队列的军事传统），中西部非洲没有马匹，而且只有葡萄牙人才拥有骑兵，这一点成为他们手握军事优势的重要基础。[13]火器在这里并不起决定作用，部分原因在于安哥拉军队分散作战，不像欧洲或桑海的步兵那样会对一个固定目标集体射击。此外，这些士兵还用接近跳跃和翻滚的方式战斗，这使得他们很难被16—17世纪还不够精准的火器击中。因此，战争中最关键的因素是在游击式的近身战斗中采取的突击战术。[14]在这种近身战斗中使用的战术和技巧源于战舞仪式，而战舞仪式在不同程度上与酋长和国王的桑加（sanga，即刀舞）仪式存在关联。

安哥拉的战舞

在刚果语地区，皇家刀舞、训练舞和战舞之间的联系尤其明显。在这些地区，各种战舞仪式在概念和语义上都存在一定关联。这个语义领域的核心是桑加。在这种舞蹈仪式中，一个挥舞着大砍刀的首领通过实际杀死（或者至少象征性地展示这种能力）扰乱社会的敌人来显示首领背后的豹之力量。王室桑加将该地区的宗教宇宙观和政治意识形态结合在一起。在刚果语中，仪式（*mvita*）一词的字面意思就是"战争"，因为人们相信，这些仪式是在神圣和世俗层面上的善（那些寻求社群福祉的举动）与恶的持续战争背景下进行的。[15]上述邪恶群体由努多基（*nodki*，意思大概等同于"女巫"）统治，这些贪婪的人想要通过在仪式上"吃掉"其他人来满足私欲。酋长是与努多基抗衡的第一道防线，因为他有能力驾驭豹子的嗜血精神，使部落摆脱这种扰乱社会的敌人。这场战斗的最终决定因素来自精神层面，但战斗的结果会在身体层面得到显著体现。[16]酋长通过桑加舞蹈处决扰乱社会的敌人（如女巫、杀人犯或叛徒），此举是这场无形的战争在实体层面的表现。19世纪末，威廉·霍尔曼·本特利（William Holman Bentley）写道："桑加是一种刀舞，只有在非常特殊的场合才会由酋长表演；……当有人要被处决时，酋长会先跳一会儿桑加，然后突然停下，将刀指向受害者，并立即将其杀死。"[17]因此，刚果部落的领导者参与的仪式尽管因地区而异，但领导者们的目标相同，即让自己化身为一只豹子。随之而来的往往是公开展示统治者已成功掌握杀戮之力的血腥仪式。[18]

尽管皇家桑加仪式始终是证明上述豹之力量的主要途径，但刚果王国的周边地带在武器方面迎来了历史性的重大变革。在欧洲人到来之前，以及在刚果王国以北讲刚果语的基督教地区，始终存在用权力之刃（*mbele a lulendo*）进行的授权、处决、桑加等仪式。权力之刃是一把装饰精美的砍刀，也是主宰生死的豹之首领的核心象征。在刚果王国，这些砍刀最终被从欧洲和西苏丹进口的剑取代。后来当地生产的刀具同样以这些异域风格为基础，但也会被刻上刚果独有的仪式符号。[19]

最后还有一项发生于上述传统中的革新，这项革新至少出现在索约（Soyo）这个与刚果首都相隔一大片荒野的强大省份。索约不但拥有丰富的自然资源，而且拥有贸易港口姆宾达（Mpinda），荷兰人来到这里出售火器以换取战俘。索约的统治者借助火器的力量宣布从刚果王国独立，而刚果国王此前一直通过与葡萄牙的贸易几乎保持着对火器的垄断。虽然学界对火器是否使得安哥拉军队在战场上占据优势这一点存在争议，但火器无疑在帮助安哥拉人对付刚果人的重装步兵方面发挥了奇效，因为后者的盾牌可以挡住箭和标枪，却无法阻挡子弹。所以，火器对刚果王国的精兵强将而言是一种毁灭性的打击力量。根据记载，为了展示枪支赋予他的权力，索约国王先后用安哥拉的兵器和步枪表演了桑加仪式。[20]尽管出现了上述变化，桑加仪式的核心仍然是展示统治者杀戮之力的舞蹈仪式。

与此相关的还有桑加的变体"桑瓜尔"（sanguar），该词意为安哥拉近身战斗中与核心攻防（尤其是防御）有关的身体技巧。佩罗·罗德里格斯（Pero Rodrigues）是16世纪末目睹过此类活动的耶稣会士，在他看来，安哥拉人并不使用防御盔甲，"他们所有的防御都依赖桑瓜尔，即以极其灵活的方式从一个地方跳到另一个地方，灵活到足以躲避箭矢和向他们投掷的长矛"。[21]这些与桑瓜尔有关的战斗技巧源于一些具有仪式性的舞蹈游戏，这些游戏在部落活动（如婚礼、节日和通过仪式）中随处可见，包括耳光拳（slap boxing）①、脚斗（foot fighting）②、棍斗、击剑，以及伴随音乐进行的摔跤。[22] 这种搏击技巧也在用棍棒或砍刀进行的私人决斗仪式中有所体现。在高地的牧民中，如果两个男人发生冲突，那么解决争端的最好方式就是棍斗。在刚果人建立的卢安戈王国北部，上述决斗的武器则是大刀或小砍刀。虽然这种决斗仪式十分暴力，但它遵循某种严格流程，决斗者的目标并非杀死对方，而是羞辱对方，并用武器在敌人身上（最好是面部）留下印记。[23] 这些决斗都遵循了旨在不惜一切代价防止人员死亡的明确规则，杀人者会受到严惩。

将王室桑加与竞技桑加融为一体的是一种被称为"桑加门托"（sangamento）的集体桑加舞，这类舞蹈既可以是献礼，也可以是备战的方式。在和平时期，这些活动是下属表达忠心之举；一份当时的文献就将桑加门托定义为"展现自身的忠诚"。这种作为献礼的集体桑加舞也是国王阅兵的方式，国王可以据此评估其潜在军队的规模及部下的桑加水平。15 世纪晚期，在欧洲人到来之前，刚果王国各省每年都会举办作为献礼的桑加表演。在刚果王国改信基督后，这些仪式的举办频率反而增加了，在王国的守护神圣雅各（St James）③ 的节日以及圣诞节、复活节、基督圣体节和其他圣日上都有桑加门托的

---

① 耳光拳是一种模拟拳击的运动，参与者使用张开的手掌而不是拳头，因为不容易受伤，所以在当时成为一种非正式的比武形式。

② 脚斗是一种传统竞技运动，参与者一只脚立地，另一只脚则因腿的弯曲而放在立地的那条腿的膝盖上方，靠立地脚的跳跃来改变自己的位置和方向，靠弯曲的那条腿前凸的膝盖来攻击对方。

③ 圣雅各又名"圣詹姆斯"，是耶稣十二门徒之一，雅各是其名字的希伯来语读法。

身影。为了纪念索约人在 1670 年的基通博战役中击败葡萄牙军队的决定性胜利，索约王国又增加了一个表演桑加门托的年度仪式。此外，在刚果、索约等基督教政权中，这些庆祝仪式的举行地点都是在教堂附近，而且基督教士也会参与其中，他们的祝福加强了统治者的合法性，因为统治者不仅得到了基督教上帝的支持，也得到了作为其祖先的豹子的支持。虽然这种和平时期的即兴表演仪式基本上是表达政治忠诚和宗教合法性的仪式，但其中同样存在肢体暴力，这类表演往往会以若干人员的伤亡而告终。[24]

在战争期间，安哥拉的士兵和军官总是会在其统治者面前举行完桑加门托仪式后再出征。这种战争舞蹈既是开战宣言，也激发了士兵面对危险时的勇气。此外，桑加门托仪式还有两个基本目的。第一，这些做法被视为精神层面的战争，人们希望能够以此破除敌人的神灵庇护。[25]第二，由于安哥拉的政治意识形态将杀戮的权力赋予了拥有豹之力量的统治者，所以战前的桑加门托似乎可以在仪式层面将首领借助豹之力量杀死敌人（此处指敌方士兵）的权力暂时赋予所有农民士兵。在部队举行仪式时，国王的右手握着（象征豹之力量的）出鞘利刃，就像他在将权力赋予代表王室进行杀戮的行刑者时做的那样。[26]

虽然安哥拉人与精神力量的关系极具地方特色，但所有安哥拉部落都将这种战斗仪式视为战斗准备的多种不同层次的重要组成部分。西里尔·克拉里奇（Cyril Claridge）指出，在刚果地区的战争中经常出现的场面是，两支军队的主要将领会面，双方进行战前最后的和谈。如果谈判破裂，将领们首先会选择前往即将爆发冲突的战场，并试图通过在近战搏斗中让对手流血的方式象征性宣战，然后返回正在以桑加门托战舞备战的部队中。[27]正如历史学家约翰·桑顿（John Thornton）表明的，当两支安哥拉军队交战时，冲突往往始于短暂的集体射击，然后双方以开放阵形进行交锋，该阵形允许个人在近距离作战中展示个人战斗技巧。[28]然而，真正的暴力并非来自上述开场的对抗，而是当一方在最初的混战中取胜时，这批胜利者就会将落荒而逃的敌军士兵赶尽杀绝。因此，在位于中央高地的比耶王国（Kingdom of Bie），军官和他手下最精锐的部队会被派往前线作战，只有在这些前线战士证明战争已在精神层面上取得全面胜利之后，国王和部队主力才会鸣金收兵。[29]16 世纪晚期，安哥拉境内发生了一场军事革命。这场革命的起因并非火器，而是因邦加拉人（Imbangala）①建立了一支此类的精锐部队，而这支部队几乎构成了一个独立的王国。

来自语言学的证据表明，作为一个常年参与战争的军事民族，早期的因邦加拉人及其领袖努里（nguri，意为狮子）来自基伦吉什（Kilengues）周围的牧区高地。他们不断地训练以强化自己的桑瓜尔技巧，严格执行军纪，这使其成为安哥拉地区最有职业素养的士兵群体。他们不生产任何食物，而是像蝗虫一样散开，攻击现有政权——掠夺他们的粮食——然后继续进军。此外，他们还举行杀婴仪式，并从受害者中挑出一些青少年纳入自己的队伍，使这些人得以很快重新组建成一支大军。只有在战斗中证明自己后，他们的亲生子女以及被收编的青少年才算完成了整个流程，成为一名因邦加拉人。因邦加拉

---

① 因邦加拉人是安哥拉的战士民族，其于 17 世纪在安哥拉建立的政权处于完全军事化的状态。

人对安哥拉的历史产生了重大影响，他们最终在 17 世纪推翻了当时的王国，建立了由自己统治的稳定政权。扬·万西纳（Jan Vansina）认为，他们激进的军事生活方式是对抵达海岸的欧洲奴隶贩子的回击，[30]即以暴制暴。

许多学者认为，在欧洲人到来之前，安哥拉大部分地区并不存在世袭奴隶制的概念，因为西方人理解的这种制度在整个地区都不存在。[31]然而在 17 世纪的大部分时间内，葡萄牙人发动的侵略战争以及他们在罗安达和本格拉的殖民地发动的奴役战争使安哥拉地区陷入了奴隶制的无边黑暗。刚果王国多年反复的内战、欧洲奴隶贩子的扩散、因邦加拉革命后出现的大量社会动乱等悲剧，导致更多的俘虏从非洲中西部（而非该大陆的其他任何地区）被送入跨大西洋的奴隶贸易市场。

586

非洲流散地

带着对战斗仪式的理解和实践，非洲奴隶的思想和身体都通过残酷的"中间通道"来到美洲。事实上，前文提及的骑兵队长伊曼纽尔在战场上展示的娴熟用盾技巧是在他成为奴隶后才掌握的。他以奴隶身份被送往加勒比地区和欧洲，在习得一手军事技能之后回到故土。一些非洲人则以职业士兵的身份前往美洲。另一个来自西苏丹北部的非洲骑兵安东尼奥·佩雷斯（Antonio Perez）在征服战争中晋升为上尉，胡安·瓦连特（Juan Valiente）也是如此，他因参与征服危地马拉、秘鲁和智利的军事行动而获得赐封①（授予其土地和劳动力）。正如马修·雷斯托尔所言，这些来自非洲的武装士兵远非个例，尽

---

① 关于赐封制，参见本卷第 7 章。

管分布广泛，但他们很少被人们认为是征服时代的组成部分。[32]非洲皮盾早在几个世纪前就被伊比利亚骑兵采用，无论征服者是白人还是黑人，他们都将其视为珍宝。后来，一些非洲人及其后裔在殖民地的黑人民兵组织中服役，而另一些人则将这项技能运用在对奴隶制的反抗中。

对奴隶制的武装反抗活动既包括直接发动起义，也包括那些逃脱奴役魔爪的人建立和保卫拥有武装的马龙人①社区。大量奴隶是士兵及其家人，他们在突袭和战争中被掳走，而这些突袭和战争正是西非民众沦为奴隶的主要途径。近几十年来的历史学研究表明，奴隶贸易并没有像文献编纂者曾经认为的那样使非洲人流散于各地，这场贸易实际上把非洲人从非洲大陆的交战区域送至美洲的某些地区，他们往往成群结队地抵达，我们可以从奴隶的军事抵抗中看出这一点。[33]1522 年，在从迭戈·哥伦布（Diego Columbus）②的种植园开始蔓延的伊斯帕尼奥拉岛早期奴隶起义中，人们认为起义领导者来自马里帝国沿海的卓洛夫语地区。他们"大喊一声后迅速组成一个中队并等待骑兵到来"，这表明他们此前接受过军事训练。十年后，伊斯帕尼奥拉岛上的非洲起义军设法组建了一支属于他们自己的骑兵，这支队伍表现出高超的骑术和使用投枪的精湛技艺，他们甚至还从西非大草原的骑术文化中习得了制作皮革盔甲的知识。[34]从事黄金海岸军事史研究的雷亚·克亚（Rea Kea）认为，在 1733 年的荷属西印度群岛爆发的圣约翰岛奴隶起义中，许多领导人是来自黄金海岸的阿夸穆（Akwamu）军

---

① 关于马龙人，参见本卷第 2 章。
② 迭戈·哥伦布是新大陆的发现者克里斯托弗·哥伦布的长子，长期在美洲殖民地任职。

官。1730 年，该地区被敌对国家占领，这或许就是他们遭到奴役的时间点。[35]若昂·何塞·雷斯（João José Reis）则指出，豪萨人与 1835 年在巴西的大型城市中爆发的奴隶起义有关。[36]而约翰·桑顿同样证实，被奴役的刚果士兵的军事背景对于我们充分理解 1739 年北美的史陶诺起义，以及海地革命的动机和战术都至关重要。[37]

因此，擅长近身格斗的非洲人为当地的黑人文化注入了对武艺、搏斗以及权力的仪式化理解，这些理解方式还被传授给了其在美洲地区出生的数代后裔。南卡罗来纳的殖民者更喜欢用祖籍马里海岸的黑奴，因为后者掌握了骑术和畜牧技能。由于承担了殖民地所有的牲畜饲养工作，这些黑奴的价格也会更高。他们还是美洲大陆的第一批牛仔，而且很可能将非洲人用骑术较量的做法一并带到了北美地区。[38]来自大草原的士兵的后裔或许是最早将使用投抢的近身格斗技能带到伊斯帕尼奥拉的马龙人社区的非洲人。这种做法被美洲各地的马龙人继承，后来演变为一项制度，并被记录在非洲-哥伦比亚尚武风格的战斗手册中。[39]

来自安哥拉的非洲黑奴对整个美洲地区与近身战斗有关的文化习俗产生了影响。苏里南的马龙人有跳桑加舞的习俗，挥舞着砍刀的男人通过表演军事技艺来清除村里的敌对势力。同样，来自安哥拉的奴隶在史陶诺起义开始时也表演了桑加战舞。这种舞蹈还传给了他们的后裔。从 17 世纪开始，类似于桑加门托的格斗表演仪式有时会融合信仰基督教的伊比利亚摩尔人的戏剧传统，成为巴西乃至整个美洲每年"刚果国王"加冕典礼的重要元素。几乎所有美洲殖民地的奴隶都会组建会社，每年还会从中选举出国王，这些国王往往统治着由奴隶组

588

成的非正式政府，并行使管理社区的职权。[40]

在美洲地区，格斗比赛也成为被奴役社区的表演文化中的一个常见元素。苏里南的马龙人传承了各种类型的摔跤和拳击，其中甚至包括在豪萨人中流行的用带刀片的手镯战斗的豹拳。在南卡罗来纳，非洲黑奴及其后裔从一种被称为"敲踢"（knocking and kicking）的脚斗发展出一种与桑瓜尔类似的格斗技巧。在法属圣多明戈，刚果裔奴隶中流传着一种以来自刚果的民族"恩松迪"（Nsundi）命名的六人格斗舞。[41]在古巴则有一种被称为"曼尼"（mani，大概来自刚果语对国王或总督的称呼）的舞蹈拳击比赛：一名拳击手站在一圈对手的中间，挥拳击打其中一名参赛者，被击倒者将会被淘汰，而未被击倒者则会占据中心位置，继续击倒对手，直到剩下最后一人。伴随着安哥拉的尤卡①鼓演奏，妇女唱着歌，她们有时还会参与舞蹈格斗。美洲最著名的安哥拉格斗仪式的例子是牧区高地的脚斗，它在巴西演变为一种名叫"卡波艾拉"（capoeira）的游戏。最后，奴隶之间最普遍的近身格斗形式是棍斗，这种格斗在西非的许多地区十分流行，但它与流散海外的刚果人的联系最为密切。从新英格兰到巴西，棍斗习俗广泛存在于美洲各地。它在加勒比地区有最详细的记载，该地区的所有岛屿都流行棍斗舞。在讲法语和西班牙语的岛屿上，对这种舞蹈最普遍的称呼是"卡伦达"（kalenda）。它是一种伴着鼓声跳舞的格斗仪式，两名参赛者尝试用棍击打对方的头部，先将对方打出血的人通常被视为比赛的胜利者。这也是在社

① 尤卡是一种流行于非裔古巴人之中的传统音乐，包括击鼓、唱歌和跳舞，最早来自古巴西部的刚果裔奴隶，是伦巴舞等其他非洲古巴风格舞蹈的音乐的前身。

区里表演打击乐的奴隶参与的众多战斗仪式之一。在加勒比地区的法语区，棍斗还在帮助死者在精神上返回非洲与祖先团聚的守灵仪式中发挥了作用。然而，棍斗依然被视作为战争所做的训练，因为棍棒和弯刀往往是美洲奴隶发动起义时的首选武器。

结　语

近身战斗仪式在西苏丹和安哥拉的草原地区发挥了重要的文化和军事作用。在西苏丹，摔跤、棍斗和击剑比赛让男性在同龄人中赢得声望，同时也让他们为战争做好准备。甚至在火器被引进之后，与骑术有关的近身格斗习俗依然长盛不衰。而在安哥拉大草原上，暴力仪式包括统治者在加冕和处决时挥舞砍刀的舞蹈仪式、通过战舞比赛来训练格斗技巧，以及在和平时期作为对统治者之赞颂的集体模拟战斗的表演。在战争时期，后者是士兵上战场前的备战舞蹈，它通过在近身战斗中展示他们的格斗技能来体现统治者的生杀大权。奴隶战士把这些仪式带到了美洲，他们及其后裔在那里继续练习这种技艺，并以此培养格斗技巧，获得荣誉，登上"刚果国王"的宝座。即使被奴隶制的枷锁束缚，他们也依然可以从中获得一定程度的自豪感和自我掌控感。当机会出现时，他们往往会用这些技能来帮助确保奴隶起义以及海地革命、古巴独立战争等相关独立运动的成功。他们以此证明，奴隶——通常被视为暴力的被动受害者——同样可以成为身经百战的战士。

590

参考论著

研究非洲暴力历史的一手文献来源包括历史语言学的词汇资料，例如 Jan Vansina, *Paths in the Rainforests: Toward a History of Political Tradition in Equatorial Africa* (Madison： University of Wisconsin Press, 1990)； *How Societies Are Born: Governance in West Central Africa before 1600* (Charlottesville： University of Virginia Press, 2004)。欧洲关于非洲暴力仪式的最早书面记述来自旅行家、军人和传教士。此类文献大多来自 15—17 世纪，并与刚果人皈依基督教后的安哥拉地区有关。其中大多数文献还没有被翻译成英文，但也存在例外，参见 Andrew Battell, *The Strange Adventures of Andrew Battell of Leigh, in Angola and the Adjoining Regions* (1625) (Farnham： Ashgate, 2010)。关于廷巴克图的编年史，参见 John O. Hunwick, *Timbuktu and the Songhay Empire: Al-Sadi's Tarikh al-sudan down to 1613 and other Contemporary Documents* (Leiden： Brill, 1999)。

关于前殖民时代非洲军事史的最佳二手研究文献是 John K. Thornton, *Warfare in Atlantic Africa, 1500-1800* (London： University College London Press, 1999)。关于注释中未提及的前殖民时代西非地区军事史的一些个案研究成果，参见 Ajayi J. F. Ade and Robert S. Smith, *Yoruba Warfare in the Nineteenth Century* (Cambridge： Cambridge University Press, 1964)； I. A. Akinjogbin, *War and Peace in Yorubaland, 1793 - 1893* (Ibadan： Heinemann, 1998)； Stanley B. Alpern, *Amazons of Black Sparta: The Women Warriors of Dahomey* (New York： New York University Press, 1998)； Toyin Falola and Dare Oguntomisin, *The Military in Nineteenth Century Yoruba Politics* (IleIfe, Nigeria： University of Ife Press, 1984)； Robert S. Smith, *Warfare and Diplomacy in Pre-Colonial West Africa* (London： Methuen, 1976)； Joseph P. Smaldone, *Warfare in the Sokoto Caliphate: Historical and Sociological Perspectives* (Cambridge： Cambridge University Press, 1976)。

关于 19 世纪前非洲的武艺和格斗运动中暴力的研究成果，参见 William J. Baker and J. A. Mangan, *Sport in Africa: Essays in Social History* (New York： Africana Publishing, 1987)； T. Desch Obi, *Fighting for Honor: The History of African Martial Art Traditions in the Atlantic World* (Colombia： University of South Carolina Press, 2008)； Olivier P. Nguema Akwe, *Sorcellerie et arts martiaux en Afrique: anthropologie des sports de combat* (Paris： L'Harmattan, 2011)； Edward Powe, *Combat Games of Northern Nigeria* (Madison, WI： Dan Aiki Publications, 1994)。关于奴隶制时代非洲流散地的类似活动，参见 Manuel Barcia Paz, *West African Warfare in*

Bahia and Cuba: Soldier Slaves in the Atlantic World, 1807 - 1844 (New York: Oxford University Press, 2014); Kenneth M. Bilby, *True-Born Maroons* (Gainesville: University Press of Florida, 2005); C. Daniel Dawson, *Dancing Between Two Worlds: Kongo-Angola Culture and the Americas* (New York: Caribbean Cultural Center, 1991); Mavis Campell, *The Maroons of Jamaica 1655 - 1796* (Granby, MA: Bergin & Garvey, 1988); Thomas H. Holloway, *Policing Rio De Janeiro: Repression and Resistance in a 19th-Century City* (Stanford, CA: Stanford University Press, 1993); Richard Price, *Alabi's World* (Baltimore, MD: Johns Hopkins University Press, 1990)。

注　释

1. Boubacar Barry, ' Senegambia from the Sixteenth to the Eighteenth Century: Evolution of the Wolof, Sereer, and " Tukuloor " ', in B. A. Ogot (ed.), *UNESCO General History of Africa*, vol. V, *Africa from the Sixteenth Century to the Eighteenth Century* (Berkeley: University of California Press, 1992), pp. 262 - 99 批评了试图将战争经济（为了获得枪支而掠夺奴隶）与政治动机割裂的观点；*Senegambia and the Atlantic Slave Trade*, trans. Ayi Kwei Armah (Cambridge: Cambridge University Press, 1998), pp. 61 - 80。

2. John K. Thornton, *Warfare in Atlantic Africa, 1500 - 1800* (London: University College London Press, 1999).

3. John Iliffe, *Honour in African History* (Cambridge: Cambridge University Press, 2005), p. 1.

4. Jean Barbot, *Barbot on Guinea: The Writings of Jean Barbot on West Africa, 1678 - 1712* (London: Hakluyt Society, 1992), p. 132.

5. Ibn Battuta, in Nehemia Levtzion and J. F. P. Hopkins, *Corpus of Early Arabic Sources for West African History* (Cambridge: Cambridge University Press, 1981), p. 265.

6. John Thornton, *Warfare in Atlantic Africa, 1500 - 1800* (London:

University College London Press, 1999), p. 26.

7. John O. Hunwick, *Timbuktu and the Songhay Empire: Al-Sadi's Tarikh al-sudan Down to 1613 and Other Contemporary Documents* (Leiden: Brill, 1999), p. 147.

8. B. K. Sidibe and W. Galloway, 'Wrestling in the Gambia', *Gambia Museum Bulletin* 1.1 (1981), p. 29.

9. P. G. Harris, 引自 Charles Kingsley Meek, *Law and Authority in a Nigerian Tribe: A Study in Indirect Rule* (New York: Barnes & Noble, 1970), p. 48。

10. Iliffe, *Honour in African History*, p. 26.

11. William Franklin Pruitt Jr, 'An Independent People: A History of the Sala Mpasu of Zaire and their Neighbors', 未出版的博士论文, Northwestern University, 1973, pp. 149–79。

12. David Pratten, *The Man-Leopard Murders: History and Society in Colonial Nigeria* (Bloomington: Indiana University Press, 2007), pp. 1–25.

13. Roquinaldo Ferreira, 'Transforming Atlantic Slaving: Trade, Warfare and Territorial Control in Angola, 1650–1800', 未出版的博士论文, University of California, Los Angeles, 2003, pp. 15, 218–25。

14. John K. Thornton, 'The Art of War in Angola, 1575–1680', *Comparative Studies in Society and History* 30.2 (1988), pp. 360–78.

15. Wyatt MacGaffey and Michael Harris, *Astonishment and Power: The Eyes of Understanding Kongo Minkisi* (Washington, DC: Smithsonian Institution Press, 1993), p. 61.

16. T. Desch-Obi, 'Combat and the Crossing of the Kalunga', in Linda Heywood (ed.), *Central Africans and Cultural Transformations in the American Diaspora* (Cambridge: Cambridge University Press, 2001), pp. 353–70.

17. W. Holman Bentley, *Dictionary and Grammar of the Kongo Language* (London: Baptist Missionary Society, 1887), p. 414.

18. Wyatt McGaffey, 'Aesthetics and Politics of Violence in Central Africa', *Journal of African Cultural Studies* 13.1 (2000),

pp. 63-75.

19. Hein V, 'The Power to Kill (With Proverbs)', in Susan Cooksey et al. (eds.), *Kongo across the Waters* (Gainesville: University Press of Florida, 2014), pp. 110-13; Cécile Fromont, 'By the Sword and the Cross: Power and Faith in the Christian Kongo', in Cooksey et al. (eds.), *Kongo across the Waters*, pp. 28-31.

20. Yolanda Covington-Ward, 'Embodied Histories, Danced Religions, Performed Politics: Kongo Cultural Performance and the Production of History and Authority', 未出版的博士论文, University of Michigan, 2008, pp. 101-2。

21. Pero Rodrigues, 'História da residência dos Padres da Companhia de Jesus em Angola, e sousas tocantes ao Reino e conhavquista', in António Brásio, *Monumenta Missionaria Africana*, vol. IV, *1600 – 1622* (Lisbon: Agência Geral do Ultramar, Divisão de Publicações e Biblioteca, 1958), p. 563; Lorenzo da Lucca, *Relations sur le Congo du père Laurent de Lucques (1700 – 1717)*, ed. and trans. J. Cuvelier (Bruxelles: Libraire Falk, 1953), p. 47.

22. T. J. Desch-Obi, *Fighting for Honor: The History of African Martial Art Traditions in the Atlantic World* (Columbia: University of South Carolina Press, 2008).

23. W. F. Owen and Heaton Bowstead Robinson (eds.), *Narrative of Voyages to Explore the Shores of Africa, Arabia, and Madagascar* (New-York: J. & J. Harper, 1833), vol. II, p. 183.

24. João Antonio Cavazzi de Montecúccolo, *Descricão histórica dos três reinos do Congo, Matamba e Angola* (Lisbon: Junta de Investigações do Ultramar, 1965), p. 152.

25. John H. Weeks, *Among the Primitive Bakongo* (London: Seeley, Service, 1914), pp. 192-3; Joseph C. Miller, *Kings and Kinsmen: Early Mbundu States in Angola* (Oxford: Clarendon Press, 1976), pp. 245-6.

26. Francesco R. Giovanni and François Bontinck, *Breve Relation: De La Fondation De La Mission Des Frères Mineurs Capucins Du Séraphique Père Saint François ...* (Louvain: Editions Nauwelaerts, 1964),

pp. 129-30.

27. G. Cyril Claridge, *Wild Bush Tribes of Tropical Africa*; *An Account of Adventure & Travel Amongst Pagan People in Tropical Africa* (London, 1922), pp. 207-8.

28. Thornton, 'Art of War in Angola'.

29. Daniel Adolphus Hastings, 'Ovimbundu Customs and Practices as Centered around the Principles of Kinship and Psychic Power', 未出版的博士论文, Kennedy School of Missions, 1933, pp. 42-3。

30. Jan Vansina, *How Societies Are Born: Governance in West Central Africa before 1600* (Charlottesville: University of Virginia Press, 2004), pp. 199-201.

31. Gwendolyn M. Hall, *Slavery and African Ethnicities in the Americas: Restoring the Links* (Chapel Hill: University of North Carolina Press, 2005), pp. 145-6.

32. Mathew Restall, 'Black Conquistadors: Armed Africans in Early Spanish America', *The Americas* 57. 2 (2000), pp. 171-205.

33. David Eltis and David Richardson, *Extending the Frontiers: Essays on the New Transatlantic Slave Trade Database* (New Haven, CT: Yale University Press, 2008).

34. Thornton, *Warfare in Atlantic Africa*, pp. 141-2.

35. Ray Kea, ' "When I Die, I Shall Return to My Own Land": An Amina Slave Rebellion in the Danish West Indies, 1733-1734', in John Hunwick and Nancy Lawler (eds.), *The Cloth of Many Colored Silks: Papers on History and Society Ghanaian and Islamic in Honor of Ivor Wilks* (Evanston Il: Northwestern University Press, 1996), pp. 159-93.

36. João José Reis, *Slave Rebellion in Brazil: The Muslim Uprising of 1835 in Bahia* (Baltimore, MD: Johns Hopkins University Press, 1993).

37. John K. Thornton, 'African Dimensions of the Stono Rebellion', *American Historical Review* 96. 4 (1991), pp. 1101-13; John K. Thornton, ' "I Am the Subject of the King of Congo": African Political Ideology and the Haitian Revolution', *Journal of World History* 4. 2 (1993), pp. 181-214.

38. Peter H. Wood, *Black Majority: Negroes in Colonial South Carolina from 1670 to the Stono Rebellion* (New York： W. W. Norton, 1975), pp. 28-32.

39. T. J. Desch-Obi, *Hombres Históricos* （待出版）。

40. Elizabeth W. Kiddy, ' Who is the King of Congo? A New Look at African and Afro-Brazilian Kings in Brazil ', in Linda Heywood (ed.), *Central Africans and Cultural Transformations in the American Diaspora* (Cambridge： Cambridge University Press, 2001), pp. 153-82; William D. Pierson, *Black Yankees: The Development of an Afro-American Subculture in Eighteenth-Century New England* (Amherst： University of Massachusetts Press, 1988), pp. 117-42.

41. Harold Courlander, *The Drum and the Hoe: Life and Lore of the Haitian People* (Berkeley： University of California Press, 1960), pp. 131-2.

30 美洲西班牙殖民地暴力的跨文化标志

费德里科·纳瓦雷特

本章分析的是不同社会之间极端的、具有破坏性的暴力如何被历史记忆转化为新的殖民秩序的基础，正是这种秩序将施暴者及其主要受害者融为一体。本章认为，当时的人们对这种暴力进行建构、描述、纪念以及仪式化，将复杂的象征标志解释为一种神圣的现象。上述观念创造了新社会与万物秩序的基础，西班牙征服时代后的不同美洲民族能够以此通过斡旋来参与新的殖民秩序的建构。具体而言，本章聚焦于西班牙在1521年征服中美洲和1533年征服南美洲的安第斯地区后不久建构的四种与暴力有关的跨文化标志。第一种是中美洲和安第斯地区的圣地亚哥·马塔莫罗斯（Santiago Matamoros）的形象，第二种和第三种是墨西哥中部的墨西卡人（Mexica）[1]与毗邻他们的敌国特拉斯卡拉制造的大屠杀的类似之处和对比，最后是与秘鲁被斩首的最后一位印加统治者有关的安第斯形象和仪式。这些标志在出现以后，被进一步制度化并发展、延续至19世纪初，西班牙到那时才结束对新西班牙和秘鲁的统治；第一种和最后一种标志至今依然流行于这两个地区的许多原住民部落中。这四种标志都包括对征服时期的战斗、屠杀、处决和祭祀的详细描绘、记述及仪式重演。尽管看起来自相矛盾，但这些暴行无疑被视为合法性来源，并被用来支持和体现殖民政治秩序，以及确保西班牙人不容挑战的统治权。在这些标志

的庇护下，他们在不同领地的土著民族和部落间斡旋。西班牙　592
和中美洲及安第斯文化对战争和暴力仪式的重视也使这种斡旋
成为可能。

在一系列漫长的战争之后，卡斯蒂利亚王国终于在 15 世
纪战胜了由非基督徒建立的邻国，取得伊比利亚半岛的统治
权。这些战争被历史记载为敌对宗教之间水火不容的冲突。人
们认为，对抗异教徒的"正义战争"是基督教君主及其战士
享有各种特权的合法性来源，而被打败的异端敌人则理应服从
统治，甚至被奴役。根据记载，西班牙人所施加的最残酷暴行
是对所谓的"异端"穆斯林、犹太人，以及后来在美洲的
"异教徒"和"野蛮的"印第安人所犯罪行的惩罚。

在 16 世纪的中美洲，无论是这里的统治者墨西卡人，还
是其主要对手特拉斯卡拉人，他们都认为自身的力量源泉是各
自文明的军事守护神。人们相信，战争是一种宗教方面的义
务，其目的是俘获受害者，然后将其献祭给神灵。因此，战争
必须遵循严格的政治和仪式流程，制度化的暴力于是成为政权
正统性的主要来源。印加人通过军事手段将其统治权扩展至整
个安第斯地区，他们还在主权与自身所代表的太阳神之力之间
建立了密切关联。尽管这种相互作用的意识形态低估了战争和
征服在政治关系中的重要性，但暴力仪式的组成部分（例如，
展示实际的或象征性的俘虏头颅）是政治仪式中的关键因素。
在 16 世纪初，这些传统遍布中美洲和安第斯的大部分地区，
它们在当地部落、征服者及其盟友之间的战争中既互相冲突又
彼此融合。对于西班牙人而言，征服首先是一场赤裸裸的军事
侵略和鲁莽暴行。在乔鲁拉（中美洲的主要宗教中心之一）、
特诺奇蒂特兰（墨西卡人的首都）和安第斯城市卡哈马卡，

西班牙人屠杀了手无寸铁的平民。1533 年，他们囚禁、拷打并处决了当时的君主阿塔瓦尔帕（Atahualpa）。1572 年，其继任者、叛军首领图帕克·阿马鲁以及许多当地政要也遭受了同样的结局。1521 年，西班牙人对墨西哥-特诺奇蒂特兰发起围攻，这不但导致该城被夷为平地，而且使墨西卡人几近灭绝。这是一场在西班牙和中美洲的传统中前所未有的"全面"战争。

值得注意的是，上述暴行竟然催生了两个极其稳定的西班牙殖民政权，它们的统治持续了将近三个世纪。在该时期，下文将要分析的标志便是构成这一秩序的暴力的重要表征。这些标志无可否认地提醒人们，西班牙人和他们拥有神助（divine companions）的盟友具备卓越的军事才能，征服的最终结果和西班牙统治的合法性就此得到了有力证明。而且对任何敢于与他们对抗的人来说，这些标志还是一种带有威胁性质的忠告。最后，他们向土著盟友保证，后者也是胜利的一方，因此同样享有这些战无不胜的强大神灵的庇佑。此后不断出现的图像、口头和书面叙述，以及对战斗和屠杀、斩首和献祭的仪式表演，都是重申构建殖民秩序联盟并在意识形态上主张和确认西班牙在当时统治地位的方式。

美洲的圣地亚哥

我们将要分析的第一个案例是围绕使徒圣雅各（他在伊比利亚半岛被称作圣地亚哥·马塔莫罗斯，意为"摩尔人杀手"）的宗教图像和符号、口头和书面叙述、圣物和军事用品、仪式和典礼，以及宗教和法律观念的多样化组合。这一案例是本章分析的跨文化标志的绝佳范本，因为它结合了上述这些不同的元素，包含并重现了西班牙征服者及其土著盟友在征服墨西卡人和印加人的帝国时进行战斗、屠杀、牺牲、处决的引人注目的场面。

　　1519 年 4 月，由埃尔南·科尔特斯率领的西班牙远征队在新西班牙（今天的墨西哥）登陆，这批士兵信奉的就是这位强大的圣徒，后者在他们与所谓的"异端"印第安人的战斗中庇护了他们。在墨西哥东南部的岑特拉（Centla）进行的首次重大战役中，一些士兵声称正是这位圣徒奇迹般的现身帮助他们赢得了胜利，尽管其他人断然否认发生过此事。无论如何，西班牙的征服士兵的确常常会在战斗前喊出"圣地亚哥保佑！"以及"圣地亚哥在上，冲锋！"之类的口号。[2]

　　至少从 11 世纪开始，传说中在加利西亚的圣地亚哥·德·孔波斯特拉镇下葬的使徒雅各就已经是让基督徒战士在与伊比利亚半岛的穆斯林和犹太居民的军事冲突（以及长期联盟和密切交流）中团结一心的宗教形象。当这位圣徒作为基督徒战士与穆斯林"异端"斗争中的保护神而受到欢迎时，他的信徒也为基督教与其"敌人"的斗争提供了意识形态方面的一致目标。他总是骑在马上，马蹄踩着被打败的异教徒，本人则一手拿着旗帜，一手握着剑或长矛——人们绘制和雕刻的这类神灵形象代代相传，并且不断出现在各种仪式场合。这位圣徒也是基督徒纪念与穆斯林斗争的舞蹈和仪式的中心人物，这些舞蹈被称为"摩尔人和基督徒之舞"（*Danzas de Moros y cristianos*）。他还成为卡斯蒂利亚王权的有力象征。1538 年，查理五世皇帝委托他人为自己画了一幅肖像，画中他扮演圣地亚哥，骑着一匹踩在"摩尔人"尸体上的战马，画面内容则是他在突尼斯的一次进攻中击败了奥斯曼人。这样一来，与圣

594

地亚哥有关的图像、叙述和仪式就都成为基督教通过圣战取得胜利的标志。令人意外的是，在西班牙征服中美洲和安第斯后，该标志在原住民中同样颇为流行，无论是那些与胜利的西班牙人结成军事同盟的原住民，还是那些被他们征服的原住民。

1519年11月，西班牙军队和墨西哥中部强大的特拉斯卡拉人刚刚结盟不久，他们就在乔鲁拉对数百名手无寸铁的人实施了屠杀。研究西班牙与特拉斯卡拉历史的学者迭戈·穆尼奥斯·卡马戈（Diego Muñoz Camargo）指出，取得这场"胜利"之后，特拉斯卡拉人开始像他们的盟友一样不断提到圣地亚哥的名字："因此，他们承认并理解白人信仰的上帝拥有更伟大的美德，他的子民也有更强大的力量。特拉斯卡拉人不但在当时会求助于我们信仰的圣地亚哥，甚至直到今天，每当他们陷入困境时，都会呼唤圣地亚哥。"[3]我们有充分的证据表明，特拉斯卡拉人对西班牙征服者崇拜的这位圣徒始终抱有虔敬之情。时至今日，在墨西哥的大多数原住民部落，纪念圣地亚哥的节日依然十分流行，这成为中世纪的摩尔人和基督徒之舞传统的延续。有趣的是，和16世纪的特拉斯卡拉人一样，大多数舞者显然更加认同西班牙的征服者，他们将自己置于胜利基督徒的立场，而他们的邻居或一直以来的敌人则被统统归入摩尔人或异教徒的战败者阵营。

墨西哥原住民十分热衷于采用与圣地亚哥有关的西班牙的象征和征服仪式，但这既不意味着他们完全赞同征服者的所作所为，也不意味着他们不可避免地"丧失"了自己的原住民身份。圣地亚哥之所以受到崇拜，是因为他来自外国并且与他的崇拜者相区分，原住民认为，他们能够借此获得与西班牙征

图 30.1 扬·科内利斯·维尔梅恩：《查理五世饰演圣地亚哥·马塔莫罗斯》，西班牙，布面油画，1538 年。

服者相同的声望和力量。1533 年后，西班牙人征服了南美洲 596
安第斯地区的印加帝国（今天的秘鲁、玻利维亚和厄瓜多
尔），这位尚武使徒的形象也在当地深入人心。1535 年，一个
印加部落起兵反抗刚建立不久的西班牙殖民政权。根据当时的
西班牙人和原住民的编年史，起义军队围攻了库斯科，这是他
们以前的首都，也是当时西班牙的殖民首府。在征服者即将溃
败的时候，圣地亚哥和圣母玛利亚奇迹般地现身，拯救了西班
牙人和与其结盟的土著军队。

忠于西班牙一方的印第安人乐于看到两位神灵的介入，这
可以证明他们是真正的基督徒，并且可以得到神灵的庇护。曾
经的摩尔人杀手圣地亚哥·马塔莫罗斯被重新命名为圣地亚
哥·马塔印地欧斯（Santiago Mataíndios，意为"印第安人杀
手"）。圣地亚哥脚踩身着前哥伦布时期服装的印第安反叛者
的画像不但成为安第斯殖民地时期基督教标志的固定组成部
分，而且证实了库斯科信仰基督教的印加贵族与西班牙政权的
紧密联系。在该地区，圣地亚哥的形象也被认为与尤拉帕
（Illapa，雷神和前哥伦布时期印加帝国之征服的守护神）关系
密切。学界通常认为，这种观念源于西班牙征服者的火器所发
出的雷鸣般巨响，尽管圣地亚哥手持的是剑和长矛（这是西
班牙人与穆斯林打仗所用的传统武器）。[4]时至今日，圣地亚
哥-尤拉帕崇拜在整个安第斯地区的土著部落中仍然十分普
遍，这表明该形象在整个地区的文化传统中始终具有举足轻重
的地位。

跨文化标志

围绕圣地亚哥·马塔莫罗斯的形象建立的暴力标志成为公
共生活、公共仪式和纪念活动的重要组成部分，无论是在原住

民部落还是在西班牙人聚集地都是如此。正如我们已经看到的，它们不仅是西班牙当局和基督教确立自身正统地位的重要基础，也是土著精英阶层的重要合法性来源。因此，它们是各方进行微妙的（有时是隐秘的）政治和文化斡旋的对象。这些标志都具有跨文化的性质，因为它们是西班牙的战士、牧师和官员，以及土著当局、当地的艺术家和作家共同建构的产物。它们还被土著"民众"（包括城市居民和农民）接受，后者以自己的独特方式来对其加以利用和解释。这种可能性之所以存在，是因为它们将美洲印第安人与欧洲基督徒的宗教和政治概念及其实践相结合，并且以此构成了一种多层次话语。根据文化和政治背景的差异，参与者和观众能够以多种不同方式对此进行解读，不同民族可以在共同崇拜宗教人物或政治图景的基础上保有对其内涵的不同（甚至矛盾的）解释。

597

 这些标志的跨文化性质是其能够塑造殖民统治者正统地位的根本原因，因为它们改造并巩固了西班牙人和土著在权力、暴力、宗教等方面的诸多观念。这些彰显了西班牙政治和宗教统治的核心价值的标志在教堂和宫殿中被公开展示，被写入官方历史，并在重要节日期间现身公共广场。因此，它们既是西班牙强大统治的有力工具，也是原住民屈服和文化同化的明显信号。

 然而，根据詹姆斯·C.斯科特的定义，这些标志还通过多种媒介传播，其中包含关于权力与合法性的"私人记载"。[5]它们可以用西班牙人的方式或原住民的方式进行解读，这取决于解读者自身的文化背景。口头叙述和书面文本之间也可能存在不同的解释。仪式和公开表演允许其中的参与者扮演其他身份，因此印第安人实际上可以扮演征服者，从而获得后者的一些魅力和威望。这样一来，这些标志不仅成为过去发生的事件与现有秩序的双重象征，而且成为重演殖民地建立之初暴力仪式的象征，参与者能够获得从中产生的力量。因此，确认拥护殖民秩序的公开话语伴随着代表和维护上层原住民的特定利益的私人记录，这些记录强调上层原住民在殖民政权与其他印第安人之间进行政治调解的关键作用。此外，它们还可以被用来传播和确认广大原住民对这些事件的解读方式，这与上层阶级的解读方式有所不同。用迈克尔·陶西格的话来说就是，作为强大的图像、文本和操演，这些标志能够激发原住民的创造性解释，并在几个世纪中出于各种不同目的被使用。[6]

起源于原住民的标志

毫无疑问，圣地亚哥·马塔莫罗斯的标志源于西班牙。与此同时，它受到了美洲原住民的沿用与改造。以下将要讨论的标志则大多出自中美洲和安第斯的统治者、作家和艺术家在16—17世纪与西班牙的牧师和作家的联合建构，其中有两个分别是对征服者在1519年的乔鲁拉中心广场以及1520年的墨西哥-特诺奇蒂特兰进行残酷屠杀的描绘。在叙述这些事件的墨西卡人抄本中，这些标志既是这个民族被打败以及其城市被摧毁的提喻（synecdoche），也是围绕这个城市建立的万物秩序的象征。特拉斯卡拉人的图绘编年史表明，对敌对原住民的屠杀和肢解是西班牙征服者及其特拉斯卡拉盟友取得胜利以及建立新的殖民统治秩序的必要基础。另一个标志则重现了殖民时代西班牙征服者处决印加人的多种方式。这种源于西班牙王室的处决方式（实际上是两种不同暴行在多年后的混合体）是一种对印加权力及其万物秩序进行破坏的提喻，在某些情况下也是恢复这项权力的一种含蓄承诺。

中美洲大屠杀

　　发生在乔鲁拉的大屠杀或许可以被视为一次收效相当显著的恐怖主义行动。这场屠杀在整个地区都播下了恐惧的种子，体现了征服者在入侵时的残忍无情、圣地亚哥·马塔莫罗斯的至高地位以及土著盟友的力量，表明了抵抗他们进军步伐的危险性。许多当地酋长受到这起事件的震动，于是转而寻求与西班牙人结盟。1520 年 7 月，大批人聚集在大神庙（Templo Mayor）这个墨西哥-特诺奇蒂特兰的主要仪式场所门前参加干涸节（重要的宗教节日），城里的许多年轻战士参加了这次活动。在仪式上，西班牙人及其盟友袭击了手无寸铁的民众。

599

图 30.2　在墨西哥乔鲁拉的干涸节上大开杀戒的西班牙骑士，16 世纪布面画的 19 世纪复制品。

借着夜色，西班牙征服者有组织地屠杀了所有被他们困在神圣围墙内的人。随后到来的城市巷战将西班牙人赶出了这座城市。1521 年，在一场持续数月的残酷围攻后，西班牙人终于成功征服墨西哥-特诺奇蒂特兰，并将该文明彻底摧毁。

在由墨西卡人和西班牙神职人员利用原住民提供的资料撰写和绘制的几种历史文献中，都有关于这场发生在大神庙的大屠杀详细的描绘和记载。墨西卡人制作的是图文并茂的手抄本，如《阿兹卡蒂特兰手抄本》《奥宾手抄本》《蒙特祖马手抄本》，这些手抄本融合了传统中美洲的文字书写体系与图像叙述。西班牙神职人员的著作则以纳瓦语（Nahuatl）[①] 和西班牙语写成，其中就包括《新西班牙诸物志》和《新西班牙印第安史》，前一本书是由方济各会士博纳迪诺·德·萨阿贡撰写的大型百科全书，后一本书的作者则是多明我会士迭戈·杜兰（Diego Durán）。这两部著作都收录了由原住民绘制的插图。这些书面记录强调了西班牙人使用的金属武器能够残害人命的可怕威力。博纳迪诺·德·萨阿贡转述了一个墨西卡人讲述的片段：

> ［西班牙人及其盟友］闯入神庙庭院大开杀戒。那些负责杀戮者只是步行前往，每个人都携带了金属剑和皮盾，其中一些剑是铁制的。然后，他们包围了那些正在跳舞的人，在圆柱形的鼓之间穿行并攻击鼓手的手臂，鼓手的两只手都被砍断了。继而他们攻击他的脖子，他的头掉落在了很远的地方。之后他们用

---

① 纳瓦语是西班牙殖民期间在阿兹特克人中通行的象形语言。

图 30.3 大神庙中发生的大屠杀,《杜兰手抄本》,墨西哥,16 世纪。

　　铁矛刺向所有人,并用铁剑继续发动攻击。杀戮者暴
　　击人们的肚子,使其内脏涌出。[7]

　　这些关于大屠杀的图文并茂的记载详细描述了铁剑和长矛对不
幸的音乐家造成的伤害,后者是在现场被屠杀的年轻民众的缩
影。这些记述旨在表现西班牙人带来的铁制武器之骇人威力的
巨大革新,也展现了土著图像历史中暴力的表现方式与解释方
式的革新。

　　在前哥伦布时期的原住民绘画里有许多战争中的暴力场面　601
和祭祀仪式中的死亡场景,但唯一描绘肢解的画面来自原始时
代的守护神威齐洛波契特里(Huitzilopochtli)的愤怒天谴。墨
西卡人相信,他的诞生预示着在他和他的人民(墨西卡人)
的统治下,新的宇宙和历史时代即将到来,对他的敌人实施肢

解因此成为旧的万物秩序毁灭和新的万物秩序在暴力中诞生的组成部分。值得注意的是，其中一位受害者柯约莎克（Coyolxauhqui）的雕像作为对守护神的供奉品被放在大神庙门前的地上，这里非常接近西班牙人实施屠杀的地点。因此，大屠杀的景象在西班牙人的行为和当前时代结束时的宇宙浩劫之间建立了一个重要的类比象征。后者开启了威齐洛波契特里及其子民统治的大历史周期，而前者则标志着这一统治时期的结束。这样一来，西班牙人手上新奇又骇人的铁制武器及其切割人体的威力就在人神力量的传统观念中找到了依据。这种解释不仅在某种程度上依然深深根植于中美洲的本土文化，也为墨西卡人统治时代的结束以及基督教和西班牙人的统治新时代的开端构建了一种宇宙论上的依据。此外，由代表上帝的基督徒所实施的残酷暴行，还被人们拿来与威齐洛波契特里为确立自身至高无上地位而实施的暴行进行比较。

这种对大神庙的大屠杀标志的解释引发了如下问题：为何墨西卡人会试图为自己在与西班牙人及其盟友的战斗中的失败寻找合理的解释？为了回答这个问题，我们有必要探究这一跨文化标志在公共空间与政治空间中发挥的不同作用。一些西班牙作者通过插图记述了这场发生在大神庙的大屠杀。他们或许会对这场屠杀表示赞同，因为它符合（至少是表面上符合）他们自己对征服的看法。这种赞同的态度为原住民贵族（他们是这类标志的缔造者，因为并非所有墨西卡人都具备这些文化事业所需的条件和教育背景）作为新政权的忠诚基督徒参与者奠定了合作的基础。在此意义上，该标志起到的作用类似于安第斯的圣地亚哥·马塔莫罗斯：两者都通过对印第安人的屠杀来表达上层原住民对基督教和西班牙统治者的忠诚。对大屠杀的描绘同样是为了凸显这些上层原住民的地位，他们用大多数原住民熟悉的宇宙观和历史观对西班牙人的征服进行了颇具说服力的解释。只有精英阶层才有建构这些经过精心设计的话语的能力，这是其社会角色与正统地位的一个重要方面。同时，他们强调西班牙人的暴行在宇宙层面的效用，这也淡化了他们的战败责任并证明墨西卡人作为一个统一的民族仍然休戚与共。

特拉斯卡拉人还撰述了大量表现征服过程的图像史志，重点描述了大屠杀以及对敌人尸体的肢解场景。在特拉斯卡拉的殖民城市中新建的连栋宅第（cabildo）的墙壁上绘有一组壁画，其中最为壮观的是《特拉斯卡拉画册》，这幅从官方视角出发的巨大绘画不但描绘了特拉斯卡拉的贵族参与征服墨西哥-特诺奇蒂特兰的过程，而且描绘了西班牙对新西班牙以及其他地区（从危地马拉到现在的墨西哥北部）的殖民统治。画册描绘了乔鲁拉大屠杀中的所有暴力场面：当特拉斯卡拉战士进攻主神庙时，一个西班牙人骑马践踏被肢解的乔鲁拉人（Cholulteca）① 的尸体。在接下来的场景中，几乎所有关于特拉斯卡拉人和西班牙人与他们的本土敌人（包括墨西卡人）之间的战斗画面中都出现了被肢解和被击败的敌方战士。

无论是胜利的基督徒骑士，还是践踏残缺不全尸体的战马，这些形象都直接参考了此前的圣地亚哥·马塔莫罗斯的形象。这些场景在特拉斯卡拉历史中的突出地位可能就是源于对上述西班牙标志的公开挪用，这些场景则被用来证实"真实信仰"的力量及其注定胜利的结局。与此同时，从中美洲人的角度来看，就像墨西卡人的情况一样，肢解场面可以被解释

---

① 此处的乔鲁拉人与洪都拉斯城市乔卢特卡同名，但两者并非一回事。

为宇宙创立之初万物残破不全的一种影射。然而，在这种情况下，肢解场面不仅象征着以墨西哥-特诺奇蒂特兰为中心的旧政治和万物秩序的毁灭，而且（更重要的是）象征着以特拉斯卡拉人及其与西班牙人的联盟为中心、以天主教为基础的新秩序的建立。

我们可以从占据《特拉斯卡拉画册》中心位置的画面中整体把握这一暴力标志的跨文化意义（图 30.4）。这是一个关于对墨西哥-特诺奇蒂特兰的围攻和阿兹特克人的失败的高度综合化和概念化的画面，它展现了被围困的首都被四个外围城镇包围的场面，这些城镇被视为总攻的发起点。无论是否准确反映了史实，这个画面都表现了五点梅花形（quincunx）① 这一在中美洲十分普遍的政治和宗教标志：一幅代表世界四个基本方向及其中心的宇宙图景。例如，在《门多萨手抄本》这部阿兹特克人的图绘史书的首版中，墨西哥-特诺奇蒂特兰的标志位于宇宙中心，周围环绕着四叶形图案，这一图案既是该城市四个区的地理表现，又是宇宙的观念象征。下方描绘的则是墨西卡人对墨西哥河谷此前两个首都的征服过程。因此，新首都的政治和仪式的主导地位来自它对此前宇宙中心的征服。

《特拉斯卡拉画册》呈现为一个倒置的五点梅花形，这是对墨西哥-特诺奇蒂特兰毁灭历史的戏剧性再现，具体体现为对战败的墨西卡战士尸体的残酷肢解。然而，只有将其与画册顶部的主画面相联系，我们才能理解这一标志的完整意味。这

---

① 五点梅花形是一种几何图案，由五个排列成十字的点组成，其中四个形成正方形或矩形，第五个在其中心，最常见的就是骰子里的五点。

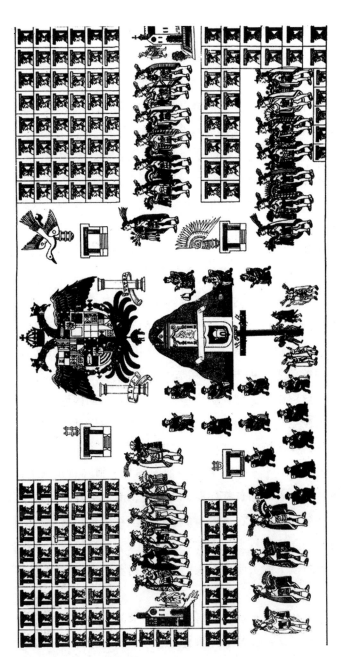

图 30.4　特拉斯卡拉城，《特拉斯卡拉画册》的主画面。

个画面不但是特拉斯卡拉殖民政体的概念表征，也是新的基督教政治和万物秩序的中心，其中既包括象征西班牙的王冠，也包括象征基督教的十字架。因此，根据画册的描绘，新秩序诞生于旧秩序的废墟中。这一极具说服力的政治符号依赖基督教和中美洲在图像和视觉传统两个方面的复杂结合，因此我们也必须从两种不同文化的角度分别对其进行解释，挖掘出不同人对此不同但互补的解读信息。对基督教圣像和话语的挪用是建构标志尤其有效的途径，根据中美洲人的传统宇宙观，该标志凸显了特拉斯卡拉的中心地位。

印加人的斩首

另一个引人入胜的案例是秘鲁印加人的斩首标志，该标志体现了美洲本土传统与欧洲传统之间的互动以及具有多层含义的跨文化话语建构。毫无疑问，1533 年阿塔瓦尔帕（印加帝国当时的统治者，但并未实际加冕）的被处决是西班牙对秘鲁的征服过程中的关键性历史事件。阿塔瓦尔帕因涉嫌谋杀他以前的王位竞争对手而受到审判，随后被扣留以勒索赎金，最终被征服者秘密绞死。阿塔瓦尔帕的死亡拉开了印加帝国被征服的序幕。1571 年，印加叛军领袖图帕克·阿马鲁也被处决，这起事件标志着印加首都库斯科古代统治者的后裔长达数十年反叛的终结。阿马鲁在该城市的主广场上被斩首，这在当时同样被视为一起极其重大的事件。西班牙人为此撰写的一份报告显示，他被砍下的头颅成为人们崇拜的对象：

他的头颅被挂在绞刑架附近的长矛上。随着时间的推移，这颗头颅变得越发光彩夺目，因为这个印加人在世时就拥有一张美丽的脸庞。一天早上，当胡安·德·拉·谢拉（Juan de la Sierra）偶然向窗外望去时，他目睹了民众对这颗头颅的狂热崇拜之情。在得知这件事后，总督下令将他的头颅与身体一起埋葬在大教堂的一个小礼拜堂里。[8]

在安第斯社会中，人们似乎将这两次皇家处决混为一谈。1615年，当地历史学家瓜曼·波马·德·阿亚拉（Guamán Poma de Ayala）将阿塔瓦尔帕的处决描述为斩首，这几乎与图帕克·阿马鲁的处决方式相同。此外，早在1602年就有证据表明，当时的人们相信印加人将回归并再次统治帝国。印加人的复活常常被认为是其被砍下的头颅与其身体重新结合的结果，因此还具有某种宇宙浩劫的意味：这场浩劫将消灭西班牙人，建立没有苦难、劳作和死亡的社会秩序。

18世纪大规模起义的领导人——如1742年的胡安·桑托斯·阿塔瓦尔帕（Juan Santos Atahualpa）① 以及1789年的图帕克·阿马鲁二世——都提出过类似的愿景。因此我们可以认为，对印加人的斩首和印加人的头颅构成了原住民的失败以及卷土重来的可能性的象征。值得注意的是，这些被处决（且被人们期望在日后回归）的统治者有多个不同的称号，包括印加里（Inkarri）②、印加③，以及雷伊（rey，在西班牙语中意为"国王"）。

① 胡安·桑托斯·阿塔瓦尔帕（1710—1756年）的名字来自前文提到的几个世纪前被砍头的同名印加国王，他宣称自己就是这位国王的转世。
② 印加里是印加神话中的守护神，相传他是太阳神和一位山野女子所生的儿子。
③ 印加一词在当地语言中的意思就是国王。

关于这一标志实际的历史和地理生成语境以及在不同世纪中体现出的连续性，学界存在很大争议。20世纪一些安第斯部落的口传叙述已经证实了这种连续性的存在，而且今天许多部落依然会在仪式中重现处决印加人的场面。然而，在16世纪下半叶与千禧年主义有关的"疯舞"（Taky Onqoy）运动中已经出现了一些关键因素，如期待宇宙浩劫会消灭西班牙人。这类标志也体现为一些殖民时代晚期的图绘作品，如油画《胡安·阿塔瓦尔帕的斩首》。在这幅画中，印加人的斩首被描绘为西班牙征服的中心事件，这起事件同时也是一场万物秩序的变革，悬挂在上方的彩虹就是这场变革所导致的时代更迭的象征。20世纪原住民的陶瓷和绘画中也有对斩首和印加人回归的暗示。这类标志虽然明显具有本地特征，但也是本土与西方在思想上交融的结果。

在安第斯地区，国王和其他权贵经常举行公开展示所谓的战利品头颅（被击败的敌人的风干头颅）的仪式。印加人自己同样有这种展示头颅的习俗，他们还会制造克罗（quero，意为断头形状的陶瓷杯），并将这些杯子用于举行祝酒仪式。这既是为了确认被征服的敌国民众是否真正臣服，又是为了纪念印加统治者的征服过程。即使在殖民地时代，印加人也会在公共庆祝游行中展示在前哥伦布时期的征服中被砍下的敌方头颅。而在欧洲，对密谋反对王权的叛乱分子实施斩首的传统由来已久。根据象征逻辑，斩首这一刑罚方式适用于反对国王以及国家元首的阴谋分子。叛徒的头颅经常在公共广场上示众，印加的叛军首领图帕克·阿马鲁的头颅便是如此。

与新西班牙的类似标志一样，这一标志具有许多自相矛盾的意味。对于第一个展示图帕克·阿马鲁断头的西班牙人而

图 30.5　《胡安·阿塔瓦尔帕的斩首》，布面油画，约 18 世纪。

言，对印加人的合法处决是安第斯王朝最终屈服于本国王权的
无可争辩的证明，西班牙国王成为被打败的敌人的合法继承
者。因此在库斯科，古代印加人的断头形象成为西班牙殖民者
政治宣传的核心组成部分。对安第斯贵族（尤其是库斯科的
土著贵族）而言，君主的死亡也是西班牙王室和新到来的天
主教在世俗历史和神灵护佑方面均取得胜利的有力证明。作为
在 16 世纪打击反叛的印加人的西班牙人的盟友，这些贵族还
证明，对西班牙统治的军事抵抗是徒劳的。与此同时，他们试
图颂扬前哥伦布时期本土君主以及他们自己直系后裔的荣耀和

正统地位。印加人的失败同样体现在对印加王朝末代统治者的处决上，这场戏剧性的处决成为与西班牙统治者合作的必要基础。

虽然西班牙人和安第斯贵族一致认为，印加文明在秘鲁的辉煌历史已经过去，但安第斯的农民显然还是会被印加在未来回归的愿景及其带来的宇宙浩劫和社会秩序重构所驱使。尽管所有人都认同印加灭亡的宇宙意义，但各方在对其深层含义的理解上存在分歧。对农民而言，以斩首告终的暴行似乎既不意味着与过去的彻底决裂，也不意味着新建立的政权就具有无可争议的正统地位，它只是一个短暂时期的开端，只有反过来借助同样的暴行才能让自己的政权变得名正言顺。

在和平时期，西班牙当局、安第斯贵族和农民都会参加纪念印加人斩首的仪式，他们还会一同颂扬战败统治者的形象，因为各方对此的解读并不存在明显差异。然而，在1780—1782年爆发的安第斯大起义中，对这一具有广泛影响的标志的解读变得极富争议。这次起义中的两位领导者都自称"新印加人"，他们是活跃于今天秘鲁境内的图帕克·阿马鲁①以及活跃于今天玻利维亚境内的图帕克·卡塔里。起初，这场运动的目标是在现有政权的框架内维护当地贵族的利益。但当起义的首任领导者、来自库斯科周边省份的下层贵族何塞·加夫列尔·孔多尔坎基（José Gabriel Condorcanqui）将自己的名字改为图帕克·阿马鲁二世时，他发动了一场猛烈的民众起义，攻击西班牙人和当地贵族，并试图完全摧毁殖民统治。在玻利维亚，由卡塔里领导的起义同样旨在将既有的社会秩序连根拔

---

① 即下文提到的图帕克·阿马鲁二世。

起。因此，来自库斯科的贵族与西班牙军队结成同盟，共同对抗印加起义军以及支持他们的农民。值得一提的是，在起义被残酷镇压并且图帕克·阿马鲁二世被肢解处决后，官方正式禁止了描绘古代印加人及其斩首的标志。

美洲其他地区的暴力标志

　　前文分析的四个标志都只在中美洲和安第斯地区特殊的社会和政治语境中存在，这两个地区与美洲其他地区有很大不同。在这两个地区，西班牙人击败并征服了高度集权的政治组织，在等级森严的社会中建立了殖民统治，同时利用许多此前就存在的制度来控制当地的农民，并向其征收各种税。新西班牙和秘鲁总督辖区的殖民统治十分稳定，这可能是因为本章涉及的那些标志都试图将征服的暴力呈现为独一无二的最后一起事件，而最后一起事件催生了新的社会和万物秩序，尽管这种秩序并非亘古不变，但人们依然相信它将长久存在。这种观点中唯一在解释上的冲突之处便是在秘鲁乡村部落中随处可见的印加处决标志。

　　在美洲的其他地区，政治集权程度较低，等级制度也没有那么森严，西班牙人很难在这些地区建立像上述两地那样稳定的统治，因此这里的暴力活动更具普遍性和持续性（或者至少会断断续续地发生）。这些不同的社会现实催生了其他值得专门研究的标志，但我们在这里只简单检视其中的两种标志，以据此提出几条比较的思路。

　　在加勒比地区，从1492年克里斯托弗·哥伦布进行首次探险开始，反抗西班牙统治的土著战士就被殖民者视为拥有同类相食习俗的"食人族"，这一观念长期以来孕育了一个危险且野蛮的敌人形象，敌人抵抗殖民者的所有"和解"（征服）和"皈依"（强迫改信基督教）的企图。后来，人们在与西班牙殖民者对抗的不具备政权性质的原住民社会中都发现或创造了这类"食人族"。在安第斯山脉和亚马孙河之间的边境地区以及中美洲北部，这种观念与当地不具备政权性质的原住民社会中的种族分类观念相融合，分别形成了琼乔人（Chuncho）和奇奇梅克人（Chichimeca）的跨文化标志。另外，在16—19世纪，智利和拉普拉塔河流域（今天的阿根廷）的西班牙殖民地与马普切印第安人部落的长期对抗和反复谈判也催生了与暴力和政治斡旋有关的标志，其中还包括一种被称为"议会"（parlamento）的为政治谈判和贸易举行的复杂仪式，双方都会在其中展示作为战利品的头颅。

在这些标志中，暴力扮演了核心角色，但它不是一种过去的、最终的行为，而是一种对边境局势和原住民而言始终存在的威胁。这种暴力并非殖民秩序的基础，而是对殖民秩序的威胁。在第一种标志中，它体现在印第安"敌人"身上，这使后者成为残酷暴行和征服（甚至灭绝）的对象。在第二种标志中，它体现了殖民活动复杂的驯化和斡旋过程，这一过程旨在使殖民者能与强大的马普切人长期保持同盟关系。

我们可以得出如下结论：在安第斯和中美洲以及其他地区，暴力是殖民统治不可避免的组成部分，而上述标志是我们对这些暴力活动进行解释的途径之一。因此，在逐步建立一个共同的秩序或将某些群体排除在秩序之外的过程中，这些标志是调和土著社会和欧洲社会之间关系的核心因素。时至今日，它们在新大陆原住民的历史记忆中仍然发挥着核心作用，这证明了它们在当地文化中的重要性。

参考论著

关于在墨西哥和秘鲁的征服活动有丰富的研究论著。关于墨西哥，特别引人注目的是西班牙士兵在进行征服时的记述，例如 Captain Hernán Cortés, *Letters from Mexico*, ed. Anthony Pagden (New Haven, CT：Yale University Press, 2001)；Bernal Díaz del Castillo, *True History of the Conquest of New Spain*, trans. and ed. Janet Burke and Ted Humphrey (Indianapolis：Hackett, 2015)。同样重要的是由原住民撰写的编年史，例如阿兹特克人编纂的关于征服过程的文献：Bernardino de Sahagún, *Historia General de las Cosas de la Nueva España*，该著又名 *Florentine Codex*。关于这部和其他阿兹特克编年史的最佳新版本是 James Lockhart (ed.)，*We People Here: Nahuatl Accounts of the Conquest of Mexico* (Los Angeles：University of California Press, 1993)。同样重要的还有记述特拉斯卡拉历史的著作：Diego Muñoz Camargo, *Historia de Tlaxcala* (Mexico City：CIESAS-Gobierno de Tlaxcala-Universidad Autónoma de Tlaxcala, 1998)。

我们如今能读到的关于当时安第斯地区的编年史记述要少得多，但有一个值得注意的例外，那就是一位当地作者在 17 世纪初撰写的历史著作：Guamán Poma de Ayala, *The First New Chronicle and Good Government: On the History of the World and the Incas up to 1615*, trans. and ed. Roland Hamilton (Austin：University of Texas Press, 2009)。

近期关于征服墨西哥和秘鲁的历史的最佳著作是 Hugh Thomas, *The Conquest of Mexico* (London：Simon & Schuster, 1993)；John Hemming, *The Conquest of the Incas* (New York：Harcourt Brace Jovanovich, 1970)。关于原住民盟友在西班牙征服墨西哥过程中重要性的宝贵研究成果，参见以下著作：Laura Matthew and Michel R. Oudijk (eds.), *Indian Conquistadors. Indigenous Allies in the Conquest of Mesoamerica* (Norman：University of Oklahoma Press, 2007)；Matthew Restall, *Seven Myths of the Spanish Conquest* (Oxford：Oxford University Press, 2003)。

在对西班牙征服后本土社会所经历的文化转型的解释中，最常见的是文化适应理论。该理论认为，西方文化在当时逐渐占据主导地位，并取代了本土文化元素。这一观点近年来得到了学界的有力捍卫，其中就有 Serge Gruzinski, *The Conquest of Mexico: The Incorporation of Indian*

Societies into the Western World, 16th - 18th Centuries（Cambridge：Polity Press，1993）；Images at War: Mexico from Columbus to Blade Runner (1492- 2019)（Durham，NJ：Duke University Press，2001）。"征服文化"理论的主要支持者将西班牙人和印第安人纳入一个共同的参考框架，相关著作包括 G. M. Foster，Culture and Conquest: America's Spanish Heritage（New York：Wenner-Gren Foundation for Anthropological Research，1960）；Arturo Warman，La danza de Moros y Cristianos（Mexico City：Sep Setentas，1972）。

最早对征服时期的跨文化标志进行讨论的是：Federico Navarrete Linares，'Beheadings and Massacres：Andean and Mesoamerican representations of the Spanish Conquest'，Res: Aesthetics and Anthropology 53. 4（2008），pp. 59-78。

迈克尔·陶西格的作品大多是关于图像作为跨文化斡旋手段的研究，而且与对殖民时代图像的理解有关，特别是他的 Shamanism, Colonialism and the Wild Man: A Study in Terror and Healing（Chicago：University of Chicago Press，1987）；Mimesis and Alterity. A Particular History of the Senses（New York：Routledge，1993）。

关于圣地亚哥在中世纪形象的研究成果包括 Jan Van Herwaarden，Between Saint James and Erasmus: Studies in Late-Medieval Religious Life: Devotion and Pilgrimage in the Netherlands（Lieden：Brill，2003）；Nicolás Cabrillana，Santiago Matamoros, historia e imagen（Malaga：Diputación Provincial de Málaga，1999）。关于圣地亚哥在墨西哥的被接受情况，参见 Louis Cardaillac，Santiago Apostol: El Santo De Los Dos Mundos（Zapopan，Mexico：El Colegio de Jalisco，2002）。关于安第斯地区的类似标志，参见 Teresa Gisbert，Iconografía y mitos indígenas en el arte（La Paz：Gisbert，1980）。关于圣地亚哥舞蹈的研究成果可参见 Max Harris, Aztecs, Moors and Christians: Festivals of Reconquest in Mexico and Spain（Austin：University of Texas Press，2000）。

关于征服墨西哥-特诺奇蒂特兰的图像的分析论著，可参见 Diana Magaloni-Kerpel，'Painting a New Era：Conquest, Prophecy, and the World to Come'，in Rebecca P. Brienen and Margaret A. Jackson（eds.），Invasion and Transformation: Interdisciplinary Perspectives on the Conquest of Mexico（Boulder，CO：University Press of Colorado，2008）。亦可参见 Maite Málaga，Cuerpos que *se encuentran y hablan. El proceso de conquista y sus relaciones de poder vistos a través del cuerpo* （Mexico City：Facultad de Filosofía y Letras，Universidad Nacional Autónoma de México，2002）。

关于涉及特拉斯卡拉的标志，参见 Federico Navarrete Linares，'La Malinche，la Virgen y la montaña：el juego de la identidad en los códices tlaxcaltecas'，*Revista História* （*UNESP*）26.2 （2008），pp.288-310。关于特拉斯卡拉的殖民历史，参见 Charles Gibson，*Tlaxcala in the Sixteenth Century* （Stanford，CA：Stanford University Press，1968）。

关于殖民地时代印加人标志的最全面分析，参见 Natalia Majluf et al.，*Los incas，reyes del Perú* （Lima：Banco de Crédito，2005）；亦可参见 Carolyn Dean，'The Renewal of Old World Images and the Creation of Colonial Peruvian Visual Culture'，in D. Fane （ed.），*Converging Cultures: Art and Identity in Spanish America* （New York：Abrams，1996）。

关于殖民地时代及以后安第斯土著社会中的矛盾最出色的研究成果之一是以下论文集：Steve J. Stern （ed.），*Resistance，Rebellion and Consciousness in the Andean Peasant World，18th to 20th Centuries* （Madison：University of Wisconsin Press，1987）。

关于印加人归来的话语，主要研究成果包括 Juan M. Ossio （ed.），*Ideología mesiánica del mundo andino* （Lima：n. p.，1973）；Alberto Flores Galindo，*In Search of an Inca: Identity and Utopia in the Andes* （New York：Cambridge University Press，2010）。近年来对于这种解释的批评参见 Juan Carlos Estenssoro，*Del paganismo a la santidad: la incorporación de los indios del Perú al catolicismo，1532-1750* （Lima：Instituto Frances de Estudios Andinos-Pontificia Universidad Católica del Perú，2003）。

611

注　释

1. 在英语国家，对这个讲纳瓦语的民族的通行称呼是阿兹特克人，墨西卡人这一术语更加准确的意思是"墨西哥城市特诺奇蒂特兰的居民"。

2. Bernal Díaz del Castillo，*True History of the Conquest of New Spain*，

trans. and ed. Janet Burke and Ted Humphrey（Indianapolis: Hackett, 2015）.

3. D. Muñoz Camargo, 'Descripción de la ciudad y provincias de Tlaxcala', in R. Acuña（ed.）, *Relaciones Geográficas del Siglo XVI: México*（Mexico City: Universidad Nacional Autónoma de México-Instituto de Investigaciones Filológicas, 1984）, vol. IV, p. 250, 译文由我自译。

4. H. Hernández Lefranc, 'De Santiago Matamoros a Santiago-Illapa', *Arqueología y Sociedad* 17（2006）, pp. 313-42.

5. J. C. Scott, *Domination and the Arts of Resistance. Hidden Transcripts*（New Haven, CT: Yale University Press, 1990）.

6. M. Taussig, *Shamanism, Colonialism and the Wild Man: A Study in Terror and Healing*（Chicago: University of Chicago Press, 1987）, pp. 197-9.

7. B. de Sahagún, 'Book Twelve of the Florentine Codex', in J. Lockhart（ed.）, *We People Here: Nahuatl Accounts of the Conquest of Mexico*（Los Angeles: University of California Press, 1993）, p. 134.

8. B. de Ocampo, 'Descripción de sucesos históricos de la provincia de Vilcabamba', *Revista del Archivo Histórico del Cuzco* 6（1955）, pp. 8-10, 译文由我自译。

31 中国明清社会的暴力现象

安乐博

早期近代中国社会的暴力程度并不亚于世界其他地区。与当时的欧洲一样，晚期帝制中国经常爆发国家战争与农民起义，同样常见的还有谋杀、袭击、强奸、抢劫等暴力犯罪活动。虽然心怀天下的儒家士大夫憎恨暴力，并将其视为破坏社会和谐与秩序的野蛮行径，但中国社会的实际情形与此大相径庭。事实上，暴力文化渗入当时中国社会的核心地带，并且构成了百姓生活与精神面貌的内在组成部分。既真实又具有象征意义的暴力似乎不可避免，街头斗殴、血腥竞技和娱乐活动、戏曲和武术表演、宗教仪式、民间习俗，以及公开的鞭笞和处决——所有人都难免受到暴力的影响。受过教育的上层阶级可能会认为，这些都是毫无意义且荒谬至极之事，而对其他社会成员（尤其是底层人士）来说，它们或许恰恰是合情合理且颇具意味之举。暴力文化有其自身的逻辑，它与精英阶层的社会文化规范截然区分。对于绝大多数人而言，暴力是公认的生活现实本身。

本章以历史和文学文献以及我过去十五年间在中国南方进行的民族志田野调查为基础，从公共场合中的暴力现象（石仗、斗鸡、驱邪、施虐、鞭笞和处决）这一视角来检视早期近代中国社会中的暴力文化。为了理解暴力的性质及暴力被社会接受的广泛程度，我们需要透过这些暴行本身来研究其背后的社会和文化内涵。换句话说，我们必须将这类话语置于当时中国社会的背景中进行理解。本章重点检视的是 16 世纪至 19 世纪初的华南地区：广东、福建和台湾。

石仗和青年文化

614

尽管官方三令五申禁止，士大夫阶层也始终持抗议态度，但街头斗殴和石仗依然是早期近代华南民间流行的娱乐和竞技活动。石仗更是演变为一年一度的仪式，该活动通常在农历新年期间举办，某些地区则是在重五节（端午节）或重九节（重阳节）期间。这是一场充斥着暴力和血腥的公共奇观，参与者和观众可达数百人。

与当时的其他许多节日和竞技运动不同，石仗与寺庙和庙会均无瓜葛。大多数石仗的举办地点是村庄郊外的空地。虽然人们很容易将石仗视为村庄间和宗族间斗争（械斗）的"文明"形式，但事实并非如此。从在文献记载和口头采访中得到的证据来看，石仗基本上可以说是"以武力一决胜负"的混战，其主要目的在于展示年轻人的男子气概，年轻
615
人以此赢得荣誉和威望。打斗是年轻人赢得尊重的一种方式，而打石仗则是释放他们在过去一年中积累并被压抑的紧张、沮丧和敌对情绪的重要途径。石仗几乎无法被称为文明运动，因为它没有成文规则，而且极其残酷和血腥。对于参与者（有时甚至是靠得太近的观众）来说，致残或致死的情形都十分常见。

在大多数情况下，石仗的组织者或安排者并非出身于当地的精英阶层或显赫家族，而是普通村民，石仗的参与者也大多来自贫困和无地的家庭。例如，在珠江三角洲番禺县的沙湾乡，有个名叫龙桥的村落就以石仗闻名，这似乎是一个在经济

图 31.1　《重阳桀石》，1886 年。

和政治上都依赖显赫家族的卫星村①。到了 18 世纪，家族已成为地方社会的基本组织特征，大型宗族在书写家谱和维护宗祠的基础上依然维持着强烈的宗亲意识。同属一个家族的成员从中获得社会地位与无法让渡的定居权，这也使其与外来人口相区分。家族的财富和权力主要来自土地所有权以及对市场的控制。[1]沙湾由"五大姓"——李、王、赖、赵、何——主导，他们都是该地区强大的地主家族。

卫星村的主要人口是佃农和短工。在大家族看来，他们都

---

①　卫星村是指围绕一个大型村镇出现的小型村落，就像卫星围绕行星一样。

是外人，因此轻蔑地将其称为"沙民"、"下户"、"细民"或"水流柴"①。大家族与贫贱住户的主要区别并非他们的居住地点，而是他们的社会、经济和文化地位。后者居住在肥沃的圩田或"沙田"之上，其住所则是临时搭建的棚屋或在附近河流的船上。他们一贫如洗、目不识丁，既没有族谱，也没有自己的宗祠。大家族剥夺了他们长期定居或拥有土地的权利，两者成员也不可能通婚。无论这两个群体之间存在何种社会关系，这些关系都只涉及商业事务。[2]其他社会阶层同样看不起沙民，认为他们的习俗（如打石仗）有伤风化，而且他们还以心狠手辣、施虐成性和落草为寇而臭名远扬。

石仗的参与者被称为"打仔"（好斗的年轻人），他们大多是十几岁到二十岁出头的年轻男性。打仔在贫穷的底层家庭长大，因此如果想要进入成人社会，就必须坚韧不拔，从小学习各种打斗方式，这对于在一个竞争激烈且不公平的社会中生存下来至关重要。贫穷的雇工家庭出身的儿童要比优渥家庭出身的儿童更有可能接触到暴力。富家子弟从小被教授成为守法良民的价值观，他们将暴力视为不义之举。但对穷人而言，暴力既是他们迈入社会之进程的重要组成部分，也是他们成长过程中的必经之路。许多心理学家认为，儿童和青少年通过模仿成人的攻击性举止来学习暴行，在暴力环境中长大的孩子日后成为暴力分子的可能性也更大。如果暴力是后天习得的，那么在赞同和鼓励暴力的家庭中长大的儿童就会认为这类行为无可指摘。伊丽莎白·英格兰德（Elizabeth Englander）认为，"暴

---

① "水流柴"是广东方言，原意是常年住在舢板上不上岸的人，后来泛指贫贱之人。

行之所以会发生，是因为这个人通过暴力（或者看到他人通
过暴力）得到了好处"。³研究表明，每天接触暴力会使人们变
得麻木，并把暴力视为日常生活的一部分。

在传统中国社会里，许多贫困和边缘家庭的儿童在认可和
鼓励暴力活动的环境中长大。打仔们在父母和其他长辈的欢呼
声中打斗，大人们将其视为一种生机勃勃的观赏性运动。作为
一种狂欢场合，打斗比赛在节日期间举行。19 世纪，约翰·亨
利·格雷（John Henry Gray）牧师在广州附近目睹了几场石仗。
其中一场石仗的参与者约有 700 人，这吸引了许多人从山坡上
俯瞰。在狂欢的气氛中，石仗的参与者抽空从小贩那里购买靓
汤①和水果，而且还会混入观战人群。这位牧师在广州郊区的河
南岛②上目睹了另一场石仗，其中多人因此受重伤，村中长老呼
吁官方出面制止混战，但参与者将衙役赶跑，混战得以继续
进行。⁴

对大多数村民来说，石仗具有某种神圣的意味。参与者相　617
信，石仗的获胜者在来年会交好运。在广东、福建、台湾等地
存在石仗习俗的村庄里，人们不假思索地相信，灾难（歉收、
饥荒、瘟疫和破产）不会降临到在打斗中流血的人身上。石
仗恰逢农历新年，该节日标志着春天的到来，因此这场争斗仪
式还象征着在任何农业社会中都十分重要的丰饶景象。无论是
从字面还是从象征层面来理解，流淌的鲜血都像是浸染大地的
生命精华。同样重要的是，石仗的主要参与者都是处于青春期
的男孩，人们相信这些人尤其具有积极的阳性活力，他们的血

---

① 靓汤，广东方言，指熬制时间长、火候足、味道鲜美的汤食。
② 河南岛在当时泛指广州的珠江南岸地区（今天的海珠区），特指西起白鹅
　潭、东止"河南尾"的面积约 3 平方公里的珠江南岸城区。

液尤其灵验。正因如此，11—15 岁的男孩自古以来就一直是驱邪仪式中最常出现的乩童。[5]

遵循同样的思路，我们能够从 18 世纪珠江三角洲西部边缘的阳江的石仗活动中发现这种在春季举办的血腥仪式的深层动因。那里一年一度的石仗并非在农历新年举行，而是于重五节（农历五月初五）期间在一个当地人称为"厥打冈"的地方举行。农历五月正值季节更替，历来瘟疫猖獗、危险事件频发，在疟疾肆虐的华南地区尤其如此。正如艾伯华（Wolfram Eberhard）所言，人们在该节日期间打石仗的原因在于，百姓需要"替死鬼"来抵御每年此时都会出现的"来势汹汹的邪恶力量"。事实上，打石仗比现在端午节流行的赛龙舟习俗出现得更早，它的起源实际上可以追溯至当地世居民族的生育仪式。为了确保稻田肥沃，活人会被献祭给本族神灵。艾伯华认为，随着华夏文明日后产生越来越大的影响，人祭必须被替代。因此，另一种暴力形式变得很流行，即敌对村落之间的石仗。如果没有人受重伤或死亡，石仗就不会停止。狂野的歌声和舞蹈伴随着打斗，整个事件以在附近树林中进行的盛大狂欢而告终。人们相信，石仗（以及日后流行的龙舟竞赛）能给获胜者带来好运和庇佑，有避灾祛病之效。[6]

斗鸡、赌博和斩鸡

除了石仗和聚众斗殴之外，充满血腥的民间暴力现象还包括斗鸡，它尤其受到华南地区百姓的欢迎。用克利福德·格尔茨（Clifford Geertz）的话来说，这项运动是"一场充满仇恨、残忍、暴力和死亡的血腥戏剧"。[7]与每个人都是潜在参与者的石仗不同，在斗鸡中，公鸡扮演了代理者或替人受虐的角色，它代表自己的主人再现了社区内部的紧张局势，也是这场为生命、荣誉和勇气而战的血腥斗争的主角。尽管斗鸡在早期中国社会的所有阶层中都十分盛行，但到了 16 世纪，它已主要与下层阶级联系在一起。这项运动通常与横行无忌的年轻人和游手好闲的流氓有关，参与者不屑于遵守社会上的种种规矩。斗鸡在明朝是如此流行，以至于爱好者成立了斗鸡社来推广这项运动。以今日的标准来看，当时的广东人对待动物不太人道，他们似乎热衷于血腥的竞技运动。斗鸡之所以具有令人兴奋的特质，是因为其中存在流血和杀戮的场面。鲜血和死亡的景象和气息使观众情绪高涨，而赌注更是加重了这种气氛。就像石仗一样，斗鸡也十分喧闹且充满节日氛围。[8]

除了公鸡，当时的中国人还以打斗为目的饲养和训练各种动物，包括鹌鹑、鸭、鹅、牛、老鼠、蟋蟀、蝉和鱼。例如在广东潮州，人们饲养的斗鹅重达 40 斤。许多人热衷于斗鹌鹑，这些人认为鹌鹑比公鸡更嗜血，因此也更凶猛。据记载，"为了让这些鸟儿为打斗季做好准备，主人们会花费大量精力"。一些训练师给它们喂食掺有蛋黄的米饭，或者喂食取自晒熟米粒中的昆虫（据说可以强化阳气），而另一些训练师则给他们的鸟喂食狗肉中的蛆虫。在广州附近，人们养了一种名叫"猪屎渣"① 的鸟，它以猪粪为食。人们通过敲打鸟儿的头和吹鸟儿的羽毛来训练它们互相打斗。在下层社会，斗鹌鹑非常流行，水手甚至会把它们带到船上供自己消遣。公鸡和其他动物的饲养、训练和打斗都成了有利可图的职业。[9]

---

① 此处的"猪屎渣"就是喜鹊，由于喜欢在土中翻找各种昆虫，经常误入厕所、猪圈、垃圾堆等地方，所以被当地人称为猪屎渣。

619

图 31. 2　《广州驳船工人斗鹌鹑》，1843 年。

　　斗鸡生动体现了华南最常被提及的两种恶习：斗殴和赌博。哪里有市场、寺庙或空地，哪里就有斗鸡或与其类似的赌博活动，这些恶习与社会秩序的崩溃趋势存在密切关系。事实上，广东和福建有数百种不同的赌博活动，每个城镇都有自己的赌坊，它们往往位于一些隐蔽的小巷内，因此处于上流社会的视野之外。在广州及其周边地区有数百个赌坊，仅在邻近的佛山货物集散港就有四五十个。甚至连水果摊都变成了赌桌，成群结队的年轻人通过掷骰子来寻求片刻的乐趣。卫三畏（S. W. Williams）写道，19 世纪，无业劳工和搬运工三五成群地游荡在广州的街道上，"抽烟、赌博、睡觉，或者对着路人起哄"。[10]广东人尤其嗜赌，当时有位作家甚至将整个广东都描述为赌徒的王国。当情绪激动时，人们难以控制自己的脾气，赌坊就会变成斗殴的场所。就像打斗本身一样，赌博也提供了

620

从生活的苦难中暂时解脱出来的重要途径，并且提供了看似可以小赚一笔的机会。

赌博还与另一种罪恶——匪盗有关。常言道："赌者，亡身丧家、奸盗贼害之所由起也。"① 在当时的文献记载中，许多土匪实际上最初是赌徒。在 1729 年下达的一道谕旨中，雍正帝将赌徒比作一无是处的浪荡子和无赖。雍正帝重申②："斗殴由此而生，争讼由此而起，盗贼由此而多，匪类由此而聚，其为人心风俗之害，诚不可以悉数也。"③[11]赌坊也是小偷、强盗、海盗、走私者、娼妓等社会边缘分子的聚集窝点。这些地方不仅是强盗和小偷的圈赃之地，而且是士兵和衙役兜售情报之所。[12]官员们认为，为了消除匪患，首先必须禁绝赌博。但是，官府如何可能遏制甚至消除这种士兵、跑堂④和官员都趋之若鹜的恶习呢？

根据克利福德·格尔茨的说法，斗鸡象征着为安抚邪灵而进行的血祭，从这个意义上说，它与前文提到的石仗十分类似。无论流血的是公鸡还是人，这都会被视为驱除人间邪恶的必要手段。[13]如果一只公鸡在精彩的打斗过程中英勇牺牲，主人就会把战死的英雄带回家吃掉，或者把它的内脏泡在酒中，当作一种强效的灵丹妙药服用。赢家当然也会受到嘉奖和宠爱，直到它被杀死的那天为止。如果说鸡一般代表着好运（汉语中的"鸡"是"吉"的谐音字），那么公鸡就更是如此。公鸡是一种普遍存在的阳性符号，也是男性气概和勇气的

---

① 史料引文出自清康熙年间陶良瑜为族人所写的《戒赌文》。
② 雍正帝在前几年已陆续颁布数道禁赌谕旨，但收效甚微，因此在雍正七年，他重新颁布了一条更加严格的禁赌令。
③ 史料引文出自《清世宗实录》卷八二，雍正七年六月丁丑，第 81 页。
④ 跑堂指中国古代驿站或客栈里的服务员，俗称店小二。

621　化身。作为一种积极的阳性力量，它代表了太阳和火焰，是热
情和生命本身的源泉。因此，人们有吃母鸡的习惯，却一般不
会吃公鸡，因为公鸡被赋予了神奇的力量，它们的血肉被用于
辟邪和治病。在当时的中国各地，人们会把公鸡挂在门上来驱
魔辟邪。华南地区的许多民间信仰也与公鸡有关，人们把公鸡
的画像放在棺材和墓碑上来强化死者的灵魂，并通过用公鸡的
血浸染祖先牌位的方式赋予这些灵魂以活力。作为男性性能力
的象征，公鸡也被人们视为治疗女性不孕的有效药材。红公鸡
的肉则被认为可以使毒药失效并抵御瘟疫。人们还相信，任何
突然死于邪灵之手的人都可以通过在其心脏下方涂抹公鸡的血
液而返回阳间。[14]

　　虽然公鸡被认为具有强大的能量和功效，但它们还是遭
到极其残忍的虐待。在大多数宗教仪式中，公鸡是首选祭
品，只有活公鸡才能发挥祭祀的全部效力，一个古已有之的
最常见的驱邪仪式就是将公鸡活活撕碎。据说在福建和广
东，人们在生病后做的第一件事就是宰只公鸡，将其作为祭
品献给伤害自己身体的邪灵。方士们则把杀公鸡并去骨作为
一种流行的占卜方法。1960 年，詹姆斯·海耶斯（James
Hayes）在香港目睹了一场极其血腥的仪式，仪式涉及一位
风水师和一只活生生的小公鸡。北围的村民聘请风水师实施
消灾仪式，以消除附近的道路建设工地对当地风水的不良影
响。在仪式的最高潮，风水师将钉子刺入那只可怜动物的眼
睛，接着将血洒在竹子做的驱邪符上，最后将小公鸡的身体
钉在一棵树上。[15]

　　在华南地区，每当出现纠纷时，受到控告之人常见的做法
便是通过斩首仪式来"证明"自己的清白。他一只手抓着公

鸡，另一只手拿着刀，在发誓自己无罪的同时砍下这只鸡的头。这项仪式通常会在寺庙内举行，当事人在神面前起誓："如果我有罪，我的脑袋会像这只鸡的头一样落地。"①[16]在某些地区，双方解决争端的方式并非斩鸡，而是用一条毒蛇来决定谁对谁错。② 萨满（shaman）③ 会在仪式和誓约中使用鸡血（特别是白公鸡的血），秘密社团、土匪集团和反叛分子中也存在类似的习俗。[17]

622

巫术、驱邪和施虐

儒者和官员都反复提及，华南地区的百姓非常迷信，他们对鬼魂和巫术深信不疑。尽管受到知识分子的劝阻和官府的禁止，但算命先生、风水师、占卜师和方士在中国社会中无处不在，几乎每个村庄都有这种人，他们在自家、当地庙宇或祠堂活动。他们中还有一些人在乡间游荡，从一个村庄到另一个村庄，从一个市场到另一个市场，到处兜售他们的宗教仪式和治疗方法，以此来勉强维持生计。这里所说的方士在汉语中是"巫"，他们在恍惚状态下跳舞④，口中念念有词，使用"法术"、"符"和"咒"。17 世纪末，学者屈大均在探访了广州郊区的一个村庄后生动地记述了当地的仪式："每夜闻逐鬼

---

① 史料原文为"讼案多山坟水圳，赎户夺耕。旁人排解，斩鸡鸣誓；誓而不息，乃讼于官。有因讼激愤，辄轻生以图诬赖"。作者没有直接引用史料原文，而是有所发挥，怀疑还参考了其他更加翔实的文献。

② "蛇判"是古代判案方式之一，流行于广东等地区。当发生纠纷或疑难之事时，便以蛇是否向当事人进攻判断是非。先将蛇引入囊中，当事者探手入内，遭蛇咬手指表明理曲，反之则理直。

③ 本章的萨满并非北方民间信仰中的萨满巫师，但为了保持行文一致，这里依然译作"萨满"，泛指装神弄鬼的民间神职人员。

④ 在中国民间社会，这类舞蹈俗称"跳大神"。

者，合吹牛角，呜呜达旦作鬼声。师巫咒水书符，刻无暇暑，其降生神者，迷仙童者，问觋者，妇女奔走，以钱米交错于道，所在皆然。"[18]类似的场景每天都会在广东、福建和台湾重复上演，方士利用神通来净化村庄的邪气，并驱赶病人身上的邪灵。

方士和神婆是各个村落都不可或缺的宗教从业者，他们不仅行医救人、祈祷丰收，还解决争端、驱散饿鬼。他们虽然被官员和儒者视为江湖骗子和不法之徒，但因拥有可以为人们带来益处或害处的法术而受到村民的尊重和敬畏。总体而言，这些民间占卜者大多出身于社会底层。

因为妖魔鬼怪无处不在，所以方士也随处可见。事实上，对当时的大多数中国人而言，鬼神都是真实存在的，人类世界和神鬼世界之间几乎没有什么隔阂："人们崇拜鬼神不仅是为了继承传统，也是因为人们相信，鬼神能够与人交流，并为自己带来好运或噩耗。"[19]鬼怪还是瘟疫和其他灾难的先兆。长着锯齿状牙齿的黑脸恶鬼手持刀剑、长矛和其他武器，在夜间袭击人类。它们是冥界的匪徒。一位被人们称为"胖子"的广东灵媒在一次降神会期间灵魂出窍。根据"胖子"的说法，她遇见了一个抓着三个孩子灵魂的女鬼，除非得到金制冥币作为赎金，否则这个女鬼不会释放孩子的灵魂。[1][20]鬼魂相当于危险的匪徒，因为它们在神灵等级制度之外活动，能满足任何崇拜他们并向他们献上祭品之人的愿望。

---

① 关于这个故事，参见〔美〕武雅士主编《中国社会中的宗教与仪式》，彭泽安、邵铁峰译，南京：江苏人民出版社，2014年，第217页。

SNAKE-CHARMER AND QUACK-DOCTOR.   P. 74.

图 31.3 《耍蛇人和江湖郎中》，1854 年。

中国民间信仰的核心特征是与邪恶的永恒斗争，人们将这种斗争形容为一场战争。暴力的和具有破坏性的恶灵必须通过同样暴力的手段驱赶或消灭，因此驱邪仪式必须匹配其暴力程度。王斯福（Stephan Feuchtwang）认为，"驱邪是一场威严的、军事性的招魂和表演仪式"。[21]萨满和道士在表演仪式舞蹈时，通常会手握宝剑，通过召唤"神兵"或"阴兵"来驱邪。仪式的内容是以杂耍般的冲锋和剑的刺击为主的战斗表演，并伴随着喧嚣的锣鼓声。17 世纪，海南岛上有一位名叫黄敬而①的著名道士，村民希望他能将自己的村庄从一场严重的旱灾中拯救出来。他身着道袍，披头散发，先献祭了一只公鸡，然后

624

———————

① 此处的中文人名引自（清）范端昂《粤中见闻》，汤志岳校注，广州：广东高等教育出版社，1988 年，第 210 页。

挥舞着剑跳起了祈雨舞，同时口中念念有词。无数的民间传说都曾提及，鬼魂和狐精必须借助道士或拥有神力之剑且掌握咒语的方士的力量才能驱除。

　　当时的中国人相信，阴兵实际上是战死沙场者的灵魂，因此它们是危险且嗜杀的恶灵。但是，它们能够在于仪式上施法的道士和萨满的控制下发挥正面作用。它们与鬼神订立契约——通常是用公鸡的血来宣誓——以对抗邪恶和保护社区。代表五个基本方位（黑色代表北方，红色代表南方，绿色或蓝色代表东方，白色代表西方，黄色代表中央）的彩色旗帜表示五支由神兵组成的大军，这五支大军被华南百姓统称为"五营"，每支军队都由一名神将担任指挥官。中坛元帅哪吒（三太子）颇受百姓欢迎。1748 年，澄海县①官府逮捕了谋划"劫富济贫"的"土匪"李阿万和他的母亲。李阿万出身于当地的一个道士家庭，他拥有一本用来召唤神兵的"异端"法书和五色旗。在香港，女灵媒在恍惚中穿越阴间时，就能召唤出灵军或"灵警"来对抗引发疾病的恶鬼。② 而在广州郊区，已婚妇女会雇用被当地人称为"Mi-Foo-Kow"③ 的神婆使用邪术召唤厉鬼来杀死自己虐待成性的丈夫。22

　　符咒是施法者驱赶与消灭邪灵的主要手段。符咒之所以有效，是因为它们乃施法者与授予其能力的神灵立下的契约。最有效的符咒是血书，要么用公鸡的血，要么用施法者自己的血。符咒被用于从治疗疾病到防止犯罪的各种目的。明朝年

625

---

① 澄海县即今天的广东省汕头市澄海区。
② 关于这个故事，参见〔美〕武雅士主编《中国社会中的宗教与仪式》，彭泽安、邵铁峰译，南京：江苏人民出版社，2014 年，第 227 页。
③ 根据本章作者的邮件回复，由于该词出自一本 19 世纪的英文著作，"Mi-Foo-Kow"对应的中文词已不可考。

间，来自广东西部灵山的一位名叫唐孤鹤①的术士写下了一些符咒以带来降雨和消灭瘟疫，而从化当地一位姓龚的法师用雷神符咒来结束干旱和驱赶盗匪。符咒看似平平无奇却极其有效，因为它们可以借助暴力驱除邪恶的事物。符咒上经常重复出现的字眼包括"噬"、"杀"、"斩"和"偃"，龙、蛇、玉皇大帝、雷公以及其他神灵都受到符咒的号令，出面消灭邪魔势力。通常写在符咒上的"鬼"字都会少一两个笔画，用来表明邪灵已被斩首。经常与符咒和其他法术结合使用的咒语同样颇具暴力性质。在广东一个被称为"祛阴"的仪式中，一位神婆向病人挥动香火，同时念诵咒语，最后以这样一句话结尾："太上老君急急如律令。"这句话是常用来表示咒语结束的传统表达。²³

当被神灵附身时，一些萨满会使用各种可怕的兵器和刑具摧残自己。在华南地区，这类自我施虐仪式十分普遍，而且通常发生于驱魔仪式和宗教节日期间。灵媒用剑刺破自己的舌头，将带有五神将头像的铁棍刺入自己的脸颊，将自己的手和胳膊浸入沸腾的油中，爬上高高的刀梯或在燃烧的木炭床上行走——上述行为都是为了证明自己拥有无边的法力。他们还有一条基本的观念预设："当一个拥有巨大且不确定法力的神灵附体时，他们就不会在自残时感到肉体的痛苦，并且还能以神的口吻说话，为信众提供建议，并治愈其疾病。"²⁴灵媒用将铁棍刺入脸颊的方式自我摧残，目的在于召唤阴兵。其他常见的场景还有用剑割破舌头（有时是手臂），然后用自己的血写出

---

① 此处的中文人名引自（清）范端昂《粤中见闻》，汤志岳校注，广州：广东高等教育出版社，1988 年，第 209 页。

626 符咒。因为人们相信，人血在驱邪和治病这两个方面都有奇效。仪式结束后，人们会烧掉这些符咒，将灰烬与水混合后给病人当药吃掉。为了治病，赤脚方士也会爬上刀梯（人们相信刀剑能驱赶病魔）以及在火炭上行走（作为一种净化仪式）。在当地社区，自我施虐仪式有一定的积极影响，这甚至是一个适合父母带着自己的孩子前来观看的场合，同时还是一种供百姓娱乐的公共奇观。[25]

宗教节日期间的游行则为实施自我折磨和自我施虐仪式的萨满及其信众提供了场所。灵媒有时会穿上用于神灵附身的服装，坐在神殿似的轿子里，挥舞着刀剑率领大批信众上街游行。游行有时会演变成骚乱。在福建省城福州，悔罪者在节日期间戴着沉重的木制颈枷或手铐在街上游行，以此为自己的过失赎罪。格雷记述了珠江三角洲地区的一个节日，信众在该节日期间"身着类似囚服的红色服饰，脖子上戴着锁链，脚踝上戴着脚镣，腰上戴着枷锁，表现臣服和谦卑之态"。在海南岛农历五月举办的关帝节期间，狂热的民众会上街游行，他们手上戴着镣铐，脖子上戴着枷锁。一些人甚至用刀割下自己的肉，另一些人则用点燃的香烧自己的手臂和胸部，这些行为都是为了弥补自己曾经犯下的过错。[①][26]

惩罚仪式

民间文化中极其残忍和暴力的行为类似于当局对罪犯的折磨和惩罚。在晚期帝制中国，刑罚是国家上演恐怖和暴力的可

---

① 史料原文为"琼之五月关帝会，士女各荷纸，校以祷罪祈福。……十三日，关帝诞，设醮赛愿，祈保者各带枷锁，有执刀仗立神前三日，曰站刀。甚有剪肉焚香，膊刺大小刀箭者"。

怕手段，人们可以公开观看这类场面，这与当时的欧洲并无二致。像石仗和斗鸡一样，观看鞭笞和处决仪式也是那个时候中国民间流行的娱乐形式。

627

图 31.4　装扮成神灵的灵媒被抬进游行队伍，1885 年。

在传统中国社会，鞭笞、文身以及切割身体部位都是常见 628
的体罚形式，其目的在于给罪犯带来痛苦和耻辱。它们还常与
其他更严厉的惩罚形式（包括劳役、流放和死刑）一起使用。
司法酷刑同样是审判过程的组成部分，人们认为这是获取口供
的必要手段。在审判中、监狱里、街道和市场上，囚犯都会受
到公开的酷刑折磨。尽管酷刑在法律上受到认可和管制，但囚
犯经常受到法律规定之外的酷刑折磨。在审判过程中，被告的
脸部、背部和腿部都会遭受藤条鞭笞，他们还可能被迫在公堂

的碎玻璃和铁链上下跪，就连出庭的证人也有可能遭受鞭笞。在罪犯的脸上或肩部文身是一种常见的附带惩罚措施。除了遭受其他惩罚和酷刑外，有些囚犯的身体部位可能会被取下，尽管这种现象并不常见。然而，获得皇帝赦免的反叛分子在被释放前通常还是会被割掉一只或两只耳朵。其他器官切割方式包括挖掉眼珠，以及切下舌头、四肢和阴茎。[27]

虽然监禁并非一种可怕的刑罚，但监狱仍然是犯人遭受巨大痛苦和面临死亡的场所，或者用一位作者的话来说，这里就是"强暴的居所"（habitations of cruelty）①。人们把监狱比作地狱，因为囚犯在这里遭受了酷刑和暴力。中国古代的监狱以拥挤不堪和疾病肆虐而著称。大多数囚犯戴着镣铐，有些人被"绑在手臂下的绳索紧紧捆着，双脚无法着地"。对囚犯来说，监禁就是逐渐使其丧失人性的过程："死灰般的面庞，消瘦的身躯，又长又粗糙的黑发，这些都使他们看起来更像是恶灵而非人类。"拷打和疾病导致的死亡是如此司空见惯，以至于在监狱旁边建立了被称为"死囚洞"的临时埋葬场所。② 例如在1804年时，刑部报告说，在当年5月到6月的这短短两个月，广东监狱中就有大约490名囚犯死亡。有证据表明，1760—1845年关押的5100名囚犯中有约25%的人死于狱中。[28]

629　　除了被关押在监狱里，许多囚犯还被拉到监狱外示众，"每天都在光天化日之下遭受所有过路者的蔑视"。一种典型

---

① 引文出自《圣经·旧约·诗篇》第74章第20段：求你顾念所立的约，因为地上黑暗的地方充满了强暴的居所。英文原文出自钦定英译本。

② 准确地说，"死囚洞"并非埋葬场所，而是运输通道。清代几乎每座监狱都修有死囚洞，如果囚犯在狱中病死、饿死、被打死等，只能用门板抬着尸体，对准死囚洞将尸体推出去，死者的家属只能等在洞外，用门板接住尸体并抬走，没有亲属的囚犯的尸体则被拖到城外弃尸场扔掉。

的情形是，轻罪犯（如赌棍和小偷）被戴上枷（约一码①见方、几英寸厚的沉重木质枷锁）："受罚者无法休息，他甚至不能在没有他人协助的情况下吃东西，因为他的手够不到自己的嘴。"以这种方式受罚的罪犯日夜戴着枷锁，其过程持续数周至三个月，有时甚至会无限期地戴下去。在广州，每天早上他们都会被从监狱里带出来，站在主城门前、人来人往的寺庙前或一些公共广场上，被人们羞辱。至于那些犯有更加严重罪行的人，他们要么被关在狭小的笼子里，要么被用铁链锁在大石头或长铁棍上。大多数这类惩罚也包括游街示众。犯人们戴着镣铐，被用铁链捆起来。这支队伍由敲锣打鼓的狱卒领头，而其他狱卒则有节奏地鞭打犯人们的背部。观众也加入其中，嘲笑这些囚犯并向他们投掷石块和秽物。由于游行多会持续数个小时且穿过数条街道，犯人们常常"血流不止"。[29]

死刑是国家对其臣民实施的暴力程度最高的刑罚。所有的处决过程都是一场酷刑，当局按照痛苦等级对不同的死刑进行了精心划分——从绞刑到斩首，再到凌迟。对统治者而言，处决是一场庄重严肃的仪式；但对百姓来说，处决更像是一个喜庆的节日场景。在广州，每到执行死刑的指定日期，身穿红衣的死刑犯就会像被运到市场上供人宰杀的猪一样被捆起来装在露天的笼子里。他们被拉着穿过街道来到刑场，这里是南门与河流之间的一块公共墓地。为了让被处决者乖乖就范，他们还会被灌下烈酒。士兵手持长矛、大刀和火绳枪，在囚犯前后与其一同行进，而一位身着官服的高级官员

---

① 码，英制长度单位，一码相当于 3 英尺或 0.9144 米。

图 31.5　斩首后将头颅示众的惩罚，18 世纪。

则坐在轿子里跟在后面。队伍最后还有一位骑马的传令官，他带着一面黄色的小旗，上面写有皇帝的勾决旨意。在穿过拥挤的街道后，行刑队往往会在行刑地点附近的五仙观①前停下。官员们向里面的神将祈祷，希望他们能保护自己免受即将被处死的罪犯的魂魄的报复。总是有成群结队的人跟在队伍后面，观看这场令人毛骨悚然的奇观。小贩们也一路跟在队伍后面，向人群兜售饮食。如果行刑方式是绞刑，那么死刑犯会被绑在十字形的架子上，刽子手将绳子缠绕在犯人的脖子上，直至他死亡；而在斩首仪式中，犯人面朝皇城的方向跪在地上，刽子手随后用刀将犯人的头砍下。对于犯下最恶

680

────────────────

①　五仙观建于明洪武十年（1377 年），是一座祭祀五仙（谷神）的道观。

劣罪行的犯人，行刑方式则是凌迟，这会让犯人的死亡过程变得极为漫长，他们会被慢慢切成碎片。行刑结束后，犯人的头颅都会被砍下。这些头颅要么被堆放在刑场的墙边，要么被运回犯罪地点（在臭名昭著的土匪和海盗的案件中就是如此），挂在笼中或者吊在柱子上示众。[30]

在整个早期近代，华南地区的社会秩序逐渐变得混乱，各城镇的市场和港口都随处可见砍下的头颅被挂在空中的景象。在鸦片战争前的一个世纪中，在广东被处决的海盗和土匪比在其他任何省份的都多。在因斗殴杀人而被判处死刑的人数方面，广东也位列全国第三。福建在土匪数量以及处决人数方面则有过之而无不及。当时的匪患非常严重，20 人、30 人、40 人或更多数量的土匪一同被斩首的情形十分常见。在 19 世纪的头十年，海盗活动最为猖獗，每年都有数千名罪犯因此被处决。在随后的几十年间，这一数字始终居高不下。例如，根据《印中搜闻》（*Indo-Chinese Gleaner*）[①] 的记载，仅在 1817 年，广州就有超过 1000 名（甚至多达 3000 名）囚犯遭到处决。1829 年，一位入行三十余年的刽子手声称，他在一生中杀死了"一万余名罪犯"。由于死囚数量是如此之多，在每年农历新年前（除旧迎新之时），官员都会下令对广州监狱里的犯人进行"批量处决"。[31]

死刑是一种杀戮仪式。死囚是仪式中的祭品，他们的死亡是净化社会的必要途径。刽子手此前主要是猪肉屠户和士兵这类并不算光彩的职业，他们的职能与方士类似，因为他

---

① 《印中搜闻》是由新教传教士于马六甲创办的一份英文季刊，是世界上首份涉及中国的英文刊物，其中多有对当时中国社会和时局的生动记载。

们也用刀剑驱除了社会上具有污染性质的邪恶之物。但在行刑过程中，邪恶是看得见摸得着的实体。神仙、官府和百姓都要求土匪、海盗和杀人犯流血受苦，认为这是重罪犯应得的惩罚。死亡是对他们罪行的公平裁决，他们流下的鲜血是确保天地和谐的必要条件。为了完成祭祀，人们需要摄取受害者的血液，它被视为人神共有的生命精华。罪犯的血液被认为尤其见效，而且其中还携带了阳刚之力。刽子手和方士都会收集被处决罪犯的血液和身体器官，并将其作为治病的药材出售给药商和观众。为了驱除恶灵，人们还把破布浸在这类血液中，然后将其绑在床柱上，甚至直接饮用血液，或者食用肝脏或其他一些内脏器官。人们相信，这样做可以获得受害者的能量和勇气。

结　语

在充斥着竞争与冲突的早期近代中国社会中，侵害和暴力是城乡日常生活的组成部分。人们不仅相互争斗，而且还与以各种邪恶和令人痛苦的方式侵扰现实世界的妖魔鬼怪纠缠不休。对于为了生计而奔走的大多数人而言，打斗不仅是为了释放被压抑的紧张和焦虑的情绪，也是一项必要的生存技能。石仗、斗鸡、方士自残、持剑驱邪、公开鞭笞和血腥斩首，都是早期近代中国社会中常见的公共暴力现象。

毋庸置疑，暴力具有多重含义。上层阶级谴责公开发生的暴力现象，他们指责这是"乌合之众"的陋习。在中国作为统治者的士大夫阶层越发通过教育和修养以及对暴力的厌恶实现自我认同，即使这并非一个普遍存在的事实，也至少是其中大多数人有意形成的观念。对于这些有识之士而言，暴力总是与野蛮和粗俗的底层社会联系在一起。但对统治阶级而言，他们只接受"合理"的暴行（例如，惩罚和折磨杀人犯、反叛分子、土匪及其他顽劣的罪犯）。然而实际上，这类暴行的实施者也是杂役，而非官员自己。统治阶级在很大程度上不屑于采用民间流行的暴力形式，因为这在他们看来是野蛮、愚蠢且无礼的举动。不受管控的集体活动（如石仗和斗鸡）助长了卖淫、赌博、酗酒等恶习；不同性别者在这些场合中交织在一起，这大大有失体统。统治阶级发动了一场无休止的战争，以文明对野蛮的方式对抗民间的暴力形式。这也是一场争夺统治权与控制下层阶级及其文化的战争。

对社会中的穷人和边缘群体来说，任何暴力都有特定的诱因，其仪式和象征意义就是证明。暴力赋予无权无势者以权力，赋予声名狼藉者以威望。荣誉通过暴行来实现，定期展示暴力是人们赢得他人尊重的必要条件，甚至成为社会流动性的保障因素。暴力对男子气概的塑造至关重要，因此为男性的生活赋予了意义，为他们提供了实现抱负的雄心和尊严。观看暴行不仅是民间社会的一种娱乐方式，而且对表演者和观众而言都充满了神秘的宗教内涵。无论年龄和性别，血腥仪式适合所有人围观，其中的流血现象也赋予暴力以独特意味。血液象征着生命之力，在辟邪、治病、保胎和交运方面都非常重要。这些行为根深蒂固（但属于异端），暴力和血腥仪式深深扎根于早期近代华南地区的日常生活和民间文化。

参考论著

688

虽然没有关于早期近代中国公共暴力现象的专门研究成果，但我们有大量可供参考的一手和二手资料，其中大部分是散见于报纸、期刊和书籍的汉语文献。一个不错的阅读起点是下面这项颇有见地的研究：
B. J. ter Haar, 'Rethinking "Violence" in Chinese Culture', in Goran Aijmer
and Jon Abbink（eds.）, *Meanings of Violence: A Cross Cultural Perspective*
（Oxford：Berg）, pp. 123-40。

　　一个很少受到关注的主题是一年一度的石仗，这项活动直到20世纪
40年代都很常见，而且不局限于华南地区，在华北的一些地区以及日韩
都存在。关于台湾石仗习俗的简要介绍，参见 Donald De Glopper, *Lukang:
Commerce and Community in a Chinese City*（Albany：State University of New
York Press, 1995）。但是，我们目前几乎无法找到以任何语言写成的其他
可用参考文献。关于中国斗鸡活动的研究成果，参见 Robert Joe Cutter,
The Brush and the Spur: Chinese Culture and the Cockfight（Hong Kong：
Chinese University Press, 1989）。亦可参见一本1972年的研讨会文集收录
的研究成果：Clifford Geertz, 'Deep Play：Notes on the Balinese Cockfight',
in *Interpretation of Cultures: Selected Essays*（New York：Basic Books, 1973）,
pp. 412-53。

　　许多研究文献均涉及中国传统社会中的血腥仪式、驱邪仪式和自残
仪式。最佳入门文献是 Jan J. M. de Groot, *The Religious System of China*
（Leiden：Brill, 1910）, 尤其是（这部六卷本著作的）第五卷和第六卷。
更晚近的两项研究成果是 Avron Boretz, 'Martial Gods and Magic Swords：
Identity, Myth, and Violence in Chinese Popular Religion', *Journal of
Popular Culture* 29. 1（1995）, pp. 93 – 109；*Gods, Ghosts, and Gangsters:
Ritual Violence, Martial Arts, and Masculinity on the Margins of Chinese
Society*（Honolulu：University of Hawai'i Press, 2011）。其他具有参考价值
的文献是 Donald Sutton, 'Rituals of Self-Mortification：Taiwanese Spirit-
Mediums in Comparative Perspective', *Journal of Ritual Studies* 4. 1
（1990）, pp. 99 – 125。亦可参见 Jimmy Yu, *Sanctity and Self-Inflicted
Violence in Chinese Religions, 1500 – 1700*（New York：Oxford University
Press, 2012）, 这项富有洞察力的研究成果检视了中国社会的佛教和道
教实践中的血书，切割孝子的身体器官，女性为了贞操而自残、自杀，
以及自焚等仪式。

　　关于中国明清社会中的司法暴力现象，参见 Virgil Ho, 'Butchering
Fish and Executing Criminals：Public Executions and the Meanings of Violence
in Late Imperial and Modern China', in Goran Aijmer and Jon Abbink

（eds.），*Meanings of Violence: A Cross Cultural Perspective*（Oxford：Berg，2000），pp. 141-60；Paul Katz，*Divine Justice: Religion and the Development of Chinese Legal Culture*（London：Routledge，2009），尤其是该著的第 3 章；'Fowl Play：Chicken-Beheading Rituals and Dispute Resolution in Taiwan'，in David Jordan，Andrew Morris and Marc Moskowitz（eds.），*The Minor Arts of Daily Life: Popular Culture in Taiwan*（Honolulu：University of Hawai'i Press，2004），pp. 35-49；Nancy Park，'Unofficial Perspectives on Torture in Ming and Qing China'，*Late Imperial China* 37. 1（2016），pp. 17-54；Timothy Brook，*Jérôme Bourgon and Gregory Blue，Death by a Thousand Cuts*（Cambridge，MA：Harvard University Press，2008）；Robert Antony，*Unruly People: Crime, Community, and State in Late Imperial South China*（Hong Kong：Hong Kong University Press，2016），尤其是该著的第 12 章。

注　释

1. 参见 D. Faure，'Lineage as a Cultural Invention：The Case of the Pearl River Delta'，*Modern China* 15. 1（1989），pp. 4-36。

2. Z. W. Liu，'Lineage on the Sands：The Case of Shawan'，in D. Faure and H. Siu（eds.），*Down to Earth: The Territorial Bond in South China*（Stanford，CA：Stanford University Press，1995），pp. 22，34-5.

3. E. Englander，*Understanding Violence*（Mahwah，NJ：Lawrence Erlbaum Associates，1997），pp. 52-3，69-71；亦可参见 M. Boulton，'The Relationship between Playful and Aggressive Fighting in Children，Adolescents，and Adults'，in J. Archer（ed.），*Male Violence*（London：Routledge，1994），pp. 23-41。

4. J. H. Gray，*China: A History of the Laws, Manners, and Customs of the People*，2 vols.（London：Macmillan，1878）.

5. Jan J. M. de Groot，*The Religious System of China*，6 vols.（Leiden：Brill，1910），vol. VI，pp. 985，1195.

6. 艾伯华：《中国岁时节令》，台北：东方文化书局，1972 年，第

78—85 页。

7. C. Geertz, 'Deep Play: Notes on the Balinese Cockfight', in *The Interpretation of Cultures: Selected Essays* (New York: Basic Books, 1973), p. 421.

8. R. J. Cutler, *The Brush and the Spur: Chinese Culture and the Cockfight* (Hong Kong: Chinese University Press, 1989), pp. 5-6；1985 年，我于农历新年在台湾省竹东镇观看过一场斗鸡比赛。

9. 张渠：《粤东闻见录》（1738 年），广州：广东高等教育出版社，1990 年，第 48 页；Gray, *China*, vol. I, p. 394。

10. S. W. Williams, *The Middle Kingdom: A Survey of the Geography, Government, Literature, Social Life, Arts, and History of the Chinese Empire and Its Inhabitants*, 2 vols. (1895), rev. edn (New York: Paragon, 1966), vol. I, p. 748.

11. 引自 P. Y. L. Ng, *New Peace County: A Chinese Gazetteer of the Hong Kong Region* (Hong Kong: Hong Kong University Press, 1983), p. 76。

12. 在古代中国，衙役是指在衙署和官邸工作的下人，他们在那里主要从事非技术性的工作，如看门、巡逻、抬轿、敲锣、提灯、守夜等。

13. Geertz, 'Deep Play', p. 420.

14. De Groot, *Religious System of China*, vol. IV, p. 360；vol. VI, pp. 965-970；我也观察到了类似的现象。

15. J. Hayes, *The Rural Communities of Hong Kong: Studies and Themes* (Hong Kong: Oxford University Press, 1983), p. 169.

16. 胡朴安：《中华全国风俗志》（1936 年），郑州：中州古籍出版社，1990 年，第 1 册第 8 卷，第 37 页。

17. 参见 P. Katz, *Divine Justice: Religion and the Development of Chinese Legal Culture* (London: Routledge, 2009), esp. ch. 3；B. J. ter Haar, *Ritual and Mythology of the Chinese Triads: Creating an Identity* (Leiden: Brill, 1998), pp. 134, 157, 164-5。

18. 屈大均：《广东新语》（1700 年），北京：中华书局，1985 年，卷一，第 216 页。

19. D. Faure, *The Structure of Chinese Rural Society: Lineage and Village*

in the Eastern New Territories, Hong Kong (Hong Kong： Oxford University Press, 1986), p. 146.

20. J. Potter, 'Cantonese Shamanism', in A. Wolf (ed.), *Religion and Ritual in Chinese Society* (Stanford, CA： Stanford University Press, 1974), p. 212.

21. S. Feuchtwang, *The Imperial Metaphor: Popular Religion in China* (London： Routledge, 1992), p. 161.

22. Potter, 'Cantonese Shamanism', pp. 212–13, 221; Gray, *China*, vol. II, p. 24.

23. 案例参见 H. C. Ch'en, 'Examples of Charm [*sic*] against Epidemics with Short Explanations', *Folklore Studies* 1 (1942), pp. 37–54; 王世祯《中国民情风俗》, 台北：星光出版社, 1992 年第二版, 第 68 页。

24. A. Elliott, *Chinese Spirit-Medium Cults in Singapore* (Taibei： Southern Materials Center, 1955), p. 15.

25. J. Doolittle, *Social Life of the Chinese* (New York： Harper, 1865), vol. I, pp. 153–4; D. Sutton, 'Rituals of Self-Mortification： Taiwanese Spirit-Mediums in Comparative Perspective', *Journal of Ritual Studies* 4. 1 (1990), pp. 105, 111; 2009 年 8 月 3 日我对台湾省台东县灵媒的访谈。

26. Doolittle, *Social Life of the Chinese*, vol. I, pp. 165–7; Gray, *China*, vol. I, p. 160; 胡朴安：《中华全国风俗志》, 第 1 册第 8 卷, 第 7 页、第 62 页。

27. R. Antony, *Unruly People: Crime, Community, and State in Late Imperial South China* (Hong Kong： Hong Kong University Press, 2016), pp. 244–6.

28. Gray, *China*, vol. I, pp. 47–50; Antony, *Unruly People*, p. 243. 关于囚犯丧失人性的过程, 参见 V. Ho, 'Butchering Fish and Executing Criminals： Public Executions and the Meanings of Violence in Late Imperial and Modern China', in G. Aijmer and J. Abbink (eds.), *Meanings of Violence: A Cross Cultural Perspective* (Oxford： Berg, 2000), pp. 145–7。

29. Gray, *China*, vol. 1, pp. 55–8; J. A. Turner, *Kwangtung or Five*

Years in South China (1894) (Hong Kong: Oxford University Press, 1982), p. 31.

30. Gray, *China*, vol. I, pp. 62 – 8; W. C. Hunter, *Bits of Old China* (London: Kegan Paul, Trench, 1855), pp. 164–5.

31. *Indo-Chinese Gleaner* 4 (May 1818), 38; *Canton Register* 2 (19 Feb. 1829), 15; Turner, *Kwangtung*, p. 31.

32　欧洲宗教改革中的暴力图像

查尔斯·齐卡

　　早期近代欧洲文化笼罩在暴力的阴影下。在宗教改革发生之前，基督教与暴力有关的中心事件是耶稣基督在髑髅地（Calvary）[①] 的惨死。耶稣之死所传达的信息是通过赎罪来拯救人类，每天都有神职人员通过弥撒仪式对耶稣的死进行纪念和重现。在宗教改革开始后的150年间，许多绘画作品体现了对这类暴行和苦难的纪念，其驱动力是殉教的救赎可能性以及铲除异端和叛教者的需要，而不论这些异端是教派敌人、女巫还是犹太人。尽管新兴政权越发依赖官僚体制运作，但个人和集体暴力以及残酷惩罚的公开奇观依然是其践行政治权力的基本途径。各种媒介都对这类暴力进行了描绘：教堂墙壁上的壁画（rural）和湿壁画（fresco）[②]，石质、木质或青铜质的雕像，手绘插图，板面油画，印花玻璃，壁毯，以及15世纪后期随着版画的发明而出现的新媒介（单页版画、书籍和小册子中的插图，以及宽幅大报）。本章概述的是欧洲宗教改革时期描绘暴力的图像，旨在揭示暴力如何通过当时不同的视觉媒

[①]　髑髅地，又名骷髅地、各各他、加略山，是耶路撒冷城外耶稣被钉上十字架的地方，该名称和十字架一直是耶稣基督被害的标志。

[②]　壁画广义上指装饰墙壁和天花板的绘画，狭义的壁画指干壁画，即在用粗泥、细泥、石灰浆处理过的干燥墙面上绘制的壁画。湿壁画特指在铺上灰泥的墙壁及天花板上绘制的壁画，通常是先将研磨好的干粉颜料掺入清水，制成水性颜料，然后将颜料涂到刚抹在墙壁表面的湿灰泥上，等待灰泥干燥凝固之后，便永久保存于墙壁表面。

介被反映出来，暴力的表现形式，艺术家、赞助人和出版商开创的暴力表现方式，以及这类描绘与现实中发生的暴力事件和实践的关系。

《圣经》与古典素材

宗教文献中对暴力的最多描述来自《旧约》中关于毁灭性的激情、家族争斗、军队战斗以及各种上帝之怒（divine anger）和神罚的故事。该隐对亚伯的谋杀是典型的因妒生恨之举；大卫高举被杀巨人歌利亚的头颅是神迹般胜利的象征；在自己被杀的儿子们的环绕下，扫罗的自杀展现了违抗天意和绝望求死的形象；所多玛的毁灭之火或埃及人遭受的十大灾害这类图像提醒人们上帝在面对人类之恶时的怒火；朱迪斯（Judith）将醉酒的将军荷罗孚尼（Holofernes）斩首是公民道德和女性诱惑之危险的典型例证。好坏天使之间的争斗以及米迦勒对路西法的最终胜利①脱胎于《旧约》的另一个暴力故事，该故事对于激进天主教徒的身份塑造具有不同寻常的意义。

《新约》中的福音故事也记述了正义和非正义的暴行，如基督受难以及基督之死，或者神殿逐商②。"对无辜者的屠杀"这一故事是指希律王为消除新兴的犹太王权对其统治产生威胁的可能性而实施的大规模杀婴行为③，该故事主题尤其受到试

---

① 尽管路西法的名字首次出现在《以赛亚书》中，但他堕落天使的形象（以及米迦勒是他兄弟的说法）是后世才出现的。《旧约》中米迦勒对抗的是魔鬼撒旦。

② 神殿逐商的故事出自《约翰福音》，指耶稣赶走在圣殿中做买卖的商贩，表现了耶稣对圣殿是敬拜上帝的场所、不能用作他途的坚持。

③ 希律王曾下令，将伯利恒境内两岁以下的男孩全部杀死。

图传达 16 世纪下半叶教派斗争残酷性的众多艺术家的欢迎
（图 32.1）。另外，《圣经》中的启示录景象成为画家描绘伴随
着宗教改革的戏剧性变化和冲突而产生的普遍恐惧的创作灵
感，对启示录中的四匹马——饥荒、战争、征服和死亡——的
描绘展示了人性遭受残忍践踏的场面；天使打开第七封印，在
大地上释放出各种混乱、火焰和破坏，这是为了警告人类即将
到来的灭顶之灾。这些图像不但解释了当时出现的宗教和政治
冲突，也被受宗教迫害者视为最终胜利的希望。识字率的提
高、版画技术的普及、新教对《圣经》的重视、《圣经》的白
话文译本以及其中频繁出现的版画插图，都使描绘《圣经》
中暴行的图像得到了更广泛的传播。

　　人们通过评注、译介和考古成果越来越多地接触到古典时
期的文献，古典艺术和文学作品为暴力提供了新的描绘模式。
例如，安德烈亚·曼特尼亚（Andrea Mantegna）的版画《海神
之战》（1475—1488 年）以古典雕塑为基础而创作，该画影响
了许多 16 世纪时期的艺术家，其中就包括阿尔布雷特·丢勒
（Albrecht Dürer）、阿戈斯蒂诺·威涅齐亚诺（Agostino
Veneziano）和汉斯·泽巴尔德·贝哈姆（Hans Sebald Beham）。
性暴力和强奸（如《劫夺萨宾妇女》或《劫掠欧罗巴》所表现
的）成为艺术家笔下经常出现的题材；而塔克文对卢克丽霞的
暴力强奸事件，在此时加上了更早时期常见的对卢克丽霞自杀
场景的描绘，如乔治·彭茨（Georg Pencz）和提香①。古典时
期的文献为描绘英雄与恶魔的暴力冲突提供了素材，如文艺复
兴时期常见的《赫尔克里的丰功伟绩》系列画作所表现的；古

---

① 即提香·韦切利奥（Titian Vecellio，1490—1576 年）。

典文献也有助于描绘古典时期的严厉刑罚，如《被剥皮的玛息
686　阿》，它描绘了玛息阿因在音乐比赛中挑战阿波罗的狂妄之举而
遭到的惩罚。

图 32.1　约翰·萨德勒：《对无辜者的屠杀》，原作者马尔滕·德·沃
斯，版画，1581 年。

版画制作与宗教改革

版画的首次广泛使用——无论是单页木刻画还是在小册子中作为插图的木刻画或雕刻画——是为德意志早期的宗教改革运动服务的。这些版画最重要的（甚至是唯一的）目的就是宣扬罗马教会对教徒施加的暴行，以及有必要揭露神职人员为了欺骗和迷惑教徒而进行的伪装和诡计。因此，教皇和红衣主教经常被描绘成闯入羊圈并吞噬基督羊群的贪婪豺狼或死者的吞食者，他们会晾晒死者的身体部位，或者在一场盛宴中将尸体大卸八块。[1] 例如在 1541 年，梅尔基奥·洛尔克（Melchior Lorch）在版画《野人教皇》中描绘了一个双头怪物，它挥舞着一棵被连根拔起的树作为棍棒，同时从口中喷出含有蟾蜍、蜥蜴以及其他爬行动物的火焰，据说这体现了教皇十恶不赦的破坏性力量（图 32.2）。此外，暴力的怒火还降临到罗马神职人员自己身上：僧侣被追捕者赶入地狱之口；教士被当作俘虏游街示众；教皇和红衣主教被吊在绞刑架上，在大桶里被捣碎，在磨坊里被碾碎而现出原形，或者被复活后的基督踩在脚下。这些图画旨在提供某种教诲，以识别敌人和他们用以维持权力的欺骗策略。但是，它们也被用于妖魔化敌人并削弱对方的力量，并以此煽动观众的反抗情绪。[2]

在描绘基督教殉教者和殉教场面的图像中，也有对暴力惩罚的生动展现。中世纪的殉教者无疑是基督教肖像画的典型素材，例如，被剥皮的圣巴托洛缪（St Bartholomew）① 或被斩首

687

---

① 圣巴托洛缪另有译名——巴多罗买（意为"多罗买之子"）、巴尔多禄茂，以及拿但业（意为"神的赠礼"）。据说圣巴托洛缪曾到印度、亚美尼亚等地传道，最后在亚美尼亚殉教，被斩首、剥皮、倒钉在十字架上。

638

图 32.2　梅尔基奥·洛尔克：《野人教皇》，版画，1541 年。

的亚历山大的圣凯瑟琳（St Catherine of Alexandria）①。但在 16
世纪下半叶，殉教场面又获得了新的突出地位，当时欧洲陷入
了卷土重来的天主教势力与各种新教派别信徒间爆发的宗教冲

---

①　亚历山大的圣凯瑟琳是 2 世纪的著名殉教者，据称她时常劝说罗马帝国
　　皇帝不要迫害基督徒，最后被皇帝斩首。

突之中。对于天主教徒和新教徒而言，殉教是对基督之死的效仿，因此是基督徒行为的典范。古代殉教者的形象通过版画制品迅速传播，例如，在安东尼奥·加洛尼（Antonio Galloni）于 1594 年出版的作品中就有安东尼奥·滕佩斯塔（Antonio Tempesta）绘制的各类殉教者的插图。古代殉教者也在早期近代得到了重新描绘，如瑟西格纳尼① 1584 年为罗马耶稣会的英语学院绘制的 34 名殉教者的壁画，乔凡尼·巴蒂斯塔·德·卡瓦勒里斯（Giovanni Battista de Cavalleriis）也从这些壁画中取材，当作自己绘制的版画的素材。

对新教徒而言，暴力殉教也是建立自身群体身份认同的核心图像，在文字和图像的留存记述中，他们遭迫害的历史被保存下来并得以在今天重现。约翰·福克斯（John Foxe）首次出版于 1563 年的《使徒行传》（俗称《殉教者之书》）便是一个突出的例子。该著的首版包含 60 幅木刻画，描绘了英格兰和苏格兰"在这末世和危险的日子里"对真教会（true church）的暴力迫害。而在 1570 年发行的第二版中，有 150 幅木刻插图普遍描绘了"罗马教士近年来在教会中制造的这些迫害、可怕的麻烦和骚乱"。这些插图包括对前几个世纪的罗拉德派（Lollard）② 和胡斯派（Hussite）③ 以及最近的新教殉教者在玛丽女王手中遭受的酷刑、绞刑④和火刑的生动描绘（图 32.3）。

689

---

① 即尼科洛·瑟西格纳尼（Niccolò Circignani，1517—1597 年），意大利文艺复兴晚期的油画家。

② 罗拉德派指英国中世纪晚期威克利夫的追随者，他们由于践行威克利夫有关宗教改革的思想而被视为异端。

③ 胡斯派指 15 世纪早期的捷克宗教改革教派，因其发起者胡斯得名。胡斯派于 1419 年发动起义，反抗神圣罗马帝国的皇帝和罗马教皇。

④ 作者在这里区分了 hanging 和 garotting 这两种绞刑，前者指以绳索勒住人的脖子使其窒息而死，后者指利用螺旋技术将受刑人的颈部勒住使其窒息而死。

图 32.3 《1556 年因异端而死在火刑柱上的托马斯·克朗默》，作者不详，木刻画，最初收录于约翰·福克斯的《使徒行传》。

显然，这些画作旨在唤起人们对真正的基督徒遭受残酷迫害的漫长历史的强烈恐惧，但其中也包括对殉教者令人惊奇与坚韧不拔品质的刻画。福克斯的书极其畅销，到 1610 年时已重印了六次之多。根据英国耶稣会士罗伯特·珀森斯（Robert Persons）的说法，插图是使得这部著作颇受读者欢迎的重要因素。珀森斯指出，这些"精彩的历史描绘、华丽的插图和盛大的场面"欺骗了愚民们的灵魂。[3]

　　作为当时新出现的媒介，版画不仅使图像制作数量大幅增加，而且扩大了图像涵盖的主题范围，这一点尤其体现在带有图像的宽幅大报（或新闻大报）中。出于传播和宣传的目的，宽幅大报促使人们展开关于政治或宗教的辩论，在动乱和战争

时期为自身领土的合法性辩护，讽刺或赞美统治者及其政策，640
或者对当前发生的事件发表看法。宽幅大报在德意志地区被称
为"新潮流"（*Neue Zeitungen*），凭借其大幅且有时粗糙的图
像和极少量的文字，宽幅大报以前所未有的速度在欧洲迅速传
播，它们将描绘暴力的新图像带到旅馆和城镇广场。读者不但
可以直接购买，而且可以通过口耳相传或通过观看画像来接触
到这些图文，各种可能的途径使其受众变得更广泛，因为宽幅
大报可以更快地对特定事件或集体恐惧做出反应和调整。于
是，从 16 世纪中叶开始，越来越多的宽幅大报对各种奇异、
恐怖和可怕的事件进行了描绘。当时此类报纸以及与之类似的
手写文本最大规模的合集，是苏黎世的瑞士改革派教会的首席
牧师约翰·雅各布·维克（Johann Jakob Wick）在 1560—1587
年（维克去世前一年）编撰的所谓《奇迹书》。[4]《奇迹书》不
但收录了 800 多张印刷册和单页宽幅大报上的木刻画和雕版
画，而且还有数千份手稿中的 1028 幅钢笔画和水墨画。这部
著作让当时的读者看到了 16 世纪欧洲社会中的各种暴行。

维克书中最常见的主题是那些由自然灾害（如洪水、地
震、风暴、雷击、雪崩和极寒天气）导致的暴力破坏景象，
这些灾害通常会带来庄稼歉收、饥荒、疾病和死亡。这本画册
在编纂时恰逢小冰期，当时气温急剧下降，寒潮在 1560—
1650 年袭击了欧洲大部分地区，并在 1565—1628 年的西欧达
到了顶峰。人们通常认为，这类灾难的主要制造者就是上帝：
它们是上帝惩罚人类罪孽的方式，是上帝怒火的具象化，是对
未来可能发生的更多灾害的警告。对气象异常的描绘往往呈现
为天空中骇人的狂暴画面，如血雨，喷火的龙，身穿盔甲、手
持火剑的血人，列队准备战斗的军队。在一些描绘雷击之灾的

图像中，圣父现身于天空中厚厚的云层里，火焰从云层中向外散发，点燃城市的建筑。这些图像连同其附带的叙述，旨在展
641 示维克所说的"如今这个悲惨时代"的可怕性质，他确信这就是末日即将到来的迹象。[5]

罪与罚

越来越多的暴力凶案和骇人罪行构成了维克认为的世界正在走向末日的另一个迹象。因此，维克收录的画作中有许多与凶杀有关的描绘：针对统治者的暗杀；对邻居的刺杀和枪杀；丈夫杀害怀孕的妻子（大多死于刀刺，但也有被扔出窗外或扔进井里的案例）；妻子用刀和毒药杀死丈夫（其中一幅画里的凶器是一把锤子）；父亲刺死自己的孩子，还有一个父亲用斧头砍下了自己儿子的头颅；儿子点燃在床上的母亲，而另一个人用锄头杀死了自己的母亲。牧师们在祭坛上被杀害，其他在场者都是杀戮行动的直接参与者。这些画面中尤其令人毛骨悚然的是针对整个家族的屠杀（施暴者经常会在事后自杀），或在杀死受害者后将其肢解（在某些情况下还包括先奸后杀）。虽然是为了支持他关于末世的说法，维克才将对凶杀的叙述都收入自己的书中，并为它们配上插图，但我们知道，这些故事在当时的小册子和宽幅大报中同样处于十分显眼的位置，其目的包括向观者灌输厌恶之情，为凶手遭受的严厉惩罚找到合理原因，以及娱乐消遣。

对这些可怕罪行的描绘还包括对暴力犯罪者的严惩场面，其中有些画作仅仅描绘了这一场面。绞刑或斩首是处死杀人犯的最常见方式，但杀死侄子、砍掉儿子头颅或者肢解妻子尸体的人会遭受轮刑，这是为尤其令人发指的罪行准备的刑

罚方式。上述场面在版画作品中同样屡见不鲜，它们旨在传递如下信息：罪行的严重程度与惩罚的严厉程度成正比。因此，一个杀死一对夫妇后将他们放在床上焚烧的罪犯在被处以轮刑后被焚烧；一个杀死正在分娩的妇女的牧师被放在油锅里活活烹死；一个用锄头砸烂丈夫头颅的妇女和她的女仆被埋在土里遭受刺刑①。在 1585 年发生的一起臭名昭著的案件中，万根的旅店老板布拉西·恩德雷斯（Blasi Endres）杀死了自己的妻子、三个孩子、一个管家和两个女仆，他的肉被烧红的钳子撕扯了七次，他行凶的那只手也被砍掉，然后他的身体被车轮弄断，最后被一柄安在车轮上的铁叉刺穿，在场的所有人都目睹了他遭受的可怕且可耻的惩罚。[6] 这种对残害和羞辱仪式的描绘有时会有相当丰富的细节，例如，描绘克里斯托夫·温特于 1572 年在哈勒市谋杀他的贵族主人维克多·冯·申尼岑（Victor von Schenitzen）的"连环画"宽幅大报（图 32.4）就是如此。第一幅画是谋杀现场，接着是法官对他的宣判。随后，刽子手用热钳对温特实施了可怕的肢解，这一切都在城市广场上的市民眼前进行。接下来，刽子手用车轮弄断了温特的胳膊、腿和脊椎；最后，温特残缺的身体被刽子手的马拖到备有轮子的场所，绑在被支起的轮子上，他的头则被绳子吊起来，让他的身体完全暴露，直到尸体腐烂——这便是对堕落罪行的最重惩罚。[7]

由于宽幅大报具有使可怕罪行的消息迅速传播的能力，它们还可能会被有意用来制造对一些社会团体或外敌之暴行的恐慌。例如，人们对女巫的暴力和残忍性质的恐惧心理就部分源

642

643

---

① 关于刺刑，参见本卷第 10 章。

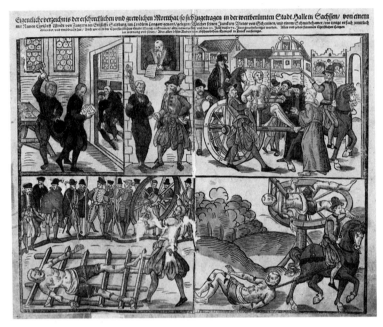

图 32.4　《对克里斯托夫·温特的谴责和处决》，彩色木刻画，作者不详，载《可怕多产的凡人事迹实录》，马格德堡：伦纳德·格哈特，1572 年。

于视觉图像的传播。在维克的图像和宽幅大报中，暴力主要表现为当局施加的严厉惩罚。但在其他版画中，骨骼和四分五裂的身体部位代表的是女巫的暴行，从 16 世纪 90 年代开始，女巫被描绘成分尸烹童的形象——对这种野蛮行径的描绘在雅各布·德·盖恩二世（Jacques de Gheyn Ⅱ，1565—1629 年）的画作中达到了高潮。[8]类似的杀人罪行还被归咎于犹太人。瑞士艺术家克里斯托夫·穆雷尔（Christoph Murer）在 1585 年的一幅画作中描绘了犹太人和女巫之间的这种典型联系，这幅画后来不断被复制与蚀刻，并且被印在了纽伦堡市议会的印花玻璃窗上。在这幅画中，作为忌妒和贪婪化身的女巫和犹太人攻击一个被锁链绑在石板上的金发圣婴（Christ child），后者不但是纯真的化身，而且与儿童殉教者西蒙（Simon）① 在许多画作中的形象十分相似，人们认为西蒙于 1475 年被特伦特的犹太人在仪式上杀死。⁹

另一个基督徒的典型敌人是土耳其人。"残忍的土耳其人"（Turkish cruelty）这一形象在 1520—1540 年变得尤其突出，当时土耳其军队在哈布斯堡王朝的东部边缘地区推进，并最终于 1529 年围攻维也纳。对土耳其人残忍暴行的受害者的描绘也集中于儿童，并且这些画作往往相当具体地借鉴了著名的《对无辜者的屠杀》的视觉主题。例如在 1529 年，一本讲述土耳其军队在维也纳郊区造成的破坏的小册子扉页上描绘了分别怀抱着一个婴儿的三个士兵，其中一个士兵用他的剑剖开了他倒提着的婴儿。1527 年出版的一本关于 15 世纪预言的作品中就已出现的一幅木刻版画，1572 年再次出现在一本讲述巴黎圣巴托洛缪大屠杀的小册子的扉页上。来自纽伦堡的版画家艾哈德·舍恩（Erhard Schön）于 1530 年创作的单页木刻版画中同样出现了与"残忍的土耳其人"类似的形象。这幅画作描绘了如下场景：土耳其士兵将婴儿钉在木桩上，并将其切成两半，而婴儿被杀害的母亲则倒在下方的地上（图 32.5）。像钉死婴儿这样的暴行同样出现在《对无辜者的屠杀》中，这也成为"可怕的土耳其人"（gruesome Turk）的标志性形象，

644

---

① 1475 年的复活节期间，在意大利一个名为特伦特的城市，一个叫西蒙的两岁男孩被发现死在一个犹太人的家里，该事件引发了当地民众的疯狂报复，导致特伦特当地犹太社区的几乎所有男性成员丧生，并让一群近乎疯狂的基督教信徒将他视为耶稣的转世灵童。

645

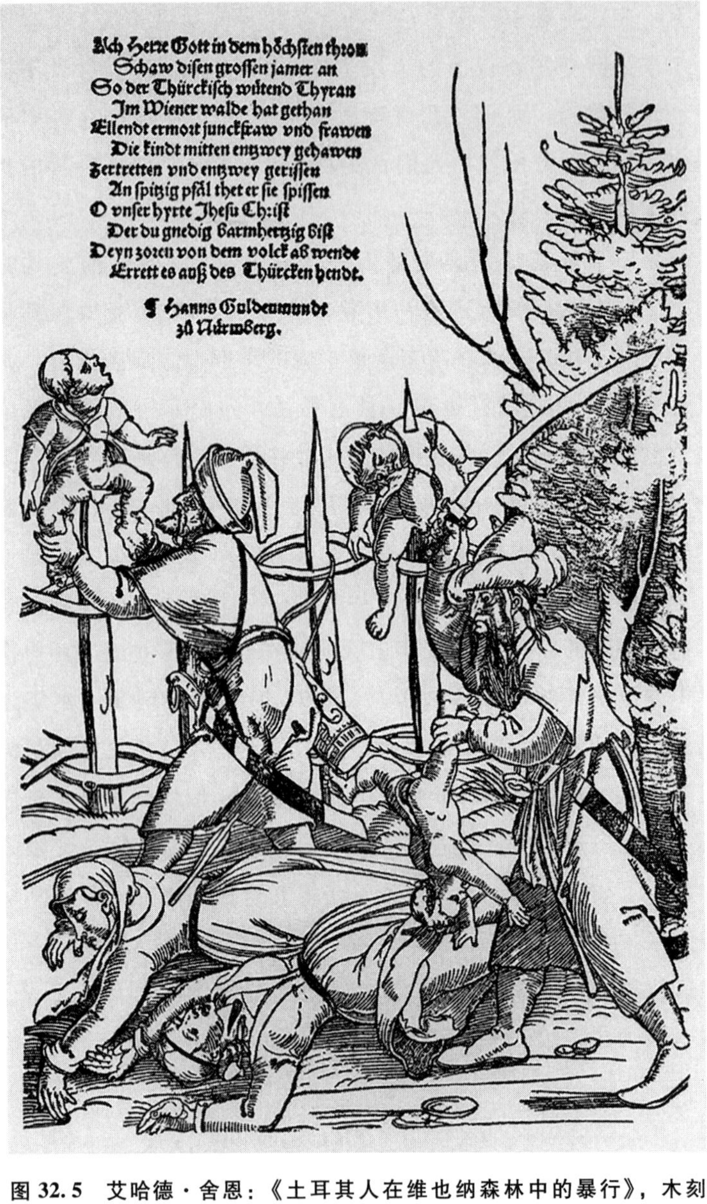

图 32.5　艾哈德·舍恩：《土耳其人在维也纳森林中的暴行》，木刻版画，纽伦堡：汉斯·古尔德蒙德，1530 年。

体现了心狠手辣的土耳其人对道德和社会秩序的危害，制造这一形象的目的是在战争时期激发民众对土耳其人的强烈反感。"可怕的土耳其人"的形象在整个欧洲社会继续盛行，直到 17 世纪末才宣告终结，当时奥斯曼帝国已不再是入侵欧洲的威胁力量。

士兵与战斗

战斗场面是暴力图像的最重要主题之一。艺术家十分热衷于描绘士兵和战争，一部分原因是武器技术和盔甲设计的发展，另一部分原因则是其赞助者希望这些画作中的人物能够体现古人的荣耀和勇气。许多关于战争的画作（特别是创作于 16 世纪上半叶的画作）集中描绘了士兵的时髦服饰与行为举止、盔甲、行军、安营、行李车队（baggage train）① 和围攻。在这些画作中，战争与死亡的强烈联系无处不在，战死沙场的悲惨景象充斥其间。但是，在描绘瑞士、士瓦本（Swabia）② 和意大利的战争的无数幅画作中，暴力场景通常并非中心焦点（central focus）③，取而代之的是由持长矛和长枪的士兵组成的军事编队，战争所造成的破坏场面仅仅体现为在地平线上燃烧的建筑物。例如，马克西米利安皇帝（Emperor Maximilian）的自传《白色的国王》（Weisskunig）中为描述战斗的文字配的插图就是如此，而自传的编者是这位皇帝的顾问、人文主义者康拉德·波伊廷格（Konrad Peutinger）以及私人秘书马克

---

① 此处的行李车队指跟在军队后面为士兵提供补给的马车队。

② 士瓦本是当时德意志地区的一个公爵领地，位于今天的德国西南部。

③ 中心焦点又称视觉中心或画眼，指绘画中最重要、最有看点、最能吸引观者注意力的一小块主体画面。

斯·特雷茨萨温（Marx Treitzsaurwein），成书时间为1505—1516年。马克西米利安是第一个利用新式版画技术炫耀自身权力的统治者，他将自己塑造成一个全副武装地坐在马背上的军事领袖形象，使自己看上去就像是古罗马帝国当之无愧的继承者。因此，他在自传中提到的战役都是为了集中展示他作为大军指挥官、骑士领袖、深得人心并使众人向其宣誓效忠的胜利者的军事专长。战斗本身在很大程度上依然采用传统方式来呈现，并以将长矛和长枪当作武器的大规模冲突为标志。这些作品并非完全避免描绘战场上的暴力场面，但这类场面的确很少直接出现在画面中。[10]

646 　　尽管这类描绘战争的图像都遵循一定的惯例，但也存在一些例外，其中就包括一幅作者不详的彩色复合木刻版画，该画描绘了1499年在士瓦本战争期间进行的多尔纳赫之战。[11]这场战役本身的画面表现并无新意——帝国军队与手持长矛的瑞士士兵对峙。但在前景的河岸上和左边的多尔纳赫镇附近，瑞士人追赶帝国士兵，并用长矛刺向他们。残缺不全的头颅和流血的断头尸体一部分散落在地上，还有一部分漂浮在河面上，而两个女人的手势则表达了她们的惊恐万状和难以抑制的悲痛之情。另一幅例外画作的作者是在军事题材方面炉火纯青的大师、瑞士艺术家乌尔斯·格拉夫，他的这幅画可能受到了1515年瑞士人在马里尼亚诺（Marignano）① 的大败退的启发（图32.6）。画面左方描绘了一幅典型的战场景象，骑兵的长矛与步兵的长矛针锋相对，后面是一门大炮和匍匐在地的人物

---

① 马里尼亚诺是意大利语中对该地的称呼，法语称马里尼昂（Marignan），今天该地名为梅莱尼亚诺（Melegnano）。

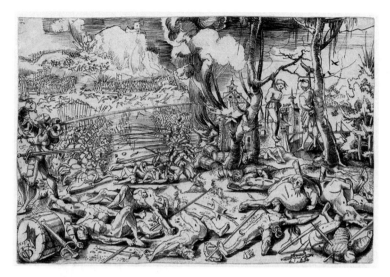

图 32.6 乌尔斯·格拉夫:《战场》,钢笔画,1521 年。

线条。然而在前景中,战争残忍与恐怖的一面显而易见。遍地都是剥光衣服后被砍断和撕裂的尸体,一个人被开膛破肚,另一个人被长矛刺穿,第三个人趴在一匹仰翻的马的臀上,依然保持着掉落马下时的躺卧姿势,而马正在发出死前最后的呻吟。在这幅灾难场景的另一端,一座村庄中的建筑陷入了火海,两个农民被吊死在树上,而乌鸦则飞下来啄食他们身上的肉。与此同时,前景中的一个年轻雇佣兵正拿着水壶喝水,他无疑是想在继续杀戮之前以此来提神。虽然学界对格拉夫是否与他同时代的乌利希·慈运理(Huldrych Zwingli)和德西德里乌斯·伊拉斯谟一样对战争持批判态度依然存在争议,但这幅画表明(至少在某些人看来),作者认为战争会导致残酷的暴力和屠杀。

1528 年,马克西米利安的侄子、巴伐利亚公爵威尔海姆四世（Wilhelm IV, Duke of Bavaria）和他的妻子巴登的雅科比亚（Jacobäa of Baden）委托创作了大量画作，他们公开展示了其中两组描绘战争暴力的画作。该系列画作由八幅男性军事英雄的垂直板面画和八幅品行端正的女英雄的水平板面画组成，它们被用来装饰威尔海姆新修建的宫廷花园。[12]这两组画的作者是德意志南部的著名艺术家阿尔布雷希特·阿尔特多费尔（Albrecht Altdorfer）和汉斯·布克迈尔（Hans Burgkmair），两人都参与了马克西米利安的许多重要画作的绘制。他们在整个十二年计划的早期阶段就完成了这两组画作的绘制，这些画作也成为16世纪最壮观的两组战场主题的绘画作品。阿尔特多费尔的《伊苏斯之战》（1529 年）以鸟瞰的方式描绘了战场上的军队，士兵密密麻麻的长矛和长枪位于画面下方，广阔的天空被初升旭日的美妙光芒所笼罩，为这场战役营造出了一种宏伟无比的气氛。该画的创作内容是公元前 333 年由马其顿国王亚历山大大帝（Alexander the Great）领导的希腊联盟与波斯国王大流士（Darius）载入史册的战斗，因此这幅画给人一种不合时宜的印象。但当人们仔细观察亚历山大的希腊军队在中央区域追击败走的大流士时就会发现，希腊士兵的服饰实际上来自16 世纪的帝国骑士，而大流士和波斯人则化身为戴着头巾的奥斯曼人。画面中几乎没有出现对暴力的直接描绘，除了倒在地上的马匹和它们戴着头巾的骑手（位于画面底部附近的战场边缘地带）。像威尔海姆四世这样的统治者想要通过这类画作传达的信息显然是一场史诗般战斗后的辉煌胜利，画师们无疑站在了希腊军队一方，后者成功抵御了戴头巾的敌人的攻击，而在现实中，奥斯曼帝国的大军此时正在围攻维也纳；尽管如此，血腥的屠杀和场景的破坏被压缩到了一个从高处几乎看不到的边缘地带。

　　相比而言，布克迈尔的画作《坎尼会战》描绘了公元前216 年汉尼拔击败罗马军队的场景，这幅画的视角很低，观众因此离战场更近。[13]这幅画作中的战斗场面极其激烈：在三个行动列队的两队中，骑兵和步兵混杂在一起；士兵们挥舞着剑、斧头和长矛猛冲突刺；人和马的尸体在倒下时纠缠在一起；断肢、马蹄和死者的头颅在纷乱的人群中显得尤其刺眼。与《伊苏斯之战》不同，《坎尼会战》并没有反映当时现实中正在发生的战争：士兵们仿照古罗马硬币和石棺上的样式穿着古代的盔甲和短布长衫。事实上，对这场战斗的描绘与当时发生的另一起事件有关：李维①的著作有全新的德语译本，该著对这场战争有细致的描述。当真实的历史与战败场景相联结时，任何对英雄的认同与赞美都显得格格不入。正如阿什利·韦斯特（Ashley West）所言，这幅画很可能是脆弱和失败的典型，是罗马执政官未能遵循统一战略的结果，但它也揭示了战场上的屠杀场面。无论对于哪一方军队而言，战场上的暴力都具有十足的毁灭性。

宗教战争

　　暴力场面的可怕破坏性在 16 世纪下半叶的画作中体现得更加明显，这些画作主要描绘了法国宗教战争（1562—1598年）或尼德兰革命（1568—1585 年）第一阶段中发生的事件。这些冲突因其教派性质和宗教解释牵涉到更多人口（不仅仅

---

　　①　李维即提图斯·李维（Titus Livius，公元前 59—公元 17 年），古罗马历史学家。

是士兵），它们在很长一段时间内持续存在，所有这些因素都
对画作的不同表现方式产生了影响。此时描绘战争的画作中新
出现的一个题材是大屠杀——大量手无寸铁的民众死于残忍的
军队士兵之手。一组被收录在版画集中的 5 幅图像就重现了大
屠杀的场景，这部版画集名为《关于这些年来在法国发生的
战争、屠杀和动乱……的 40 幅画》，于 1569—1570 年在日内
瓦出版，其中木刻画和蚀刻画的绘制者是让·佩里森（Jean
Perrissin）和雅克·托托雷尔（Jacques Tortorel），他们都是来
自里昂的难民。这些画作涵盖了 1559—1570 年与法国前三次
宗教战争有关的战役、围攻、袭击和屠杀场面。[14]

　　这些画作对大屠杀进行描绘的目的显然是唤起观众的恐怖、
惊惧和愤怒之情。例如，《瓦西镇大屠杀》这幅木刻画在 7 个不
同的法语、拉丁语和德语版本中都得到了重印，该画描绘了
1562 年 3 月 1 日天主教会的吉斯公爵（Duke of Guise）手下的
士兵在瓦西镇的谷仓中对做礼拜的 45—60 名新教徒的屠杀。[15]艺
术家以各种手法强化了所绘场景的残酷性：低矮的视角使观众
距离场景更近，拥挤的空间凸显了受害者逃生的难度；受到攻
击的妇女紧紧抓住并努力保护她们的婴儿不被剑刺到。这幅画
显然与希律王屠杀无辜者的画进行了类比，因此更能唤起观众
的恐怖和怜悯感受。《卡奥尔大屠杀》的作者也使用了类似的手
法，这幅画描绘的场景是：1561 年 11 月，40—50 名新教徒在当
地一位贵族的房子里集合做礼拜时被天主教徒屠杀，其中大多
数尚未被杀死或在大火烧到他们之前成功逃到屋顶上的人被赶
出院子，来到外门，在那里遭到成批屠杀。但这一场景中另一
个可怕的细节是恐怖手段的直接展示：受害者的尸体在房子前
的街道上一字摆开，这被视为对新教徒的公开警告。

649

　　佩里森和托托雷尔描绘的另外两个大屠杀场景则使用了截然不同的手法,他们可能受到了荷兰艺术家汉斯·弗雷德曼·德·弗里斯(Hans Vredeman de Vries)和法国天主教宫廷画家安东尼·卡隆(Antoine Caron)描绘的公元前43年罗马后三头同盟实施大屠杀①的场景的影响。[16]这些画作将罗马人实施的大屠杀置于一个广阔的城市建筑场所,并且精心展现了许多不同的个体暴行:刺杀、开膛破肚、斩首、溺水和断头。佩里森和托托雷尔笔下的森斯大屠杀(1562年4月)和图尔大屠杀(1562年7月)都采用了类似的手法,他们重点描绘了个体遭受的暴行,以此体现这类事件的残酷性。在描绘森斯大屠杀的画作中,一个个不同的人被枪杀、被刺杀,以及被剥光衣服后拖到河边然后扔进河里(图32.7)。还有一些活人被绑在一起后扔进水里,他们三四个人并成一排淹没在汹涌的河水中。溺亡场面在描绘图尔大屠杀的画作中则更加刺眼,河流填满了整幅版画的下半部分。在这幅画中,受害者的死因包括火枪射击、淹死、棍击和开膛破肚。其中还有一个刻意用剑对准裸体女人和男人的生殖器的画面,这暗示了强奸的发生。[17]狗和乌鸦聚集在河岸上的裸尸周围,而河流中的那些幸存者则被船上的士兵乱棍打死。在法国画家和日内瓦难民弗朗索瓦·杜·博瓦(François du Bois)描绘1572年圣巴托洛缪大屠杀的最著名画作中同样出现了类似的手法:这幅画由大屠杀期间巴黎城市景观中的多个残酷的暴力景象构成,其中也出现了用棍棒和刺刀杀死受害者的场面,赤裸的尸体被拖着扔进塞纳

650

---

　　① 公元前43年,安东尼、屋大维和雷必达在波伦尼亚附近会晤并达成协议,史称罗马后三头同盟(Second Roman Triumvirate)。后三头同盟掌握大权后,便对罗马城中的政敌展开大规模屠杀。

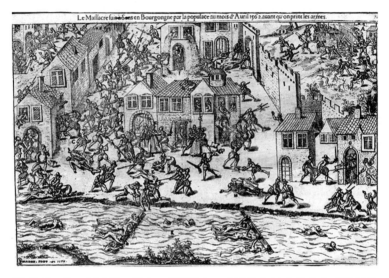

图 32.7　让·佩里森、雅克·托托雷尔：《1562 年天主教徒在森斯屠杀胡格诺派教徒》，蚀刻画，载《关于这些年来在法国发生的战争、屠杀和动乱的令人难忘的历史》（1570 年），图版 12。

河，男人、女人和儿童的血淋淋的尸体漂浮在河面上，其中有个人似乎口吐鲜血并压在一个孩子身上，一些赤身裸体的尸体被堆成一堆，其他人则被推车运走——在画面中间偏右处，新教领袖科里尼（Coligny）将军被抛出窗外，他的头颅被砍下，内脏被剖出。

展现这类暴行的画作并不局限于描绘天主教徒实施的暴行。理查德·维斯特根（Richard Verstegan）的《异端在这个时代的残酷下场》是一部描绘新教徒对天主教徒实施的野蛮暴行的重要画集。维斯特根是一位来自英国的金匠、印刷商和雕刻师，他流亡欧洲大陆，并于 16 世纪 80 年代初定居安特卫普。从 1582 年开始，维斯特根绘制了大量展现英国新教徒迫

害天主教徒场景的画作。他在 1587 年出版的这部画集中，对
素材进行了整理、拓展和扩充，最终收录了 29 幅蚀刻画，其 651
中有与法国、低地国家、英国和爱尔兰相关的单独章节。这部
画集颇受欢迎，到 1607 年共有 8 个拉丁文和法文的版本。维
斯特根的画作旨在警告加尔文宗教徒统治的后果，唤起对那些
可怕异教徒的恐惧和仇恨，并同情其中遭受折磨的受害者。因
此，他采用的绘画手法类似于描绘森斯大屠杀的画作和杜·博
瓦在《圣巴托洛缪大屠杀》中使用的手法：这些画作都描绘
了野蛮残忍行径中个人遭受的具体暴行，这些事例在每幅版画
下方的 6 行诗句中均被提到，并在对页的文本故事中被进一步
详述。出于对独立发行作品的促销考虑，每幅在法国出版的蚀
刻画中都写有 "在法国对天主教徒实施某些可怕的残忍行为
的是那些被人们称为胡格诺派的人，他们在 1562 年第一次反
抗国王"。一些插图显然借鉴了殉教者的形象，这些殉教者的
肠子像圣伊拉斯莫（St Erasmus）① 的肠子一样缠绕在起锚机
上，或者殉教者像圣劳伦斯（St Lawrence）② 一样被放在架子
上烤死。然而，其他蚀刻画不但戏剧性地描绘了包括切割人体
器官在内的暴行，有时还会涉及与性有关的暴行。例如在一幅
画中，一名牧师被开膛破肚，人们将稻草塞进他的胃里，后者
因此变成了马匹的喂食槽。一名士兵将一支巨大的火炬插入一
个躺在地上的女人的阴道内——旁边的文字证实了观众的猜
测，即这个女人已经遭到了强奸（图 32.8）。[18]

---

① 此处指福尔米亚的伊拉斯莫（Erasmus of Formiae）或圣埃尔莫（Saint Elmo），
4 世纪的著名殉教者，据说他的腹部被切开，肠子被缠绕在起锚机上。
② 此处指罗马的劳伦斯，3 世纪的殉教者，据说他在一个下面铺满了火热煤
炭的巨大烤架上被活活烤死。

图 32.8　《在法国对天主教徒实施某些可怕的残忍行为的是那些被人们称为胡格诺派的人》，蚀刻画，载理查德·维斯特根《异端在这个时代的残酷下场》，安特卫普：阿德里安·休伯特，1587 年，第 51 页。

　　在 16 世纪 70 年代西班牙对尼德兰的镇压中，也出现了类似的暴行，此前大量加尔文宗教徒在所谓的"奇迹之年"1566 年发动了以破坏圣像为目的的暴乱。阿尔巴公爵费尔南多·阿尔瓦雷斯·德·托莱多（Fernando Alvarez de Toledo）对暴乱分子进行了残酷镇压。1567 年夏天，他率领 1 万人的军队抵达布鲁塞尔，清洗尼德兰境内的宗教异端和反叛分子。阿尔巴公爵对传统自由观念持根除态度，因此实施极其严苛的惩罚政策，这使他在许多小册子和版画中的形象都被妖魔化。例如，在 1570 年前后出版的一幅作者不详的著名版画中，阿尔巴公爵被描绘成一个正在吞噬孩子的邪恶食人者，他的双脚踩在新教反叛者埃格蒙特伯爵（Count Egmont）与荷恩伯爵（Count Hoorn）身首异处的尸体上。多产的著名弗拉芒版画家兼出版商弗朗茨·霍根伯格（Franz Hogenberg）绘制并出版了多幅描绘阿尔巴公爵在接下来十年中的残暴统治的版画，其描绘的场景包括1572年对梅赫伦、纳尔登等城镇的洗劫和掠夺，以及最终在1576年对安特卫普这个低地国家中最大且最富裕的城市的劫掠。[19]霍根伯格等人对这类血腥掠夺的图像描绘（后来被称作"西班牙狂怒"①）如今与叙述西班牙人在美洲野蛮行径的故事相结合，巴托洛梅·德·拉斯·卡萨斯在1552年出版的《西印度毁灭述略》（1578年，该著从西班牙文翻译成法文和荷兰文）中对此进行了阐述，吉罗拉莫·本佐尼在出版于1565年的《新大陆史》（1578年从意大利文翻译成拉丁文，1579年又翻译成法文和德文）等作品中也对其进行了更加详细的描述，这都使得"黑色传奇"②观念越发盛行。

洗劫、掠夺与悲叹

658

霍根伯格在一些版画中描绘了对尼德兰城市的洗劫和掠夺场面，其中就有性暴力和深刻情感创伤方面的生动暗示。例如，在描绘洗劫梅赫伦的画作中，霍根伯格很少直接展现现实中发生过的残酷屠杀景象。在这幅画的背景中，一群人正被士兵追击，集结的大军强行进入建筑物，但这幅版画三分之二的画面都在描绘士兵对货物的掠夺。一个正在哭泣的半裸女人笔直地站在前景的中心位置，而另一个坐着的（也是半裸的）

---

① 关于"西班牙狂怒"，参见本卷第27章。
② 关于"黑色传奇"，参见本卷第21章。

女人和两个孩子向她伸出手臂，摆出一副无助的恳求姿态，这些画面对观众而言同样极具冲击力。这个女人显然象征了这座城市目前的状态：被抛弃、被掠夺、被剥光、被玷污，男人们都不见踪影，家庭和社区完全瘫痪。在霍根伯格为 1576 年的安特卫普大屠杀创作的七幅版画（以复合"连环"版画的形式呈现）中，有一幅画描绘的是一名士兵将剑插入一名女子的生殖器，另一名女子被她自己的乳房吊起，而一名男子则被他自己的阴茎吊起（图 32.9）。[20] 这类画作反映了在当时出版的众多作品中司空见惯的性侵犯和暴力掠夺场面，这不仅是针对身体和货物的暴行，还是践踏个人和集体尊严的暴行。[21] 性掠夺在 1577年的一幅版画中得到了更加生动的描绘，这幅名为《为荒凉的尼德兰悲叹》的画作是大汉斯·科莱尔特（Hans Collaert I）在安布罗修斯·弗兰肯（Ambrosius Francken）原作的基础上绘制的，尼德兰在其中被描绘成一个被四名士兵包围的女子，他们羞辱她并剥光她的衣服实施强奸，最后挖出了她的心脏。[22]

大约从 1585 年起，尼德兰在事实上分裂为由西班牙控制的南部地区和位于北部的荷兰联合省，这片土地被士兵掠夺和蹂躏。对这类现象的悲叹成为描绘战争暴力之画作的一个深刻主题。西班牙军队在没有得到军饷的情况下多次哗变，并在乡间大开杀戒。面对这种情况，像《对西班牙人暴行的真实描述》（1621 年）这样的简短小册子中反复出现了霍根伯格等艺术家在 16 世纪 70 年代绘制的以"西班牙狂怒"为主题的最令人毛骨悚然的版画，人们以此表达对西班牙士兵暴力袭击荷兰公民及其家人、妇女和儿童的愤怒之情。在其他作品中——如《西班牙人在尼德兰暴政的真实写照》的第二部分（1620 年，1628 年，1638 年）——西班牙人对美洲印第安人的暴行和土

图32.9　弗朗茨·霍根伯格：《1576年安特卫普的西班牙狂怒：士兵的暴行》，蚀刻画，载《尼德兰、法国和德意志历史场景版画》，《尼德兰大事记》第7卷，1576—1577年，图版161。

耳其人的残酷行为一道被描绘为对女性的折磨和强奸以及对婴儿的残杀。此外，这还被描述为同时针对天主教徒和加尔文宗教徒的暴行：修女和乞丐遭到强奸，僧侣被自己的阴茎吊起——这些暴行的实施者并非天主教士兵，而是西班牙暴君。[23]

　　在彼得·保罗·鲁本斯（Peter Paul Rubens）绘制于1623—1638年的画作中，一个反复出现的主题便是战争与和平之间的紧张关系。鲁本斯以古代神话中的人物——如玛尔斯、帕克斯和维纳斯——为主题，在画作中生动地呈现了这种紧张关系。与此同时，为实现西班牙和荷兰联合省之间的和平，他代表西班牙哈布斯堡王朝执行了许多外交任务，因此他的画作也体现了自己为实现和平而在政治上面临的棘手难题。反观其他弗拉芒籍与荷兰籍的艺术家，如大卫·维克波姆斯（David Vinckboons）、塞巴斯蒂安·弗兰肯斯（Sebastian Vrancx）和彼得·斯奈尔斯（Pieter Snayers），他们对此的描绘方式迥然不同。从回到战争状态的 1621 年到最终走向和平与独立的 1648 年，他们在此期间致力于描绘尼德兰的军事化景观以及法律和秩序的彻底崩溃趋势。这些艺术家的许多画作中都出现了敌军士兵对家庭、村庄、城镇的凶残攻击和掠夺，对车队和货车的伏击，以及（在某些情况下）农民对这些掠夺者的激烈抵抗和残忍报复。[24]与描绘三十年战争期间德意志士兵所犯暴行的小册子和宽幅大报中出现的那些文字及图像一样，教派冲突并非其中的显著主题。这些画作描绘的暴行——如 1638 年的名为《为德意志悲叹》的小册子记述和描绘的"哀鸿遍野"（饥荒、疾病、凶杀、掠夺、强奸和骇人听闻的暴行）——代表了为惩罚人类的罪恶而倾泻的"神烈怒的七碗"（vials of God's wrath）①。但这些暴行并非以上帝或特定信仰的名义实施，它们被描述为"帝国强权"（imperialist）②和瑞典士兵的野蛮残忍的行为，施暴者被人们不约而同地视为怪物、魔鬼和无信仰者。[25]

洛林的版画家雅克·卡洛（Jacques Callot）于 1633 年在巴黎出版的《战争的苦难》名气更大，这本包含十八组蚀刻

---

① 出自《圣经·新约·启示录》第 16 章第 1 段：我听见有大声音从圣所里发出来，向那七位天使说："你们去，把神烈怒的七碗倒在地上。"英文原文出自钦定英译本。

② 此处的"帝国"指神圣罗马帝国。

版画的画册代表了当时人们对战争的类似恐惧感受。第一组
版画描绘了士兵入伍、参战，随后他们便展现出令人震惊的
军纪崩溃之景：他们像强盗一样袭击农场、掠夺房屋、抢劫
修道院、烧毁村庄并袭击马车。第二组版画描绘了被捕的士
兵，他们因罪行而受到酷刑和处决的惩罚，行刑方式包括绞
刑、行刑队枪决、火刑和轮刑。第三组版画描绘了战后幸存
士兵的生活：饱受伤残和疾病之苦，在街上乞讨以垂死挣扎，
被愤怒的农民寻仇，以及得到统治者的（丰厚）奖赏。这一 656
系列画作被人们不同程度地解释为对当时暴行的政治批判、
对严酷惩罚的辩解，以及对即将到来的天谴的道德警示。这
本画册的魅力显然就在于，它能够在一个画面中传达出各种
不同的信息。但是，任何信息都是通过卡洛对战争带来的破
坏场面的丰富描绘来传达的，无论是对施暴者、受害者还是
幸存者而言皆是如此。精心制定的入伍纪律（图版 2）很快
就崩溃，军中爆发了一场骚乱，这场骚乱在士兵洗劫一所房
屋并残忍地奸杀当地居民的过程中达到了可怕的高潮（图
32.10）。在农民的恶毒报复行动中，此类暴行再次出现（图
版 17）。大多数场景集中描绘了战争中发生的和人们遭受的
可怕暴行。

结　语

　　为了表现数十年的战争造成的巨大破坏，17 世纪的一些
艺术家（如卡洛和弗兰肯斯）将战争中的暴力描绘为对社会
的摧残，早年的教派共存状态此时已荡然无存。当然，将暴力
用于教派宣传的做法并未完全消失，其典型体现便是英国新教
徒在爱尔兰反叛期间绘制的关于天主教徒的残忍暴行的骇人插

657

图 32.10　雅克·卡洛：《士兵抢劫农舍内的一个大房间并屠杀居民》，蚀刻画，载《战争的苦难》，1633 年，图版 5。

画书，如詹姆斯·克兰福德（James Cranford）的《爱尔兰之泪》（1642 年），这部作品旨在宣传新教徒遭受的苦难，从而动员政治舆论反对查理一世。然而在 17 世纪，暴力的另一种呈现方式似乎获得了更多的社会认同并拥有更大的吸引力。在整个宗教改革时期，暴力显然无处不在，版画及其印刷制品极大地促进了对宗教暴行的描绘和传播，而这些暴行主要是由教派冲突本身造成的。这些生动的暴力场景被用来唤起恐惧之情，激发对敌人和外来者的仇恨，强化统治者的权力和臣民的忠诚度，以及告诫民众不要造反。但另外，它们也可以被用于破坏强权、煽动反叛，以及创造新的身份、意义和希望。然而在 16 世纪末至 17 世纪中叶，战争与暴行依然持续不断，欧洲大部分地区仍处于风雨飘摇的状态，艺术家也开始关注被称为时代"苦难"的抗争和悲叹。他们看到，如果不加以控制，过度的暴力会导致灭顶之灾，暴力的恶魔一旦被释放出来，便会覆水难收。

参考论著

658

越来越多的机构的网站上可以开放查阅到暴力图像的文献来源，例如 British Museum，Metropolitan Museum of Art and the Rijksmuseum，或者 ARTstor Digital Library 的图像数据库。重要的版画集包括 Max Geisberg, *The German Single-Leaf Woodcut, 1500-1550*, 4 vols.（New York：Hacker, 1974）；Walter Strauss, *The German Single-Leaf Woodcut, 1550 - 1600*, 3 vols.（New York：Abaris, 1975）；Dorothy Alexander and Walter Strauss, *The German Single-Leaf Woodcut, 1600-1700*, 2 vols.（New York：Abaris, 1977）；David Kunzle, *The Early Comic Strip: Narrative Strips and Picture Stories in the European Broadsheet from c. 1450 to 1825*（Berkeley：University of California Press, 1973）；John Roger Paas, *The German Political Broadsheet, 1600- 1700*, 9 vols.（Wiesbaden：Harrassowitz, 1985 - 2012）；Wolfgang Harms and Michael Schilling, *Deutsche illustrierte Flugblätter des 16. und*

17. Jahrhunderts，7 vols.（Tübingen：Niemeyer，1997–2005）。

关于当时欧洲暴力图像的最重要的研究成果是那些探索图像中宗教苦难主题的论著，例如 Mitchell Merback，*The Thief, the Cross and the Wheel: Pain and the Spectacle of Punishment in Medieval and Renaissance Europe*（London：Reaktion，2001）；John R. Decker and Mitzi Kirkland-Ives（eds.），*Death, Torture and the Broken Body in European Art, 1300–1650*（Farnham：Ashgate，2015）。关于殉教图像的研究成果，参见 Anne Dillon，*The Construction of Martyrdom in the English Catholic Community, 1535–1603*（Farnham：Ashgate，2002）；Lionello Puppi，*Torment in Art: Pain, Violence, and Martyrdom*（New York：Rizzoli，1991）；Margaret Aston and Elizabeth Ingram，'The Iconography of the Acts and Monuments'，in David Loades（ed.），*John Foxe and the English Reformation*（Farnham：Ashgate，1997），pp. 66–142。关于宗教改革期间宣传图像的研究成果，参见 Robert W. Scribner，*For the Sake of Simple Folk: Popular Propaganda for the German Reformation*（Cambridge：Cambridge University Press，1981，rev. edn 1994）。关于圣像破坏运动，参见 Margaret Aston，*Broken Idols of the English Reformation*（Cambridge：Cambridge University Press，2016）；David Freedberg，*Iconoclasm and Painting in the Revolt of the Netherlands, 1566–1609*（New York：Garland，1988）。

关于战争的图像是近年来许多研究的主题，尽管暴力问题在其中很少被直接指出或被理论化处理。关于这一主题的概览性论著，参见 J. R. Hale，*Artists and Warfare in the Renaissance*（New Haven, CT：Yale University Press，1990）；David Kunzle，*From Criminal to Courtier: The Soldier in Netherlandish Art 1550–1672*（Leiden：Brill，2002），该著强调了这些图像的社会意义；Klaus Bussman and Heinz Schilling（eds.），*1648: War and Peace in Europe*，2 vols.（Munich：Bruckmann，1998）中的多篇论文。Larry Silver，*Marketing Maximilian: The Visual Ideology of a Holy Roman Emperor*（Princeton, NJ：Princeton University Press，2008）一书是关于 16 世纪早期欧洲各国军事意识形态的一项重要研究成果。其他提出重要见解的论著包括 Pia Cuneo（ed.），*Artful Armies, Beautiful Battles: Art and Warfare in Early Modern Europe*（Leiden：Brill，2002）；James Clifton and Leslie M. Scattone，*The Plains of Mars: European War Prints, 1500–1825*（New Haven, CT and Houston, TX：Yale University Press and Houston

Museum of Fine Arts, 2008) 以及下面这项涉猎广泛的研究成果：Bernd Roeck, 'The Atrocities of War in Early Modern Art', in Joseph Canning, Hartmut Lehmann and Jay Winter (eds.), *Power, Violence and Mass Death in Pre-Modern and Modern Times* (Farnham: Ashgate, 2004), pp. 129–40.

宽幅大报和小册子中有很多关于社会暴力的内容。重要的概览性研究包括 Wolfgang Harms and Michael Schilling, *Das illustrierte Flugblatt der frühen Neuzeit: Traditionen, Wirkungen, Kontexte* (Stuttgart: Hirzel, 2008); Andrew Pettegree (ed.), *Broadsheets: Single-Sheet Publishing in the First Age of Print* (Leiden: Brill, 2017)。一项关于战争暴力图像的重要研究成果是 Philip Benedict, *Graphic History: The Wars, Massacres and Troubles of Tortorel and Perrissin* (Geneva: Droz, 2007)。关于当时新出现的媒介中的罪行及其惩罚的研究成果，参见 Joy Wiltenburg, *Crime and Culture in Early Modern Germany* (Charlottesville: University of Virginia Press, 2012); Karl Härter, 'Early Modern Revolts as Political Crimes in the Popular Media of Illustrated Broadsheets', in Malte Griese (ed.), *From Mutual Observation to Propaganda War: Premodern Revolts in Their Transnational Representations* (Bielefeld: Transcript, 2014), pp. 309 – 50; Karl Härter, 'Images of Dishounoured Rebels and Infamous Revolts: Political Crime, Shaming Punishments and Defamation in the Early Modern Pictorial Media', in Carolin Behrmann (ed.), *Images of Shame: Infamy, Defamation and the Ethics of Oeconomia* (Berlin: De Gruyter, 2016), pp. 83 – 5; Charles Zika, *The Appearance of Witchcraft: Print and Visual Culture in Sixteenth-Century Europe* (London: Routledge, 2007), pp. 179 – 209; 'Violence, Anger and Dishonour in Sixteenth-Century Broadsheets from the Collection of Johann Jakob Wick', in Susan Broomhall and Sarah Finn (eds.), *Violence and Emotions in Early Modern Europe* (London: Routledge, 2016), pp. 37–58。关于描绘当时灾害造成影响的图像，参见 Jennifer Spinks and Charles Zika (eds.), *Disaster, Death and the Emotions* (London: Palgrave Macmillan, 2016); 关于"残忍的土耳其人"，参见 James G. Harper, *The Turk and Islam in the Western Eye, 1450-1750: Visual Imagery Before Orientalism* (Farnham: Ashgate, 2011); Charlotte Colding Smith, *Images of Islam, 1453-1600: Turks in Germany and Central Europe* (London: Pickering & Chatto, 2014)。

注　释

1. Robert W. Scribner, *For the Sake of Simple Folk: Popular Propaganda for the German Reformation* (Cambridge：Cambridge University Press, 1981), pp. 28-9, 55-7, 166-8.

2. 同上，pp. 62-5, 79-80, 87-91, 105-7, 175-7, 242-50。

3. 引自 David Morgan, *The Forge of Vision: A Visual History of Modern Christianity* (Berkeley：University of California Press, 2015), p. 241, n. 34。

4. 读者可以在苏黎世中央图书馆的在线目录中阅览维克手稿的 24 卷对开本和宽幅大报的图片。

5. Charles Zika, 'Visual Signs of Imminent Disaster in the Sixteenth-Century Zurich Archive of Johann Jakob Wick', in Monica Juneja and Gerrit Jasper Schenk (eds.), *Disaster as Image: Iconographies and Media Strategies across Europe and Asia* (Regensburg：Schnell & Steiner, 2014), pp. 43-53, 217-20, at pp. 44-5.

6. Joy Wiltenburg, *Crime and Culture in Early Modern Germany* (Charlottesville：University of Virginia Press, 2012), pp. 80-7.

7. Wolfgang Harms and Michael Schilling, *Die Sammlung der Zentralbibliothek Zürich, Part 2: Die Wickiana II (1570 - 1588)* (Tübingen：Max Niemeyer, 1997), pp. 48-9.

8. Charles Zika, *The Appearance of Witchcraft: Print and Visual Culture in Sixteenth-Century Europe* (London：Routledge, 2007), pp. 179 - 209; Charles Zika, 'The Cruelty of Witchcraft: The Drawings of Jacques de Gheyn the Younger', in Laura Kounine and Michael Ostling (eds.), *Emotions in the History of Witchcraft* (London：Palgrave Macmillan, 2016), pp. 37-56.

9. Zika, *Appearance of Witchcraft*, pp. 231-5.

10. Emperor Maximilian, *Der Weiß Kunig. Eine Erzehlung von den Thaten Kaiser Maximilian des Ersten...* (Vienna, 1775), ed. Christa-Maria

Dreissiger（Weinheim: VCH, 1985）.

11. J. R. Hale, *Artists and Warfare in the Renaissance*（New Haven, CT: Yale University Press, 1990）, pp. 48-50.

12. 同上, pp. 192-9。

13. Ashley West,'The Exemplary Painting of Hans Burgkmair the Elder: History at the Munich Court of Wilhelm IV', in Randolph Head and Daniel Christenson（eds.）, *Orthodoxies and Heterodoxies in Early Modern German Culture: Order and Creativity 1500－1750*（Leiden: Brill, 2007）, pp. 197-225.

14. Philip Benedict, *Graphic History: The Wars, Massacres and Troubles of Tortorel and Perrissin*（Geneva: Droz, 2007）.

15. 关于这一事件和以下其他屠杀事件, 参见同上, pp. 260-78。

16. Jean Ehrman,'Massacre and Persecution Pictures in Sixteenth-Century France', *JWCI*, 8（1945）, pp. 195-9.

17. Penny Roberts,'Peace, Ritual, and Sexual Violence During the Religious Wars', *Past & Present*, 214, supp. 7（2012）, pp. 75-99, at pp. 93-4.

18. Anne Dillon, *The Construction of Martyrdom in the English Catholic Community, 1535－1603*（Farnham and Burlington, VT: Ashgate, 2002）, pp. 256-9.

19. 关于霍根伯格的版画制作, 参见 Peter Arnade, *Beggars, Iconoclasts and Civic Patriots: The Political Culture of the Dutch Revolt*（Ithaca, NY: Cornell University Press, 2008）, pp. 212－59; Ramon Voges,'Macht, Massaker und Repräsentation. Darstellungen asymmetrischer Gewalt in der Bildpublizistik Franz Hogenbergs', in Jörg Baberowski and Gabriele Metzler（eds.）, *Gewalträume. Soziale Ordnungen im Ausnahmezustand*（Frankfurt am Main: Campus, 2012）, pp. 47-63。

20. Kunzle, *Criminal to Courtier*, p. 144; Arnade, *Beggars, Iconoclasts*, p. 255.

21. 关于在叙述作品中出现掠夺事件的频率, 参见 Arnade, *Beggars, Iconoclasts,* pp. 228-34, 249-59。

22. 同上, p. 235。

23. Amanda Pipkin, *Rape in the Republic, 1609－1725: Formulating Dutch Identity*（Leiden: Brill, 2014）, pp. 55-66.

24. Kunzle, *Criminal to Courtier*, pp. 257 - 356; Klaus Bussman and Heinz Schilling（eds.）, *1648: War and Peace in Europe*, 2 vols.（Munich: Bruckmann, 1998）, vol. II, pp. 460-614.

25. Philip Vincent, *The Lamentations of Germany. Wherein, as in a glasse, we may behold her miserable condition, and reade the woefull effects of sinne*（London: E. G. for John Rothwell, 1638）, pp. A4v, 11, 15, 30, 35. 关于这类作品的另一项研究成果，参见 Eamon Darcy, *The Irish Rebellion of 1641 and the Wars of the Three Kingdoms*（Woodbridge: Boydell, 2013）, pp. 104-7。

33 暴力、市民社会与欧洲的文明进程

斯图尔特·卡罗尔

　　"文明"（civilisation）一词在西方具有特殊含义："西方
社会试图用该词描述构成其特殊性和引以为豪的那些事物——
技术水平、礼仪举止、科学知识或世界观的进步，以及其他方
方面面。"[1]它最早出现于 18 世纪 50 年代，其诞生地究竟是英
国还是法国至今仍有争议，但它的确在当时的社会中迅速流行
开来。此外，这一概念与启蒙时代及其对历史进步的全新理解
方式密切相关。它与现代性的联系在 19 世纪变得固化，当时文明
一词正在变成进步和历史的动力。与此同时，它还成为一种"欧
洲观念"（idea of Europe）[1]，而且与对"次等民族"（subaltern
peoples）的支配权密切相关。然而，20 世纪欧洲急转直下的
恐怖局势使列强再也无法以文明国度自居。1945 年以后，
文明变得与欧洲中心主义和殖民主义相关，因此越发具有负
面含义。最近，这一概念又成为一个分析性范畴；它与新自
由主义的出现相关联，人们为适应全球时代而对其进行了
重塑。

　　文明的一个最持久的特征在于，它产生于暴力被驯服和克
服的过程中。欧洲人相信，自己生活的社会在短期内便经历了

---

　①　"欧洲观念"是欧洲人对欧洲这一特定地理区域和文化政治实体的实在或
　　　想象的特征的认知，它既包括对"什么是欧洲"这个问题的思考与回答，
　　　也包括对"欧洲应当是什么"的反思与建构。它与战后欧洲的政治统一
　　　有某种不可分割的联系。

礼仪举止方面的深刻转变，这对于我们理解文明一词诞生的历史语境至关重要。1751 年，伏尔泰写道，路易十四"成功使一个迄今动荡不安的国度变成一片和平的乐土，这里的人们只把枪口对准自己的敌人……人们的行为举止变得更加温和了"。[2]这一过程被称为"文明进程"，它是我们变得开化的途径。文明进程理论的主要提倡者是德国社会学家诺伯特·埃利亚斯（1897—1990 年）。埃利亚斯认为，欧洲的现代性和西方社会中国家暴力在中世纪之后骤减的原因是内外控制手段的增强和发展。受到弗洛伊德①的启发，埃利亚斯认为，文明不仅在一定程度上是社会和政治的组织方式，也是某种历史进程的终结，原始社会正是在对暴力的升华和抑制的过程中脱胎成为文明社会的。埃利亚斯还继承了马克斯·韦伯的观点，将文明与日益集中的国家官僚机构实施的控制手段相联系。在他看来，随着时间的推移，国家实施的外部社会控制逐渐被个人内化为自我约束。人们学会克制自己的情绪，礼仪也变得越来越细腻、精致与开化。早期近代的西方社会发生了重大变化，新的礼仪规范遏止了一时冲动与情绪失控的场面。王室对贵族实施严格的行为举止标准，贵族风度由此成为社会典范。战士变成了廷臣，作为人性本能的暴力受到了驯服和压制。对于埃利亚斯而言，路易十四的凡尔赛宫以繁文缛节著称，这里是培养社交能力和自律品德的典型场所。正是在法国，礼仪第一次开始具有文明在启蒙时代被赋予的内涵。

---

① 即西格蒙德·弗洛伊德（Sigmund Freud, 1856—1939 年），奥地利心理学家，精神分析学派创始人。

　　对欧洲中心主义的反对观点、辉格主义（Whiggishness）①
以及对国家管辖范围言过其实的看法使文明这一议题看上去已
过时，但它仍然得到了许多著名的历史学家和科学家的支持，
而他们的论据是关于凶杀率的历史统计数据。[3]凶杀率以每10
万居民在一年内的遇害人数进行衡量。这一数字在中世纪晚期
是20，到1600年下降到10左右，到20世纪中期则下降到1
（历史的最低点）。我们不难从这些数据中得出如下结论：第
一，在过去的六个世纪，人际暴力造成的死亡人数呈大幅下降
趋势。第二，施暴者的年龄和性别长期以来均未发生太多变
化；涉及凶案者在历史上一直是以男性为主，绝大多数杀人者
和受害者是男性。在凶杀率居高不下的社会中，男性之间暴行
的发生率很高，这类暴行的导火索通常是由争夺荣誉引发的冲
突。第三，凶杀率的下降过程在不同地区和社会阶层中存在很
大差异。

　　将文明进程与早期现代性相联系的观点存在两大缺陷，一
个与时间有关，另一个与环境有关。第一，它要求我们将充满
暴力的中世纪与16—17世纪的现代性截然区分。但在19世纪
前，学界都未出现过将中世纪晚期视为强盗式资本家和私人战
争时代的观点。在中世纪，贵族的暴力受到骑士法则和战争法
的约束，各城市也建立了复杂的社会管控机制，这些机制体现
于各种民间仪式之中。如果我们仔细检视统计数据就会发现，
中世纪晚期是凶杀率在欧洲历史上下降速度最快的时期之一。

662

①　辉格主义是英国史学家赫伯特·巴特菲尔德（Herbert Butterfield）在《历
　　史的辉格解释》一书中提出的概念，他用这一概念讽刺当时流行的一种
　　对早期科学家赖以从事研究工作的全部概念和问题的前因后果都弃置不
　　顾的科学史观念，日后泛指古今错位的历史观。

第二，该观点无法解释地区之间的差异。大多数凶案数据来自欧洲西北部，但在 1600 年，只有大约五分之一的欧洲人生活在这一狭窄的地带。意大利社会中发生的暴力事件的次数比欧洲其他国家的都要多得多，但显而易见的是，早期近代意大利的国家官僚体系的总体水平和司法管控程度并没有那么低下。事实上，在文艺复兴时期，意大利城市居民面临的社会和经济的相互依存程度远远超过了北方的任何国家。

认为早期近代凶杀率普遍呈持续下降趋势的观点同样具有误导性，因为统计数据并未纳入内战引发的极端暴行。在宗教战争期间（1562—1598 年）的法国和三十年战争期间（1618—1648 年）的德意志地区，死亡人口甚至一度分别高达 20% 和 30%。早期近代欧洲社会中的凶杀率并未呈现出稳步下降的趋势，而是先飙升，然后才急剧下降。在欧洲，凶杀率的整体趋势为从 16 世纪中期开始上升，在 17 世纪上半叶达到顶峰，之后在 17 世纪下半叶出现骤降。在 16 世纪 70 年代末至 17 世纪 20 年代初，英国的凶杀率增加了一到两倍。直到 17 世纪最后十年，这里的凶杀率才降至 16 世纪中期的水平。

这就引发了一个问题：为什么欧洲在经历一个世纪的贵族反抗、人民起义和内部动荡之后，凶杀率反而如此迅速地降低了呢？原因并非当局对暴行的镇压。近年来，我们对早期近代法律制度的理解经历了一场"哥白尼式革命"（Copernican Revolution）①，这揭示了当时社会对人际暴力的广泛接受态度。赦免的普遍性和对仲裁的鼓励是由当时盛行的罗马法及其原则

---

① "哥白尼式革命"的提出者是康德，他把认识主体和对象的关系翻转了过来，旨在用哥白尼的思路对形而上学领域进行一场革命。这一概念如今泛指翻转对象性质的革新之举。

所支撑的，即无论多严重的罪行，都可以通过经济补偿来抵消。即使是惩罚措施更加严厉的英国普通法——在 1530—1630 年，有 7.5 万人被处决——针对的绝大多数罪犯也是小偷，他们占了所有被处决者的 87%。"所有历史教材都告诉我们，路易十四征服贵族的方式是将他们引诱到凡尔赛宫，然后用无实权的贵族地位诱惑他们，同时把他们的权力移交给官僚机构。但是，这种根深蒂固的不满情绪真的会如此迅速地转变成温和的冷静态度吗？那些外省的贵族是否也如此呢？"[4]

668

　　任何暴力都必须通过社会进行约束，而且要在一定的道德氛围中才能运作。因此，国家并非暴力规范的唯一制定者。各种类型的日常暴行（争夺荣誉的口角、殴打妻子、男性角逐和通过仪式）都是在社会认可的范围内进行的。暴力根植于人们的感受和信仰，而这些感受和信仰是由经验和社会环境塑造的，暴力的容忍边界可能会在短期内迅速改变。凶杀在其中具有特别重要的意义，因为它更加普遍地反映了社会冲突的分布情况。通过检视凶案发生的频率，我们能够了解到很多社会关系方面的信息，因为凶杀是"每天在数以万计的类似关系中发生的不那么致命但更频繁的意志斗争的缩影"。[5]在当今社会发生的凶杀事件有一个与此前时代的凶杀事件截然不同的特征——绝大多数凶手来自最贫困的社会阶层，而过去时代的高凶杀率则反映了当时的贵族为追求其政治和经济利益而诉诸暴力。本章探讨的便是这种变化如何以及为什么出现。我们认为，16 世纪的欧洲暴力事件频发的原因是国家和社会的变迁。此外，我们还将追溯何时出现了对暴力问题的解决方式，以及"市民社会"这一概念在 17 世纪中期的诞生过程。最后，我们将考察文明一词的起源，它从一开始就与暴力问题密切相关。

礼仪及其不满①，1500—1650 年

在 16 世纪时，欧洲社会出现了通过文明来约束社会交往的强烈倾向。这种转变通常被归功于两本书的出版：卡斯蒂廖内的《廷臣之书》（1528 年）和伊拉斯谟的《论教养》②（1530 年）——两者形成了鲜明对照。卡斯蒂廖内的读者是那些希望在宫廷中大放异彩的人，他们因此密切关注自己的审美方面：成为绅士是一门艺术，需要冷静优雅的举止，需要某种与常人区分的妙不可言之物（je ne sais quoi）。另外，伊拉斯谟看到的是行为举止可能给社会带来的普遍益处，因此，贵族拥有符合自身地位的礼仪，而地位低下的民众则可以通过教育来弥补出身方面的不足。卡斯蒂廖内重视廷臣与平民在形象展示方面的区别，而伊拉斯谟与其不同，他将礼仪视为一种内在美德。礼仪中的正直既是形象的，也是真实的：行为举止能够反映内心是否端正，如在说话时咳嗽就是撒谎的标志。这两本书在当时都极其畅销。《廷臣之书》（在 1700 年之前共印有130 版）中的观点在德拉·卡萨③的《论礼仪》（1558 年）与瓜佐④的《论礼貌的谈吐》（1574 年）中得到了进一步发展，这

---

① 礼仪及其不满（civility and its discontents）是弗洛伊德写的一本书的名字。弗洛伊德在该著中认为，人无法在文明世界之外生活，但受文明庇护的代价就是压抑自己的欲望。文明越精致，对人性的压抑就越强烈，因而人们对文明秩序的不满就越深地埋入潜意识。为了保持行文前后一致，这里的 civility 翻译成"礼仪"。

② 该著全名为《论儿童的教养》（De Civilitate Morum Puerilium）。

③ 即乔瓦尼·德拉·卡萨（Giovanni della Casa，1503—1566 年），意大利文艺复兴时期的诗人、作家，在当时以宣扬礼貌文明的贵族礼仪而著称。

④ 即斯特凡诺·瓜佐（Stefano Guazzo，1530—1593 年），意大利文艺复兴时期的法学家、作家，是德拉·卡萨之后意大利最著名的礼仪权威人士。

两本书奠定了 16 世纪横扫欧洲的意式礼仪的基础。到 16 世纪末，《论教养》已被翻译成欧洲所有主要语言，共有 178 个不同版本，并且成为当时的文法学校（grammar school）① 的必修课本。这些文法学校建立于文艺复兴时期，它们为不断扩大的社会精英阶层提供人文教育。

对于文明进程这一概念不言而喻的是，新出现的礼仪规范驯服和控制了暴力。然而，事实并非如此。从 16 世纪中叶开始，暴行的发生频率显著增大，其原因有以下三个。首先，新的绅士举止规范培养了一种鼓励男性施暴的荣誉准则。其次，礼仪本身并不会限制暴力，我们有必要区分礼仪的法则（etiquette）和礼仪的精神。在被滥用或误解的情况下，礼仪反而可能导致暴力事件的发生。最后，宗教改革对公认的民事行为准则提出了严峻挑战。因此，当时的人们需要对市民社会进行重新认识，但这种认识只在宗教分裂的经历和随之而来的国内冲突之后才出现。

尽管骑士精神强调的是忠于上帝和君主的等级关系，但文艺复兴时期的新文化准则表明，激烈的个人争斗正在让社会精英阶层发生改变。这一变化的最重要标志便是决斗的诞生。当时社会上很快形成了一套独特的决斗规则，其中还引入了一名副手作为准司法角色，他的职责是确保决斗的公平。到 1550 年，包括下战书和战斗在内的一系列决斗规则在意大利已基本成文。16 世纪末，决斗习俗首先传入法国，然后传入英国和神圣罗马帝国。西班牙的法律严禁决斗，而且这里

① 文法学校是当时欧洲仿照古希腊和古罗马的文法学校创设的一种中等学校，注重学习拉丁文、希腊文，并培养学生准备升入高等学校。

的荣誉观念仍然与效忠君主密切相关，因此西班牙基本上没有受到决斗风潮的影响。决斗是为了荣誉而战的一项活动，但从如今的眼光来看，人们进行决斗只是因为它可以带来满足感，其中混杂着些许的怠慢、观点的分歧以及微不足道的冒犯。但荣誉不只是一种道德准则，就像巫术或基督教一样，决斗拥有一套完整的世界观："荣誉观念渗透到意识的每个层面：你如何看待自己和他人，你如何支配自己的身体，你可以合理拥有的期望，以及你可以对他人提出的要求……那是你自己的事。因为在一个以荣誉为基础的文化中，所有人的尊严都来自他人的尊重。"因此，荣誉成为一种公共财产，"获得荣誉的最快途径就是夺取他人的荣誉，这意味着拥有荣誉者必须时刻警惕对其荣誉的侮辱或挑战，因为他们一定会受到这样的挑战"。[6]

决斗的诞生意味着中世纪解决争端的方式（如比武审判）彻底退出了历史舞台。决斗是一种典型的文艺复兴现象，因为它结合了两个崇高的理想：美德的重要性与所有正人君子的平等地位。决斗双方都没有盔甲护体，这使决斗显得更加公平，捍卫自己的荣誉不再需要极其昂贵的装备和大量后勤人员。从这个意义上说，决斗是民主的：所有能够学习剑术的人（而不仅仅是骑士阶层）都可以通过决斗赢得荣誉。从 15 世纪开始，随着经济的发展和社会的流动，有闲阶级逐渐扩大。技术的进步使决斗用剑变得更轻、更锋利，因此决斗变得更加强调技巧而非蛮力：剑士的灵活性与文艺复兴时期廷臣崇尚的优雅和冷静品质十分契合。佩剑不但成为时髦装束，而且与其他彰显贵族身份的事物（如豪华的居所）相比，它们相对便宜，而且更加容易获得。佩剑是一种能够被人们立即识别的地位象征，任何挑战这一地位者都有可能立即死于剑下。决斗还与性能力密切相关：声势十足的英勇者不仅要为来自对手和为人夫者①的挑战做好准备，而且还会主动向对方挑衅，刺激他们发起决斗挑战。

由于官方的明令禁止，决斗的支持者转而引经据典：决斗与满足感的联系出自罗马法。西塞罗的《论义务》是当时文法学校的通行教材，该著使反对暴政成为每个公民的责任。高乃依②在《熙德》（1637 年）中就写道："正义的复仇不受任何惩罚。"追求永恒认可的观念将对荣誉的崇拜变得神圣。一场轰轰烈烈的死亡会为当事人赢得声誉；这是一种世俗的（而非宗教意义上的）死亡观，绅士因其对死亡的漠视而与平民相区分。由此我们也就不难理解，为何决斗的批评者会认为这项活动不符合基督教教义。而决斗的支持者则反驳道，这项活动有其用途；它是一场公平的竞争，因此反而能够减少暴行的发生。当然，"有许多上流社会的傻瓜会遵守决斗上的细节，但一定有更多足够聪明的决斗者会确保决斗过程尽可能对他们自己有利"。[7]当时的人们都意识到，决斗观念本身已发生深刻变化。法国作家弗朗索瓦·德·拉努埃（François de La Noue）注意到，在他生活的年代，人们对侮辱的定义逐渐有所改变："即使是一个尖锐的眼神也会被认为是一种侮辱（iniurie），无论是诽谤还是谬见，最终都会以打斗收场：人们在日常对话中变得如此敏感和尖锐。"[8]

伊拉斯谟明确指出了礼节与礼仪的区别："对他人的冒犯

666

---

① 当时与别人妻子偷情的人往往要面临与其丈夫的决斗。
② 即皮埃尔·高乃依（Pierre Corneille，1606—1684 年）。

之举要宽容，这是礼仪（civilitas）的一大美德。"但实际上，违反礼仪的行为会被认为是一种蔑视他人的举动。故意忽视的侮辱举动（insults by omission）包括藐视"他人的权利，特别是在拒绝他人后还明显表现出装腔作势的态度；封臣在经过他的领主面前时没有充满敬意地向对方致以问候；在见到自己的行政长官时流露出轻蔑的神情……下级对他应服从和尊重的上级缺乏相应的礼数"。[9]在当时的教会，这些侮辱举动引发的冲突频繁发生。在英国，条凳之争（pew dispute）①导致教区居民"互相朝对方戳针，破坏死去邻居的坟墓，让自己的马匹在对方座位上排便"。[10]在 1608 年的法国，情况更加糟糕，"使法国贵族陷入争吵、纠纷和分化的主要原因［是］……教会中的优先地位以及荣誉……从生前争夺到死后的尊者之位……谁将领导游行队伍……谁将首先领取圣餐面包"。[11]而在 1612 年意大利的"［那不勒斯］王国、阿布鲁佐、马尔凯和罗马涅，教堂里每天都会发生残暴的仇杀和谋杀事件"。[12]因此，礼节本身并未减少暴力事件的发生。卡斯蒂廖内认为，法国人素来以"不受礼仪束缚的自由和热情的个性"著称。但在法国引入意式礼仪之后，情况发生了变化。1685 年，阿梅洛·德·拉·乌赛（Amelot de la Houssaye）在回顾历史时

667 认为，转折点发生在 16 世纪 50 年代，当时"正值亨利二世（Henri II）在位期间，决斗习俗进入法国，并在之后的 120 年间发展得如此之快……它造成的恶果与那场最激烈的内战②一样多"。在 17 世纪，荷兰人以不屑遵守繁文缛节著称，但这

---

① 条凳之争泛指由教堂活动的座位引发的争议，争议双方往往会指责对方侵占了自己在教堂的私人座位。这里的条凳指教堂中的长凳。

② 即爆发于同一时期的法国宗教战争。

并没有使他们变得暴力。事实上，荷兰共和国有充分的理由被视作早期近代欧洲最和平的国家。

决斗并未完全取代解决争端的传统方式。16 世纪暴力事件频发的一个原因是决斗狂热加剧了贵族之间的世仇，而这种世仇此前一直受到基督教维护和平义务的制约。决斗的浪漫神话掩盖了血淋淋的现实。1600 年前后，决斗的参与者很少提及决斗一词；他们更可能将其称为"意外冲突"。与非法的决斗不同，意外冲突是偶然发生的，因此也是合法的，人们在这一概念的掩护下使用火器并召集更多参与者，这使雇用专业打手变得至关重要。在意大利和法国，派系斗争和内战炮火令仇杀演变为一个严重的社会和政治问题。意大利战争（Italian Wars，1494—1559 年）① 既是一场内战，也是一场法国和西班牙争夺霸权的斗争。在这场战争结束后，意大利境内只剩一些通过暴力上台但缺乏合法性的新政权。正是出于这些原因，仇杀事件在 17 世纪上半叶达到了顶峰："如今［1608 年］有这么多场意外冲突，而且所有冲突都极为血腥，罄竹难书。"这句话出自摩德纳（Modena）的一本日记。[13] 在博洛尼亚，这些夺走上百名贵族生命的仇杀事件在 17 世纪 50 年代至 60 年代达到顶峰。法国宗教战争同样引发了报复的恶性循环："一个人用复仇来弥补过失，另一个人则对其进行残酷报复；一个人用匕首或火绳枪来杀死他的敌人，其他人则参与一场接近小型战争的斗殴；许多时候，个人争斗会让更多人卷入其中，对一个人的报复会使二十个人染血。"[14] 在亨利四世（Henri Ⅳ）在位期

---

① 意大利战争，又称哈布斯堡-瓦卢瓦战争，是发生于 1494—1559 年的一系列战争的总称，其核心冲突来自法国和西班牙争夺在亚平宁半岛的统治地位。

间，有 8000—10000 人死于决斗。在接下来的半个世纪中，王朝局势变得更加动荡，叛乱频发，并最终导致了一场名为"投石党运动"（Fronde）① 的内战。因此，凶杀率在这一时期始终居高不下，并一直持续到 17 世纪 60 年代。传统观点认为，1495 年的《帝国永久和平协议》平息了德意志地区的世仇争斗，但怨恨和敌意并未就此消失。大量史料表明，在被三十年战争彻底淹没之前，这类世仇始终存在。

668　　　光彩照人的荣誉背后往往是对敌人的残酷暴行。因此，卡斯蒂廖内的追随者更加强调审慎的行事态度。但是，瓜佐的《论礼貌的谈吐》（1574 年）成为最后一部论述意式行为举止的畅销著作。到 17 世纪 40 年代，人们认识到"法国才是真正的礼仪之邦……在那里，他们每天都培养礼仪习惯和改进礼仪方式"。[15] 转变的原因主要在于，人们对不断增加的暴力事件的态度出现了变化。16 世纪 70 年代，意大利人建立了一门与荣誉有关的学问，即"骑士学"（Scienza Cavalleresca），它融合了耶稣会关于恩典的教诲、罗马法的决斗观念和亚里士多德的伦理学。这一学说认为，通过进行决斗仪式就可以补偿或抵消自身受到的任何伤害："无论罪行有多大，人们都可以通过这种仪式来获得……满足感。"[16]

　　　但是，新教改革者并不在乎这种所谓的满足感。新教所依据的奥古斯丁恩典神学② 告诫人们，真正的和平只能在上帝那里找到。在信仰天主教的法国，这一传统观念也占据了主导地

---

① "投石党运动"又称投石党乱，是 1648—1653 年发生于法国的一场反对专制王权的政治运动，后来演变为一场大规模内战。该运动得名于巴黎暴民用石块破坏当时红衣主教的窗户。

② 内在恩典是奥古斯丁神学体系的核心组成部分，真正的恩典乃上帝对人内心的改变。

位，耶稣会士因为援引帕斯卡①的《致外省人信札》（1653年）来为决斗辩解而受到挖苦。在北欧，人文主义者认为人类有能力培养美德并以此作为和平社会的基础，但教派林立和内战频发动摇了这一信念。暴力和分裂导致坚忍克己的态度成为一种时尚，这种态度更加强调从自我内心寻求和平，它在荷兰共和国还与尤斯图斯·利普修斯（Justus Lipsius，1547—1606年）和雨果·格劳秀斯（1583—1645年）有关，他们都驳斥了无条件地将复仇视为合理举动的观点。在英国、法国和德意志地区，他们的观点立即被当作解决宗教分裂和内战问题的一剂猛药。蒙田（1533—1592年）在他的《随笔集》中同样直接质疑了关于荣誉准则和英雄崇拜的公认看法。蒙田对徒有其表的礼仪举止几乎没有什么兴趣："国王与哲学家皆拉屎，淑女亦然。"相反，他呼吁人们改善自己的内心，他笔下的新人或"尊贵之人"（honnête homme）理应具有无私、谨慎、儒雅、谦和等品德。蒙田对摆绅士架子的行为不屑一顾：尊贵之人与一般民众（hoi-polloi）相区分的方式是自制与得体的言行。蒙田的思想在英国产生了最直接的影响，他的效仿者弗朗西斯·培根（Francis Bacon）对"虚假和错误的荣誉想象"进行了猛烈抨击。培根自1613年起担任首席检察官，1618年起担任大法官，他还在1613年促成了将挑起决斗的侮辱行为定为犯罪的法案的通过。本·琼森（Ben Jonson）曾经是一位出色的决斗者，但他告别了自己的过去。在后来创作的戏剧（如1629年的《新客栈》）中，琼森为尊贵之人赋予了一副英国人的面孔。

669

---

① 即布莱士·帕斯卡（Blaise Pascal，1623—1662年）。

几十年后，这些思想最终成为新的贵族习俗的核心组成部分。这种新的法式礼仪的第一本重要的行为准则读本是法雷①撰写的《尊贵之人或如何取悦宫廷》，该著直到 1630 年才出版，而到了 1660 年后，这种礼仪才真正风靡欧洲。原因很明确：正是当时法国和英国国内频繁爆发的战争促使人们寻找解决争端的全新方案。与此同时，意大利人仍然滞后于上述发展。教皇将蒙田的《随笔集》列入禁书目录。直到启蒙运动时期，意大利的思想家才开始思考，为何本国的暴力程度远高于欧洲其他国家。他们抨击"骑士学"是一种诡辩，指责它以"华而不实的和平面具"为幌子，宣传荣誉崇拜，并暗中鼓励人们决斗。到了 18 世纪，"复仇"已成为对意大利人的一种刻板印象。

市民社会的兴起，1650—1750 年

现代思想家对人性与美德的前景感到绝望。与争论何为最佳政体的古人相比，他们更加关注如何才能避免陷入最糟糕的社会，这类社会将因人们追求个人荣耀与对上帝狂热崇拜的血腥结合而走向毁灭。一直以来，托马斯·霍布斯的《利维坦》（1651 年）都被视为对国家权力的直接辩护，因为霍布斯认为，人与人的战争需要所有公民服从君主个人的意志。但霍布斯也希望把我们从滋生暴力的恐惧中解放出来。和蒙田一样，霍布斯不相信礼节的作用，这些都是"怎样对人行礼、在旁人面前怎样漱口、怎样剔牙等等细微末节"。他转而提出一种简单的伦理法则："正义、公道、谦谨、慈爱，总之就是以你

---

① 即尼古拉·法雷（Nicolas Faret，1596—1646 年）。

期望的别人待你的方式待人。"①¹⁷霍布斯在法国度过了十一年
的流亡生活，他不仅在当时被认为是最伟大的哲学家，而且还
是最具雄辩色彩的哲学家。

　　人们天生就互相憎恨，而市民社会能够保护我们避免陷入
无政府状态——这种信念构成了法国当时出版的数十本指导行
为举止的书的立论基础，这类书在 1670—1730 年共出版了 100
多种。新的礼仪规范有其实用性，但缺乏道德价值，它以个人 670
得体的距离感确保社会关系免受暴力的影响。安托万·德·库
尔坦（Antoine de Courtin）将他制定的道德准则与错误的荣誉
法则进行了对比，他认为后者建立在仇恨和骄傲的基础上，只
会导致"世仇、谋杀和分裂"。布菲尔②则在《文明社会准则》
中极力鼓吹一门"在市民社会中与其他人共同生活的学问，
目的是在与他人的幸福一致的情况下尽可能地获得自己的幸
福"。它要求的不是盲从刻板的规则，而是要了解应该避免什
么。新的市民社会学说与此前不同，它相信交际能力可以成为
促使个人进步的途径；从市民社会出发的宗教观念强调宗教的
社会效用，这与对上帝的"热情"和狂热崇拜形成鲜明的对
比；价值观（顺从和随和）方面的变化促成了一种更加自由
的礼节规范，即所谓的文雅（politeness）。

　　文雅在所有英国民俗中占据着中心位置。它被认为是英伦
风度的典型体现，也是 17 世纪晚期商业革命的必然结果；它

---

①　这里的两处引文出自〔英〕霍布斯《利维坦》，黎思复、黎廷弼译，北
　　京：商务印书馆，1996 年，第 72 页、第 128 页。"doing to others, as we
　　would be done to"在该著中被译为"己所欲，施于人"，这并不完全符合
　　原意，因此我做了些改动，译为"以你期望的别人待你的方式待人"。

②　即克劳德·布菲尔（Claude Buffier, 1661—1737 年）。

宣扬了道德规范和彬彬有礼的举止，这也是人们获得权力、影响力、工作、家庭、市场以及取代旧式荣誉准则的方式。然而，文雅的主要鼓吹者和推广者是法国人。正是在 18—19 世纪，法式礼节取代了此前意式礼节的地位。如果我们认为宫廷在礼仪文化中起到了核心作用，那就大错特错了。这类文化及其衍生风格的最初成功是在由巴黎、伦敦和阿姆斯特丹这三座大型商业重镇构成的三角区域。17 世纪后期出现的商业革命本身并未遏止暴力。为了理解当时社会在文化层面发生的变迁，我们有必要首先回顾"商业"一词在 17 世纪的含义，它在当时并非仅仅指公平贸易。文献中的一个常见说法是"世界贸易"的好处。与荣誉准则不同，它承认社会多样性的优点以及相互改善的空间："我们彼此促进，通过某种友好的切磋来抹去我们粗糙的一面。"[18]商业与社会（通常被称为市民社会）相辅相成，前者在 17 世纪从传统意义上的"公司"变成了一种互利共存的契约关系。市民社会的边界是什么，这一点同样存在争议。新涌现的商人、专业人士和其他绅士要求贵族阶层创造更多指代他们的专有名词，如"时髦阶层"（Beau Monde）和"上流社会"（High Society）。市民社会的主要敌人是贪恋荣誉的虚荣者和追求自我救赎的宗教狂热分子。市民社会的主要奠基者则是莫凡·德·贝勒嘉德（Morvan de Bellegarde，1648—1734 年），他推崇自我提升的观念，并讥讽在法国宫廷影响下矫揉造作的上流者姿态："礼仪的用途几乎已经过时，我们有理由认为应废除这些约束性的法则。"他强调宽容（"与世界上所有人愉快相处的伟大秘诀就在于，按照彼此初见时的情形来接纳对方；我们必须容许那些我们有所期待的伟大事物存在怪异和滑稽的一面"），并在英国将这一观念推广成为一种时尚。像《闲谈者》和《旁观者》这样具有辉格党立场与风格的期刊的流行，也在很大程度上与贝勒嘉德有关。读者被他的怀疑主义立场所吸引："人们天生爱自己胜过爱邻舍"，但最恶劣的是"在宗教事务上不学无术的骗子"。[19]

　　很快，基督教教义就与当时社会中的文雅风气达成了某种调和。"爱邻舍如同自己"① 只是不切实际的幻想，由于无法实现这一点，许多平民信徒担心自己死后能否得到救赎。到1734 年，《论人的真正优点》（第 20 版）的作者已经可以声称，"礼仪学说就是伟大的基督教学说"。法国的冉森派信徒皮埃尔·尼可洛（Pierre Nicole）调和了生活在尘世与寻求个人救赎的冲突，他的《论礼仪》（1671 年）在英国的广泛影响在很大程度上要归功于洛克②的支持。尼可洛抱怨道："那些导致王国分裂的外部麻烦往往是由于当局对所在地区的特定人群漠不关心。"他对礼仪的定义是"自爱的互惠行为，借由这种行为，人们试图通过向他人表示爱意来吸引他人对自己报以同样的爱意"，这类相互作用是市民社会形成的基础。既然人们无法爱邻舍如同自己，那么就必须有别的东西作为这份爱意的补偿："人只要活着就不可能不得罪他人，所以我们应该极其小心地避免让自己的轻率和鲁莽招致仇恨……从而最终建立一个富有人情味的社会……每个人都应该伸出援手，因为每个人都可以从中得到与之相当的好处。"如果礼仪是一场关于自爱的贸易，那么不合礼仪的行为就不会造成伤害：我们在这场贸易中既有所得也有所失。

―――――――――

① 出自《圣经·新约·路加福音》第 10 章：你要尽心、尽性、尽力、尽意爱主你的神，又要爱邻如己。
② 即下文提及的约翰·洛克（John Locke，1632—1704 年）。

到 18 世纪中叶，发生在社会精英之间的暴力冲突已大为减少。以商业休闲为主要功能的社交场所（咖啡馆、俱乐部、会所、花园、剧院）受到普遍欢迎。1765 年，狄德罗①在《百科全书》中写道："我们可以说，市民社会就是尘世间的神性领域。"欧洲社会的转型建立在军民分离的基础上，18 世纪欧洲的所有大国都建立了由职业士兵组成的常备军。尽管巴黎、柏林、维也纳和圣彼得堡的军事学院依然将荣誉作为培养绅士风度的中心，但我们有充分的理由认为，现代军官队伍的建立对市民社会的形成有重大贡献。这为士兵提供了完整的职业生涯建构，围绕军队培养的团队精神使得他们将对团队的忠诚置于对自己的亲属或守护神的忠诚之上。年轻的贵族被派遣至远离故土和亲人的驻扎地，他们之间的争端也脱离了当地政治的需求；而在家乡，通过暴力维护荣誉是他们应当履行的一项义务。在故土的社会关系网络之外，这些年轻候补军官的荣誉更多与个人而非家庭有关。将效忠国家和君主看得比个人价值更重要的荣誉准则成为通行观念。人际暴力被归入私人领域：在那些曾经盛行决斗的场所，生死决斗变得不被公众所接受，见血即止成为决斗中更加普遍的现象。到 18 世纪 80 年代，生活在像巴黎这样的城市里的人们已经不必佩剑出门，而在城市的花园里携带刀剑也被视为不雅之举。

市民社会在多大程度上对城市之外的地区产生了影响，这是一个有争议的问题。在 18 世纪的英国，文雅之风在农村和下层社会中得到了更为广泛的传播。当贺拉斯·沃波尔（Horace Walpole）在 1754 年来到金斯林时，他惊讶地发现，"当地人通

---

① 即德尼·狄德罗（Denis Diderot，1713—1784 年）。

情达理，而且富有涵养；在我和当地人生活在一起的这段时间，他们的谈吐始终十分优雅"。[20]法国的情况则更复杂，生活在都市的精英阶层与生活在乡村的平民之间的行为举止差异更大。而在意大利，这种差异甚至更加显著。正是在 18 世纪，意大利北部和南部的现代划分初次形成。北方的精英阶层很快就走上了和平的生活道路。与此相反的是，此时的意大利南部出现了人类历史上有统计以来最高的凶杀率。

文明的创造

即使在其蓬勃发展的时期，市民社会也会受到批评者的责难。这些批评者认为，市民社会是对武德（martial virtues）的一种威胁。卢梭理想化了"高贵野蛮人"（noble savage）①的形象，同时蔑视文明带来的堕落倾向。虽然这一概念本身出现的时间并不长，但关于礼仪与堕落的争论实际上很早之前就已经出现了。1537 年，教皇颁布诏书宣布，原住民是"真正的人……他们不仅能够理解天主教信仰，而且根据我们目前已知的信息，他们还渴望接受它"。这道诏书的论据依然是正统教义，认为野蛮人是那些文明习俗已经退化的人，但殖民者可以扭转这一状态，让他们重拾礼仪。但到了 16 世纪末，不但人们对改造印第安人信仰的信心出现了动摇，而且这种尝试也受到了改革者自身精神视野的限制。亚里士多德式的正统思想中并没有与进步相关的概念，他认为这一代人不可能在上一代人的基础上有所改进，人们最多只能阻止衰退。人们始终认为，

673

---

① "高贵野蛮人"是当时文学作品中常见的一类刻板印象，通过描绘素朴纯洁的土著来象征人类与生俱来的善良。卢梭实际上并未使用过"高贵野蛮人"的说法，但他在许多论著中都流露出类似的观点。

文明意味着良好的秩序和治理。西班牙语中没有蕴含进步意味的、意指"开化"的动词——这是英国人发明的概念。都铎王朝最初在爱尔兰实行的政策便以传统观念为基础，即通过瓦解基于掠夺牲畜和勒索赎金的世仇文化，使爱尔兰的庄园主回归良治（文明）。然而，这种渐进式的方案在 16 世纪 70 年代宣告破产，当局于是提出了更加激进的解决方案。对于来自爱尔兰的宫廷御用诗人埃德蒙·斯宾塞（Edmund Spenser）而言，英国决不能再倒退回那个病入膏肓的政体中去。未来必须通过"武力才能实现；因为所有这些罪恶必须先用强力连根拔起，然后才能种植好的东西，就像在树上结出好果实之前，必须先修剪腐败的枝条和不健康的枝丫，并清洗和刮去上面的苔藓"。[21] 这种观念进一步转化为颇具典型性的种植园政策，当局以此向当地人展示采用英国方式的好处。到 16 世纪末，大约有 1.2 万名从英国来的定居者在芒斯特（Munster）[①] 耕种；到 1641 年，爱尔兰的英国定居者已达 10 万人。但在实际情况中，人们很少践行这些崇高的理想，种植园政策与流放和种族灭绝并无二致，我们今天或许会称之为"种族清洗"（ethnic cleansing）。这项新政策被赋予了"开化"这个更加包罗万象的动词。它在 16 世纪初与爱尔兰问题联系在一起，但它很快就被用于其他场合。1624 年，约翰·史密斯认为，在弗吉尼亚，"征服要比公平的手段更加容易使他们开化"。[22] 爱尔兰成为大英帝国探索开化土著可能性的实验场与试验田。

暴力是一个有争议的范畴：它需要被合法化才能具有一定的法律效力。因此我们可以解释，为何文明一词的内涵在

---

① 芒斯特位于爱尔兰南部，是爱尔兰面积最大的省。

1600 年前后发生了变化。早在文明一词尚未诞生的 18 世纪 50 年代，思想家就已经用礼仪来指代文明。英国人从路易·勒·罗伊（Louis Le Roy）的《论变迁》（1576 年）中汲取了这一观点，该著借鉴了繁荣、衰败和重生的古典历史模式，但并未陷入认为已经发生之事会不断重复上演的历史循环论。他关注的问题是历史的变迁规律，以及这种规律中隐含的进步特征。礼仪是理解这一问题的关键，勒·罗伊将它理解为文明的同义词，并用其表示技术、文化和物质方面的进步。在比较了各种不同文明之后，勒·罗伊确信自身文明的优越性，因为当时科学技术的进步就是明证。他的思想在英国产生了最直接的影响，我们可以在斯宾塞和培根那里看到这种影响。在抨击决斗时，培根就使用了这个新造的动词："所有对野蛮行径的开化都不应该以死亡为代价。"英国人此后继续发挥了他们的创造力。1655 年，当沃尔特·蒙塔古（Walter Montague）将一本名为《端庄淑女》的法国行为准则读本译成英文时，他用"文明"这个在原著中没有出现过的词来形容个人有意识地自我完善的过程。直到一个世纪后，该词的用法才在全国通行。

17 世纪的意大利语词典和西班牙语词典中均没有与文明一词对应的概念。在礼仪方面引领潮流的法国人之所以避免使用开化这个动词，是因为对他们而言，这个词还有另一个含义：将刑事诉讼转为民事诉讼（民事化）。就暴力和市民社会的历史而言，这种时代错位（anachronistic）① 的表述具有些许微妙的意味。上一代人对早期近代司法系统的理解所发生的变

① 时代错位是指把不可能出现于同一时代的事物安排在一起，由此产生的时间性上的不一致现象。在这里是指同一个词在不同时代的不同用法，容易让今天的读者产生时代错位之感，但两种用法在当时都是正确的。

革表明，在整个欧洲，法庭在司法程序的每个阶段都提倡仲裁与和解，并试图通过促使人们更多诉诸法律的方式来防止事态升级。与盗窃犯相比，暴力犯罪的实施者如果有能力从经济上补偿受害者的家人，他们就很少会受到体罚。大多数指控会不了了之。原告公开表达自己的不满，然后双方达成和解，这通常就足以让原告恢复名誉。在荷兰，每个社区都有"邻里裁判所"（*buurtmeester*），其职责是"维持和平、友好与和谐"。在低地国家的法语区，这些机构被称为"调解所"（*faiseurs de paix*）。加尔文宗教会扮演了类似的角色，比起对道德的监督，信徒们更乐于看到教会扮演这一角色。为了维持和平而约束民众的做法无处不在。德意志地区的法庭和瑞士法庭的一大特点就是和解至上原则。即使是日后成为专制政权实行控制之典范的巴黎警署（成立于 1667 年）也在调解邻里纠纷方面花了大量时间，这意味着他们同时扮演了警察、社会工作者、青少年监护官、家庭顾问等角色。法律部门不仅是国家的暴力机关，而且是市民社会的重要组成部分。在重新解释文明一词时，18世纪的思想家认识到了法律对和平的巨大贡献。

结　语

对于文明论的倡导者而言，最大的困难出现于暴力事件不断增加的时期，因为这意味着一种倒退或者"去文明化"的过程。革命让他们感到困惑。"矛盾在于，［法国］大革命重新引发了大规模的暴行，而在过去的一个多世纪中，'文明进程'在这片土地上已经被显著推行开来，暴力从根本上受到了削弱和限制，"他们难以找到一个令自己满意的对革命的解释，"18 世纪末，文明进程还没有改变所有国民。向个人灌输稳定而严格的自我约束机制，用自我禁止和压制代替外部约束的个性结构尚未普及。"[23]但这一论述建立在两个错误的假设上：暴力是一种需要被驯服的原始力量，以及革命暴力本身无逻辑可言。

本章对以上论述提出了不同的看法。前文已经表明，在早期近代欧洲，暴力在时间和区域两个方面都存在很大的差异，这植根于由社会和政治环境塑造的民众感受及其信仰。有证据显示，从 16 世纪中叶开始，欧洲大部分地区的人际暴力程度呈现出大幅上升的趋势，直到 17 世纪下半叶时才再次下降。文艺复兴时期的礼仪概念并没有对暴力进行疏导和控制。从 15 世纪开始，随着社会精英阶层人口的增加和多样化，礼仪和礼节的规则也变得越来越复杂：在人们为了维护和赢得自身地位而不断进行的斗争中，其底线受到了考验并被一再突破。这一情况因强调英雄不受法律约束的观念而变得更加棘手。1622 年，当有人在街头搬出法律威胁亨利·德·萨维乌斯（Henri de Saveuse）时，后者直接拔剑出鞘，声称"他不在乎什么公理，并亮出自己的剑说，这就是公理"。[24]正是这些"有恃无恐的混乱、无数互不相让的主张演变为互相争斗的现象〔使〕思想家们意识到，这些不计后果的个人意志主张必将引发灾难"。[25]由此产生的更加自由的行为准则强调了公民的共生状态，这与仪式性的关系及其对晦涩荣誉标志的不懈追求截然不同。一位研究与侮辱有关的法律的学者抨击了传统法典，认为"它要求人们和平、友好和抱有善意；但出于恶意，这些人在每次碰面时都会反目成仇，并且伤害彼此"。[26]这种发生在 17 世纪的观念变化并非一个潜移默化的过程，当时人们的确意识到，许多暴行源于缺乏礼貌和教养。男性的荣誉准则建立在对女性的性控制之上，因此激怒对手的最简单方式就是向他的妻子、女儿或情人献殷勤。新的文明准则要求改变男性的行为方式，这使得两性有了更多自由交往的空间。对莫凡·德·贝勒嘉德而言，寻找女伴是天经地义之事："她们在市民社会中更有修养，也更令人愉悦：我们主要通过与之交谈来学习礼貌举止。"[27]到了18世纪，男性对待女性的态度被认为是衡量一个社会文明程度的标准，而对待女性的方式则是绅士的自律能力和统治地位的标志。文雅并没有完全取代荣誉准则；相反，它使后者变得相对化，人们有可能嘲笑它的微不足道。然而，新的战场也就此出现。沙龙（salon）成为汇聚消息和流言蜚语的中心，人们在这里嘲笑彼此，仇恨情绪也因此不断升级。机智（wit）①成为社会战争的工具，但这是一个女性可以在更加平等的条件下参与其中的战场。18世纪的那不勒斯与上述情形形成了鲜明对比，依旧频发的暴力事件激怒了该市的开明思想家。他们明确指出了城市中过度的暴力和女性遭受的不公对待之间的联系，她们被隐藏在男性的视线之外，因此对她们的崇拜激发了过度的男性英勇行为，并且还滋养了过时的荣誉守则的土壤。他们认识到，文明建立在两性之间进行自由交流的基础之上，因为女性的陪伴以及与其交谈本身就是一种礼仪的体现。

　　新的社会礼仪还根据阶级划分了不同的边界。在农村地区，主人对仆人、佃户和封臣家常便饭一般的杀戮行为在17世纪的法国、意大利和德意志地区的司法记录中仍然十分扎眼。穷人廉价的生命使情况变得更加复杂：在18世纪80年

677

---

　　①　此处的机智同时指敏捷聪慧的头脑以及风趣幽默的措辞能力。

代，对一个法国农民生命的补偿款不到 200 里弗（livre，200
里弗约合 14 英镑）①。18 世纪的人们普遍认为，必须在合理的
范围内才能使用武力，而武力权本身就体现了某些社会阶级的
优越地位。然而，在文雅社会中，对下层人使用体罚的做法直
到 18 世纪末都是无可指摘的。约翰·洛克在《济贫法》（Poor
Law）② 的修订草案中写道："如果发现任何 14 岁以下的男孩
或女孩在他们居住的教区外乞讨，那么应该将他们送往附近的
劳动学校，让他们在那里受到严厉的鞭打管教，并且一直劳作
到天黑。"奴隶则不被视为人类的一分子，他们被剥夺了进入市
民社会的资格。牙买加种植园主托马斯·西斯尔伍德（1721—
1786 年）是一位白手起家的绅士，他将启蒙运动中对进步和现
代性的信仰与通过使用私人和公共暴力来追求自身利益相结合。
作为一个以野蛮和残暴为人所知的主人，他通过极端暴力和专
横的暴政来控制他的奴隶。[28] 然而，西斯尔伍德也是一个文质彬
彬的绅士，他不但熟悉孟德斯鸠、伏尔泰和洛克，而且通过订
阅《闲谈者》和《旁观者》来了解最新的礼仪风尚。西斯尔伍
德的日记将文明内部的"黑暗之心"（heart of darkness）③ 暴露
无遗。

参考论著

　　最早强调文明一词的重要性的是 Lucien Febvre,''"Civilisation":

---

① 里弗是一种银制货币，是大革命前法国的本位币单位。
② 《济贫法》是 1601 年英国王室通过的一项法案，它也被称为世界上最早
　　的社会保障法。
③ "黑暗之心"出自约瑟夫·康拉德于 1899 年创作的同名小说，它讲述了
　　一个殖民者在非洲大陆的经历和感受。黑暗之心后来被用于泛指殖民地
　　的殖民者光鲜外表背后的人心腐蚀。

Evolution of a Word and a Group of Ideas', in P. Burke (ed.), *A New Kind of History: From the Writings of Febvre* (London：Routledge, 1973)。该文首次发表的时间是 1930 年。文明一词不断变化的含义在以下论著中被讨论：O. Brunner, W. Conze and R. Koselleck (eds.), *Geschichtliche Grundbegriffe: historisches Lexikon zur politisch-sozialen Sprache in Deutschland*, 8 vols. (Stuttgart：Klett Cotta, 1972 – 97)，尤其是其中的两个章节：M. Riedel, 'Gesellschaft, Gemeinschaft'；Jörg Fisch, 'Zivilisation, Kultur'。尽管两卷本的 Nobert Elias, *The Civilizing Process* (Oxford：Blackwell, 1992) 在德文版问世后半个世纪才出现，但对文明进程的最佳研究成果来自英语学界。关于埃利亚斯融合弗洛伊德与韦伯的理论对暴力史研究的影响，参见以下两部著作：R. Muchembled, *A History of Violence* (London：Polity Press, 2012)；S. Pinker, *The Better Angels of Our Nature. Why Violence Has Declined* (London：Allen Lane 2011)。为上述研究案例提供统计数据支持的凶案研究成果参见 M. Eisner, 'Long-Term Trends in Violent Crime', *Crime and Justice: A Review of Research* 30 (2003), pp. 83–142。

678　　　　对文明论题的批评观点首次出现于 20 世纪 90 年代的德语学界，但只有一篇文章被翻译成英语：Gerd Schwerhoff, 'Criminalized Violence and the Process of Civilisation：A Reappraisal', *Crime, Histoire, Sociétés* 6 (2002), pp. 103–26。关于英语学界对这一议题的讨论，参见 J. Goody, *The Theft of History* (Cambridge：Cambridge University Press, 2006), ch. 6；S. Carroll, *Blood and Violence in Early Modern France* (Oxford：Oxford University Press, 2006)；R. Roth, *American Homicide* (Princeton, NJ：Princeton University Press, 2009)。对人际暴力的成因进行重新解释的一项重要研究成果是 R. Gould, *Collision of Wills: How Ambiguity about Social Rank Breeds Conflict* (Chicago：University of Chicago Press, 2003)。对早期近代国家进行重新思考的最重要的研究成果是 W. Beik, *Absolutism and Society in Seventeenth-Century France: State Power and Provincial Aristocracy in Languedoc* (Cambridge：Cambridge University Press, 1985)。该著证明，国家行为是引发高密度的人际暴力的原因。读者可以在以下论文集中看到关于上述理论问题之论争的大致图景：S. Carroll, 'Thinking with Violence', *History and Theory* 56 (2017), pp. 23–43。

　　　　学界有以礼仪为主题的大量研究成果。R. Chartier (ed.), *A History of Private Life: Passions of the Renaissance* (Cambridge, MA：Harvard

University Press，1985）包含 R. 沙尔捷（R. Chartier）和雷韦尔（Revel）进行的重要调查，这些调查在很大程度上以法国的案例为基础。A. Bryson，*From Courtesy to Civility: Changing Codes of Conduct in Early Modern England*（Oxford：Oxford University Press，1998）；J. Bremmer and H. Roodenburg（eds.），*A Cultural History of Gesture*（Cambridge：Polity Press，1991）；M. Peltonnen，*The Duel in Early Modern England: Civility, Politeness and Honour*（Cambridge：Cambridge University Press，2003）对这一议题进行了细致的讨论，这些讨论使礼仪必然是一种文明的说法变得不再那么绝对。关于文雅，参见 P. Langford，‘The Uses of Eighteenth-Century Politeness’，*Transactions of the Royal Historical Society* 12（2002），pp. 311 – 31。L Klein，*Shaftesbury and the Culture of Politeness: Moral Discourse and Cultural Politics in Early Eighteenth-Century England*（Cambridge：Cambridge University Press，1994）一书高估了英国人的独创性思维。到目前为止，学界还未出现一部专论市民社会历史的著作，不过以下著作对该议题有所启发：D. Colas，*Civil Society and Fanaticism*（Stanford，CA：Stanford University Press，1997）；S. Kaviraj and S. Khilnani（eds.），*Civil Society: History and Possibilities*（Cambridge：Cambridge University Press，2001）；N. Terpstra and N. Eckstein（eds.），*Sociability and Its Discontents: Civil Society, Society Capital, and Their Alternatives in Late Medieval and Early Modern Europe*（Turnhout：Brepols，2009）。

学界对法律理解的革命性突破可以追溯至 John Bossy（ed.），*Disputes and Settlements*（Cambridge：Cambridge University Press，1983）。该著还促使其他学者进一步参与探讨，例如 S. Cummins and L. Kounine（eds.），*Cultures of Conflict Resolution in Early Modern Europe*（London：Routledge，2015）。

注　释

1. Nobert Elias，*The Civilizing Process*，2 vols.（Oxford：Blackwell，1992），vol. I，pp. i，3.

2. 同上, vol. II, p. 39。

3. M. Eisner, 'Modernization, Self-Control and Lethal Violence: The Long-Term Dynamics of European Homicide Rates in Theoretical Perspective', *British Journal of Criminology* 41.4 (2001), pp. 618-38.

4. W. Beik, *Absolutism and Society in Seventeenth-Century France: State Power and Provincial Aristocracy in Languedoc* (Cambridge: Cambridge University Press, 1985), p. 3.

5. Roger Gould, *Collision of Wills: How Ambiguity about Social Rank Breeds Conflict* (Chicago: University of Chicago Press, 2003), p. 5.

6. W. Miller, *Humiliation, and Other Essays on Honor, Social Discomfort and Violence* (Ithaca, NY: Cornell University Press, 1993), pp. 116-17.

7. S. Anglo, *The Martial Arts of Renaissance Europe* (New Haven, CT and London: Yale University Press, 2000), p. 37.

8. M. Peltonnen, *The Duel in Early Modern England: Civility, Politeness and Honour* (Cambridge: Cambridge University Press, 2003), p. 147.

9. F. Dareau, *Traité des injures dans l'ordre judiciaire* (Paris, 1775), pp. 92-3.

10. C. Marsh, ' "Common Prayer" in England, 1560-1640: The View from the Pew', *Past & Present* 171 (2001), pp. 66-94.

11. P. de Montbourcher, *Traicte des ceremonies et ordonnances appartenans a gage de bataille et combats en camp-clos* (Paris, 1608), p. 36.

12. S. Carroll, 'Revenge and Reconciliation in Early Modern Italy', *Past & Present* 230 (2016), p. 114.

13. Carroll, 'Revenge and Reconciliation', p. 107.

14. F. de La Noue, *Discours politiques et militaires* (Basle, 1587), p. 248.

15. B. Gratian, *Compleat Gentleman* (London, 1930), p. 165.

16. Fabio Albergati, *Opere* (Rome, 1664), p. 312.

17. Thomas Hobbes, *Leviathan*, ed. R. Tuck (Cambridge: Cambridge University Press, 1996), p. 69.

18. L. Klein, *Shaftesbury and the Culture of Politeness: Moral Discourse and Cultural Politics in Early Eighteenth-Century England*

(Cambridge: Cambridge University Press, 1994), p. 197.

19. *Reflexions upon the Politeness of Manners; With Maxims for Civil Society* (London, 1710).

20. P. Langford, ' The Uses of Eighteenth-Century Politeness ', *Transactions of the Royal Historical Society* 12 (2002), pp. 311-31.

21. A. Hadfield and W. Maley (eds.), *Edmund Spenser: A View of the State of Ireland from the First Printed Edition (1633)* (Oxford: Blackwell, 1995), p. 92.

22. J. Smith, *The Generall Historie of Virginia* (London, 1624), p. 84.

23. R. Chartier, *The Cultural Origins of the French Revolution* (Durham, NJ: Duke University Press, 1991), pp. 193-4.

24. S. Carroll, *Blood and Violence in Early Modern France* (Oxford: Oxford University Press, 2006), p. 14.

25. T. Rabb, *The Struggle for Stability in Europe* (Oxford: Oxford University Press, 1975), p. 119.

26. Dareau, *Traité*, p. iii.

27. *The Letters of Monsieur L'Abbé de Bellegarde* (London, 1705), p. 130.

28. T. Burnard, *Mastery, Tyranny, & Desire: Thomas Thistlewood and His Slaves in the Anglo-Jamaican World* (Chapel Hill: University of North Carolina Press, 2004).

索　引

（以下页码为原书页码，即本书页边码。）

图书在版编目（CIP）数据

剑桥世界暴力史. 第三卷，公元 1500—1800 年：全 2
册 /（美）安乐博（Robert Antony），（英）斯图尔特·
卡罗尔（Stuart Carroll），（英）卡罗琳·多兹·彭诺
克（Caroline Dodds Pennock）主编；陈新儒译. --北
京：社会科学文献出版社，2023.8
　　书名原文：The Cambridge World History of
Violence：Volume Ⅲ，1500-1800 CE
　　ISBN 978-7-5228-1607-4

　　Ⅰ.①剑⋯　Ⅱ.①安⋯　②斯⋯　③卡⋯　④陈⋯　Ⅲ.
①世界史-1500-1800　Ⅳ.①K10

中国国家版本馆 CIP 数据核字（2023）第 068998 号

审图号：GS（2023）1822 号。　书中地图系原文插附地图。

剑桥世界暴力史（第三卷）
——公元 1500—1800 年（全 2 册）

主　　编 /〔美〕安乐博（Robert Antony）
　　　　　〔英〕斯图尔特·卡罗尔（Stuart Carroll）
　　　　　〔英〕卡罗琳·多兹·彭诺克（Caroline Dodds Pennock）
译　　者 / 陈新儒

出 版 人 / 冀祥德
组稿编辑 / 董风云
责任编辑 / 张金勇　王　敬
责任印制 / 王京美

出　　版 / 社会科学文献出版社·甲骨文工作室（分社）（010）59366527
　　　　　地址：北京市北三环中路甲 29 号院华龙大厦　邮编：100029
　　　　　网址：www.ssap.com.cn
发　　行 / 社会科学文献出版社（010）59367028
印　　装 / 三河市东方印刷有限公司

规　　格 / 开本：889mm×1194mm　1/32
　　　　　印张：32.25　字数：747 千字
版　　次 / 2023 年 8 月第 1 版　2023 年 8 月第 1 次印刷
书　　号 / ISBN 978-7-5228-1607-4
著作权合同
登 记 号 / 图字 01-2021-2835 号
定　　价 / 188.00 元（全 2 册）

读者服务电话：4008918866